TCP/IP
GE-PACKT

TCP/IP
GE-PACKT

Die Deutsche Bibliothek –
CIP-Einheitsaufnahme

Ein Titeldatensatz für diese Publikation ist
bei Der Deutschen Bibliothek erhältlich.

ISBN 3-8266-0803-8
1. Auflage 2001

Printed in Germany

Lektorat: Sabine Schulz
Sprachkorrektorat: Monika Starke
Druck: Media-Print, Paderborn
Umschlaggestaltung: Christian Kalkert
Satz und Layout: G&U e.Publishing Services GmbH, Flensburg

mitp

Inhaltsverzeichnis

Vorwort

Wie lese ich diese Referenz?

Die im Buch verwendete Gruppierung der einzelnen Protokolle und Sub-Protokolle entspricht (mit Ausnahmen von IPSec, IPv6 und den VoIP-Protokollen) im wesentlichen dem DoD-Referenzmodell. Durch diese Gruppierung in Hauptabschnitte ergibt sich jeweils ein geschlossener thematisch geordneter Überblick über die Funktionalitäten der betreffenden Schicht. Da das Buch für die Praktiker geschrieben wurde, ist den meisten Lesern diese Sichtweise bereits geläufig. Die einzelnen Protokolle wurden innerhalb der einzelnen Kapitel nach den gebräuchlichen Abkürzungen (z.B. IP und nicht Internet Protocol) geordnet. Auf eine tabellarische Übersicht aller TCP/IP-Parameter wurde bewusst verzichtet. Zum einen lässt das Format dieses Buches eine ausführliche Darstellung aller Parameter nicht zu, und zum anderen sind ähnliche Tabellen im Internet unter www.iana.org für jeden frei zugänglich. Der Index wurde so gestaltet, dass Sie alle Begriffe in alphabetischer Reihenfolge wiederfinden können.

Die einzelnen Protokolle sind in den Hauptabschnitten alphabetisch sortiert. Die jeweiligen Protokollelemente wurden bis auf wenige Ausnahmen (z.B. die Cisco-Protokolle) herstellerneutral verwendet. Auf herstellerspezifische Eigenheiten wurde zugunsten der internationalen Standards verzichtet.

Jede Protokollbeschreibung enthält eine kurze Einführung in das jeweilige Einsatzgebiet, dessen Aufgaben und Funktionsweisen. Anschließend erfolgt eine Darstellung des Headers und die detaillierte Erklärung der einzelnen Protokollfelder.

Die Welt der Protokolle

Als ich vor 15 Jahren erstmals mit der Datenkommunikation in Berührung kam, gehörten die verwendeten Protokolle zu den unergründlichen Geheimnissen. Erst durch den Kauf des ersten Datenanalysators wurde die Protokollwelt langsam transparenter. Mein Datenanalysator konnte bereits 128 (!) Datenpakete zwischenspeichern, bevor der Speicher überlief. Daher musste ich mich mit der Theorie der Protokolle intensiv auseinander setzen, um die richtigen Filter schreiben zu können. Nur so war es möglich, innerhalb des zu geringen Paketspeichers das betreffende Ereignis bzw. den Fehler auch einfangen zu können.

Da es damals kaum Fachbücher gab, waren bei der Netzanalyse Fehler und Fehlinterpretationen an der Tagesordnung. Erst durch die Praxis lernten wir die Protokolle verstehen.

Auch heute ist ein Überblick über die unterschiedlichen Protokolle nicht einfach. Wer hat schon die Zeit, die vielen Fachbücher und -artikel intensiv zu verarbeiten? Mein lang gehegter Wunsch nach einem schnellen Überblick über die wesentlichen Funktionen der unterschiedlichen Protokolle ist mit diesem Buch endlich verwirklicht. Anhand der einzelnen Funktionen werden in den kurzen erklärenden Texten die Protokolle und Subprotokolle der großen Protokollfamilien ausführlich erklärt. Dabei orientiert sich das Buch am momentanen Stand der Technik und erstreckt sich vom seriellen Protokoll für Telefon- und Wählleitungen über die LAN-Technik bis hin zu High Speed-Netzwerken der ATM-Technik.

Mein Anliegen ist es, die Wissenslücken zu schließen, ohne dabei den Ballast eines kompletten Fachbuches bewältigen zu müssen. Frei nach dem Motto: "Was ich schon immer über die Datenkommunikation wissen wollte".

Mathias Hein, September 2001

1 Protokoll-Grundlagen

Die moderne Datenverarbeitung basiert auf der Verknüpfung von Datenbeständen, die auf unterschiedlichen Rechnern in einem Netzwerk abgelegt sind. Diese Transaktionen werden transparent über das Netzwerk hinweg ausgeführt.

Der Datenaustausch bzw. die Datenübertragung zwischen den Rechnern erfolgt über die Datenleitungen. Diese Rechnerverbindungen können unterschiedlich ausgeprägt sein und sich über große räumliche Entfernungen erstrecken. Der physikalische Aufbau wird durch das verwendete Übertragungsmedium bestimmt. Hier kommen heute das Kupferdraht-, das Koaxialkabel, die Lichtwellenleiter und auch Funk- und Laserstrecken zum Einsatz.

Eines der Kriterien zur Unterscheidung von Datennetzen bildet die Art und Weise, wie die Daten auf dem Kabel übermittelt werden. Das Übermittlungsverfahren wird als Zugriffsverfahren bezeichnet. Heute werden folgende Zugriffsverfahren verwendet: das Polling-Verfahren (z.B. bei SDLC, HDLC), das Token-Verfahren (z.B. Token Ring, FDDI) und das CSMA-Verfahren (z.B. Ethernet).

Der bedeutendste Unterschied zwischen den einzelnen Datennetzen besteht jedoch in der Sprache, in der sich die Rechner miteinander unterhalten. Diese Rechner-zu-Rechner Sprache wird mit dem Begriff Übertragungsprotokoll bezeichnet. Hier unterscheidet man zwischen solchen, die von Rechnerherstellern entwickelt wurden und auch fast nur von deren Rechnern verwendet werden (z.B. DECnet, SNA), und herstellerunabhängigen Protokollen (z.B. TCP/IP, OSI).

TCP/IP-Protokolle

Um sich Daten zuschicken zu können, müssen sich Rechner über die Übertragungsmodalitäten verständigen können. Dies geschieht in einer eigenen Sprache, dem Übertragungsprotokoll. Da es lange Zeit keine allgemein gültigen Konventionen für Übertragungsmechanismen gab, entwickelte jeder Hersteller seine eigenen Protokolle. Das führte zu einer fast unüberschaubaren Anzahl verschiedener Protokollfamilien. Allerdings haben sich im Laufe der Jahre einige Protokolle mit herstellerübergreifendem Charakter durchgesetzt. So entstanden neben XNS (Xerox Network System), das lange Zeit das einzige bedeutende Protokoll für herstellerunabhängige Kommunikation war, in den letzten 20 Jahren eine Reihe weiterer herstellerunabhängiger Protokollen, wie OSI oder TCP/IP.

Heute sind unter dem Oberbegriff TCP/IP zirka 500 Protokollsätze zusammengefasst, die ganz allgemein als *das* Protokoll für eine problemlose Übertragung zwischen den unterschiedlichsten Rechnern gelten.

Geburtsjahr 1969

Die Geschichte der TCP/IP-Protokolle beginnt im Jahr 1968. Eine Abteilung des amerikanischen Verteidigungsministeriums, das Information Processing Techniques Office (IPTO), initiierte damals eine Versuchsreihe, die das Ziel hatte, Grundlagen über Rechner-Rechner-Verbindungen auf gemultiplexten Netzen zu erarbeiten. Als Resultat dieses Experiments wurde ein kleiner Rechner vorgeschlagen, der als Vorrechner die Kommunikationsverarbeitung zwischen den einzelnen Rechnerstandorten, die über 2400 Bit/s-Telefonleitungen verbunden waren, vornahm. Diese Idee wurde im Jahr 1969 in ein neues Projekt, das ARPANET-Projekt, überführt. Das Jahr 1969 gilt deshalb auch als Geburtsjahr der TCP/IP-Protokolle. Unter der Federführung der Defence Advanced Research Projects Agency (DARPA) wurde dieses Forschungsprojekt öffentlich ausgeschrieben. Das von der IPTO erarbeitete Konzept bildete seine Basis. Innerhalb des Projektes mussten vier spezielle Knotenrechner, die Inter Message Processors (IMPs), entwickelt werden, die an den kalifornischen Universitäten von Utah, Stanford Research Institut (SRI), Santa Barbara (UCSB) und Los Angeles (UCLA) installiert werden sollten.

Erster öffentlicher Auftritt 1972

Es entstanden die ersten Host-zu-Host-Protokolle, die (über Router) logische Verbindungen zu entfernt stehenden Rechnern ermöglichten. Dieser erste Protokollsatz enthielt ein virtuelles Terminal-Protokoll (ähnlich Telnet), ein File Transfer-Protokoll (ähnlich FTP), und wurde mit einer Client-Server-Funktionalität ausgestattet. Im Jahr 1972 wurde das ARPANET auf einer internationalen Konferenz über Computer- und Datenkommunikation der Öffentlichkeit vorgestellt und dabei zum ersten Mal die prinzipielle Realisierbarkeit von paketvermittelnden Weitverkehrsverbindungen demonstriert. Zu diesem Zeitpunkt bestand das ARPANET aus zwanzig Paketvermittlungsknoten und fünfzig Host-Computern. Die ARPA-Arbeitsgruppe Internet Working Group (INWG) erarbeitete Grundsätze zur Kommunikation zwischen unabhängigen Datennetzen, denn die damals neuen Netzstrukturen, wie z.B. Satellitenkommunikation, Paket Radio und Local Area Networks (LAN), erforderten eine umfassendere Funktionalität als die, die durch das NCP-Protokoll unterstützt wurden. So konnte das NCP-Protokoll keinen gesicherten Datentransfer (Ende-zu-Ende-Kontrolle) bei Verbindungen über Router garantieren.

Erste kommerzielle Ansätze

Im Jahre 1975 wurden alle Aktivitäten des ARPANET durch die Defence Communications Agency (DCA) zentral zusammengefasst und gesteuert. Da das ARPANET zu dieser Zeit bereits weit über ein experimentelles Stadium hinausgewachsen war, war dieser Schritt sinnvoll: Die DCA war mit größeren finanziellen Mitteln und mit einer besseren Logistik ausgestattet, um ein US-weites Projekt zu leiten. Gleichzeitig wurde das UNIX-Betriebssystem (in der Version 6) erstmalig von der amerikanischen Firma AT&T (Bell Laboratories) unter rein kommerziellen Gesichtspunkten vermarktet. Dieses neue Betriebssystem wurde auch auf den Netzknoten im ARPANET eingesetzt (PDP-11).

Die Berkeley-Unix-Version (BSD) wurde 1980 auf den neuen DEC-Rechnern der VAX-Familie entwickelt. Das NCP-Protokoll und die TCP/IP-Protokolle wurden in die Berkeley-Version 4.1 BSD implementiert. Am 1. Januar 1983 wurde das NCP-Protokoll, nach zweijähriger Vorbereitungszeit, endgültig durch den TCP/IP-Protokollsatz ersetzt. Das ARPANET wurde in zwei Teilnetze aufgeteilt: Ein Netz behielt den Ursprungsnamen, das zweite Netz wurde MILNET getauft. Im ARPANET wurde weiterhin die Forschungsarbeit und die Entwicklung neuer Technologien vorangetrieben; im MILNET wurden alle militärischen Projekte zusammengefasst. Die Gründe für diese Aufteilung lagen hauptsächlich im erhöhten Sicherheitsbedürfnis der Militärs. Logistisch und finanziell wurden beide Netze weiterhin durch das US-Verteidigungsministerium gesponsert.

Standardisierte Public Domain Software

Da die TCP/IP-Protokolle als getestete, systemunabhängige Public Domain Software zur Verfügung standen, konnte sich in Folge sehr schnell ein herstellerunabhängiger Standard etablieren. Damit war eine schnelle Umsetzung dieser Protokolle in aktuelle Produkte gewährleistet. Die Gründe hierfür liegen vor allem darin, dass TCP/IP von Anfang an das Bedürfnis nach schneller und effizienter Kommunikation zu erfüllen in der Lage war. Die TCP/IP-Protokolle sind vollkommen unabhängig von einem speziellen Übertragungsmedium. So ist es möglich, mit Hilfe der TCP/IP-Protokolle eine Vielzahl unterschiedlicher physikalischer Netze zu verbinden. Beispielsweise kann TCP/IP über Ethernet, Token Ring, Wähl-/Standleitung, X.25-Netz, ATM oder Amateurfunk betrieben werden. Durch ein einheitliches Adressierungsschema ist es einem Rechner in einem TCP/IP-Netz möglich, mit jedem beliebigen Rechner in einem weltweiten Verbund zu arbeiten. Außerdem garantieren standardisierte Protokolle auf den höheren Schichten eine einheitliche Nutzung dieser Dienste für alle Anwender.

Das DoD-Referenzmodell

Die DoD Protocol Suite wurde zu einem Zeitpunkt entwickelt, als das siebenschichtige ISO-Modell noch nicht verfügbar war. Aus diesem Grund wurde vom amerikanischen Department of Defense (DoD) ein eigenes Architekturmodell entworfen. Dieses Modell basiert auf einer Gliederung aller Protokollfunktionen in vier getrennten Schichten. Diese Schichten tragen folgende Bezeichnungen:

- Network Access-Protokolle,
- Internetwork-Protokolle,
- Transport-Protokolle und
- Applikationsprotokolle.

Network Access-Protokolle

Da bei der DoD Protocol Suite die unterste Ebene (Network Access) nicht detailliert festgeschrieben ist, können die höheren Schichten auf einer Vielzahl von Netzwerken eingesetzt werden. Die Anpassung neuer Netztechnologien erfolgt über die Festschreibung in den jeweiligen Requests for Comments (RFCs). Mit dieser Anpassung an die unterschiedlichen Netzverfahren befassen sich folgende RFCs:

- RFC 877 IP on X.25 Networks
- RFC 891 IP on distributed Computer Networks
- RFC 948 IP on IEEE 802.3 Networks
- RFC 894 IP on Ethernet Networks
- RFC 1088 IP on NetBios Networks
- RFC 1055 IP on Serial Lines
- RFC 1051 IP on ARCNET Networks
- RFC 1044 IP on Hyrechannel Networks
- RFC 1209 Transmission of IP datagrams over the SMDS Service
- RFC 1234 Tunneling IPX traffic through IP Networks
- RFC 1226 Internet protocol encapsulation of X.25 Frames
- RFC 1390 Transmission of IP and ARP over FDDI Networks
- RFC 2225 Classical IP and ARP over ATM
- RFC 2625 IP and ARP over Fibre Channel
- RFC 2728 Transmission of IP over the Vertical Blanking Interval of a Television Signal
- RFC 2834 ARP and IP Broadcast over HIPPI-800
- RFC 2835 IP and ARP over HIPPI-6400 (GSN)

Internetwork-Protokolle

Die TCP/IP-Protokolle setzen auf den Diensten der ISO-Schicht 2 auf und sind völlig unabhängig von den darunter liegenden Schichten. Auf dem Internetwork Layer arbeiten folgende Protokolle:

das Address Resolution-Protokoll (ARP), das Reverse Address Resolution-Protokoll (RARP), das Internet-Protokoll (IP) und das Internet Control Message-Protokoll (ICMP).

Als zusätzliche Funktionen sind folgende Routing-Protokolle ebenfalls auf dem Internetwork Layer angesiedelt:

das Exterior Gateway-Protokoll (EGP), das Routing Information-Protokoll (RIP) und das Open Shortest Path First-Protokoll (OSPF).

Transport-Protokolle (Schicht 4)

Auf dem Transport Layer werden zur Sicherung der Kommunikation nur zwei Protokolle eingesetzt: das Transport Control-Protokoll (TCP) und das User Datagram-Protokoll (UDP).

Höhere Protokolle:

Die Applikationsprotokolle entsprechen den OSI-Schichten 5-7. Aus einer Vielzahl von Protokollen, die auf diesen Schichten angesiedelt sind, kommen folgende Anwendungen am häufigsten zum Einsatz: der File Transfer (FTP), der virtuelle Terminal-Zugriff (TELNET), der Remote User Login (Rlogin), die elektronische Post (SNMP), die verschiedensten Name Services (Domain Name, IEN 116), das Boot Protokoll (BootP), das Netzwerk Management-Protokoll (SNMP) und das Network File System (NFS).

Bild: Vergleich ISO-Referenzmodell und DoD-Architekturmodell

Applikations Protokolle	Telnet FTP SMTP RLogin	DNS IEN 116 NFS BootP TFTP SNMP RIP
Transport Protokolle	TCP	UDP
Internetwork Protokolle	Internet Protocol (IP)	
Netzzugungangs Protokolle	Ethernet Token Ring FDDI	

2 Protokolle der Netzwerkschicht

Die Schicht 3 wird als Netzwerk-Vermittlungsschicht oder Network Layer bezeichnet. Die Netzwerkschicht nutzt die Leistungen des Data Link Layer zur effizienten Datenübertragung zwischen Rechnern. Dabei muss sich die Schicht 3 an die unterschiedlichen Data Link Layer-Funktionen und die verschiedenen Topologien transparent anpassen. Durch die Netzwerkschicht wird so aus einzelnen Netzen bzw. Subnetzen mit ihren diversen Rechnern, Netzknoten und anderen Komponenten ein einheitliches übergreifendes Netzwerk geformt. Dieses Gesamtnetzwerk wird auch als Internet bezeichnet. Somit wird auf der Netzwerkschicht aus unterschiedlichen logischen und physikalischen Netzstrukturen ein gemeinsames Netzwerk geformt.

Der Internet Layer

Die Aufgaben des Network Access Layer dieser Schicht übernimmt bei den TCP/IP-Protokollen das Internet-Protokoll (IP). Das IP-Protokoll ist im Request for Comments (RFC) 791 und den Mil-Spezifikationen (MIL-STD 1777) definiert.

Das Internet-Protokoll verwendet auf der Schicht 3 des OSI-Referenzmodells einen verbindungslosen (connectionless) Übertragungsservice. Die Datenblöcke der höheren Protokollschichten werden vom IP-Protokoll als Datagramme zum Kommunikationspartner über das Netz gesendet. Dabei werden die Datagramme völlig unabhängig von einander an den Empfänger übermittelt. Das Empfänger-IP kann deshalb nicht feststellen, ob die empfangenen Datagramme in der richtigen Reihenfolge eingetroffen sind. Diese Funktionen überlässt das IP-Protokoll den höheren Schichten.

Der Internet Layer leistet bei der Datenübermittlung aber auch zusätzliche Dienste. So er hat z.B. einen Adressierungsmechanismus, mit dem jedes Datenpaket mit einer Sende- und Ziel-Adresse (IP-Adressen) versehen wird. Des weiteren nutzt er die IP-Funktionen, um unterschiedliche IP-Netzsegmente miteinander zu verbinden. Die einzelnen IP-Module in den Routern sorgen für die Umsetzung der Datagramme auf andere IP-Netze. Die Router sind darüber hinaus für die Wegwahl zwischen den Netzen zuständig. Die an der Kommunikation beteiligten Netze können unterschiedlich lange Datenpakete unterstützen. Deshalb bietet der Internet Layer einen Mechanismus, um diese Datenpakete in Teildatagramme zerlegen zu können (fragmentieren). Diese Paket-Fragmente werden beim Empfänger wieder zu einem vollständigen Datagramm zusammengesetzt (Reassemblierung).

ARP
Address Resolution-Protokoll

Das Internet-Protokoll (IP) ist in der Lage, die unterschiedlichsten Datennetze mit den verschiedensten Adressierungsmechanismen zu unterstützen. Die Umwandlung von IP-Adressen in die jeweiligen netzspezifischen Hardware-Adressen erfolgt mittels des Address Resolution-Protokolls (ARP). Das Address Resolution-Protokoll ist im RFC 926 veröffentlicht und dient zur Konvertierung von Software- auf Hardware-Adressen. Das Internet-Protokoll (IP) baut direkt auf dem ARP-Protokoll auf.

Protocol Type

Die 16 Bit lange Typ-Feldnummer zur Unterscheidung des verwendeten Ethernet- Kommunikationsprotokolls

Hardware Type

Definiert das verwendete Übertragungsmedium, die Übertragungsgeschwindigkeit und die Datenstrukturen. Durch dieses Feld kann das ARP-Protokoll flexibel auf den unterschiedlichsten Netzen verwendet werden.

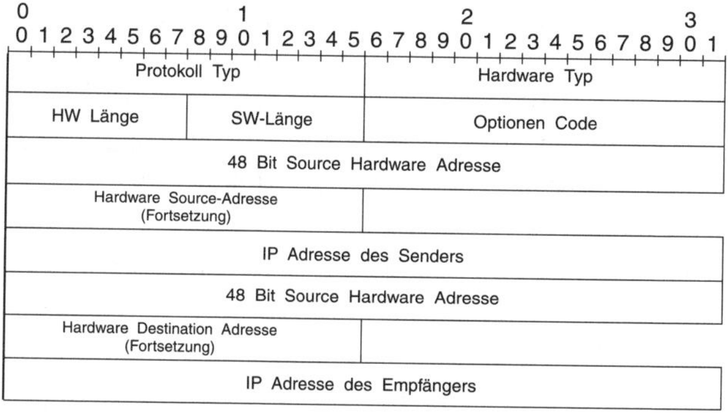

Abbildung 2.1: ARP-Datenformat

Folgende Netze sind definiert:

Netztyp	Beschreibung
1	Ethernet (10 Mb)
2	Experiment - Ethernet (3 Mb)
3	Amateur Radio AX.25
4	Proteon Token Ring
5	Chaos Netz
6	IEEE 802 Netzwerke
7	ARCNET

Hardware Length

Definiert die Länge der Hardware-Adresse (in Bytes). Bei Ethernet-, FDDI- und Token Ring-Netzen beträgt der Wert immer 06.

Software Length

Definiert die Länge der Software-Adresse (in Bytes). Bei IP-Protokollen beträgt der Wert immer 04.

Option Code

Der Optionen-Code definiert die Art des ARP-Paketes.

1 = ARP Request

2 = ARP Reply

Hardware Source Address

Definiert die 48 Bit lange Hardware-Adresse des Senders

Protocol Source Address

Definiert die 32 Bit lange protokollspezifische Adresse des Senders

Destination Address

48 Bit lange Hardware-Adresse des Empfängers

ARP Request

Einen Sonderfall bildet der ARP Request. Bei einem ARP Request ist die Hardware-Adresse des Zielknotens nicht bekannt, deshalb wird bei ARP-Anfragen dieses Feld mit einer zufälligen Adresse beschrieben.

Protocol Destination Address

Definiert die 32 Bit lange protokollspezifische Adresse des Empfängers

BootP

Bootstrap Protocol

Jeder Rechner in einem TCP/IP-Netzwerk muss über eine IP-Adresse verfügen, bevor er Daten senden bzw. empfangen kann. Die diskless Workstations verfügen über keinen internen Plattenspeicher, in dem Programme mit dieser Information abgelegt werden können. Diese Workstations enthalten nur ein Startprogramm, das in einem ROM abgelegt ist. Um die Kosten für die diskless Stationen gering zu halten, installieren die Hersteller in alle Maschinen dasselbe Startprogramm. Aus diesem Grunde können die IP-Adressen nicht in das Startprogramm implementiert werden, da in einem Netz jede einzelne Maschine eine eindeutige Adresse haben muss. Die einzige Möglichkeit, die den diskless Workstation bleibt ist, die IP-Adresse über das Netz zu laden. Diese Funktion erfüllt das Bootstrapping-Protokoll (BootP). Das Bootstrapping-Protokoll (BootP) setzt direkt als Applikation auf dem User Datagram-Protokoll (UDP) auf. Es benutzt den UDP Port 67 zur Kommunikation zum Bootstrap-Protokoll-Server und den UDP Port 68 zur Kommunikation zum Bootstrap-Protokoll-Client.

Das Bootstrapping-Protokoll ist im RFC 951 beschrieben, die Vendor-spezifischen Extensions im RFC 1084.

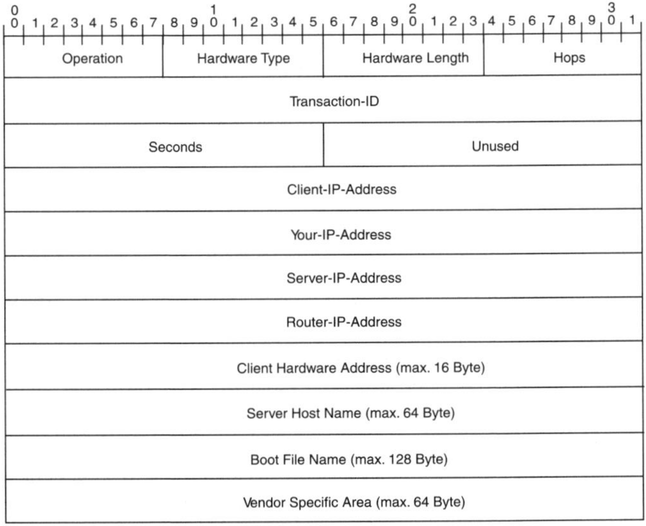

Abbildung 2.2: BootP-Paket-Format

Operation

Das Operation-Feld definiert, ob es sich bei dem Paket um einen BootP Request (1) oder um eine BootP-Antwort (2) handelt.

Hardware Type

Definiert das verwendete Übertragungsmedium, die Geschwindigkeit und die Datenstrukturen. Durch dieses Feld kann das BootP flexibel auf den unterschiedlichsten Netzen eingesetzt werden. Folgende Netze sind definiert:

Netztyp	Beschreibung
1	Ethernet (10 Mb)
2	Experiment - Ethernet (3 Mb)
3	Amateur Radio AX.25
4	Proteon Token Ring
5	Chaos Netz
6	IEEE 802 Netzwerke
7	ARCNET

Hardware Length

Definiert die Länge der Hardware-Adresse (in Bytes). Bei Ethernets beträgt der Wert immer 06 Oktett.

Hops

Der BootP Client muss immer das Hops-Feld auf den Wert = 0 setzen. Ein BootP Server hat die Möglichkeit, einen Request an einen weiteren Server zu schicken. Dieser Server kann nur über einen oder mehrere Router erreicht werden. Dazu muss der Hop Count erhöht werden.

Transaction ID

Das Transaction ID-Feld enthält einen Integerwert, um den diskless Maschinen das Zuordnen von Antworten und Requests zu ermöglichen.

Seconds

Das Seconds-Feld gibt die Zeit in Sekunden an, die vergangen ist, seitdem der Client den Boot-Vorgang gestartet hat (maximal 60 Sekunden).

Unused

Leerfeld für zukünftige Entwicklungen reserviert

Client IP Address

BootP kann auch von einem Client benutzt werden, der seine IP-Adresse bereits kennt. Dieser Client trägt seine Adresse in das Feld Client IP Address ein. Alle Clients, die ihre IP-Adresse noch nicht kennen, füllen dieses Feld mit Null-Werten. Nachdem vom BootP Server eine Client IP Address = 0 empfangen wird, beantwortet er diesen Request, indem er die IP-Adresse des Client in dem Feld „Your IP Address" einträgt.

Your IP Address

Protokollspezifische Adresse des Boot Requesters, die er als Antwort auf einen BootP Request übermittelt bekommt

Server IP Address

Ein Client, der die IP-Adresse eines Servers kennt, von dem er Informationen haben möchte, trägt diese Information in das Server IP Address-Feld ein und stellt somit sicher, dass nur der spezifizierte Server auf den BootP Request antwortet. Enthält dieses Feld den Wert Null, so kann jeder BootP Server im Netz antworten.

Router IP Address

Definiert die IP-Adresse eines Routers am Netz.

Client Hardware Address

Definiert die Hardware-Adresse des BootP Client.

Server Host Name

Ein Client, der den Server Host Name eines Servers kennt, von dem er Informationen haben möchte, trägt diese Information in das Server Host Name-Feld ein und stellt somit sicher, dass nur der spezifizierte Server auf den BootP Request antwortet. Enthält dieses Feld den Wert null, so kann jeder BootP Server im Netz antworten.

Boot File Name

Der im Boot File Name-Feld definierte alphanumerische String ermöglicht einem BootP Requester, einen bestimmten File anzugeben, den er vom BootP Server laden möchte. Der BootP Server ist dadurch in der Lage, anhand einer Datenbank das richtige File zu identifizieren und beispielsweise per TFTP dem Client zu übermitteln.

Vendor-specific Area

Das herstellerspezifische Feld enthält optionale Informationen, die vom Server zum Client übertragen werden können. Die ersten vier Bytes des herstellerspezifischen Feldes werden Magic-Cookie genannt und definieren das Format der folgenden Daten. Das Standardformat benutzt immer einen Magic-Cookie mit dem Wert 99.130.83.99 (dotted decimal notation). Danach folgt eine Liste von Bezeichnungen. Jede Bezeichnung besteht aus dem Typ und einem Wert. Folgende Bezeichnungen sind festgelegt:

Typ	**Code**	**Länge (in Byte)**	**Werte**
Padding	0	-	Null-String
Subnet-Maske	1	4	IP-Subnetzmaske
Time-of-Day	2	4	aktuelle Zeit
Router	3	var	IP-Adressen von Routern
Time Server	4	var	IP-Adressen von Time-Servern
IEN116 Server	5	var	IP-Adressen von IEN 116 Server
Domain Server	6	var	IP-Adressen von Domain Name-Servern
Log Server	7	var	IP-Adressen von Log-Servern
Quote Server	8	var	IP-Adressen von Quote-Servern

Typ	Code	Länge (in Byte)	Werte
LPR Server	9	var	IP-Adressen von LPR-Servern
Impress Server	10	var	IP-Adressen von Impress-Servern
RLP Server	11	var	IP-Adressen von RLP-Servern
Hostname	12	var	Name des Client
Boot Size	13	2	Größe des Bootfile
Reserviert	128-254	-	Reserviert zur netzspezifischen Nutzung
Ende	255	-	Ende der Vendor specific Area

DCAP

Data Link Switching Client Access Protocol

Das Data Link Switching Client Access Protocol wird zwischen Workstations und Routern zum Transport von SNA/NetBIOS-Verkehr über TCP-Sessions verwendet. Nach der Veröffentlichung des Data Link Switching-Protokolls im RFC 1795 implementierten einige Hersteller das Data Link Switching (DLSw) direkt in den Workstations. Da das DLSw-Protokoll aber als reiner Switch-zu-Switch-Mechanismus konzipiert ist, kann das Protokoll nicht in Workstations implementiert werden. Mit Hife des Data Link Switching Client Access Protocol (DCAP) arbeiten die Workstations nicht als Peers, sondern als Clients mit den Routern (Servern).

Der DCAP Header wird zur Identifizierung der Message und zur Längendefinition des transportierten Paketes benutzt.

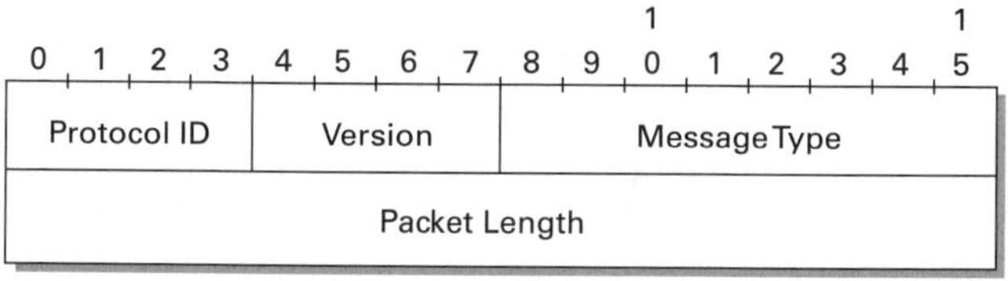

Abbildung 2.3: DCAP-Header

Protocol ID

Die Protocol ID wird immer auf den Wert 1000 gesetzt.

Version number

Die Versionsnummer und die nachfolgenden 4 Bits werden immer auf den Wert = 0001 gesetzt.

Message type

Definiert den Message-Typ des DCAP-Paketes. Für folgende Werte wurden folgende Typen definiert:

DCAP-Paket	Code	Funktion
CAN_U_REACH	0x01	Suche der betreffenden Station
I_CAN_REACH	0x02	Positive Response auf CAN_U_REACH
I_CANNOT_REACH	0x03	Negative Response auf CAN_U_REACH
START_DL	0x04	Session-Aufbau mit folgenden Adressen
DL_STARTED	0x05	Session gestartet
START_DL_FAILED	0x06	Session-Start fehlgeschlagen
XID_FRAME	0x07	XID-Paket
CONTACT_STN	0x08	Kontakt zu Destination um SABME auszutauschen

DCAP-Paket	Code	Funktion
STN_CONTACTED	0x09	Station kontaktiert SABME-Modus gesetzt
DATA_FRAME	0x0A	verbindungsloses Datenpaket für Link
INFO_FRAME	0x0B	verbindungsorientiertes I-Paket
HALT_DL	0x0C	Data Link Session angehalten
HALT_DL_NOACK	0x0D	Anhalten der Data Link Session ohne Bestätigung (Ack)
DL_HALTED	0x0E	Session gestopt
FCM_FRAME	0x0F	Data Link Session Flowcontrol Message
DGRM_FRAME	0x11	verbindungsloses Datagramm für Verbindung
CAP_XCHANGE	0x12	Capabilities Exchange Message
CLOSE_PEER_REQUEST	0x13	Abbau der Peer-Verbindung (Request)
CLOSE_PEER_RESPONSE	0x14	Abbau der Peer-Verbindung (Response)
PEER_TEST_REQ	0x1D	Peer Keep-alive Test (Request)
PEER_TEST_RSP	0x1E	Peer Keep-alive (Response)

Packet length

Definiert die Gesamtlänge des Paketes inklusive des DCAP Header, der DCAP-Daten und der Nutzdaten. Die minimale Paketlänge beträgt 4 Oktett.

DHCP

Dynamic Host Configuration Protocol

Viele mittlere und große Firmen haben ihre oft weltumspannenden Netze auf TCP/IP umgestellt oder sind gerade im Begriff, dies zu tun.

TCP/IP hat jedoch auch einen nicht zu verleugnenden Nachteil, nämlich die aufwendige Wartung und Einrichtung der Netzwerk-Parameter speziell bei großen Netzen. Umzüge von Abteilungen oder einzelnen Mitarbeitern sind in der Regel immer mit einer Änderung der IP-Adressen sowie weiterer Parameter wie der Subnet Mask verbunden. Eine automatische und dynamische Verteilung der IP-Adressen sowie der übrigen Parameter könnte eine enorme Zeit- und somit auch Kostenersparnis bewirken. Die Internet-Engineering-Task-Force, die dieses Problem erkannt hat, hat sich frühzeitig um Abhilfe bemüht und im Request for Comments (RFC) 951 das Bootstrap Protocol (BootP) definiert. Darauf aufbauend wurde im Oktober 1993 das Dynamic Host Configuration Protocol (DHCP) im RFC 1541 veröffentlicht. DHCP gestattet es einem Netzwerk-Administrator, alle TCP/IP-Konfigurations-Parameter zentral zu verwalten und zu warten, und ist eine der Möglichkeiten, ein Plug-and-Play-TCP/IP-Netz aufzubauen.

Die DHCP-Spezifikationen bestehen prinzipiell aus zwei Komponenten. Zum einen aus dem Protokoll, das die Übertragung der Konfigurationsparameter von einem DHCP-Server zu den Clients steuert, und zum anderen aus einem Mechanismus für die Zuweisung von Netzwerkadressen an die Clients.

Es werden folgende drei Arten der IP-Adresszuweisung unterstützt:

- Automatische IP-Adresszuweisung

Die automatische Zuweisung weist einem Rechner eine beliebige, aber feste IP-Adresse zu. Das heißt, dem Client wird bei seiner ersten Anmeldung am Netz eine freie Adresse mitgeteilt. Diese Adresse wird dem Client jedes Mal zugewiesen, wenn er sich wieder am Netz anmeldet. Bei dieser Art der Zuweisung kann eine einmal vergebene IP-Adresse nicht weitergegeben werden, falls sie zu bestimmten Zeitpunkten von einem Client nicht benötigt wird.

- Dynamische Adresszuweisung

Bei der dynamischen Zuweisung wird einem Rechner eine IP-Adresse für einen bestimmten Zeitraum zugewiesen. Dieser Zeitraum wird mit dem englischen Wort „Lease" bezeichnet. Der Rechner kann aber auch von sich aus die Adresse vorher wieder freigeben, wenn er sie selbst nicht mehr benötigt. Der Vorteil besteht darin, dass eine von einem Client nicht mehr benötigte IP-Adresse an einen beliebigen anderen Client vergeben werden kann.

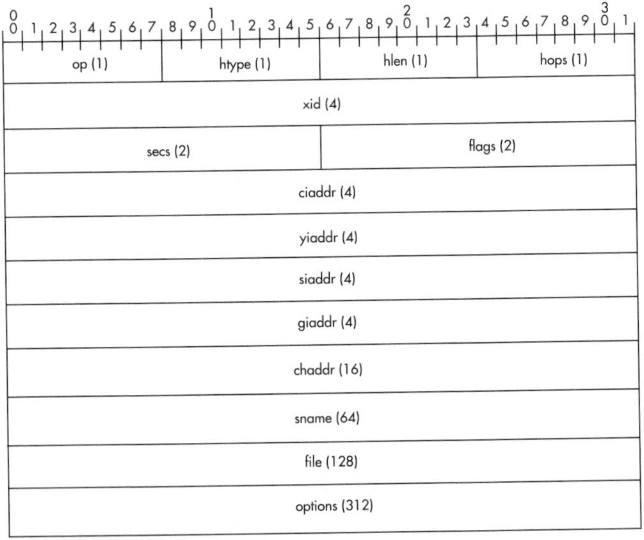

Abbildung 2.4: Abbildung: DHCP-Paket-Header

- Manuelle Adresszuweisung

Die manuelle Zuweisung schließlich ermöglicht es dem Administrator, einem Client eine Adresse explizit zuzuweisen. DHCP wird in diesem Fall nur noch als Transportmittel benötigt. Der Administrator legt also von vornherein fest, welcher Client welche Konfiguration zugewiesen bekommt. Es ist leicht ersichtlich, dass nur die dynamische Zuweisung geeignet ist, um automatisch von einem Rechner nicht mehr benötigte IP-Adressen wieder zu vergeben.

Operation

Das Operation-Feld definiert, ob es sich bei dem Paket um einen DHCP-Request (1) oder um eine DHCP-Antwort (2) handelt.

Hardware Type

Definiert gemäß RFC 1340 (Assigned Numbers) das verwendete Übertragungsmedium, die Geschwindigkeit und die Datenstrukturen. Durch dieses Feld kann das DHCP flexibel auf den unterschiedlichsten Netzen eingesetzt werden.

Folgende Netze sind definiert:

Netztyp	Beschreibung
1	Ethernet (10 Mbit/s)
2	Experiment Ethernet (3 Mbit/s)
3	Amateur Radio X.25
4	Proteon Token Ring
5	Chaos Netz
6	IEEE 802 Netzwerke
7	ARCnet

Hardware Length

Definiert die Länge der Hardware-Adresse (in Bytes). Bei Ethernets beträgt der Wert immer 06.

Hops

Der DHCP-Client muss immer das Hop-Feld auf den Wert = 0 setzen. Ein DHCP-Relay-Agent kann diesen Wert optional benutzen, wenn beim Initialisierungsprozess auf ein solches Gerät zugegriffen wird.

Transaction ID

Das Transaction ID-Feld enthält einen Integerwert, um dem DHCP Client das Zuordnen von Antworten und Requests zu ermöglichen.

Seconds

Das Seconds-Feld gibt die Zeit in Sekunden an, die vergangen ist, seitdem der Client den Boot-Vorgang gestartet hat. Der maximale Wert für das Seconds-Feld beträgt 60 Sekunden.

Flags

Das höchstwertige Bit dieses Feldes zeigt an, ob ein Client während des Initialisierungsprozesses in der Lage ist, Unicast-Nachrichten zu empfangen. In einem solchen Fall verfügt der Client aus einer vorangegangenen Session noch über eine gültige IP-Adresse. Die restlichen Bits dieses Feldes sind auf 0 zu setzen, und sind für späteren Gebrauch reserviert.

Client IP-Adresse

Enthält die IP-Adresse des Client (Client IP-Address). Diese Adresse wird vom Client in einen DHCP Request eingetragen, wenn vorher zugewiesene Konfigurationsparameter verifiziert werden sollen.

Your IP-Adresse

Definiert die IP-Adresse, die einem Client von einem DHCP-Server zugewiesen wird

Server IP-Adresse

Definiert die IP-Adresse des Servers (Server IP-Address), der bei der nächsten Bootstrap-Prozedur benutzt werden soll. Dieser Wert wird von einem Server in einer DHCP-Offer-, DHCP-ACK- oder DHCP-NAK-Nachricht mitgeteilt.

Gateway-Adresse

Legt die Adresse eines Relay Agent (Gateway IP-Address) fest, die benutzt wird, wenn über einen Relay Agent gebootet wird. Diese Adresse wird nur von den jeweiligen Agents benutzt. DHCP Clients setzen dieses Feld auf null.

Client Hardware-Adresse

Enthält die Hardware-Adresse des DHCP Client (Client Hardware Address).

Server Host Name

Optionaler Server-Name, der von BootP Clients oder Clients ohne eigene Platte benutzt wird. Ein Client, der den Server Host Name eines Servers kennt, von dem er Informationen haben möchte, trägt diese Information in das Server Host Name-Feld ein und stellt somit sicher, dass nur der spezifizierte Server auf den DHCP Request antwortet. Enthält dieses Feld den Wert null, so kann jeder DHCP-Server im Netz antworten.

Boot File Name

Der im Boot File Name-Feld definierte alphanumerische String ermöglicht einem DHCP Requester, einen bestimmten File anzugeben, den er vom Boot Server laden möchte. Der BootP Server ist dadurch in der Lage, anhand einer Datenbank das richtige File zu identifizieren und beispielsweise per TFTP dem Client zu übermitteln.

Optionen

Das Optionsfeld ist in seiner Verwendung sehr vielfältig und wird nachfolgend noch etwas ausführlicher behandelt. Dieses Feld enthält die DHCP-Optionen, die in einem eigenen RFC mit der Nummer 1533 dargelegt sind. Die DHCP-Optionen haben das gleiche Format wie Vendor Extensions des Bootstrap-Protokolls, die ebenfalls in RFC 1533 aufgelistet sind. Alle BootP Vendor Extensions sind gleichzeitig DHCP-Optionen. Wenn die Optionen im Zusammenhang mit dem Bootstrap-Protokoll verwendet werden, weist das System den ersten vier Oktetten den Wert des so genannten Magic Cookie (RFC 951) zu, das den Modus festlegt, wie die nachfolgenden Daten interpretiert werden müssen. Der Wert des Magic Cookie ist 99.130.83.99 (dezimal). Die Optionen können feste oder variable Länge haben. Der Code besteht aus einem Oktett und gibt an, um welche Option es sich handelt.

Die Optionen mit den Nummern 0 bis 49 können sowohl für BootP als auch für DHCP verwendet werden. Die Optionen mit den Nummern 50 bis 61 finden ausschließlich in DHCP ihre Verwendung. Das Längenfeld gibt an, wie viele Oktetts noch folgen. Im Wert-Feld folgen schließlich die zu übertragenden Optionen.

Folgende DHCP-Optionen wurden bisher festgelegt:

Code	Länge	Bezeichnung
0	1	Pad Option
1	4	Subnet Mask
2	4	Time Offset
3	n	Router Option
4	n	Time Server Option
5	n	Name Server Option

Code	Länge	Bezeichnung
6	n	Domain Name Server Option
7	n	Log Server Option
8	n	Cookie Server Option
9	n	LPR Server Option
10	n	Impress Server Option
11	n	Resource Location Server Option
12	n	Host Name Option
13	2	Boot File Size Option
14	n	Merit Dump File
15	n	Domain Name
16	n	Swap Server
17	n	Root Path
18	n	Extensions Path
19	1	IP Forwarding Enable/Disable Option
20	1	Non Local Source Routing Enable/Disable Option
21	n	Policy Filter Option
22	2	Maximum Datagram Reassembly Size
23	1	Default IP Time-to-Live
24	4	Path MTU Aging Timeout Option
25	n	Path MTU Plateau Table Option
26	2	Interface MTU Option
27	1	All Subnets are Local Option
28	4	Broadcast Address Option
29	1	Perform Mask Discovery Option

Code	Länge	Bezeichnung
30	1	Mask Supplier Option
31	1	Perform Router Discovery Option
32	4	Router Solicitation Address Option
33	n	Static Route Option
34	1	Trailer Encapsulation Option
35	4	ARP Cache Timeout Option
36	1	Ethernet Encapsulation Option
37	1	TCP Default TTL Option
38	4	TCP Keep-alive Interval Option
39	1	TCP Keep-alive Garbage Option
40	n	Network Information Service Domain Option
41	n	Network Information Servers Option
42	n	Network Time Protocol Servers Option
43	n	Vendor Specific Information
44	n	NetBIOS over TCP/IP Name Server Option
45	n	NetBIOS over TCP/IP Datagram Distribution Server Option
46	1	NetBIOS over TCP/IP Node Type Option
47	n	NetBIOS over TCP/IP Scope Option
48	n	X Window System Font Server Option
49	n	X Window System Display Manager Option
50	4	Requested IP Address
51	4	IP Address Lease Time
52	1	Option Overload

Code	Länge	Bezeichnung
53	1	DHCP Message Type
54	4	Server Identifier
55	n	Parameter Request List
56	n	Message
57	2	Maximum DHCP Message Size
58	4	Renewal (T1) Time Value
59	4	Rebinding (T2) Time Value
60	n	Class-Identifier
61	n	Client-Identifier
255	1	End Option

ICMP

Internet Control Message-Protokoll

Das Internet Control Message-Protokoll (ICMP) ist auf dem Netzwerk-Layer angesiedelt. Mit dem ICMP-Protokoll werden Fehlermeldungen und Informationsmeldungen ausgetauscht. Das ICMP-Protokoll baut auf dem IP-Protokoll auf, d.h., es wird von IP behandelt, als sei es ein Protokoll einer höheren Schicht. ICMP-Daten werden immer mit einem vollständigen IP-Header verschickt, die eigentlichen ICMP-Meldungen befinden sich im anschließenden IP-Datenteil. Die ICMP-Meldungen sind in Fehler- und Informationsmeldungen unterteilt.

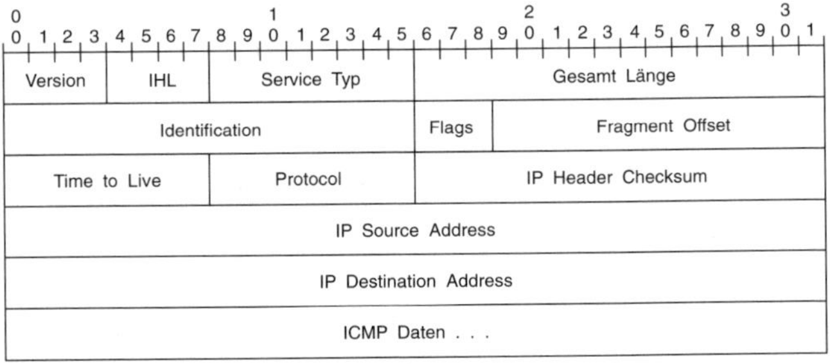

Abbildung 2.5: IP-ICMP-Header

Destination Unreachable-Meldung

Dem Sender eines Datagramms wird durch die Destination Unreachable der Grund mitgeteilt, weshalb das Datagramm nicht empfangen werden konnte.

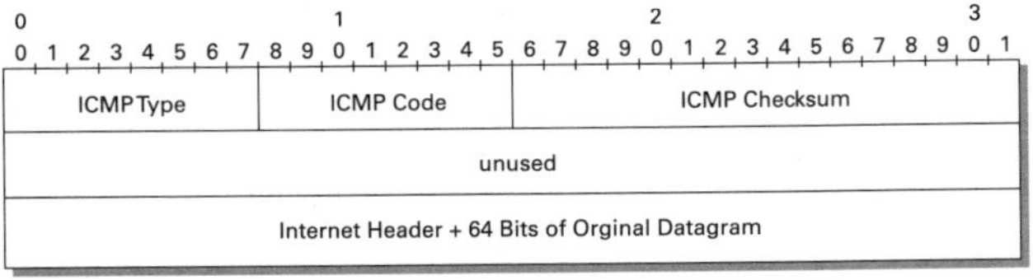

Abbildung 2.6: Destination Unreachable Header

ICMP-Typnummer

Die ICMP-Typnummer dient zur Unterscheidung der einzelnen ICMP-Meldungen. Die Destination Unreachable-Meldung ist als Typ=3 festgelegt.

ICMP Code

Durch den ICMP Code in der Destination Unreachable-Meldung wird dem Sender eines Datagramms mitgeteilt, weshalb das Datagramm nicht übermittelt werden konnte.

Folgende Destination Unreachable Codes sind definiert:

0 = Netz nicht erreichbar

1 = Rechner nicht erreichbar

2 = Protokoll nicht erreichbar

3 = Port nicht erreichbar

4 = Fragmentierung notwendig, Fragmentierung konnte nicht vorgenommen werden, da das Don`t Fragment-Bit gesetzt ist.

5 = Source Route nicht erreichbar

ICMP Checksum

Enthält eine Prüfsumme, die nur die ICMP-Daten auf Fehler überprüft

ICMP-Meldung

Die ICMP-Meldung enthält den vollständigen IP-Header sowie die ersten 64 Bit Daten des Datagramms, welches die ICMP-Meldung auslöst hat

Time Exceeded-Meldung

Dem Sender eines Datagramms wird durch die Meldung: „Maximale Zeit überschritten" der Grund mitgeteilt, weshalb das Datagramm nicht übertragen werden konnte.

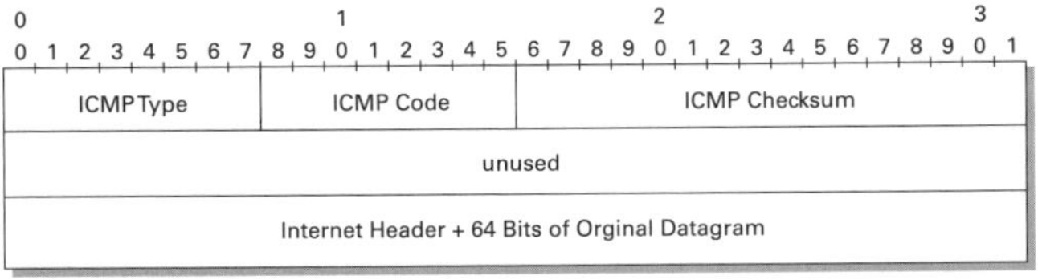

Abbildung 2.7: Time Exceeded Header

ICMP-Typnummer

Die ICMP-Typnummer dient zur Unterscheidung der einzelnen ICMP-Meldungen. Die Time Exceeded-Meldung ist als Typ = 11 definiert.

ICMP Code

Durch den ICMP Code wird dem Sender mitgeteilt, weshalb das Datagramm nicht übermittelt werden konnte. Folgende Time Exceeded Codes sind festgelegt:

0 = Bei der Übertragung wurde die maximale Lebenszeit eines Datagramms überschritten.

1 = Beim Fragmentierungsprozess wurde die maximal zulässige Zeit überschritten. Reassembly Timer ist abgelaufen.

ICMP Checksum

Enthält eine Prüfsumme, die nur die ICMP-Daten auf Fehler überprüft

ICMP-Meldung

Die ICMP-Meldung enthält den vollständigen IP-Header sowie die ersten 64 Bit Daten des Datagramms, welches eine ICMP-Meldung auslöst.

Parameter Problem

Dem Sender eines Datagramms wird durch die Parameter Problem-Meldung der Grund mitgeteilt, weshalb das Datagramm nicht übertragen wurde.

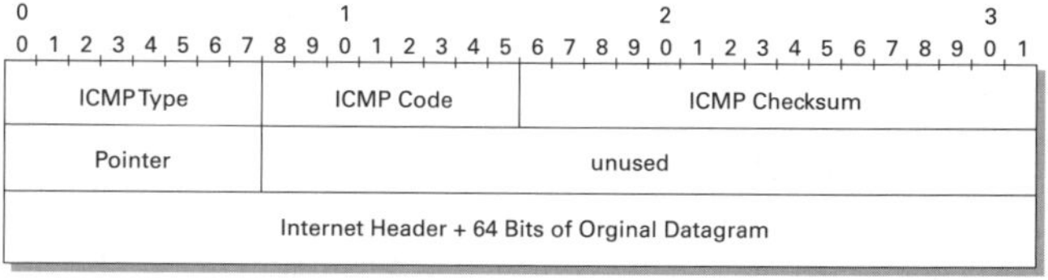

Abbildung 2.8: Parameter Problem Header

ICMP Type Number

Die ICMP-Typnummer dient zur Unterscheidung der einzelnen ICMP-Meldungen. Der Parameter Problem-Meldung ist als Typ = 12 definiert.

ICMP Code

Durch den ICMP Code im Parameter Problem-Meldung wird dem Sender mitgeteilt, weshalb das Datagramm nicht übermittelt werden konnte. Folgende Parameter Problem Codes sind definiert:

0 = Der Pointer im ICMP Header zeigt auf das Byte im Datagramm, in dem ein Fehler festgestellt wurde.

ICMP Checksum

Enthält eine Prüfsumme, die nur die ICMP-Daten auf Fehler überprüft.

Pointer

Der Pointer im ICMP-Header zeigt auf das Byte im Datagramm, in dem ein Fehler festgestellt wurde.

ICMP-Meldung

Die ICMP-Meldung enthält den vollständigen IP-Header und die ersten 64 Bit Daten des Datagramms, welches eine ICMP-Meldung auslöst.

Source Quench

Dem Sender eines Datagramms wird durch die Buffer Problem-Meldung der Grund mitgeteilt, weshalb das Datagramm nicht übertragen wurde.

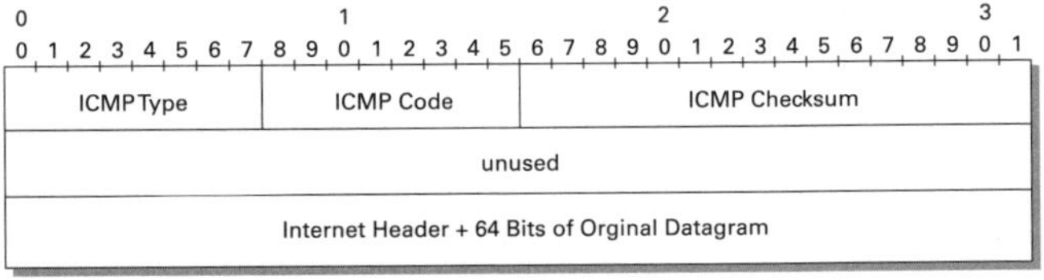

Abbildung 2.9: Source Quench Header

ICMP Type Number

Die ICMP-Typnummer dient zur Unterscheidung der einzelnen ICMP-Meldungen. Die Destination Unreachable-Meldung ist als Typ = 4 definiert.

ICMP Code

Durch den ICMP-Code in der Source Quench-Meldung wird dem Sender mitgeteilt, dass das Datagramm mangels Ressourcen nicht übermittelt werden konnte. Für die Source Quench-Meldung ist nur der Code = 0 definiert.

ICMP Checksum

Enthält eine Prüfsumme, die nur die ICMP-Daten auf Fehler überprüft

ICMP-Meldung

Die ICMP-Meldung enthält den vollständigen IP-Header sowie die ersten 64 Bit Daten des Datagramms, welches eine ICMP-Meldung auslöst.

Redirect-Meldung

Dem Sender eines Datagramms wird durch die Redirect-Meldung der Router mitgeteilt, der in der Lage ist, das Datagramm zum Zielknoten zu übermitteln.

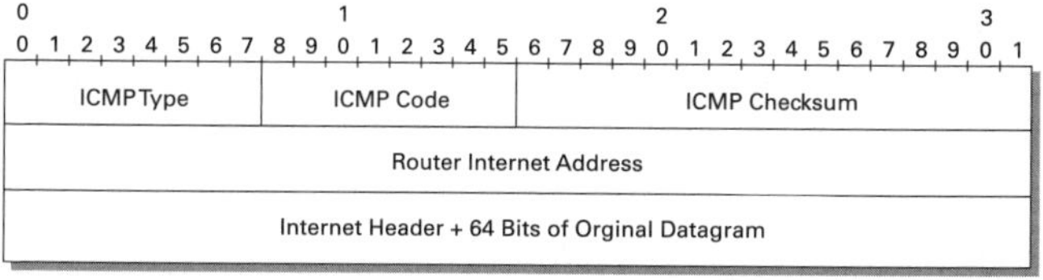

Abbildung 2.10: Redirect Message Header

ICMP Type Number

Die ICMP-Typnummer dient zur Unterscheidung der einzelnen ICMP-Meldungen. Die Redirect-Meldung ist als Typ = 5 definiert.

ICMP Code

Durch den ICMP Code in der Redirect-Meldung wird dem Sender mitgeteilt, über welchen Router das Datagramm geschickt werden muss. Folgende Redirect Codes sind definiert:

0 = Umleitung aller Datagramme für ein bestimmtes Netz

1 = Umleitung aller Datagramme für einen bestimmten Rechner

2 = Umleitung aller Datagramme für einen bestimmten Service-Typ und Netz

3 = Umleitung aller Datagramme für einen bestimmten Service-Typ und Rechner

ICMP Checksum

Enthält eine Prüfsumme, die nur die ICMP-Daten auf Fehler überprüft

Router Internet-Adresse

Im Router Internet-Adress-Feld wird die IP-Adresse des Routers übermittelt, an den der Sender das Datagramm umleiten muss.

ICMP-Meldung

Die ICMP-Meldung enthält den vollständigen IP-Header sowie die ersten 64 Bit Daten des Datagramms, welches eine ICMP-Meldung auslöst.

Echo- oder Echo Reply-Meldungen

Dem Sender eines Echo Request werden vom Empfänger alle im Datenpaket enthaltenen Daten zurückgeschickt.

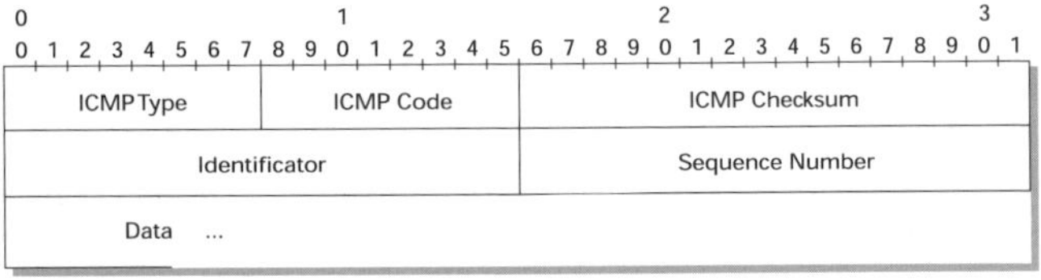

Abbildung 2.11: Echo Request und Echo Reply Header

ICMP Type Number

Die ICMP-Typnummer dient zur Unterscheidung der einzelnen ICMP-Meldungen. Der Echo Request ist als Typ = 8 und der Echo Reply als Typ = 0 definiert.

ICMP Code

Beim Echo Request und Echo Reply ist der ICMP Code immer auf den Wert = 0 gesetzt.

ICMP Checksum

Enthält eine Prüfsumme, die nur die ICMP-Daten auf Fehler überprüft

ICMP Echo Identificator

Der ICMP-Echo-Identifikator wird vom Sender erzeugt und dient zur eindeutigen Identifizierung des Prozesses. Bei einer Antwort auf ein Echo Request-Paket wird das Antwort-Paket an diesen Port zurückgeschickt.

ICMP Echo Sequenznummer

Der Sender eines Echo-Paketes nummeriert die Datagramme fortlaufend. Der Empfänger benutzt die gleiche Sequenznummer bei der Echo-Antwort. Der Sender überprüft dadurch auf sehr einfache Art die Richtigkeit der Echo-Antworten.

ICMP Echo Data

Die ICMP-Echo-Daten enthalten einen Echo-String, der vom Empfänger an den Sender zurückgeschickt wird.

Timestamp oder Timestamp Reply

Dem Sender eines Timestamp Request wird vom Empfänger die Sendezeit und die Empfangszeit sowie die Sendezeit des Timestamp Reply-Paketes übermittelt.

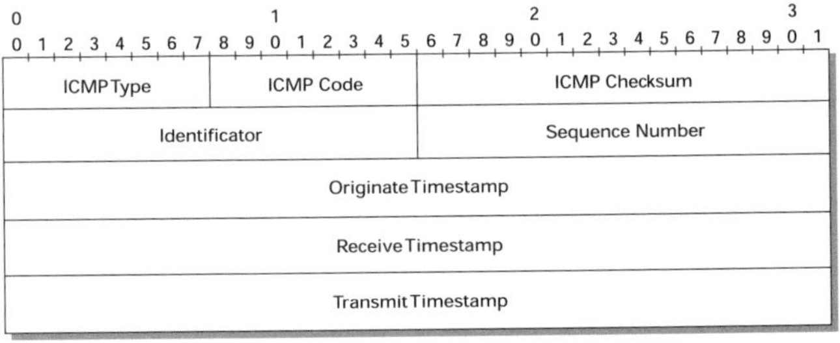

Abbildung 2.12: Timestamp Request und Timestamp Reply Header

ICMP Type Number

Die ICMP-Typnummer dient zur Unterscheidung der einzelnen ICMP-Meldungen. Der Timestamp Request ist als Typ = 13 und der Timestamp Reply als Typ = 14 definiert.

ICMP Code

Beim Timestamp Request und Timestamp Reply hat der ICMP Code immer den Wert = 0.

ICMP Checksum

Enthält eine Prüfsumme, die nur die ICMP-Daten auf Fehler überprüft.

ICMP Timestamp Identificator

Der ICMP Timestamp-Identifikator wird vom Sender erzeugt und dient zur eindeutigen Identifizierung des Prozesses. Bei einer Antwort auf einen Timestamp Request wird das Antwort-Paket an diesen Port zurückgeschickt.

ICMP Timestamp Sequenznummer

Der Sender eines Timestamp-Paketes nummeriert die Datagramme fortlaufend. Der Empfänger benutzt die gleiche Sequenz-Nummer bei der Timestamp-Antwort. Der Sender überprüft dadurch auf sehr einfache Art die richtige Reihenfolge der Timestamp-Antworten.

Originate Timestamp

Der Sender des Timestamp Request hält die Uhrzeit fest, an dem das Datagramm übermittelt wurde.

Receive Timestamp

Der Empfänger des Timestamp Request hält die Zeit fest, an der das Datagramm empfangen wurde.

Transmit Timestamp

Der Empfänger des Timestamp Request hält die Zeit fest, zu der das Timstamp Reply-Paket übermittelt wurde.

Information Request- oder Information Reply-Meldung

Durch die Information-Meldung kann der Sender die Netzadresse des Netzes erfragen, an dem er angeschlossen ist.

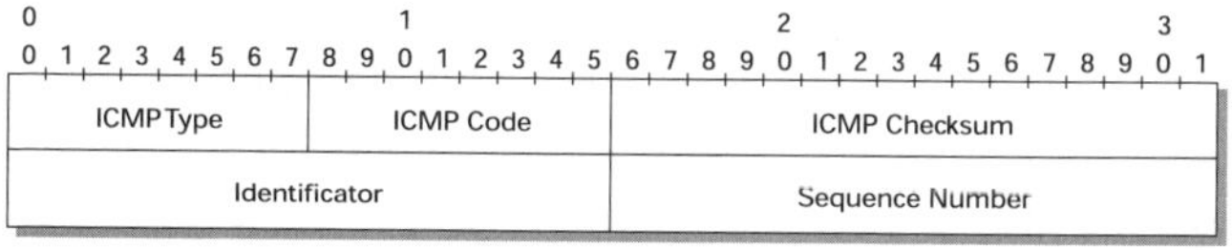

Abbildung 2.13: Information Header

ICMP Type Number

Die ICMP-Typnummer dient zur Unterscheidung der einzelnen ICMP-Meldungen. Der Information Request ist als Typ = 15 und der Information Reply als Typ = 16 definiert.

ICMP Code

Beim Information Request und Information Reply hat der ICMP Code immer den Wert = 0.

ICMP Checksum

Enthält eine Prüfsumme, die nur die ICMP-Daten auf Fehler überprüft

ICMP Information Identificator

Der ICMP Information-Identifikator dient zur eindeutigen Identifizierung des Prozesses. Bei einer Antwort auf ein Information Request-Paket wird das Antwort-Paket an diesen Port zurückgeschickt.

ICMP Information Sequenznummer

Der Sender eines Information-Paketes nummeriert die Datagramme fortlaufend. Der Empfänger benutzt die gleiche Sequenznummer beim Information Reply. Der Sender überprüft dadurch die richtige Reihenfolge der Information-Antworten.

Address Format Request und Address Format Reply

Dem Sender eines Datagramms wird durch die Adress-Format-Meldung die Länge der Subnet-Adresse (in Bits) mitgeteilt.

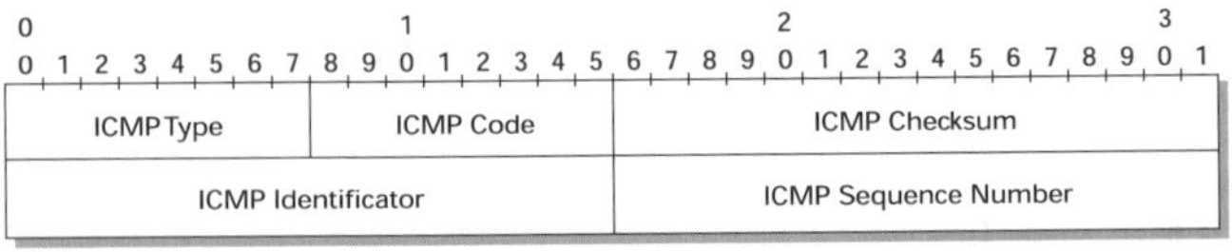

Abbildung 2.14: Address Request/Reply Header

ICMP Type Number

Der ICMP-Typnummer dient zur Unterscheidung der einzelnen ICMP-Meldungen. Der Address Format Request ist als Typ = 17, der Address Format Reply ist als Typ = 18 definiert.

ICMP Code

Der ICMP Code ist bei der Address Format Request-Meldung = 0. Bei der Address Format Reply-Meldung wird die Länge der Subnet-Adress-Maske übermittelt.

ICMP Checksum

Enthält eine Prüfsumme, die nur die ICMP-Daten auf Fehler überprüft

ICMP Identificator

Der ICMP-Identifikator wird zur richtigen Zuordnung der eingehenden Address Format Replies verwendet.

ICMP Sequenznummer

Die ICMP-Sequenznummer wird benutzt, um bei mehreren Address Format-Anfragen die richtige Zuordnung zu den ankommenden Address Format-Antworten zu gewährleisten.

IGMP

Internet Group Management Protocol

Das Internet Group Management-Protokoll (IGMP) ist neben dem Internet-Protokoll (IP) als ein Hilfsprotokoll auf der Vermittlungsschicht (Layer 3) angesiedelt. Das IGMP-Protokoll wurde in Anhang 1 des RFC 1112 festgelegt und baut auf dem IP-Protokoll auf. Vom IP-Protokoll wird das IPMG behandelt, als sei es ein Protokoll einer höheren Schicht.

Multicast Router benutzen so genannte Host Membership Query Messages, um festzustellen, welche Host Groups sich auf dem angeschlossenen lokalen Netz befinden. Die Host Membership Query Messages werden immer an die so genannte All Host Group mit der Adresse 224.0.0.1 geschickt. Das Time-to-Live-(TTL)-Feld des IP-Headers wird bei einer Query Message immer auf den Wert 1 gesetzt. Alle Rechner, die in der Lage sind, die Host Membership Query Messages zu empfangen und zu interpretieren, antworten darauf mit Host Membership Report Messages. In der Report Message wird jede Host-Gruppe gemeldet, zu der der Rechner auf diesem Netzwerk gehört.

Um die Anzahl von Report Messages von vornherein zu reduzieren, werden folgende Techniken vorgeschlagen: Timer Response und Reduktion der Reports.

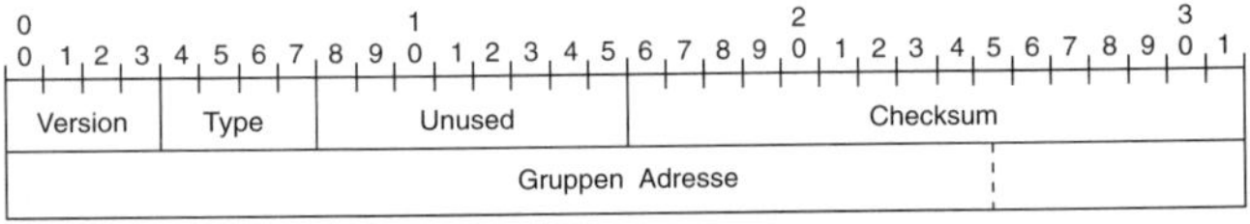

Abbildung 2.15: Bild: IGMP-Protokoll-Header

Version

Das Versionsfeld gibt die verwendete Version des IGMP-Headers an. Folgende Werte wurden bisher für das IGMP-Versionsfeld definiert:

Wert	Beschreibung (dezimal)
0	nicht mehr benutzt
1	aktuelle Version (RFC 1112)
2–15	nicht festgelegt

Type

Das Type-Feld definiert den Typ der im IGMP-Datagramm übertragenen Meldung. Dieses Feld unterscheidet zwischen folgenden IGMP-Typen:

1 IGMP Host Membership Query

2 IGMP Host Membership Report

IGMP-Header Checksum

Enthält eine Prüfsumme, die nur den IGMP-Header auf Fehler überprüft. Die Checksum ermöglicht das Erkennen von Fehlern im IGMP-Header. Die IGMP-Header Checksum addiert die Einerkomplemente aller Datenelemente (16-Bit-Wörter) und bildet aus der Summe ein weiteres Einerkomplement.

Group Address

Das Group-Adressfeld enthält die mit dem IGMP-Protokoll versendete Gruppenadresse. Beim Versenden von IGMP Host Membership Query-Meldungen wird dieses Feld mit 0-Werten gefüllt. Beim Empfang von IGMP Host Membership Query-Meldungen wird dieses Feld ignoriert. Beim Versenden von IGMP Host Membership Report-Meldungen enthält dieses Feld die IP Host-Gruppenadresse. Folgende IP Host-Gruppenadressen wurden bisher definiert:

Multicast-Adresse	Beschreibung
224.0.0.0	Reserviert
224.0.0.1	All Hosts on this Subnet
224.0.0.2	All Gateways on this Subnet (proposed)
224.0.0.3	Nicht festgelegt
224.0.0.4	DVMRP Router
224.0.0.5	OSPFIGP All Router

Multicast-Adresse	Beschreibung
224.0.0.6	OSPFIGP Designated Routers
244.0.0.7–244.0.0.255	Nicht festgelegt
224.0.1.0	VMTP Managers Group
224.0.1.1	NTP Network Time Protocol
224.0.1.2	SGI-Dogfight
224.0.1.3	Rwhod
224.0.1.4	VNP
244.0.1.5–244.0.1.255	Nicht festgelegt
224.0.2.1	rwho Group (BSD) (unofficial)
232.x.x.x	VMTP transient groups

IP
Internet-Protokoll

Die erste von der Topologie unabhängige Schicht ist die Netzwerkschicht. Die Aufgaben der Netzwerkschicht übernimmt bei den TCP/IP-Protokollen das Internet-Protokoll (IP). Die Netzwerkschicht überträgt die Datenblöcke (Datagramme) zwischen den Kommunikationspartnern. Das IP hat die Aufgabe, die Netzknoten bei der Datenübertragung zu adressieren, große Datenpakete zu fragmentieren, sowie die Übermittlung von Datenpaketen zwischen getrennten Netzwerken sicherzustellen. Das Internet-Protokoll ist im RFC 791 und den Mil-Spezifikationen (MIL-STD 1777) ausführlich beschrieben. Folgende RFCs befassen sich mit den Spezialfunktionen des Internet-Protokolls:

RFC 815	IP Datagram Reassembly Algorithms
RFC 877	IP on X.25 Networks
RFC 891	IP on distributed Computer Networks
RFC 948	IP on IEEE 802.3 Networks
RFC 894	IP on Ethernet Networks
RFC 1088	IP on Netbios Networks
RFC 1055	IP on Serial Lines
RFC 1051	IP on ARCNET Networks
RFC 1044	IP on Hyrechannel Networks
RFC 1103	IP on FDDI Networks
RFC 1209	Transmission of IP datagrams over the SMDS Service
RFC 1234	Tunneling IPX traffic through IP Networks
RFC 1226	Internet protocol encapsulation of AX.25 Frames
RFC 1236	IP to X.121 address mapping for DDN
RFC 1390	Transmission of IP and ARP over FDDI Networks
RFC 1755	ATM Signaling Support for IP over ATM
RFC 1754	IP over ATM Working Group's Recommendations for the ATM Forum's Multiprotocol BOF
RFC 2225	Classical IP and ARP over ATM
RFC 2625	IP and ARP over Fibre Channel
RFC 2728	Transmission of IP over the Vertical Blanking Interval of Television Signal
RFC 2834	ARP and IP Broadcast over HIPPI-800
RFC 2835	IP and ARP over HIPPI-6400 (GSN)IP-Header

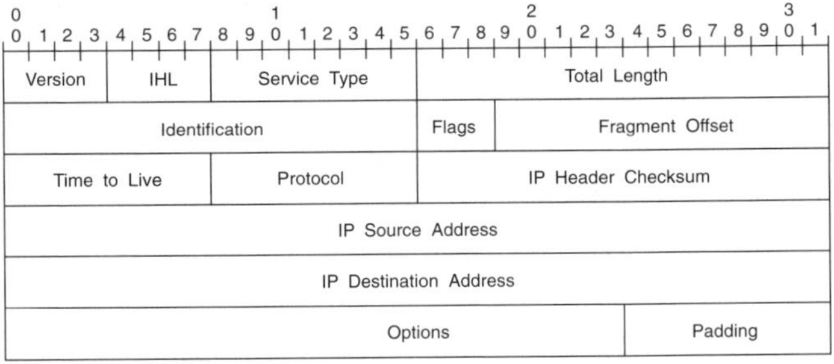

Abbildung 2.16: Der IP-Header

Version

Das Versionsfeld legt die verwendete Version des IP-Headers fest.

Internet Header Length

Die Internet Header Length steht für die gesamte Länge des IP-Headers, ausgedrückt in 32-Bit-Einheiten. Das Internet Header Length-Feld ist durch die variable Länge des Optionen-Feldes im IP-Header erforderlich.

Type of Service (TOS)

Das Type of Service-Feld definiert die Dienste eines IP-Datagramms. Beispielsweise können die vorrangige Behandlung von Datagrammen, die Durchsatzart sowie die Belegung von Ressourcen in Routern festgelegt werden.

Type of Service-Feld (TOS)

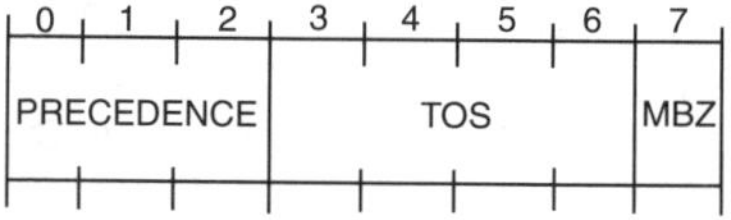

Mit Hilfe der drei Precedence-Bits (Bit 0 bis 2) werden im IP-Protokoll die in den IEEE 802.1q- und 802.1p-Standard definierten acht Priorisierungsgruppen (0 bis 7) abgebildet. Dadurch wird eine Steuerung der Datenströme von der physikalischen Schicht bis hinauf zu den höheren Ebenen möglich.

Feinjustierung per RCF 1349

In den IP-Orginalspezifikationen (RFC 791) wurden nur die Bits 3 bis 5 zur Feinjustierung der Datenübertragung verwendet. Im TOS-Bereich waren nur simple Definitionen, wie beispielsweise normale bzw. geringe Verzögerung, normaler bzw. hoher Durchsatz, normale bzw. hohe Zuverlässigkeit, möglich. Im RFC 1349 wurde dieses einfache TOS-Konzept durch vierstellige Bit-Flags ersetzt. Dadurch wurden folgende Servicetypen möglich:

1000--minimize delay

0100--maximize throughput

0010--maximize reliability

0001--minimize monetary cost

0000--normal service

Diese TOS-Bits können beispielsweise vom OSPF Routing-Protokoll genutzt werden. Das OSPF sorgt durch die Definition unterschiedlicher Service-Routen anhand der OSPF-TOS-Definitionen für eine

Priorisierung im vermaschten Netz. Dadurch ist es beispielsweise möglich, den Datenverkehr (Telnet, WWW) mit einer hohen Priorität über eine Highspeed-Verbindung umzuleiten, während der E-Mail-Verkehr über eine kostengünstige, aber langsame Leitung übermittelt wird. Die Kombination der Priorisierungs-Flags mit den TOS-Flags lässt eine abgestufte Steuerung der Daten im Netz zu und definiert für den Datenfluss ein vom Netzadministrator vorgegebenes Verhalten.

Mapping der IP-TOS-Werte auf OSPF-TOS-Werte

(gemäß RFC 1349)

OSPF-TOS-Werte		TOS-Bits
0	0000	normal service
2	0001	minimize monetary cost
4	0010	maximize reliability
6	0011	
8	0100	maximize throughput
10	0101	
12	0110	
14	0111	
16	1000	minimize delay
18	1001	
20	1010	
22	1011	
24	1100	
26	1101	
28	1110	
30	1111	

Default-TOS-Werte für unterschiedliche TCP/IP-Anwendungen

Protokoll	TOS-Wert	Bedeutung
TELNET	1000	minimize delay
FTP		
Control	1000	minimize delay
Data	0100	maximize throughput
TFTP	1000	minimize delay
SMTP		
Command phase	1000	Minimize delay
Data phase	0100	Maximize throughput
Domain Name Service		
UDP Query	1000	Minimize delay
TCP Query	0000	
Zone Transfer	0100	Maximize throughput
NNTP	0001	Minimize monetary cost
ICMP		
Errors	0000	
Requests/Responses	0000	
Any IGP	0010	Maximize reliability
SNMP	0010	Maximize reliability
BOOTP	0000	

Total Length

Die Total Length gibt die Gesamtlänge des Datagramms einschließlich des IP-Headers und des Datenteils (höhere Protokolle) in Anzahl der Oktette an. Das Total Length-Feld erlaubt einen maximalen Wert von 65535 Oktett. Datenpakete dieser Länge werden von den meisten Netzen und Netzknoten nicht verarbeitet. Netzknoten müssen aber in der Lage sein, Datenpakete mit einer maximalen Länge von 576 Oktett empfangen können.

Identification

Kennwert zur Zuordnung von Fragmenten zu einem Datagramm. Anhand des Identifikations-Feldes ermittelt der Zielknoten, zu welchem Datagramm ein gerade angekommenes Fragment gehört. Die Vergabe der Identifikationsnummer erfolgt im Normalfall durch eine höhere Schicht (z.B. TCP) und wird als Parameter an IP übergeben.

Flags

Dieses Feld enthält die Kontroll-Flags „Don`t Fragment", das die Fragmentierung eines Datagramms durch IP verhindert, und „More Fragment", das zur Positionierung eines Fragments im ursprünglichen Datagramm dient.

Werte der Kontroll-Flags

Bit 0 :	Reserviert, muss immer auf 0 gesetzt sein	
Bit 1 :	(DF)	0 = May Fragment, Fragmentierung möglich
		1 = Don`t Fragment, Fragmentierung unmöglich
Bit 2:	(MF)	0 = Last Fragment, das letzte Fragment
		1 = More Fragment, weiteres Fragment folgt

Fragment Offset

Dieses Feld gibt die Lage der Fragmentdaten relativ zum Anfang des Datenblocks im ursprünglichen Datagramm an. Bei einem nicht fragmentierten Datagramm oder beim ersten Fragment ist der Wert des Fragment Offsets immer auf null gesetzt. Das Fragment Offset definiert die Lage des jeweiligen Fragments als ein Vielfaches von 8 Bytes.

Time-to-Live (TTL)

Das Time-to-Live-Feld definiert die verbleibende Lebensdauer eines Datagramms im Netz. Fällt der Wert auf null, muss das Datagramm zerstört werden. Als Zeitbasis für das Time-to-Live-Feld ist die Einheit in Sekunden definiert. Die relative Lebensdauer eines Datagramms beträgt maximal 255 Sekunden oder den Übergang über 255 Router. Der Wert des Time-to-Live-Feldes wird bei jedem Durchgang durch einen Router um mindestens eins herabgesetzt.

Protocol

Dieses Feld definiert, welches Protokoll der höheren Schichten als Nächstes dem Datenteil vorangestellt ist. Das Protokoll-Feld spezifiziert das jeweilige Protokoll der vierten Schicht (z.B. TCP oder gleichwertiges Protokoll). Die wichtigsten Protokolltypen sind:

1	ICMP	Internet Control Message-Protokoll
6	TCP	Transmission Control-Protokoll
8	EGP	Exterior Gateway-Protokoll
17	UDP	User Datagram-Protokoll

IP-Header Checksum

Enthält eine Prüfsumme, die nur den IP-Header auf Fehler überprüft. Durch die Checksum können mögliche Übermittlungsfehler erkannt werden. Bei der Übertragung über Router verändert sich der Wert des IP-Headers (z.B. durch Herabsetzen des Wertes im Time-to-Live-Feld um eins), und die Prüfsumme muss neu berechnet werden.

IP Source Address

Enthält die Internet-Adresse des Netzknotens, der das Datagramm erzeugt hat. Die Codierung der IP Source-Adresse erfolgt hexadezimal.

IP Destination Address

Enthält die Internet-Adresse des Netzknotens, für den das Datagramm bestimmt ist. Die Codierung der IP Destination-Adresse erfolgt hexadezimal.

Options

Die Dienste, die IP den speziellen Anforderungen eines höheren Protokolls anpasst, werden durch die Optionen definiert.

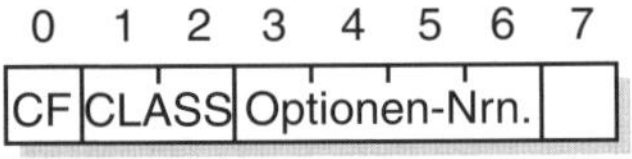

Abbildung 2.17: IP Option-Feld

IP-Optionen-Copy-Flag

Das Copy-Flag legt fest, ob die Option beim Fragmentierungsprozess in jedes Fragment kopiert werden muss.

Bit 0 = Copy Flag : 0= nicht kopiert
1= kopiert

IP-Optionen-Klassen

Bits 1-2 = Optionen-Klasse

Die Optionen sind in folgende Klassen eingeteilt:

000 = Kontrolle

001 = reserviert

010 = Debugging

011 = reserviert

IP-Optionen-Nummern

Bits 3-7 = Optionen-Nummern

Für die Optionen sind die folgenden Nummern festgelegt:

Klasse	Nummer	Länge	Beschreibung
0	0000	-	Kennzeichnet das Ende der Optionenliste, belegt nur 1 Oktett, kein Längenfeld
0	00001	-	Keine Operationsanweisung, belegt, nur 1 Oktett, kein Längenfeld
0	00010	11	Security, Kennzeichnung der Dienstqualität, Benutzergruppe, Abteilung und Zugriffsbeschränkungen
0	00011	var	Loose Source Routing, Auflistung aller Router, die bis zum Empfänger durchlaufen werden
0	01001	var	Strict Source Routing, definiert einen bestimmten Übertragungsweg
0	00111	var	Record Route, der Weg der Datenpakete kann über die gesamte Übertragungsstrecke verfolgt werden
0	01000	4	wird nicht mehr verwendet
2	00100	var	Internet Timestamp, erlaubt die zeitliche Verfolgung der Route durch das Internet

IP-Dienstoptionen

Die Erweiterung des IP-Headers um einige optionelle Felder ermöglicht Dienste an Ziel-, Quell- oder den dazwischen liegenden Routing-Knoten. Das Optionen-Typ-Feld definiert den Wert des Optionen-Typ-Oktetts. Die Optionen-Länge legt die Länge des Längen-Oktetts fest.

End of Option List

Die End of Option List-Option zeigt immer das Ende der Optionen-Liste an und folgt nach einer Reihe von Optionen.

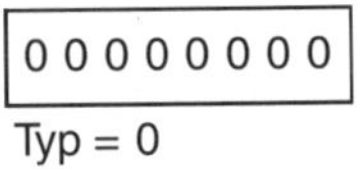

Abbildung 2.18: End Option Format

No Operation Option

Die No Operation Option ist eine Steueranweisung, die es ermöglicht, eine Options-Liste genau am Anfang des IP-32-Bit-Formats beginnen zu lassen.

Security Labeling Option

Die Security Labeling Option definiert die Sicherheitseinstufung für das Datagramm. Security-Optionen müssen in jedes Fragment kopiert werden.

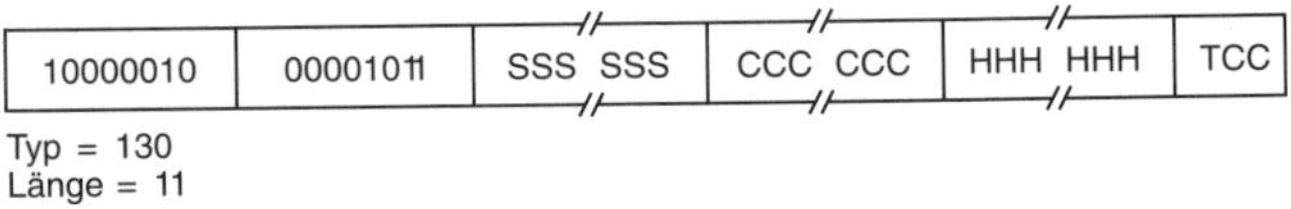

Abbildung 2.19: Security Option Format

Security (SSS)-Feld

Das Security-Feld in der Security Labeling Option definiert die Sicherheitsstufe, mit der das Datenpaket gekennzeichnet wird. Für das Security-Feld sind 16 Sicherheitstufen definiert:

00000000 00000000	= undefiniert
11110001 00110101	= vertraulich
01111000 10011010	= EFTO
10111100 01001101	= MMMM
01011110 00100110	= PROG
10101111 00010011	= eingeschränkt
11010111 10001000	= secret
01101011 11000101	= top secret
00110101 11100010	= reserviert
10011010 11110001	= reserviert
01001101 01111000	= reserviert
00100100 10111101	= reserviert
00010011 01011110	= reserviert
10001001 10101111	= reserviert
11000100 11010110	= reserviert
11100010 01101011	= reserviert

Compartments (CCC)-Feld

Das Compartments-Feld in der Security Labeling Option muss immer auf Wert = 0 gesetzt sein.

Handling Restictions (HHH)-Feld

Das Handling Restrictions-Feld in der Security Labeling Option legt den Wert für Kontroll- und Release-Markierungen fest. Die Werte für Kontroll- und Release-Markierungen sind im Defence Intelligence Agency Manual (DIAM 65-19), "Standard Security Markings" beschrieben.

Transmission Control Code (TCC)

Der Transmission Control Code in der Security Labeling Option ermöglicht, den Datenverkehr zwischen ausgewählten Benutzern oder Benutzergruppen zu kontrollieren.

Loose Source and Record Routing Option

Die Loose Source and Record Routing Option ermöglicht die Festlegung und die Dokumentation des Weges durch das gesamte Netzwerk.

10000001	Länge	Pointer	Router Daten

Typ = 131

Abbildung 2.20: Loose Source and Record Routing Format

Strict Source and Record Route

Der Mechanismus des Strict-Source Routing arbeitet wie beim Loose Source Routing. Der Unterschied besteht darin, dass das Datagramm ausschließlich die in den Router-Daten angegebenen Internetwork Router passieren muss, und keinen Umweg gehen darf.

10001001	Länge	Pointer	Router Daten

Typ = 137

Abbildung 2.21: Strict Source and Record Route Format

Record Route

Die Record Route Option zeichnet alle Netzknoten auf dem Weg zwischen Sender und Empfänger auf.

00000111	Länge	Pointer	Router Daten

Typ = 137

Abbildung 2.22: Record Route Format

Stream Identifier

Durch den Stream Identifier wird zwischen dem Datagramm- und dem Stream-Modus unterschieden. Datagramm-Modus (Standard) bedeutet, dass das Protokoll einer höheren Schicht jedes Datagramm als ein singuläres Ereignis ansieht, das in keiner Beziehung zu den bereits gesendeten oder noch zu sendenden Datagrammen steht. Im Stream-Modus wird der Router aufgefordert, die Verzögerung der Datagramme durch Reservierung von Knotenressourcen so gering wie möglich zu halten.

10001000	00000010	Stream ID

Typ = 136
Länge = 4

Abbildung 2.23: Stream Identifier Format

Internet Timestamp

Ermöglicht es, den Zeitpunkt festzuhalten, an dem ein Datagramm von einem Router verarbeitet wurde.

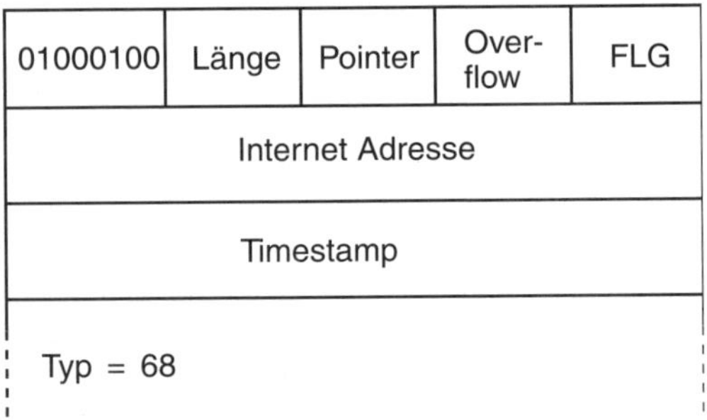

Abbildung 2.24: Internet Timestamp Format

Padding

Das Padding-Feld enthält nur Füllinformationen, die sicherstellen, dass der IP-Header immer im 32-Bit-Format endet. Das Format der Füllzeichen ist immer 00.

IP-Adressen

Die IP-Adresse unterstützt durch ihre Struktur und ihre Konfigurationsmöglichkeiten eine mannigfaltige Art von Varianten zur Bildung von hierarchisch gegliederten Netzen. Hierbei ist die Anzahl der möglichen Subnetze und die Anzahl der adressierbaren Rechner durch die Adresse vorgegeben. Die zwölfstellige (dezimal) bzw. achtstellige (hexadezimal) IP-Adresse wird in zwei Bereiche unterteilt. Diese Teile werden Netzwerkbereich und Hostbereich genannt. Da beide Bereiche eine variable Länge einnehmen können, wird deren Größe durch die ersten vier Bit (des ersten Bytes) bestimmt. So ergeben sich fünf verschiedene Adressklassen. Von den fünf Adressklassen werden im Moment nur drei Adressklassen genutzt.

Adressklasse A

Adressen der Klasse A umfassen den Adressbereich 0 - 127, wobei die Adresse 127 eine Sonderbedeutung hat. Da auch die Adresse 0 für besondere Zwecke genutzt wird, können mit A-Adressen 126 Netzwerke und je Oktett 254 Knoten adressiert werden. Der Wert 255 ist in jedem Oktett als Broadcast-Adresse reserviert.

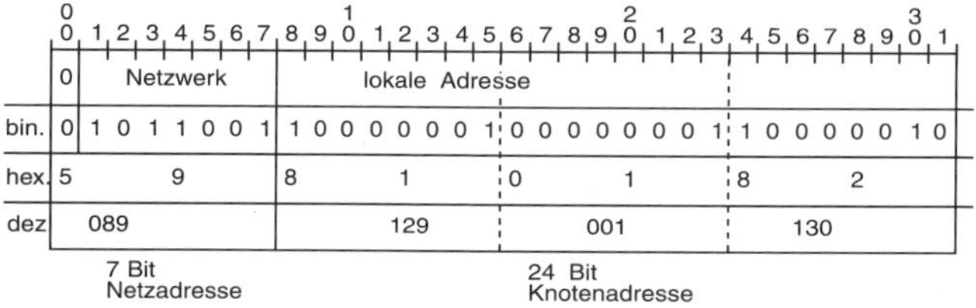

Adressklasse B

Die B-Klasse-Adressen erstrecken sich über den Adressraum 128-191. Da auch noch das 2. Byte als Netzwerkadresse interpretiert wird, kann man mit einer B-Adresse 16.256 Netze mit je 2.542 Rechnern adressieren.

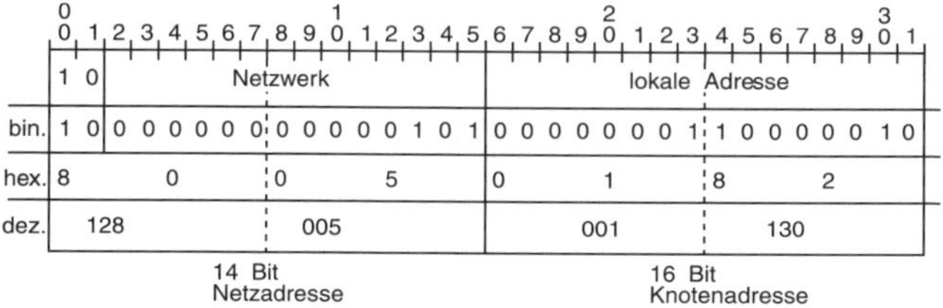

Adressklasse C

C-Klasse-Adressen umfassen im 1. Byte die Werte 192-223 und in Byte 2 und 3 je 1-254. Man kann auf diese Weise 2.064.512 Netze mit 254 Knoten ansprechen.

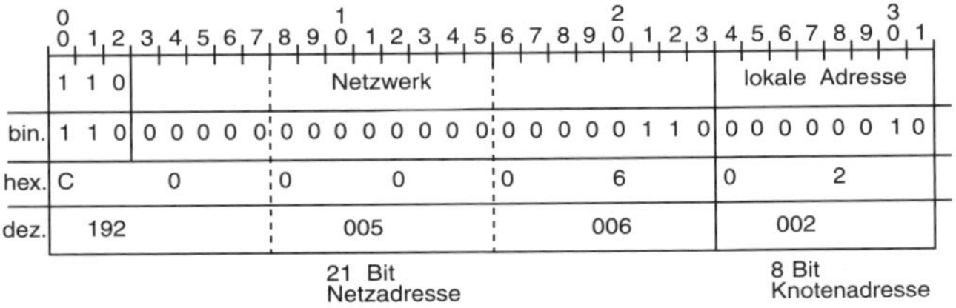

Weitere Adressklassen

Der Bereich 224-239 (Klasse D) ist für Multicast-Adressierungen vorgesehen, der Bereich 240-254 (Klasse E) ist im Moment nicht definiert.

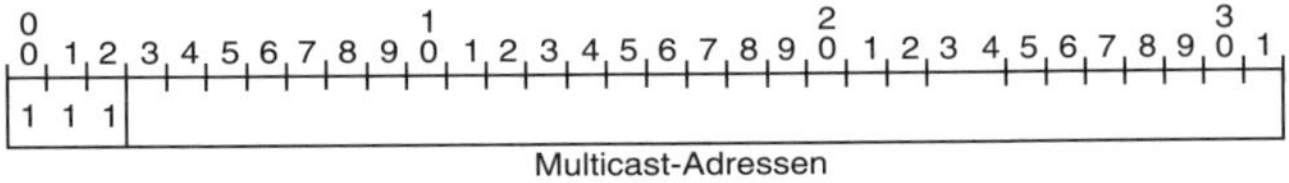

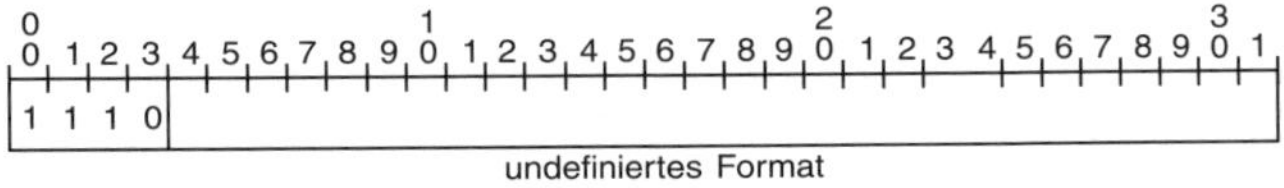

Sonderadressen

Den Adressen 0, 127.0.0.x und 255 kommt bei der IP-Adressierung eine Sonderstellung zu.

127.0.0.x

Alle Adressen, die im ersten Oktett den Wert 127 besitzen, werden für interne Tests von Rechnern genutzt. Die RFCs 990 bzw. 997 legen fest, dass diese Adressen niemals auf dem Kabel zu sehen sein sollen. Durch diese Loopback-Adresse ist der Rechner in der Lage festzustellen, ob die TCP/IP-Software richtig auf einem Rechner installiert wurde. Zum Test eines Controller taugt diese Adresse jedoch nicht!

255 Adresse

Die Adresse 255.255.255.255 ist als Broadcast-Adresse (alle Netze, alle Rechner) reserviert. Zum Adressieren aller Rechner in einem Netzwerk wird der Host-Teil auf 255 gesetzt. Bsp.: 126.255.255.255 oder 239.1.2.255. Komplizierter wird die Berechnung der Broadcast-Adresse unter Umständen bei der Verwendung von Subnetz-Masken, da hier der Adress-Algorithmus erweitert werden muss.

0-Adressen

Für die Verwendung des Adresswertes 0 gibt es zwei Ansätze: Einer alten Vereinbarung zufolge war die Adresse 0 (also z.B. 0.0.0.0) als Broadcast-Adresse vorgesehen (ALL ZERO BROADCAST), und wird von manchen Rechnern defaultmäßig leider auch noch als solche interpretiert. Heute werden 0-Adressen im Allgemeinen zur Adressierung des eigenen Netzes oder Rechners verwendet. 0.1.1.1 heißt z.B. Rechner "1.1.1" auf diesem Netz.

MARS

Multicast Address Resolution Server

Per Multicast wird von einem Sender mit Hilfe einer einzigen Übermittlungsprozedur ein Datenpaket an eine Vielzahl von Empfängern übermittelt. Das Multicast Address Resolution Server (MARS)-Protokoll sorgt in ATM-Netzen für einen Registrierungsmechanismus für Gruppenadressen und einen Multicast-Verteilmechanismus. Damit lassen sich in UNI 3.0/3.1-basierten Netzen über Punkt-zu-Multipunkt-VCs die Multicasts der Schicht 3 direkt übermitteln. Das MARS-Protokoll wurde im RFC 2022 definiert.

Die MARS Messages sorgen für eine Vermittlung von Multicast-Gruppeninformationen zwischen Multicast Address Resolution-Servern und den Multicast-Kommunikationsendpunkten (Rechner, Hosts oder Router) im ATM-Netz.

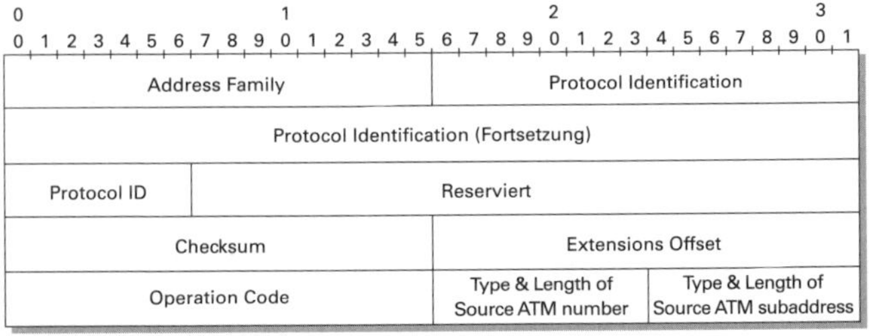

Address family

Definiert den Typ der Link Layer-Adresse des Paketes. Als Standardwert für den mar$afn-Parameter ist der Wert = 0x000F definiert.

Protocol ID

Die Protokoll-ID besteht aus zwei Subfeldern: dem 16 Bit langen Protokolltyp und der 40 Bit langen SNAP Extension.

Als Protokolltyp (mar$pro.type) wurden folgende Werte definiert:

Wert	Beschreibung
0x0000 bis 0x00FF	Protokolle, die mit Hilfe der NLPIDs definiert werden
0x0100 bis 0x03FF	Reserviert für zukünftige IETF-Anwendungen
0x0400 bis 0x04FF	Reserviert für das ATM-Forum
0x0500 bis 0x05FF	Experimentelle Protokolle bzw. Protokolle mit ausschließlich lokaler Bedeutung
0x0600 bis 0xFFFF	Protokolle, die mit Hilfe der Ethertypes definiert werden

Der NLPID-Wert von 0x80 wird zur Signalisierung einer SNAP Extension und somit zur Codierung des Protokolltyps im mar$pro.snap-Feld verwendet.

In allen anderen Fällen muss das mar$pro.snap-Feld auf den Wert = 0 gesetzt, und das mar$pro.type-Feld definiert das verwendete Protokoll.

Für das IPv6-Protokoll wurde beispielsweise der Ethertype 0x86DD definiert. Will der IPv6 Multicasting Client ein Paket übermitteln, setzt dieser das mar$pro.type-Feld in jeder MARS Message auf den Wert = 0x86DD. Enthält das Paket eine IPv6-Adresse, müssen die mar$spln- und mar$tpln- entweder auf den Wert = 0 (für Null oder nicht vorhandene Informationen) oder den Wert = 16 (volle IPv6-Adresse) gesetzt werden. Ein IPv6-Paket wird somit wie folgt verpackt:

[0xAA-AA-03][0x00-00-5E][0x00-01][pkt$cmi][0x86DD]
[IPv6 Paket]

Reserved

Das reservierte Header-Feld ist für zukünftige Anwendungen reserviert.

Checksum

Bildet eine Prüfsumme über die gesamte Message

Extension offset

Das Offset-Feld signalisiert zusätzliche Header-Felder und dient als Pointer auf die nachfolgende Parameterliste.

Operation code

Der Operationscode teilt sich in die zwei Subfelder Version und Typ auf.

Das Versionsfeld definiert die jeweilige Operation im Kontext der jeweiligen Kontroll-Protokollversion im mar$op.version-Feld.

Folgende Versionswerte wurden bisher definiert:

Wert	Beschreibung
0x01 - 0xEF	Reserviert für zukünftige IETF-Anwendungen
0xF0 - 0xFE	Reserviert für das ATM-Forum
0xFF	Experimentelle Protokolle bzw. Protokolle mit ausschließlich lokaler Bedeutung.

Das Typfeld (mar$op.type) definiert die jeweilige Operation im Kontext der jeweiligen Kontroll-Protokollversion im mar$op.version-Feld.

Folgende Typwerte wurden bisher definiert:

Wert	Protokollfunktion
1	MARS_REQUEST
2	MARS_MULTI
3	MARS_MSERV
4	MARS_JOIN
5	MARS_LEAVE
6	MARS_NAK
7	MARS_UNSERV
8	MARS_SJOIN
9	MARS_SLEAVE
10	MARS_GROUPLIST_REQUEST
11	MARS_GROUPLIST_REPLY
12	MARS_REDIRECT_MAP
13	MARS_MIGRATE

Type and length of ATM source number

Definiert den Typ und die Länge der Source Hardware-Adresse.

Type and length of ATM source subaddress

Definiert den Typ und die Länge der Source Hardware Sub-Adresse

PIM

Protocol Independent Multicast

Im RFC 2362 wurde das Protocol Independent Multicast-Sparse Mode (PIM-SM)-Protokoll als Routing-Mechanismus zwischen Multicast-Gruppen festgeschrieben.

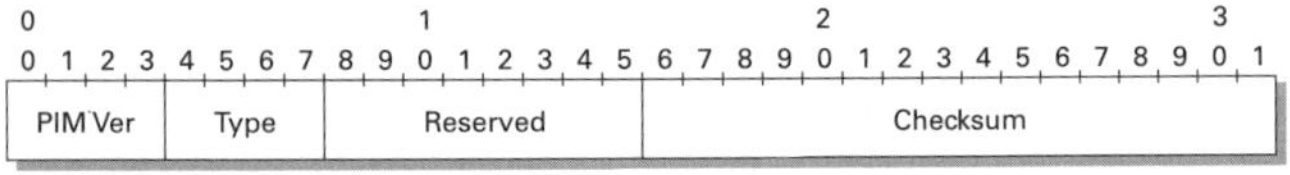

Abbildung 2.25: PIM-Header

PIM-Version

Definiert die verwendete Protokollversion. Die aktuelle PIM-Version wird durch den Wert = 2 signalisiert.

Type

Das Typ-Feld beschreibt die Aktion der in der PIM-Message enthaltenen Informationen.

Folgende Werte wurden definiert:

Type	Beschreibung
0	Hello
1	Register
2	Register-Stop
3	Join/Prune
4	Bootstrap
5	Assert
6	Graft (wird nur bei PIM-DM verwendet)
7	Graft-Ack (wird nur bei PIM-DM verwendet)
8	Candidate-RP-Advertisement

Address length

Definiert die Länge der im Paket codierten Adressen in Bytes

Reserved

Dieses Feld ist für zukünftige Anwendungen reserviert und wird immer auf den Wert = 0 gesetzt.

Checksum

Berechnet die Prüfsumme über die gesamte PIM-Message. In die Prüfsumme fließen jedoch die Dateninhalte einer Register Message nicht ein.

RARP

Revers Address Resolution Protocol

Zur Zuordnung von Internet-Adressen zu diskless Workstations wird das Reverse Address Resolution Protocol (RARP) verwendet. Das RARP wurde vom Address Resolution-Protokoll abgeleitet und verwendet ein ähnliches Datenformat. Das RARP-Protokoll ist im RFC 903 veröffentlicht.

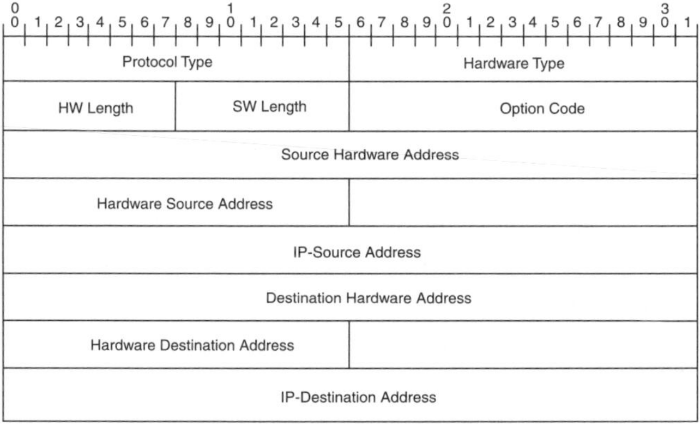

Abbildung 2.26: RARP-Header

Für das Reverse Address Resolution-Protokoll wird ein eigenes Ethernet Typ-Feld mit der hexadezimalen Kennung 0835 verwendet.

Protokoll-Type

Die 16 Bit lange Typ-Feldnummer zur Unterscheidung des verwendeten Protokolls

Hardware Type

Definiert das verwendete Übertragungsmedium, die Übertragungsgeschwindigkeit und die Datenstrukturen. Durch dieses Feld kann das RARP-Protokoll flexibel auf den unterschiedlichsten Netzen verwendet werden.

Folgende Netze sind definiert:

Netztyp	Beschreibung
1	Ethernet (10 Mb)
2	Experiment - Ethernet (3 Mb)
	Amateur Radio AX.25
4	Proteon Token Ring
5	Chaos Netz
6	IEEE 802 Netzwerke
7	ARCNET

Hardware Length

Definiert die Länge der Hardware-Adresse (in Bytes). Bei Ethernet-, FDDI- und Token Ring-Netzen beträgt der Wert immer 06.

Software Length

Definiert die Länge der Software-Adresse (in Bytes). Bei IP-Protokollen beträgt der Wert immer 04.

Option Code

Der Optionen-Code definiert die Art des RARP-Paketes.

3 = RARP Request

4 = RARP Reply

Hardware Source Address

Definiert die 48 Bit lange Hardware-Adresse des Senders

Protocol Source Address

Die 32 Bit lange protokollspezifische Adresse des Senders. Einen Sonderfall bildet der RARP Request:

Bei einem RARP Request ist die eigene IP-Adresse nicht bekannt, deshalb wird bei Anfragen dieses Feld nicht beschrieben.

Destination Address

Die 48 Bit lange Destination-Adresse gibt die Hardware-Adresse des Empfängers an. Bei einem RARP Request wird eine Broadcast-Adresse in Form von "FFFFFFFFFFFF" übermittelt.

Protocol Destination Address

Protokollspezifische Adresse des Empfängers. Bei einem RARP Request ist die eigene IP-Adresse nicht bekannt, deshalb wird bei Anfragen dieses Feld nicht beschrieben.

RSVP

Resource Reservation-Protokoll

Das RSVP-Protokoll wurde als Gemeinschaftswerk des Information Sciences Institute der Universität Kalifornien, des Massachusetts Institute of Technology und dem Xerox Palo Alto Research Center (PARC) entwickelt. Das RSVP-Protokoll beseitigt die Bandbreitenprobleme in TCP/IP-Netzen. Bei den TCP/IP-Protokollen wird normalerweise bei der Übermittlung über das Netz kein fester Übertragungspfad bereitgestellt. Der Sender übergibt die Datenpakete an das Netz und geht automatisch davon aus, dass für deren Übermittlung vom Übertragungsmedium genügend Bandbreite zur Verfügung gestellt wird. Bei einer geringen Auslastung der Netze hat dieser einfache Mechanismus hervorragend funktioniert.

Doch durch die immer höhere Auslastung des Mediums und den Wettbewerb der Endgeräte um Übertragungskapazitäten kommt es zunehmend zu Engpässen. Dies hat zur Folge, dass die Daten zwischen zwei Knoten im Netz zwar kontinuierlich übertragen werden, eine spezifische Performance für die jeweilige Session jedoch nicht garantiert werden kann. Unter Umständen kann eine zu hohe Auslastung sogar zum Verlust von Datenpaketen führen, die von den höheren Schichten nach einer gewissen Zeitverzögerung erneut gesendet werden müssen.

Das RSVP-Protokoll stellt für bestimmte Datenströme einen definierten Quality of Service (QoS) zur Verfügung.

Der Prozess einer RSVP-Session wird durch die Daten-Source (z.B. Server-Applikation) angestoßen, indem das PATH-Kommando an die potentiellen Empfänger übermittelt wird. Fester Bestandteil dieses Kommandos ist die so genannte Flow ID. Die Flow ID legt in allen Routern auf dem Weg zwischen Sender und Empfänger fest, anhand welcher Kriterien die Datagramme einer bestimmten RSVP Session erkannt werden können. In der Flow ID-Kennung können beispielsweise die Source-Adresse und andere TCP/IP Header-Parameter enthalten sein. Das PATH-Kommando ist auch in der Lage, den nachfolgenden Informationsfluss genauer zu beschreiben. Die Router, die auf dem Sendepfad das PATH-Kommando verarbeitet haben, speichern die Flow ID und den Empfangsport ab, über die dieses Kommando empfangen wurde. Dadurch sind RSVP Router in der Lage, für die jeweilige Session die notwendigen Ressourcen zu reservieren. Wird das PATH-Kommando vom jeweiligen Empfänger empfangen, so sendet er als Bestätigung ein RESV-Kommando. Bei der Bestätigung wird die gleiche Flow ID benutzt. Das RESV-Kommando wird entsprechend der vom PATH-Kommando festgelegten Route zurückgesendet. Dabei wird durch das RESV-Kommando den Routern auf dem gesamten Weg der für die Session erwartete QoS-Level festgelegt. Empfängt ein Router mehrere RESV-Kommandos von unterschiedlichen Empfängern für die gleiche Session, so erzeugt der Router automatisch daraus ein einziges Kommando. Ist ein Router entlang des Pfads in der Lage, die jeweilige Übertragungsqualität zu garantieren, erzeugt die vorgenommene Reservierung einen Eintrag in der Flow-Tabelle. In allen anderen Fällen weist der Router die Anforderung nach einer Ressourcen-Reservierung ab.

Der RSVP-Header hat folgende Struktur:

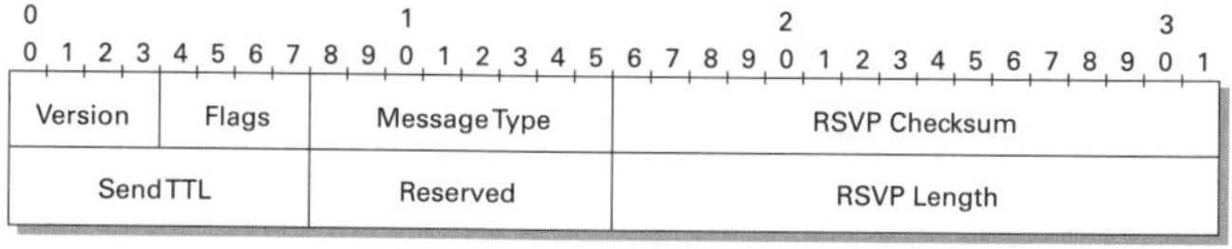

Version

Das Versionsfeld legt die verwendete Version des RSVP-Protokolls fest. Momentan ist nur die Version 1 in Betrieb.

Flags

Die momentane RSVP-Version verwendet das Flagfeld nicht.

Message Type

Folgende RSVP Message-Typen wurden bisher festgelegt:

1	Path
2	Resv.
3	Path Error
4	Resv. Error
5	Path Tear
6	Resv. Tear
7	Resv. Conf.

RSVP Checksum

Enthält eine Prüfsumme, die nur den RSVP-Header auf Fehler überprüft. Durch die Checksum können mögliche Übermittlungsfehler erkannt werden.

Send TTL

Das Time-to-Live-Feld definiert die Lebensdauer des gesendeten Datagramms. Als Zeitbasis für das Time-to-Live-Feld ist die Einheit Sekunden definiert. Die relative Lebensdauer eines Datagramms beträgt maximal 255 Sekunden oder den Übergang über 255 Router.

RSVP Length

Die RSVP Length steht für die gesamte Länge der RSVP Message, ausgedrückt in Byte-Einheiten.

SLIP
Serial Line Interface Protokoll

Eine einfache und kostengünstige Verbindung zweier IP-Netze kann auch über eine einfache Punkt-zu-Punkt-Verbindung zustande kommen. Die Daten werden auf dieser Verbindung mit einem quasi-Protokoll, dem so genannten Serial Line Interface-Protokoll (SLIP) transportiert.

Das SLIP-Protokoll hat seinen Ursprung in der Anfang 1980 veröffentlichten Version der UNET TCP/IP-Implementierung der amerikanischen Firma 3Com. Weite Verbreitung fand das SLIP-Protokoll ab 1984, als es in das 4.2 Berkeley Unix (Rick Adams' Version) implementiert wurde. Heute findet man das SLIP-Protokoll in fast allen Geräten, wie z.B. Routern, Terminal Servern, Kabel-Konzentratoren (Hubs) und fast allen Unix-Implementierungen wieder. Das SLIP-Protokoll wurde Mitte 1988 im Request for Comments (RFC) 1055 unter dem Titel "A nonstandard for Transmission of IP datagrams over serial lines" veröffentlicht.

Das SLIP-Protokoll ermöglicht die Übermittlung von Daten über eine serielle Leitung zwischen zwei Rechnern. Die serielle Leitung kann entweder als Standleitung wie auch als Wählleitung realisiert sein. Bei letzteren ist vor der eigentlichen IP-Verbindung noch ein Wählmodul nötig erst nach erfolgreichem Verbindungsaufbau erfolgt der Wechsel auf das serielle IP-Protokoll. Der SLIP-Mechanismus beruht darauf, dass IP-Datagramme in bestimmte Characters eingepackt und über die Leitung übertragen werden. Die Characters, die den Beginn und das Ende eines SLIP-Paketes kennzeichnen, werden auch als Framing Characters bezeichnet. Als einzige zwei Framing Characters sind das END- und ESC-Zeichen definiert. Das End-Zeichen wird durch den dezimalen Wert 192 (hexadezimal C0) und das ESC-Zeichen durch den dezimalen Wert 219 (hexadezimal DB) dargestellt. Jedes SLIP-Paket beginnt mit dem ESC-Zeichen, danach folgen die IP-Daten. Jedes SLIP-Paket wird nach dem Datenteil mit einem END-Zeichen abgeschlossen. Sollten die Werte für das ESC- und das END-Zeichen in den eigentlichen IP-Daten vorkommen, werden diese Daten durch spezielle Zeichen ersetzt. Ein Wert, der dem END-Zeichen entspricht, wird als END DD mit dem dezimalen Wert 192 221 (hexadezimal C0 DD) und der Wert, der einem ESC-Zeichen entspricht, wird als ESC DC mit dem dezimalen Wert 219 220 (hexadezimal DB

DC) dargestellt. Diese Zeichen werden beim Empfänger wieder in die ursprünglichen Zeichen zurückverwandelt.

SLIP Characters:

Zeichen	dezimaler Wert	hexadezimaler Wert
End	192	C0
ESC	219	DB
END DD	192 221	C0 DD
ESC DC	219 220	DB DC

VRRP
Virtual Router Redundancy Protocol

Zur Absicherung von gerouteten Netzen ist zwischen dem Routing Edge und der Routing Core zu unterscheiden. Für die Verbindungen zwischen Routern stehen bereits seit Jahren die notwendigen Wegfindungs- und Paketleitsysteme zum Aufbau von redundanten Routing-Netzen zur Verfügung. Hierzu zählen beispielsweise das Router Information Protocol (RIP) und das Open Shortest Path First (OSPF). Diese Protokolle ermöglichen die dynamische Neuberechnung von Wegen durch das Router-Netz und sorgen damit für eine dynamische Umleitung der Datenpakete um den ausgefallenen Netzbereich.

Im Bereich der Routing Edge sind die Endgeräte meist nur mit einer statischen Route ausgerüstet. Das Default Gateway definiert hier in der Regel, über welchen Router die Pakete zu einem Zielnetzwerk übertragen werden müssen. Fällt das Default Gateway aus, ist der Ausgang aus dem Netz versperrt. Erst eine Umkonfiguration auf einen anderen Router in den Default Gateway-Einträgen auf allen Endgeräten des betreffenden Netzes schaltet eine Ersatzroute (so vorhanden) frei.

Das Virtual Router Redundancy Protocol wurde im RFC 2338 definiert. Es ermöglicht die Definition von virtuellen Routern. Die physikalischen Router im Netz werden durch das VRRP-Protokoll zu einem virtuellen Router, und die Endgeräte greifen über den Default Gateway-Eintrag nicht mehr auf ein explizites Router Interface zu. Stattdessen wird nur noch auf einen virtuellen Router zugegriffen. Beim virtuellen Router wird ein primäres Router Interface (VRRP Master) und ein sekundäres Router Interface (VRRP Slave/Backup) zur Verfügung gestellt. Der VRRP Slave kann sich auf einem physikalisch getrennten Router befinden. Über VRRP Advertisement Hello-Meldungen kommuniziert der Master Router mit dem Slave Router. Im Sekundenintervall wird dabei dem Backup Router die ordnungsgemäße Funktion des Masters mitgeteilt.

Die Router im Netz bilden dadurch einen virtuellen Router, und die Endgeräte greifen über den Default Gateway-Eintrag und den zugehörigen ARP Cache-Eintrag nicht mehr auf ein physikalisches Gerät zu. Dies bietet den Vorteil, dass bei Ausfall des VRRP Master der VRRP Slave automatisch die IP-Adresse und MAC-Adresse des VRRP Master übernimmt.

Das VRRP-Protokoll arbeitet nur auf IPv4 Routern. Die VRRP-Pakete werden immer mit einem vorgeschaltenen IP-Header übertragen.

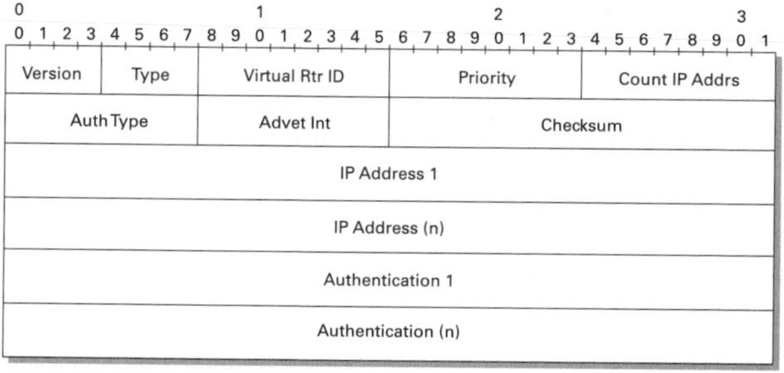

Version

Das Versionsfeld beschreibt die verwendete Version des VRRP-Protokolls. Momentan wird die VRRP-Version 2 verwendet.

Type

Das Typfeld spezifiziert den jeweiligen Typ des VRRP-Paketes. Momentan wurde nur der Pakettyp = 1 (Advertisment) festgelegt.

Virtual Rtr ID

Der virtuelle Router-Identifikator (VRID) beschreibt den virtuellen Router, über den im Paket spezifische Statusinformationen enthalten sind.

Priority

Legt die Priorität eines VRRP Router im virtuellen Router-Verbund fest. Anhand der Priorität wird beim Ausfall des VRRP Master der Backup Router im Netz ausgewählt. Das Prioritätsfeld kann Werte zwischen 1-254 enthalten.

Count IP Addresses

Definiert die Anzahl der im VRRP Advertisement enthaltenen IP-Adressen.

Auth Type

Definiert die zwischen VRRP-Routern verwendete Authentifikationsmethode. Folgende Werte wurden bisher definiert:

Wert	Authentifikationsmethode
0	keine Authentifikation
1	simples Password
2	IP Authentifikations-Header

Advertisement Interval

Definiert den Zeitintervall (in Sekunden) zwischen den Advertisements

Checksum

Die Prüfsumme wird zur Ermittlung fehlerhafter VRRP-Pakete verwendet. Die Prüfsumme umfasst die gesamte VRRP Message.

IP Adresses

Definiert eine oder mehrere IP-Adressen des virtuellen Router. Die Anzahl der IP-Adressen wird im "Count IP Addrs"-Feld definiert. Dieses Feld wird nur zum Troubleshooting von falsch konfigurierten Routern verwendet.

Authentication Data

Momentan wird als Authentifikations-String nur ein 8 Zeichen langes Textfeld verwendet. Die Authentifikation wird ähnlich den Mechanismen im Open Shortest Path First Routing-Protokoll (OSPF) verwendet.

3 PPP-Protokolle

Anwendungen und Protokolle müssen heute in LANs flexibel einsetzbar sein. Für moderne Kommunikations-Architekturen bedeutet das, dass eine Vielzahl von unterschiedlichsten Medien und Zugriffsmechanismen unterstützt werden muss. Einer davon ist das Point-to-Point-Protokoll.

BAP
Bandwidth Allocation Protocol

Das Bandwidth Allocation Protocol (BAP) wird zum Management der Verbindung in einem so genannten Multi Link Bundle verwendet.

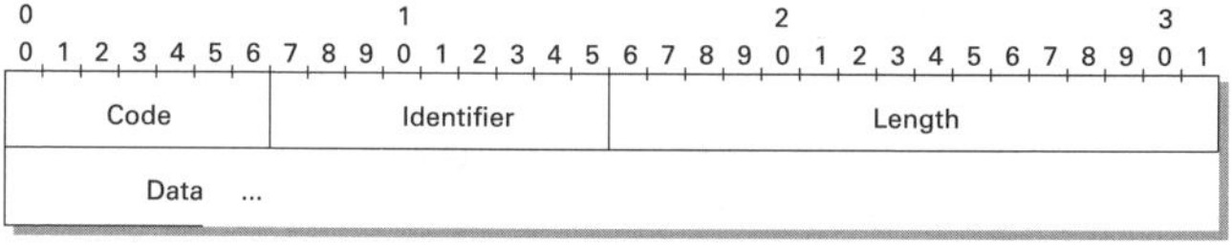

Abbildung 3.1: Der BAP Protokoll-Header baut sich wie folgt auf

Code

Das ein Byte lange Code-Feld definiert die Art der BAP-Information. Folgende Werte wurden bisher festgelegt:

1	Call Request
2	Call Response
3	Callback Request

4 Callback Response

5 Link Drop Query Request

6 Link Drop Query Response

7 Call Status Indication

8 Call Status Response

Identifier

Das ein Byte lange Identifier-Feld ermöglicht die Zuordnung von Requests zu Replies.

Data

Das Data-Feld enthält die eigentlichen BAP-Informationen und wird immer durch ein Code-Feld abgeschlossen.

BCP
Bridging Control Protocol

Das Bridging Control Protocol (BCP) sorgt für die ordnungsgemäße Konfiguration einer PPP-Verbindung, um im Bridging-Modus Informationen über eine Point-to-Point-Strecke übertragen zu können. Das Protokollfeld mit dem Wert 8031 hex signalisiert, dass es sich im Datenteil um BCP-Protokollinformationen handelt.

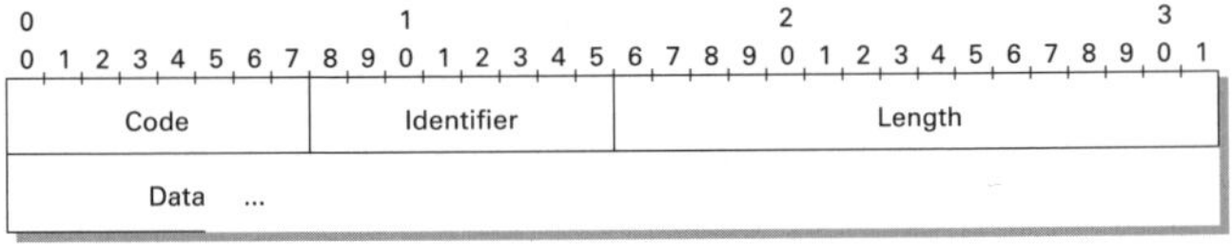

Abbildung 3.2: Der BCP-Protokoll-Header

Code

Das ein Byte lange Code-Feld definiert die Art der BCP-Information.

Folgende Werte wurden bisher festgelegt:

1	Configure-Request
2	Configure-Ack
3	Configure-Nak
4	Configure-Reject
5	Terminate-Request
6	Terminate-Ack
7	Code-Reject

Identifier

Das ein Byte lange Identifier-Feld ermöglicht die Zuordnung von Requests zu Replies.

Data

Das Data-Feld enthält die eigentlichen BCP-Informationen und wird immer durch ein Code-Feld abgeschlossen.

BCP-Konfigurationsoptionen

Die BCP-Konfigurationsoptionen ermöglichen die individuelle Anpassung an die Charakteristiken des Network Layer-Protokolls.

Folgende Konfigurationsoptionen wurden bisher definiert:

Wert	Option
1	Bridge Identification
2	Line Identification
3	MAC Support
4	Tinygram Compression
5	LAN Identification
6	MAC Address
7	Spanning Tree Protocol

CCP
Compression Control Protocol

Mit Hilfe des Compression Control Protocol (CCP) wird über eine PPP-Verbindung der verwendete Kompressionsmechanismus ausgehandelt. Das Compression Control Protocol (CCP) wird durch ein Protokollfeld mit dem Wert 80fd hex signalisiert.

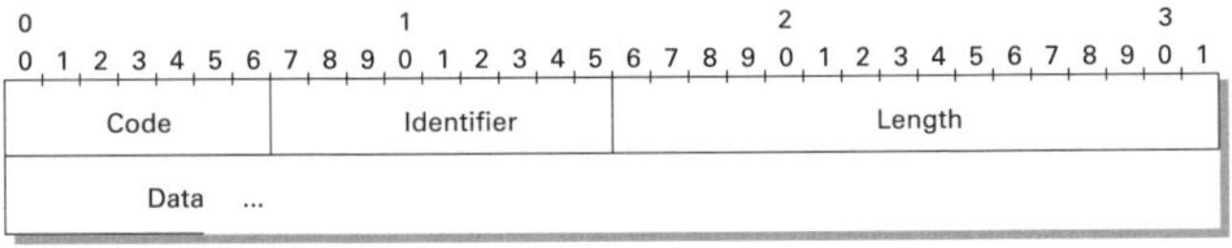

Abbildung 3.3: Der CCP-Protokoll-Header baut sich wie folgt auf

Code

Das ein Byte lange Code-Feld definiert die Art der CCP-Information. Folgende Werte wurden bisher festgelegt:

1	Configure-Request
2	Configure-Ack
3	Configure-Nak
4	Configure-Reject
5	Terminate-Request
6	Terminate-Ack
7	Code-Reject
14	+ Reset-Request
15	+ Reset-Reply

Identifier

Das ein Byte lange Identifier-Feld ermöglicht die Zuordnung von Requests zu Replies.

Data

Das Data-Feld enthält die eigentlichen CCP-Informationen und wird immer durch ein Code-Feld abgeschlossen.

CCP-Konfigurationsoptionen

Die CCP-Konfigurationsoptionen ermöglichen die individuelle Anpassung an die Charakteristiken des Network Layer-Protokolls.

Folgende Konfigurationsoptionen wurden bisher definiert:

Wert	Option
0	OUI
1	Predictor Type 1
2	Predictor Type 2
3	Puddle Jumper
16	Hewlett Packard PPC
17	Stac Electronics LZS
18	Microsoft PPC
19	Gandalf FZA
20	v.42 bis Compression
21	BSD LZW Compress
23	LZS-DCP

CHAP
Challenge Handshake Authentication Protocol

PPP ist der de facto-Standard für den Transport von Daten verschiedenster Protokolle auf seriellen Leitungen. Es bietet außerdem ein erweiterbares Link Control Protocol. Dieses wird hauptsächlich zum kontrollierten Auf- und Abbau, dem Monitoring und der Konfiguration der PPP-Verbindung eingesetzt. Das Link Control Protocol erlaubt jedoch auch den Einsatz eines Authentisierungsprotokolls, mit dem vor dem Transport von Paketen der Schicht 3 die Kommunikationspartner eine Zugangssicherung realisieren können. Im RFC 1994 ist eine Methode beschrieben, welche auf einem Zufallswert dem Challenge beruht, und einer verschlüsselten Antwort, die aus dem Challenge und einem Passwort gebildet wird.

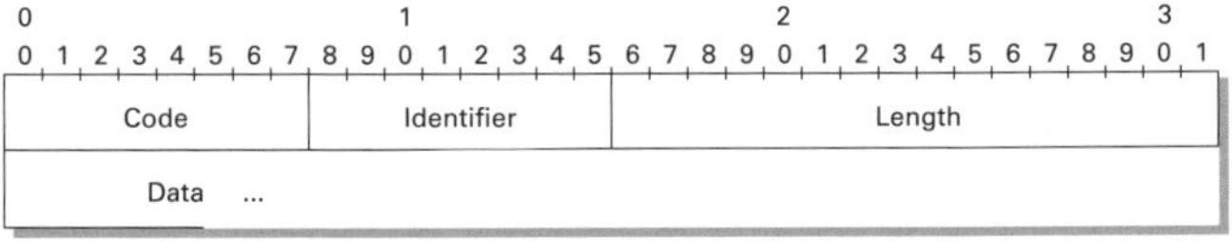

Abbildung 3.4: Chap-Header-Format

Code

Das Code-Feld ist ein Byte, in dem die Art des CHAP-Paketes gekennzeichnet wird.

Folgende CHAP Codes sind möglich:

1 Challenge

2 Response

3 Success

4 Failure

Identifier

Das ein Byte lange Identifier-Feld ermöglicht die Zuordnung von Requests zu Replies.

Length

Das Data Length-Feld ist 2 Bytes lang und gibt die Länge des CHAP-Paketes an, einschließlich Code, Identifier, Length und Datenfeld. Bytes, die über die angegebene Länge hinausreichen, sind Füllbytes des Data Link Layer (Padding) und sollten vom Empfänger ignoriert werden.

Data

Das Format des Daten-Feldes wird durch das Code-Feld festgelegt. Es ist keine Mindestlänge vorgeschrieben. Zusätzliche Angaben, wie z.B. User unknown, können darin übertragen werden.

Challenge und Response

Mit dem Challenge-Paket wird das Challenge Handshake Authentication Protocol eingeleitet. Das authentisierende System muss ein CHAP-Paket mit dem Wert 1 (Challenge) im Code-Feld senden. Weitere Challenge-Pakete müssen gesendet werden, bis ein gültiges Response-Paket empfangen wird, oder der Retry-Zähler ausläuft. Der Verbindungspartner sollte Challenge-Pakete während der Authentisierungsphase und während des Bestehens der Layer-3-Verbindung erwarten. Nach jedem empfangenen Challenge-Paket muss der Verbindungspartner ein CHAP-Paket mit dem Wert 2 im Code-Feld (Response) zurücksenden. Nach jedem Empfang eines Response-Paketes vergleicht das authentisierende System den Wert mit den selbst berechneten Werten. Basierend auf dieser Kalkulation wird ein Success- oder ein Failure-Paket zurückgeschickt.

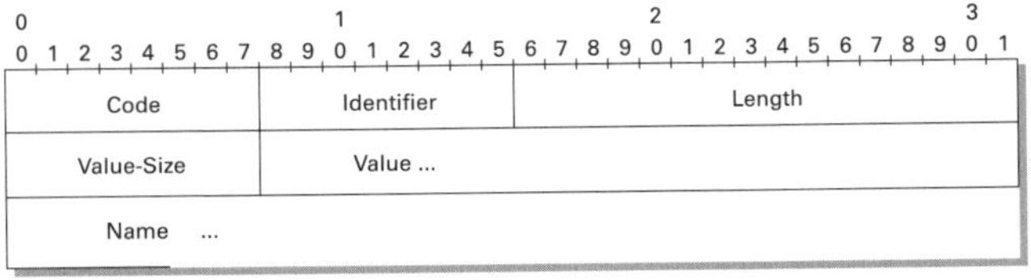

Abbildung 3.5: Challenge- und Response-Header-Format

Code

1 für Challenge

2 für Response

Identifier

Der Wert des Identifier-Feldes muss nach jeder Aussendung eines Challenge-Paketes geändert werden. Der Response-Identifier muss aus dem Identifier des Challenge-Paketes kopiert werden, welches diesen Response ausgelöst hat.

Value-Size

Diese Feld ein Byte lang kennzeichnet die Länge des Value-Feldes.

Value

Der Challenge-Value ist ein variabler Strom von Bytes. Die Bedeutung der Einzigartigkeit dieses Wertes und seine Beziehung zum Passwort wurde bereits erläutert. Danach muss der Wert jedes ausgesendeten Challenge-Paketes verschieden sein. Die Länge dieses Wertes ist von der Methode des Generators abhängig. Der Response-Value ist ein one way-Wert und wird über den Bytestrom berechnet, der den Identifier mit dem Passwort verknüpft und den Challenge-Wert bildet. Die Länge ist vom Verschlüsselungsalgorithmus abhängig (16 Bytes bei MD5).

Name

Das Name-Feld ist ein oder mehrere Bytes lang. Es beinhaltet den Namen des sendenden Systems. Für den Inhalt des Feldes gibt es keine Beschränkungen. So können z.B. ASCII-Character Strings oder eindeutige Kennzeichner in ASN1-Notation verwendet werden. Der Name sollte jedoch nicht mit den Characters *NUL* oder *CR/LF* abgeschlossen sein. Die Länge wird vom Length-Feld bestimmt.

CHAP-Success und Failure-Pakete

Entspricht der Wert in einem empfangenen Response-Paket dem erwarteten (selbst kalkulierten) Wert, so wird ein CHAP-Paket mit dem Wert 3 im Code-Feld (Success) gesendet. Liegt eine Abweichung vor, wird ein CHAP-Paket mit dem Wert 4 (Failure) gesendet und die Verbindung beendet.

Code

3	für Success
4	für Failure

Identifier

Das Identifier-Feld ist ein Byte und hilft zusammengehörige Requests und Replies zu identifizieren. Der Wert für dieses Feld wird aus dem Identifier-Feld des Response-Paketes entnommen, das diesen Reply ausgelöst hat.

Message

Das Message-Feld hat keine Mindestlänge. Der Inhalt ist abhängig von der jeweiligen CHAP-Implementierung. Der Inhalt besteht aus druckbaren Zeichen, die nur informativen Charakter haben. Für die Funktion des Protokolls ist der Inhalt ohne Bedeutung.

CP
IP Compression Protocol

Ermöglicht den beiden IP-Peers, die Daten untereinander im komprimierten Format auszutauschen. Als einziger Komprimierungsmechanismus wurde bisher der Van Jacobsen-Mechanismus (Wert 002d) integriert.

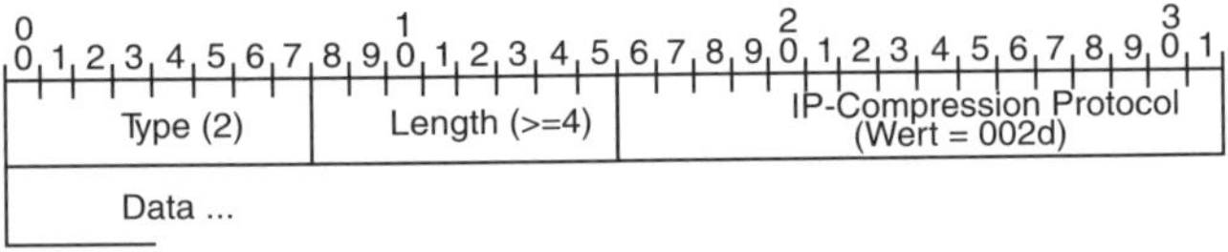

Abbildung 3.6: IPCP Header mit Kompressions-Option

IP Address

Ermöglicht das dynamische Benutzen von IP-Adressen zwischen den beiden Kommunikationspartnern.

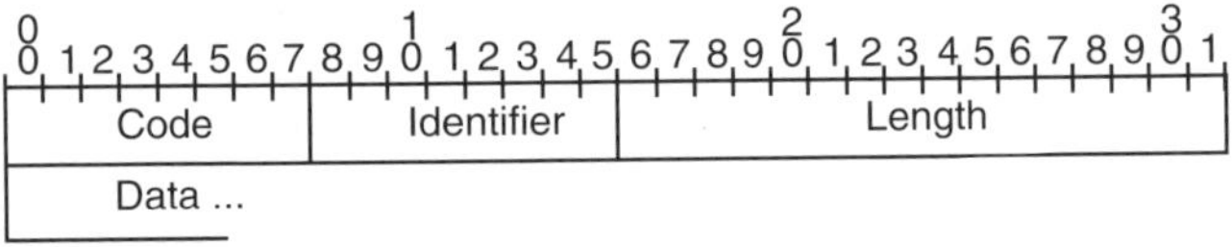

Abbildung 3.7: IP Address Format

IPCP
IP Control-Protokoll

Die IP Control-Protokoll-Informationen werden in Form eines PPP-Datagramms verschickt. Dabei signalisiert das Protokoll-Feld mit dem Wert 8021 hex, dass es sich im Datenteil um IP Control Protocol-Informationen handelt. Pro Datagramm kann nur eine IPCP-Information verschickt werden.

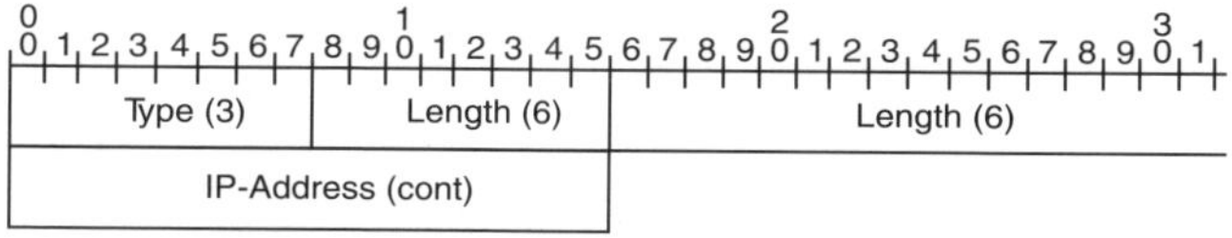

Abbildung 3.8: Der IP Control-Protokoll-Header

Code

Das ein Byte lange Code-Feld definiert die Art der IPCP-Information. Folgende Werte wurden bisher festgelegt:

1	Configure-Request
2	Configure-Ack
3	Configure-Nak
4	Configure-Reject
5	Terminate-Request
6	Terminate-Ack
7	Code-Reject

Identifier

Das ein Byte lange Identifier-Feld ermöglicht die Zuordnung von Requests zu Replies.

Data

Das Data-Feld enthält die eigentlichen IPCP-Informationen und wird immer durch ein Code-Feld abgeschlossen.

Vor dem Übermitteln von IP-Datagrammen kann das IPCP-Protokoll noch Konfigurationsoptionen mit dem IP-Kommunikationspartner austauschen. Folgende IPCP-Optionen wurden festgelegt:

1	IP Addresses
2	IP Compression Protocol
3	IP Address

IP Addresses

Wird als Option für frühere PPP-Versionen unterstützt und hat bei neuen Versionen keine Bedeutung mehr.

LCP

Link Control-Protokoll

Das Link Control-Protokoll (LCP) ist für den ordnungsgemäßen Aufbau, die Konfigurierung, den Test und den Abbau einer PPP-Datenverbindung zuständig. Bevor die eigentlichen Datagramme über eine PPP-Verbindung übermittelt werden, sendet jeder der beteiligten PPP-Interfaces eine Reihe von LCP-Paketen auf die Leitung. Die Link Control-Protokoll-Informationen werden in Form von PPP-Datagrammen verschickt. Dabei signalisiert das Protokoll-Feld mit dem Wert c021 hex, dass es sich im Datenteil um LCP-Informationen handelt. Pro Datagramm kann nur eine LCP-Information verschickt werden. Für das LCP-Protokoll wurden drei Paketgruppen definiert.

Link Configure-Pakete

Werden zum Aufbau und zur Konfiguration einer Verbindung eingesetzt (Configure-Request, Configure-Ack, Configure-NAK und Configure-Reject).

Link Termination-Pakete

Link Termination-Pakete signalisieren den geregelten Abbau der Verbindung zwischen zwei PPP-Peers (Termination-Request, Termination-Ack).

Link Maintainance-Pakete

Um die Verbindung ordnungsgemäß aufrecht halten zu können, werden zwischen den PPP-Peers Link Maintainance-Pakete verschickt (Code-Reject, Protocol Reject, Echo-Request, Echo-Reply und Discard-Request).

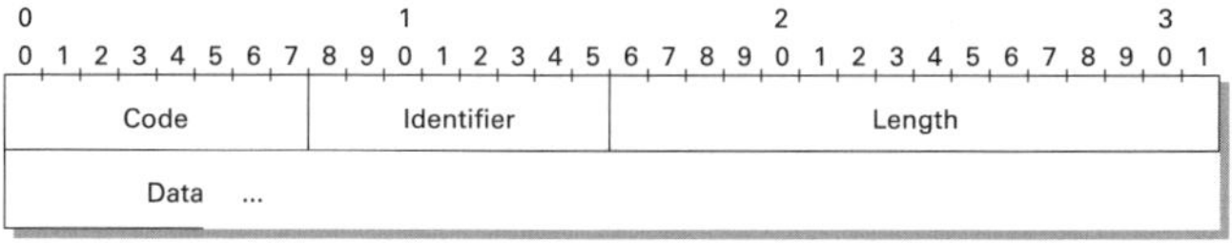

Abbildung 3.9: Der Link Control Protokoll-Header

Code

Das ein Byte lange Code-Feld definiert die Art der LCP-Information.

Folgende Werte wurden bisher festgelegt:

1	Configure-Request
2	Configure-Ack
3	Configure-Nak
4	Configure-Reject
5	Terminate-Request
6	Terminate-Ack
7	Code-Reject
8	Protocol-Reject

9	Echo-Request
10	Echo-Reply
11	Discard-Request
12	Reserviert

Identifier

Das ein Byte lange Identifier-Feld ermöglicht die Zuordnung von Requests zu Replies.

Length

Das 2 Byte lange Length-Feld legt die gesamte Länge des LCP-Paketes inklusive des Code-, Identifier-, Length- und Datenfeldes fest.

Data

Das Data-Feld enthält die eigentlichen LCP-Informationen und wird immer durch ein Code-Feld abgeschlossen.

LCP-Konfigurationsoptionen

Das Link Control-Protokoll (LCP) ermöglicht optional das dynamische Aushandeln von Konfigurationen zwischen den PPP-Peers. Zum Aushandeln von Konfigurationsoptionen wurde folgendes Datenformat festgelegt:

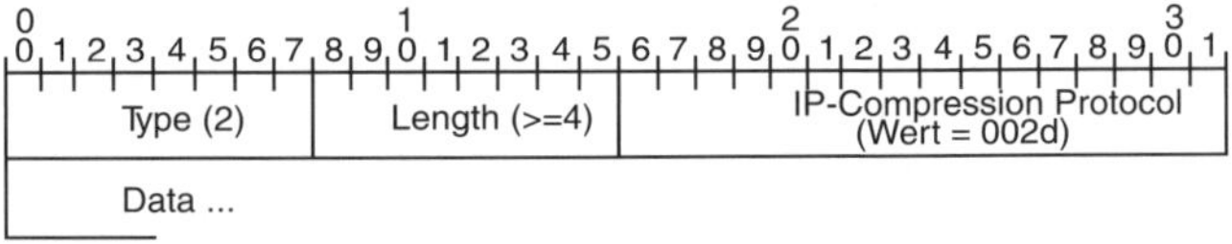

Abbildung 3.10: LCP-Header

Code

Das ein Byte lange Code-Feld definiert die Art der LCP-Konfiguration.

Folgende Werte wurden bisher festgelegt:

0	reserviert
1	Maximum Receive Unit
2	Async Control Character Map
3	Authentication Protocol
4	Quality Protocol
5	Magic Number
6	RESERVED
7	Protocol Field Compression
8	Address and Control Field Compression

Length

Das ein Byte lange Length-Feld legt die gesamte Länge des LCP-Konfigurationspaketes inklusive des Code-, Längen- und Datenfelds fest.

Data

Das Data-Feld enthält die erweiterten LCP-Konfigurationsinformationen.

LQR

Link Quality Report

Das Link Quality Report-Protokoll dient zur Überprüfung der Qualität einer PPP-Verbindung. Das Link Quality Report-Protokoll wird in PPP Data Link Layer-Paketen durch das Protokollfeld mit dem Wert c025 (hex) gekennzeichnet.

0 1 2 3
0 1 2 3 4 5 6 7 8 9 0 1 2 3 4 5 6 7 8 9 0 1 2 3 4 5 6 7 8 9 0 1

Magic Number
LastOutLQRs
LastOutPackets
LastOutOctets
PeerInLQRs
PeerInPackets
PeerInDiscards
PeerInErrors
PeerInOctets
PeerOutLQRs
PeerOutPackets
PeerOutOctets
SaveInLQRs
SaveInPackets
SaveInDiscards
SaveInErrors
SaveInOctets

Magic Number

Mit Hilfe der Magic Number werden Schleifen im Übertragungsweg ermittelt.

LastOutLQRs

Im LastOutLQRs-Feld wird immer der letzte gültig empfangene Wert des PeerOutLQRs-Feldes übertragen.

LastOutPackets

Im LastOutPackets-Feld wird immer der letzte gültig empfangene Wert des PeerOutPackets-Feldes übertragen.

LastOutOctets

Im LastOutOctets-Feld wird immer der letzte gültig empfangene Wert des recently received PeerOutOctets-Feldes übertragen.

PeerInLQRs

Im PeerInLQRs-Feld wird immer der letzte gültig empfangene Wert des SaveInLQRs-Feldes übertragen.

PeerInPackets

Im PeerIn-Paketfeld wird immer der letzte gültig empfangene Wert des SaveIn-Paketes übertragen.

PeerInDiscards

Das PeerInDiscards-Feld enthält eine Kopie des letzten gültig empfangenen Wertes des SaveInDiscards-Feldes.

PeerInErrors

Im PeerInErrors-Feld wird immer der letzte gültig empfangene Wert des SaveInErrors-Feldes übertragen.

PeerInOctets

Das PeerInOctets-Feld enthält eine Kopie des letzten gültig empfangenen Wertes des SaveInOctets-Feldes.

PeerOutLQRs

Im PeerOutLQRs-Feld wird immer der letzte gültig empfangene Wert des OutLQRs-Feldes übertragen.

PeerOutPackets

Das PeerOutPackets-Feld enthält eine Kopie der Werte der MIB-ifOutUniPackets und ifOutNUniPackets.

PeerOutOctets

Das PeerOutOctets-Feld enthält eine Kopie der Werte des MIB ifOut-Octets-Feldes.

SaveInLQRs

Im SaveInLQRs-Feld wird immer der letzte gültige Wert des InLQRs-Feldes übertragen.

SaveInPackets

Das SaveInPackets-Feld enthält eine Kopie der Werte der MIB ifIn-UniPackets und ifInNUniPackets.

SaveInDiscards

Das SaveInDiscards-Feld enthält eine Kopie der Werte der MIB ifIn-Discards.

SaveInErrors

Das SaveInErrors-Feld enthält eine Kopie der Werte der MIB ifIn-Errors.

SaveInOctets

Im SaveInOctets-Feld wird immer der letzte gültige empfangene Wert des InGoodOctets-Feldes übertragen.

L2TF

Layer 2 Tunneling Protocol

Das Layer 2 Tunneling Protocol (L2TF) arbeitet als Tunneling-Protokoll auf dem Data Link Layer. Damit lassen sich im Remote Access-Bereich virtuelle private Netze in einer Multiprotokoll-Umgebung aufbauen. Um eine konfliktfreie Kommunikation und die notwendige Sicherheit zu garantieren, wird der gesamte Datenverkehr des privaten virtuellen Netzes an den Zugangspunkten in IP-Pakete eingepackt und über die physikalische Infrastruktur des Providers übermittelt. Beim Layer-2-Tunneling reicht der virtuelle Tunnel des Providers bis ins Kundennetz hinein, wo er in einem Remote Access-Server oder Router endet. Erst hier wird das PPP-Paket (Ebene 2) in das ursprüngliche IP-Paket entpackt.

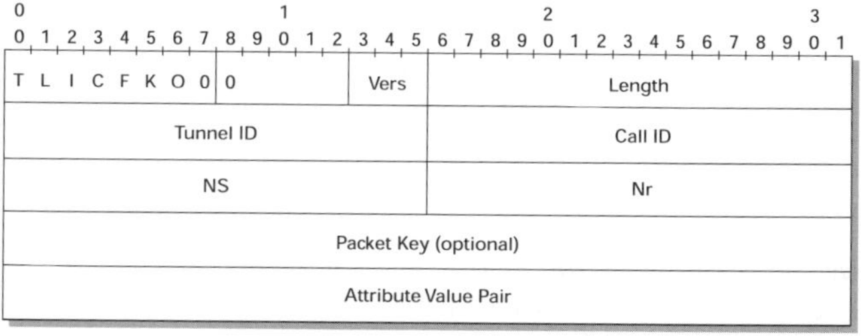

Abbildung 3.11: L2TF-Header

Bit T

Mit Hilfe des T-Bit wird zwischen Kontrollmeldungen (T = 0) und regulären Datenpaketen (T = 1) unterschieden. Bei reinen Kontrollmeldungen werden die folgenden sieben Bits automatisch auf den Wert 10010000 gesetzt.

Bit L

Der Wert L = 1 definiert, dass im Paket das Längenfeld beachtet werden muss.

Bit I und C

Reservierte Werte ohne Bedeutung

Bit F

Das gesetzte F-Bit signalisiert, dass im Paket die Nr- und Ns-Felder beachtet werden müssen.

Bit K

Reservierter Wert ohne Bedeutung

Bit O

Das gesetzte O-Bit signalisiert, dass im Paket das Offset Size-Feld von Bedeutung ist.

Version

Das Versionsfeld wird immer auf den Wert 002 gesetzt.

Length

Definiert die gesamte Länge des getunnelten Paketes

Tunnel ID

Die Tunnel ID dient zur eindeutigen Identifizierung eines Tunnels und ist nur für Kontrollmeldungen relevant.

Call ID

Die Call ID dient zur eindeutigen Identifizierung einer Verbindung innerhalb eines Tunnels und ist nur für Kontrollmeldungen relevant.

NS

Definiert die zuletzt empfangene Paketnummer

Nr

Beschreibt die momentan übermittelte Paketnummer

Packet Key (optional)

Werden in einem Paket reine Daten übertragen, so wird vor dem AVP-Feld die folgende 32 Bit lange Sequenz eingeschoben:

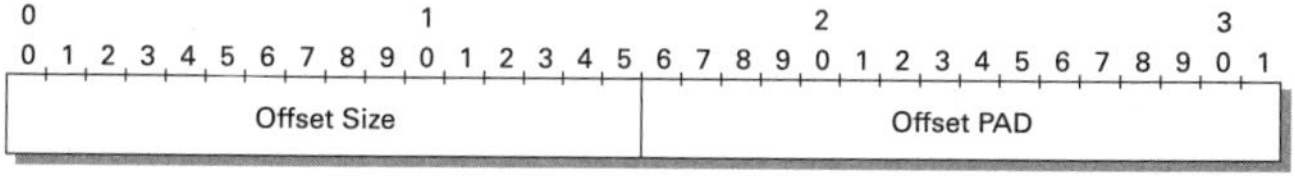

Offset Size

Definiert den eigentlichen Beginn der Nutzdaten nach dem L2TP-Header

Offset PAD

Füllbits, um den Header auf das 32 Bit Format aufzufüllen

Attribute Value Pair (AVP)

Mit Hilfe des Attribute Value Pairs werden die Nutzdaten im Header dargestellt.

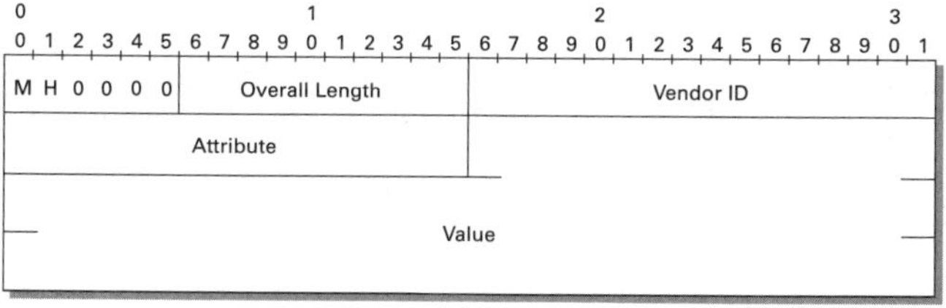

Bit M

Das Mandatory Bit legt die Bearbeitung des AVP-Headers für solche Implementierungen fest, die die spezifischen AVP-Formate nicht unterstützen.

Bit H

Das Hidden Bit beschreibt die versteckten Daten im Paket. Mit dem H-Bit wird beispielsweise vermieden, dass Passworte als Klartext übertragen werden.

Overall Length

Beschreibt die gesamte Länge des AVP-Headers. Der AVP Header kann maximal eine Länge von 1024 Byte haben.

Vendor ID

Enthält den für den jeweiligen Hersteller bei der IANA reservierten SMI Network Management Private Enterprise Code

Attribute

Legt die herstellerspezifischen Werte des AVP-Headers fest

Value

Enthält die eigentlichen getunnelten Daten

MP
Multilink Protocol

Durch das PPP Multilink Protocol (MP) kann zwischen den an der Verbindung beteiligten Kommunikationskomponenten ausgehandelt werden, dass mehrere physikalische Verbindungen zu einem gemeinsamen Verbindungsweg gebündelt werden. Die zu übertragenden Datenpakete werden in die für die jeweiligen physikalischen Verbindungen passenden Datenfragmente aufgeteilt und mit einem vorangestellten PPP-Header übermittelt. Werden Informationen mit Hilfe des PPP Multilink-Protokolls über PPP-Verbindungen übermittelt, signalisiert das Protokollfeld mit dem Wert 003d (hex), dass es sich im Datenteil um MP-Protokollinformationen handelt.

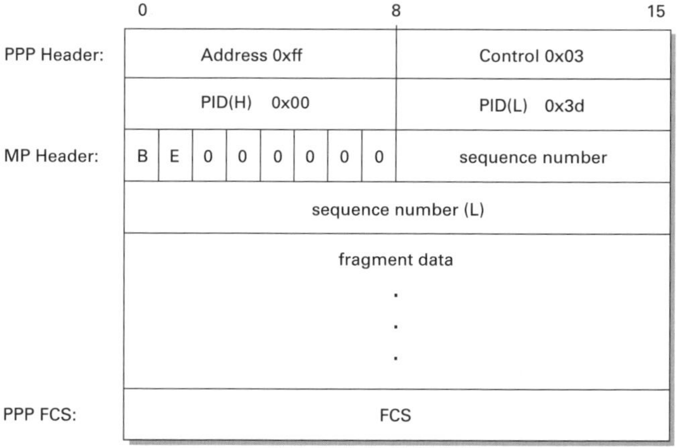

Abbildung 3.12: Long Sequence Number Fragment Format

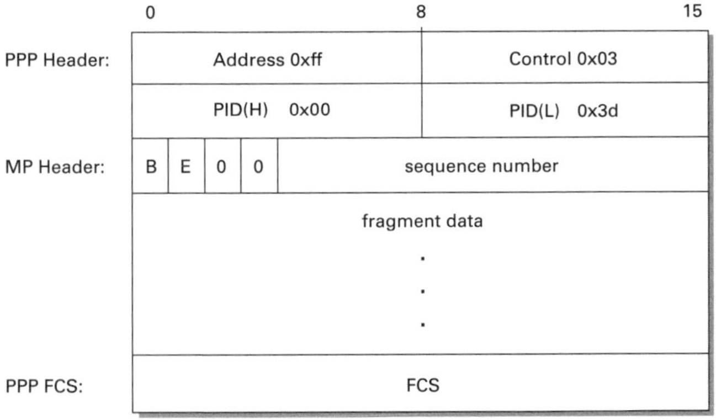

Abbildung 3.13: Short Sequence Number Fragment Format

B-Bit

Das Beginning Fragment-Bit wird nur beim ersten übermittelten Datenfragment gesetzt. Bei allen weiteren Fragmenten des gleichen Originalpaketes wird das B-Bit auf den Wert = 0 gesetzt.

E-Bit

Das Ending Fragment-Bit wird nur beim letzten übermittelten Datenfragment gesetzt.

Sequence Number

Das 24 bzw. 12 Bit lange Sequence-Nummernfeld dient bei der Reassemblierung zur Einordnung der übertragenen Fragmente in den ursprünglichen Datenstrom. Als Default-Wert für die Länge des Sequence-Nummernfeldes werden 24 Bits verwendet. Mit Hilfe der

LCP-Konfigurationsoption kann jedoch zwischen den Kommunikationspartnern eine 12 Bit lange Sequenznummer ausgehandelt werden.

Konfigurationsoptionen

Die Multilink Protocol-Konfigurationsoptionen ermöglichen die individuelle Anpassung an die Charakteristiken des Network Layer-Protokolls.

Folgende Konfigurationsoptionen wurden bisher definiert:

- Multilink Maximum Received Reconstructed Unit
- Multilink Short Sequence Number Header Format
- Endpoint Discriminator

PAP
Password Authentication Protocol

Beim Aufbau einer Verbindung kann vom Link Control Protocol mit Hilfe eines Authentisierungsprotokolls auf der Schicht 3 eine Zugangssicherung realisiert werden. Die einfachste Authentisierungsmethode basiert auf dem Password Authentication Protocol (PAP). Das Protokollfeld mit dem Wert c023 hex signalisiert, dass es sich im Datenteil um PAP-Protokollinformationen handelt.

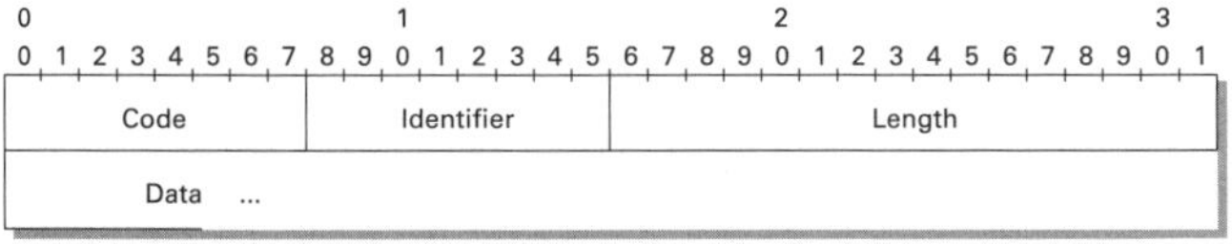

Abbildung 3.14: Der PA-Protokoll-Header

Code

Das Code-Feld ist ein Byte groß. In ihm wird die Art des PAP-Paketes gekennzeichnet.

Folgende PAP Codes sind möglich:

1 Authenticate-Request

2 Authenticate-Ack

3 Authenticate-Nak

Identifier

Das ein Byte lange Identifier-Feld ermöglicht die Zuordnung von Requests zu Replies.

Length

Das 2 Byte lange Length-Feld gibt die Länge des PAP-Paketes einschließlich Code, Identifier, Length und Datenfeld an.

Data

Im Datenfeld werden die eigentlichen Authentifizierungsdaten transportiert.

Abbildung 3.15: Das PAP-Datenfeld

Peer ID Length

Definiert die Länge des Peer ID-Feldes

Peer ID

Beschreibt den zu authentifizierenden Kommunikationspartner

Password Length

Definiert die Länge des Passwort-Feldes

Password

Enthält das eigentliche Passwort

PPP

Point-to-Point-Protokoll

Das Point-to-Point-Protokoll (PPP) kommt als Übertragungsmechanismus über serielle Verbindungen zum Einsatz. Die-Point-to-Point-Protokoll-Spezifikationen wurden von der Internet Engineering Task Force (IETF) in den Requests for Comments (RFC) 1331 (*The Point-to-Point Protocol (PPP) for the Transmission of Multi-protocol Datagrams over Point-to-Point Links*), RFC 1332 (*The PPP Internet Protocol Control Protocol)* und RFC 1333 (*PPP Link Quality Monitoring*) festgelegt.

Da das PPP-Protokoll nicht nur für die IP-Welt geschrieben wurde, sondern den besonderen Multiprotokoll-Charakter der Internet Community unterstreicht, wurde darüber hinaus die Integration weiterer Protokolle definiert. Für den Endanwender steht das PPP-Protokoll in Form von Public Domain Software für SUN-Workstations oder als herstellerspezifische Implementierung für bestimmte LAN-Geräte (Router, Hubs, Bridges, Terminal Server usw.) zur Verfügung.

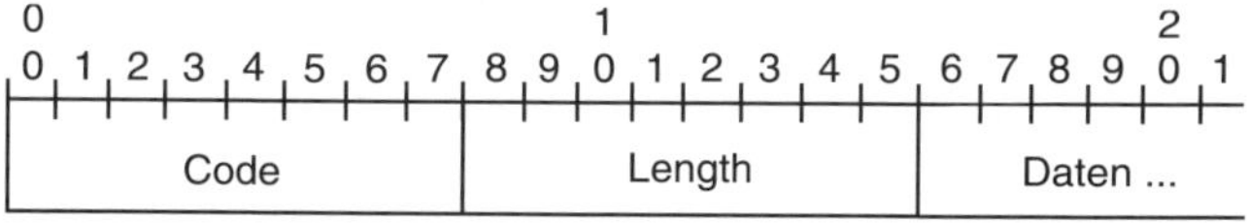

Abbildung 3.16: PPP-Datenformat

Flag Sequence

Jedes PPP-Datenpaket wird durch einen Acht-Bit-Wert der Flag-Sequenz eröffnet und beendet. Diese Flag-Sequenz hat immer den binären Wert 01111110 (hexadezimal 0x7e).

Adress-Feld

Das Adress-Feld definiert immer die so genannte All-Station-Adresse und ist auf den binären Wert 11111111 (hexadezimal 0xff) gesetzt. Das PPP-Protokoll unterstützt in der momentanen Version noch keinen Adressmechanismus, der das Adressieren von individuellen Stationen ermöglicht.

Control-Feld

Das Control-Feld definiert immer das Unnumbered Information-Kommando (UI), bei dem das P/F-Bit auf den Wert 0 gesetzt ist. Die binäre Sequenz für das Control-Feld ist 00000011 (hexadezimal 0x03). Datenpakete mit anderen Werten sind ungültig und werden verworfen.

Protocol-Feld

Das zwei Oktett lange Protokoll-Feld definiert, wie die Daten des nachfolgenden Informations-Feldes zu behandeln sind. Die Werte des Protokoll-Feldes werden in den Assigned Numbers in den jeweiligen RFCs publiziert.

Folgende Gruppen wurden bisher festgelegt:

0 - 3	festgelegte Network Layer-Protokolle
8 - b	Network Control Protocols (NCPs)
4 - 7	frei vergebbar für Datenverkehr mit niedrigen Übertragungsmengen
c – f	Link Layer Protocols (LCPs)

Für dieses Feld sind im Moment folgende Werte festgeschrieben:

Wert (in hex)	Protokoll
0001 bis 001f	Reserviert
0021	Internet Protocol
0023	OSI Network Layer
0025	Xerox NS IDP
0027	DECnet Phase IV
0029	Appletalk
002b	Novell IPX
002d	Van Jacobson Compressed TCP/IP
002f	Van Jacobson Uncompressed TCP/IP
0031	Bridging PDU
0033	Stream Protocol (ST-II)
0035	Banyan Vines
0037	Reserviert
00ff	Reserviert
0201	802.1d Hello Packets
0231	Luxcom
0233	Sigma Network Systems
8021	Internet Protocol Control Protocol
8023	OSI Network Layer Control Protocol
8025	Xerox NS IDP Control Protocol
8027	DECnet Phase IV Control Protocol
8029	Appletalk Control Protocol
802b	Novell IPX Control Protocol
802d	Reserviert

Wert (in hex)	Protokoll
802f	Reserviert
8031	Bridging NCP
8033	Stream Protocol Control Protocol
8035	Banyan Vines Control Protocol
c021	Link Control Protocol
c023	Password Authentication Protocol
c025	Link Quality Report
c223	Challenge Handshake Authentication Protocol

Information-Feld

Das Information-Feld enthält die protokollspezifischen Informationen (Header und Daten) des im Protokoll-Feld definierten Network Layer-Protokolls. Die Default-Länge des Information-Feldes kann zwischen 0 und maximal 1500 Bytes (Default-Wert) betragen. Zwischen den Kommunikationspartnern besteht jedoch die Möglichkeit, jederzeit einen größeren Wert als die Maximal Frame Size auszuhandeln.

Frame Check Sequence Field

Das 16 Bit lange Frame Check Sequence-Feld (FCS) ermöglicht eine Fehlerkontrolle des übermittelten Datenrahmens.

Interface Token

Das PPP-Protokoll verwendet die Interface Token-Konfigurationsoption als 32 Bit lange Interface-Kennung für die Schnittstelle des Rechners zur lokalen PPP-Verbindung. Wird über eine Verbindung ein Configure-Request, welches eine Interface Token-Konfigurationsoption enthält, empfangen, und unterstützt der Empfänger diese Option, so wird das empfangene Interface Token zwischengespeichert. Anschließend wird der Wert des empfangenen Interface Token mit dem Wert des von dem Empfänger zuletzt zu dem betreffenden Rechner gesendeten Configure-Request verglichen.

Abhängig vom Resultat des Vergleichs und der jeweiligen Implementierung dieser Option stehen folgende Möglichkeiten zur Verfügung:

Ergibt der Vergleich unterschiedliche Interface Tokens und hat das empfangene Interface Token einen Wert = 0, so wird ein Configure-Ack (inklusive eines Interface Token > 0) zum Remote-Rechner gesendet. Der Wert des übermittelten Interface Token muss sich vom Wert des Interface Token, das beim letzten Configure-Request zu dieser Peer übermittelt worden ist, unterscheiden.

Ergibt der Vergleich unterschiedliche Interface Tokens und hat das empfangene Interface Token einen Wert > 0, so wird das Interface Token mit Hilfe des Configure-Ack bestätigt. Das im Configure-Ack enthaltene Token signalisiert, dass der Peer-Rechner mit dem Wert des Interface Token einverstanden ist.

Ergibt der Vergleich keine unterschiedlichen Interface Tokens und entsprechen die Interface Tokens Werten von > 0, so wird ein Configure-Nak an den Peer-Rechner übermittelt. Das Configure-Nak signalisiert, dass der im Paket enthaltene Interface Token-Wert von der Remote Peer verwendet werden sollte.

Wird beim Vergleich festgestellt, dass beide Interface Tokens einen Wert = 0 haben, so muss der Interface Token Negotiation-Prozess abgebrochen werden und ein Configure-Reject (Interface Token = 0) zum Remote-Rechner gesendet werden.

Wird ein Configure-Request mit einer gesetzten Interface Token-Konfigurationsoption empfangen und im Empfänger wird diese Option nicht unterstützt, wird ein Configure-Reject zum Remote-Rechner gesendet.

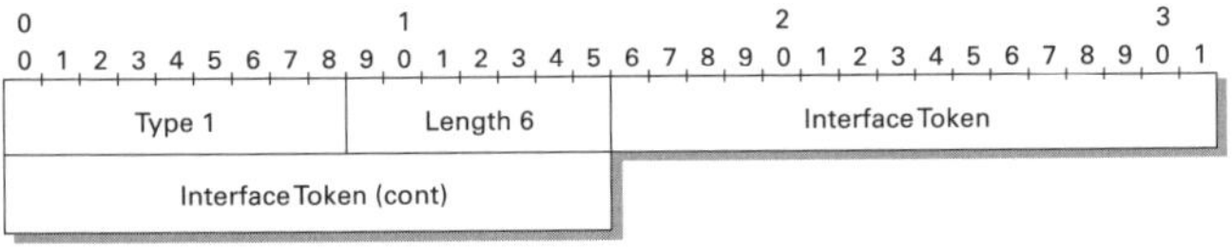

Abbildung 3.17: Die PPP-Interface-Token-Konfigurationsoption

Link Local-Adresse

Mit Hilfe des beim PPP-Verbindungsaufbaus ausgehandelten Token wird die Link Local-Adresse des PPP-Interface generiert. Die Link Local-Adresse eines PPP-Interface besteht aus folgenden Teilen: einem 10 Bit langem Link Local-Präfix (FE80::), 86 Bits Pad-Zeichen (0) und 32 Bits Token Interface-Adresse.

10 bits	86 bits	32 bits
1111111010	0	Interface Token

Abbildung 3.18: Link Local-Adresse

PPP-BPDU

PPP Bridge Protocol Data Unit

Mit Hilfe der PPP Bridge Protocol Data Units (PPP-BPDU) werden in einem LAN über eine WAN-Verbindung zwei Remote Bridges miteinander über eine PPP-Strecke verbunden. Die PPP-BPDU ist durch ein Typfeld mit dem Wert 0031 (hex) gekennzeichnet.

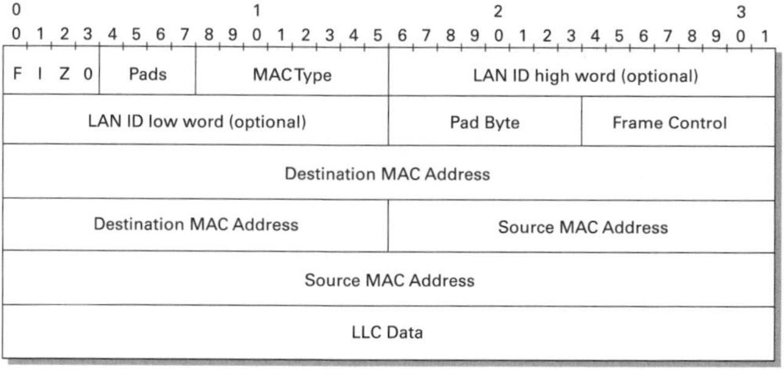

Abbildung 3.19: PPP-BPDU

Byte F

Das F-Flag wird gesetzt, wenn im Paket das FCS-Feld mit übertragen wird.

Byte I

Das I-Flag wird gesetzt, wenn im Paket das LAN ID-Feld ausgewertet werden muss.

Byte Z

Mit Hilfe des Z-Flag wird angezeigt, dass gemäß den 802.3 Spezifikationen das Paket durch Pad-Zeichen auf die minimale Länge aufgefüllt werden muss.

Byte 0

Für zukünftige Anwendungen reserviert

Pads

Definiert die Zahl der Pad-Zeichen, die der Empfänger aus dem Datenpaket entfernen muss

MAC Type

Folgende Mac-Typfelder wurden bisher festgelegt:

1	Bridge Identification
2	Line Identification
3	MAC Support
4	Tinygramm Compression
5	LAN Identification
6	MAC Address
7	Spanning Tree Protocol

LAN ID

Dieses optionale Feld dient zur Identifikation der jeweiligen Community, die die speziell gekennzeichneten Pakete empfangen sollen. Wird die LAN ID nicht genutzt, so wird das gesamte Paket um 32 Bit gekürzt.

Destination MAC Address

Enthält die MAC-Adresse des Empfängers

Source MAC Address

Enthält die MAC-Adresse des Senders

LLC Data

Enhält den Rest des MAC-Paketes

PPTP

Point to Point Tunneling Protocol

Mit Hilfe des Point to Point Tunneling Protocols (PPTP) können PPP-Informationen über ein IP-Netz getunnelt werden. Das PPTP-Protokoll arbeitet im Client Server-Modus.

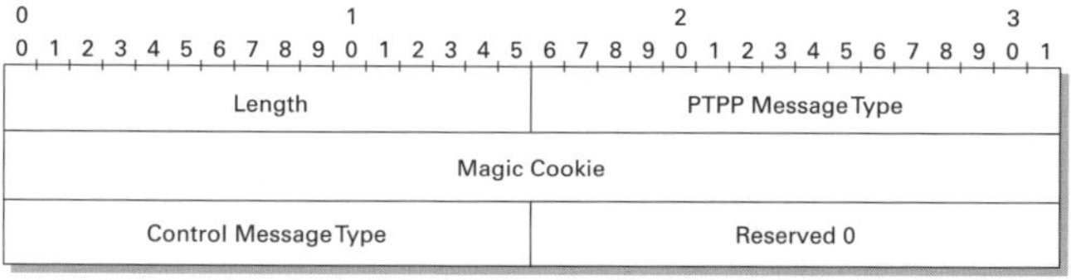

Abbildung 3.20: PPTP-DPDU

Length

Beschreibt die gesamte Länge der PPTP Message in Oktett

PTPP Message Type

Definiert den jeweiligen Pakettyp. Folgende Festlegungen wurden getroffen:

1 Control Message

2 Management Message

Magic Cookie

Das Magic Cookie enthält immer eine Konstante mit dem Wert 1A2B3C4D (hex) und dient zur eindeutigen Synchronisation der TCP-Datenströme.

Control Message Type

Die Control Message-Typen dienen zur Steuerung der Verbindung und haben folgende Werte:

1	Start Control Connection Request
2	Start Control Connection Reply
3	Stop Control Connection Request
4	Stop Control Connection Reply
5	Echo Request

6	Echo Reply
7	Outgoing Call Request
8	Outgoing Call Reply
9	Incoming Call Request
10	Incoming Call Reply
12	Call Clear Request
13	Call Disconnect Notify
14	WAN Error Info
15	Set Link Info

4 IP Security

Das vorrangige Ziel bei der Entwicklung des IP Security-Protokolls (IPSec) war es, ein den Sicherheitsanforderungen moderner Netze entsprechendes Layer 3-Tunneling-Verfahren für das IP-Protokoll zu standardisieren. Die IPSec-Spezifikationen bestehen aus einer Reihe unterschiedlicher Dokumente, von denen die IETF inzwischen fünf Standard-Spezifikationen als Request For Comments (RFC 1825 bis RFC 1829) veröffentlicht hat. Weitere Dokumente sind in Vorbereitung und werden im laufenden Jahr als IPSec-Standards veröffentlicht.

IP Security-Protokoll

Zur Realisierung von Verschlüsselungsfunktionen in den Netzen müssen die angeschlossenen Netzkomponenten über eine hohe Verarbeitungsleistung verfügen. Daher wird dieser Teil der Sicherheit immer wieder in Frage gestellt. Eine effiziente Kommunikation bedeutet in der Regel für die Unternehmen, dass die auf das Netz übertragenen Nachrichten so schnell wie möglich zum Empfänger transportiert werden. Trotz der öffentlich diskutierten Sicherheitsprobleme geht vielfach die Geschwindigkeit über die Datensicherheit. Dabei wird vernachlässigt, ob ein Dritter in der Lage ist, die Daten zu lesen. Um ein individuell anpassbares Sicherheitssystem zu schaffen, wurden die Sicherheitsfunktionen des IPSec in zwei Bereiche aufgeteilt:

- Den IP Authentication Header (AH), dem die Aufgabe der Authentifizierungs- und Integritätsfunktionen zufällt und
- das Encapsulation Security Payload (ESP), welches die Verschlüsselung möglich macht.

Der IP Authentication Header (AH) liegt als Zwischenschicht zwischen den IP-Headern und den Headern des Transport Layer. Dieser zusätzliche Header wird mit Hilfe einer kryptographischen Funktion erzeugt. Da nur ein zusätzlicher Header eingeschoben wird, ist das Kryptieren weniger komplex als eine Verschlüsselung der ganzen Nachricht. Dies bietet zusätzlich den Vorteil, dass in den Ländern, in denen die Verwendung von Verschlüsselungsmechanismen durch staatliche Stellen geregelt ist, dieser Teil der Verschlüsselung der staatlichen Kontrolle entzogen wird. Trotz des minimalen zusätzlichen Headers werden die Abläufe im Protokoll erweitert. Dies hat eine Verlangsamung bei der Übermittlung von Nachrichten zur Folge. Als minimaler Verschlüsselungsalgorithmus wird beim IPSec-Protokoll der MD5-Mechanismus verwendet.

Verschlüsselungsvarianten

Mit Hilfe der Encapsulation Security Payload (ESP) kann der Verschlüsselungsprozess noch erheblich verbessert werden. Dazu sieht das IPSec-Protokoll die folgenden zwei Arbeitsmodi vor: Tunnel und Transport. Im Transport-Modus werden die IP-Header unverschlüsselt übermittelt. Somit wird erheblich weniger Rechenleistung in den jeweiligen Netzsystemen benötigt. Im Tunnel-Modus wird der gesamte Datenstrom verschlüsselt. Dies bietet den Vorteil, dass auch sämtliche Header-Informationen (z.B. Routing-Informationen) beim Transport über das Internet vor einem Hacker geschützt sind. Ohne diese Informationen erhält der Einbrecher keinerlei Aufschluss über die internen Netzstrukturen des Absenders und hat keinerlei Möglichkeiten in das Netz einzudringen. Die im ESP Tunnel-Modus verschlüsselten Daten werden im externen Netz mit Hilfe eines VPN-Router zum jeweiligen Empfänger transportiert.

Sämtliche Encapsulation Security Payload (ESP)- und IP Authentication-Header (AH) fähige Systeme müssen als Mindestanforderung zur Datenverschlüsselung den DES-Mechanismus im CBC (Cipher Block Changing)-Mode unterstützen. Weitere wesentlich komplexere Verschlüsselungsalgorithmen stehen optional zur Verfügung. Diese dürfen zwar in den USA eingesetzt werden, nach Europa jedoch können diese aufgrund der restriktiven US-Exportbestimmungen nicht verkauft werden.

Ein weiterer Bestandteil des IPSec-Protokolls sind die Key Management-Funktionen. Damit können synchrone Schlüssel-Generatoren an den beiden Enden eines Kommunikationspfades eingerichtet werden. Dadurch wird erreicht, dass sich die geheimen Verschlüsselungs- oder Authentifizierungs-Codes permanent im Abstand von wenigen Sekunden automatisch ändern. Ein Hacker hat dadurch kaum eine Möglichkeit, den jeweiligen verwendeten Sicherheitscode zu entschlüsseln. Die Code-Generatoren können ausschließlich mit einer individuellen PIN-Nummer aktiviert werden.

Beispiele für Implementierungen von IPSec-Lösungen

Der in den nachfolgenden Beispielen verwendete Sicherheitsmechanismus kann entweder AH oder ESP sein. Der Übertragungsmodus (Tunnel vs. Transport) hängt vom jeweiligen Kommunikationsendpunkt ab.

Legende:

=======	eine oder mehrere Sicherheitsmechanismen (AH, ESP, Transport oder Tunnel)
- - - -	logische Verbindung
Hx	Rechner
Sgx	Security Gateway x
X*	Rechner mit IPsec-Unterstützung

Fall 1

Es wird eine Ende-zu-Ende-Sicherheitsverbindung zwischen zwei Rechnern über das Internet oder ein Intranet aufgebaut.

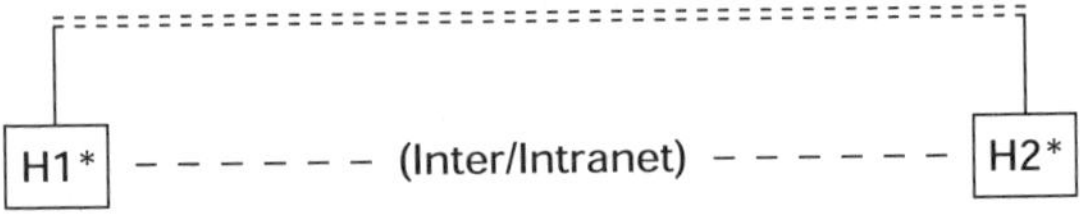

Abbildung 4.1: Ende-zu-Ende-Verbindung über das Internet

Zwischen den beiden Rechnern kann entweder der Transport- oder der Tunnel-Modus zum Einsatz kommen. Daher können die zwischen H1 und H2 übertragenen Daten folgendes Format haben:

Transport	Tunnel
1. [IP1][AH][höhere Protokolle]	4. [IP2][AH][IP1][höhere Protokolle]
2. [IP1][ESP][höhere Protokolle]	5. [IP2][ESP][IP1][höhere Protokolle]
3. [IP1][AH][ESP][höhere Protokolle]	

Fall 2

Dieses Beispiel repräsentiert eine Datenübermittlung über ein virtuelles privates Netz (VPN). Daher kommt nur der Tunnel-Modus zum Einsatz.

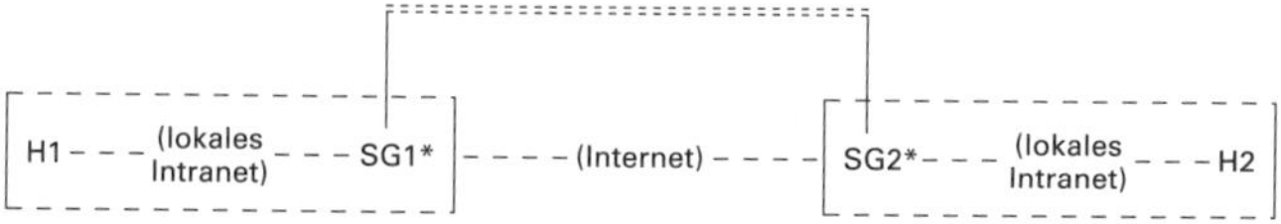

Abbildung 4.2: Datenübermittlung über ein VPN

Zwischen den beiden Gateways SG1 und SG2 übertragene Daten haben folgendes Format:

Tunnel

4. [IP2][AH][IP1][höhere Protokolle]
5. [IP2][ESP][IP1][höhere Protokolle]

Fall 3

Im kommenden Beispiel werden die Fälle 1 und 2 miteinander kombiniert und eine zusätzliche Ende-zu-Ende-Sicherheit zwischen den beiden Rechnern (H1, H2) realisiert.

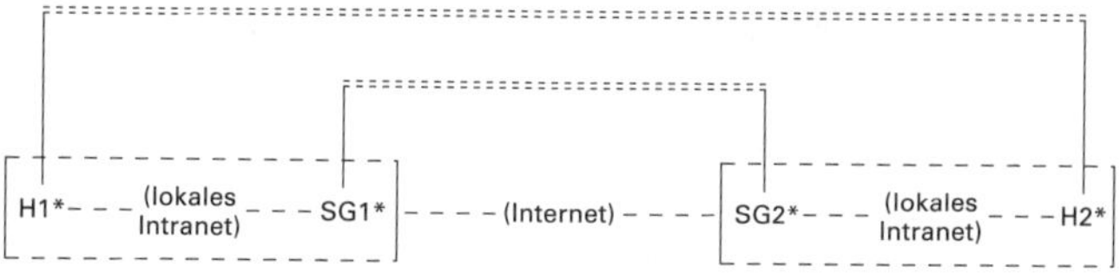

Abbildung 4.3: Kombinierte Internet/VPN-Ende-zu-Ende-Sicherheit

Fall 4

Im folgenden Beispiel versucht ein externer Rechner (H1) über das Internet und die Firewall (SG2) des Unternehmens eine Verbindung zum Rechner H2 aufzubauen. Bei Rechner H1 kann es sich um einen mobilen Rechner handeln, der eine Wählverbindung zu einem lokalen PPP-Server am Internet aufbaut. Über diesen Server wird die Verbindung über das Internet zur Firewall (SG2) des Unternehmens aufgebaut.

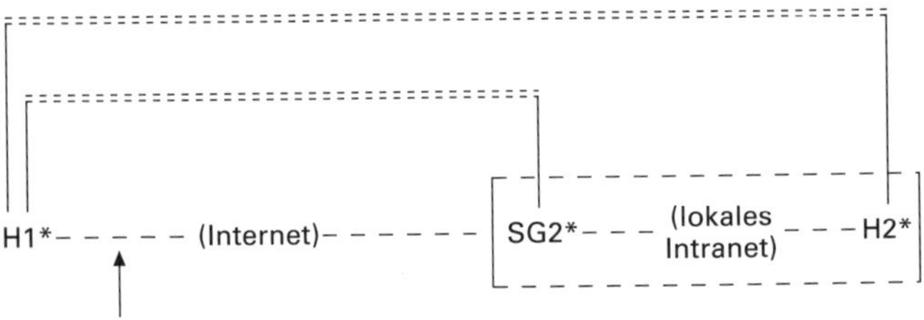

Abbildung 4.4: Dialup PPP-Verbindung zum Server

Zwischen dem Rechner H1 und dem Gateway SG2 wird nur der Tunnel-Modus verwendet. Zwischen dem Rechner H1 und dem Gateway SG2 werden die Daten gemäß Fall 2 verschlüsselt, während die Daten zwischen den Rechnern H1 und H2 gemäß Fall 1 codiert werden.

Konstruktion der Header im Tunnel-Modus

Die inneren und äußeren Header, die Erweiterungs-Header und die Optionen für AH- und ESP-Tunnel werden nach folgenden Regeln konstruiert:

- die im äußeren IP-Header enthaltenen Source- und Destination-Adressen definieren die Endpunkte des Tunnels, während die Source- und Destination-Adressen im inneren IP-Header den ursprünglichen Sender und den Empfänger des Datagramms darstellen.
- Der innere IP-Header wird bei der Übermittlung per Tunneling nicht verändert. Die Ausnahme von dieser Regel bildet jedoch das Time-to-Live-Feld (TTL). Der TTL-Wert wird bei der Übermittlung durch den Tunnel zwar nicht verändert, der Tunnelausgang modifiziert jedoch die TTL-Werte gemäß den IP-Regeln.
- Während der Übermittlung durch den Tunnel werden keine IP-Optionen oder Header-Erweiterungen des inneren Headers vorgenommen.
- Bei Bedarf werden weitere Header, wie beispielsweise IP Authentication-Header zwischen dem äußeren und dem inneren Header eingefügt.

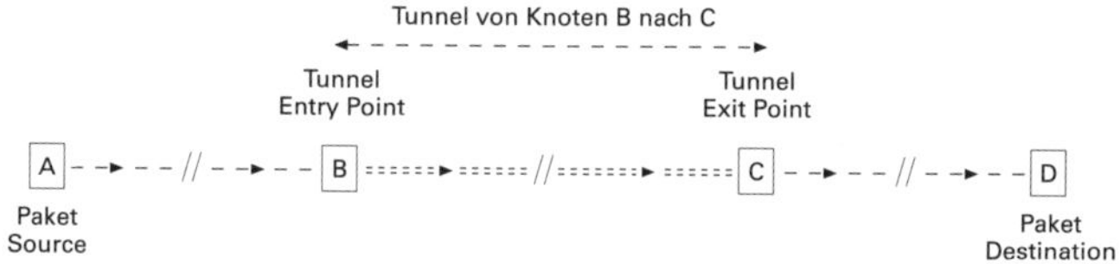

Abbildung 4.5: Tunnelverfahren

Zusammenwirken zwischen äußerem und innerem Header

IPv4	äußerer Header am Tunneleingang	innerer Header am Tunnelausgang
Header-Felder:		
Version	4 (1)	keine Änderung
Header Length	konstruiert	keine Änderung
TOS	Kopie des inneren Headers (5)	keine Änderung
Total Length	konstruiert	keine Änderung
ID	konstruiert	keine Änderung
Flags (DF, MF)	konstruiert, DF (4)	keine Änderung
Fragment Offset	konstruiert	keine Änderung
TTL	konstruiert (2)	dekrementiert (2)
Protocol	AH, ESP, Routing Header	keine Änderung
Checksum	konstruiert	konstruiert (2)
Source-Adresse	konstruiert (3)	keine Änderung
Destination-Adresse	konstruiert (3)	keine Änderung
Options	wird nie kopiert	keine Änderung

Tabelle 4.1: Konstruktion der Header im Tunnel-Modus für IPv4

Zusammenwirken zwischen äußerem und innerem Header

	äußerer Header am	innerer Header am
IPv6	Tunneleingang	Tunnelausgang
Header-Felder:		
Version	6 (1)	keine Änderung
Class	kopiert oder konfiguriert (6)	keine Änderung
Flow ID	kopiert oder konfiguriert	keine Änderung
Length	konstruiert	keine Änderung
Next Header	AH, ESP, Routing Header	keine Änderung
Hop Limit	konstruiert (2)	dekrementiert (2)
Source-Adresse	konstruiert (3)	keine Änderung
Destination-Adresse	konstruiert (3)	keine Änderung
Extension Headers	wird nie kopiert	keine Änderung

Tabelle 4.2: Konstruktion der Header im Tunnel-Modus für IPv6

Erklärung:

Der Parameter „konstruiert" drückt aus, dass der betreffende Wert des äußeren Headers unabhängig vom Wert des inneren Headers generiert wird.

(1) Die Werte des IP-Versionsfeldes im äußeren Header können sich vom Wert des inneren Headers unterscheiden.

(2) Die TTL-Werte des inneren Headers werden am jeweiligen Tunneleingang und am Tunnelausgang entsprechend den IP-Regeln modifiziert.

(3) Die Source- und die Destination-Adresse hängt vom jeweiligen Tunnel ab. Dabei definiert die Destination-Adresse den Tunnelendpunkt während die Source-Adresse das sendende Netz-Interface des Tunneleingangs beschreibt.

(4) Per Konfiguration wird festgelegt, ob das DF-Feld aus dem inneren Header (nur IPv4) kopiert oder automatisch gesetzt wird.

(5) Handelt es sich beim inneren Header um ein IPv4-Protokoll (Protocol = 4), wird das TOS kopiert. Handelt es sich beim inneren Header um ein IPv6-Protokoll (Protocol = 41), wird das Class-Feld in ein TOS-Feld umgewandelt.

(6) Handelt es sich beim inneren Header um ein IPv6-Protokoll (Next Header = 41) wird das Class-Feld kopiert. Handelt es sich beim inneren Header um ein IPv4-Protokoll (Next Header = 4) wird das TOS-Feld in ein Class-Feld umgewandelt.

Authentication Header

Mit Hilfe des IP Authentication Header (AH) wird die Integrität einer verbindungslosen Kommunikation sichergestellt und dafür gesorgt, dass die gesendeten Daten während des Übertragungsvorgangs nicht verändert werden können. Durch die AH-Funktionen können die Daten auch nicht durch einen Analysator aufgezeichnet werden und zu einem späteren Zeitpunkt wieder eingespielt werden (Replay Protection). Die Authentification-Funktionen des Authentication-Headers erstrecken sich auf die meisten Felder des IP-Headers und die nachfolgenden höheren Informationen. Da während der Übermittlung von IP-Paketen bestimmte Felder im IP-Header verändert werden (beispielsweise TTL-Feld, Prüfsummen), schließt die AH-Sicherheit den Schutz dieser Felder aus. Die Sicherheit eines Paketes kann wie folgt realisiert werden:

- mit Hilfe des Authentication Header,
- eine Kombination aus Authentication Headers (AH) und der IP Encapsulating Security Payload (ESP) oder
- in einem Tunnel durch eine Verschachtelung unterschiedlicher Sicherheitsmechanismen.

Zur Authentifizierung können beim IPsec-Protokoll eine Reihe unterschiedlicher Verschlüsselungsmethoden wie beispielsweise DES, MD5 oder SHA-1) verwendet werden.

Der **Authentication Header** hat folgendes Format:

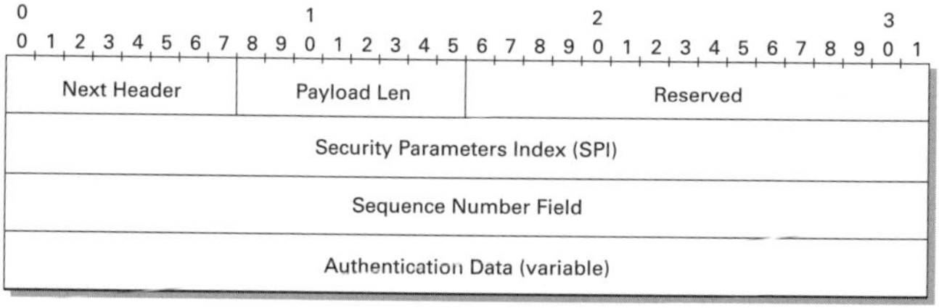

Abbildung 4.6: Authentication Header

Next Header

Im Next Header-Feld wird das nachfolgende Protokoll festgelegt. Die Definitionen der nachfolgenden Protokolle erfolgt anhand der in den Assigned Internet Protocol Numbers veröffentlichten Protokollnummern.

Payload Length

Das 8 Bit lange Payload Length-Feld definiert die Länge des Authentication Headers in 32 Bit-Worten minus 2. Gemäß der Definition in RFC 1883 wird bei allen IPv6 Extension-Headern die Header Extension Length mit einem Abzug von 64 Bit (2 x 32 Bit-Worte) versehen.

Reserved

Das 16 Bit lange Feld ist für zukünftige Anwendungen reserviert und muss immer mit 0-Werten gefüllt werden.

Security Parameters Index (SPI)

Der 32 Bit lange Security Parameters Index (SPI) sorgt in der Kombination mit der IP Destination-Adresse und dem Security-Protokoll (AH) für eine eindeutige Kennzeichnung der Sicherheitsfunktion des betreffenden Datagramms. Die SPI-Werte werden von der Internet Assigned Numbers Authority (IANA) zentral vergeben.

Sequence Number

Mit Hilfe der Sequence-Nummer wird die Reihenfolge der Daten zwischen Sender und Empfänger kontrolliert. Zu Beginn einer Kommunikationsbeziehung werden die Sequence-Nummernzähler beim Sender und beim Empfänger auf den Wert 0 zurückgesetzt. Daher enthält das erste übermittelte Paket in dieser Kommunikationsbeziehung immer den Wert = 1. Mit jeder weiteren Übermittlung von Paketen wird dieses Feld automatisch hochgezählt.

Authentication Data

Dieses Feld enthält den Integrity Check Value (ICV) des übertragenen Paketes.

Prozesse des Authentication Header

Mit Hilfe des Authentication Header lassen sich folgende Übertragungsmechanismen realisieren:

der reine Transport-Modus und der Tunnel-Modus.

Beim Transport-Modus sorgen die miteinander kommunizierenden Endgeräte (Rechner) neben der Sicherheit auf der IP-Ebene auch für die Sicherheit der höheren Protokolle.

Beim Transport-Modus wird der AH-Header direkt nach dem IP-Header eingefügt. Dieser Header agiert quasi als Zwischenschicht zwischen IP und den höheren Protokollen (TCP, UDP, ICMP). In der Abbildung 4.7 wird das Einfügen eines AH-Headers in ein IPv4-Datagramm dargestellt.

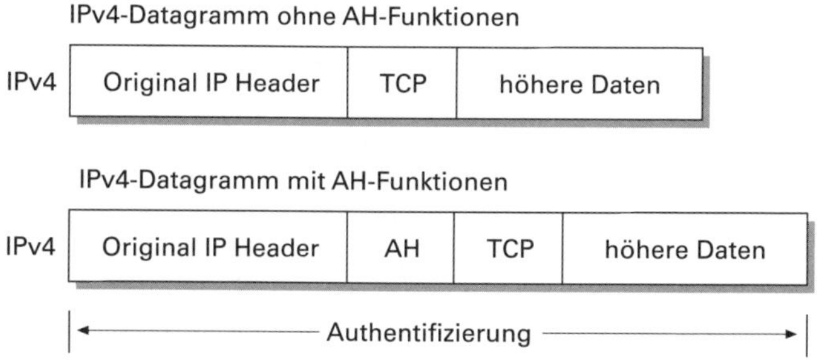

Abbildung 4.7: Einfügen eines AH-Headers in ein IPv4-Datagramm

Bei der Übermittlung von IPv6-Datagrammen wird der AH-Header als eine Ende-zu-Ende-Payload behandelt. Aus diesem Grund muss der AH-Header nach den Hop-by-Hop-, Routing- und Fragmentation-Extension-Headern eingefügt werden. In Abbildung 4.8 wird das Einfügen eines AH-Headers in ein IPv6-Datagramm dargestellt.

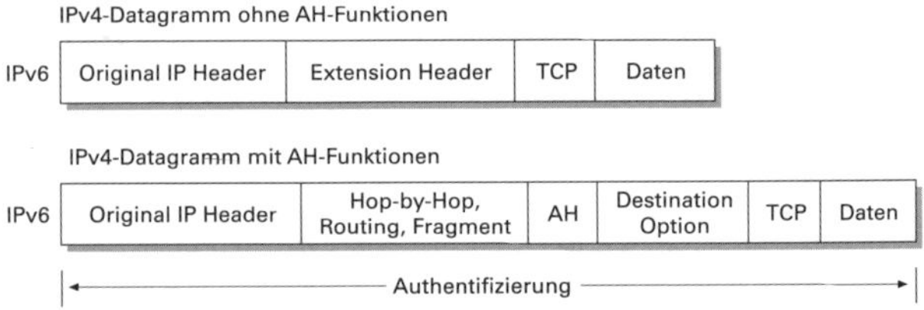

Abbildung 4.8: Einfügen eines AH-Headers in ein IPv6-Datagramm

Der Authentication Header-Tunnel-Modus kann sowohl von Rechnern als auch von Security Gateways initiiert werden. Beim Tunnel-Modus enthält das innere IP-Paket im IP-Header die Source- und Destination-Adressen der miteinander kommunizierenden Rechner. Der äußere IP-Header enthält nur die IP-Adressen der Tunnelendpunkte. Im Tunnel-Modus sorgt der AH-Mechanismus für den Schutz des gesamten inneren Paketes (inklusive aller IP-Header).

In Abbildung 4.9 wird das Einfügen eines AH-Headers in ein IPv4- und IPv6-Datagramm beim Tunnel-Modus dargestellt.

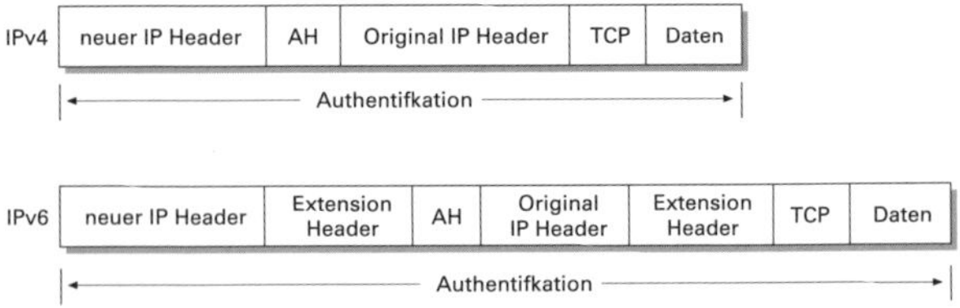

Abbildung 4.9: AH-Header im Tunnel-Modus

Encapsulating Security Payload (ESP) Header

Der Encapsulating Security Payload (ESP) Header sorgt sowohl bei IPv4- wie auch beim IPv6-Protokoll für die Bereitstellung zusätzlicher Sicherheitsdienste. Die ESP-Mechanismen bieten nicht nur eine sichere Übertragung der Daten, sondern sorgen auch für eine Authentifizierung des Senders, eine Authentifizierung der vom Sender übermittelten Daten, und einen Anti Replay Service. Der ESP-Header wird im Transport-Modus direkt nach dem IP-Header und vor den höheren Protokollschichten eingefügt. Im Tunnel-Modus wird der ESP-Header vor dem im Paket eingepackten IP-Header integriert (siehe Abbildung 4.10).

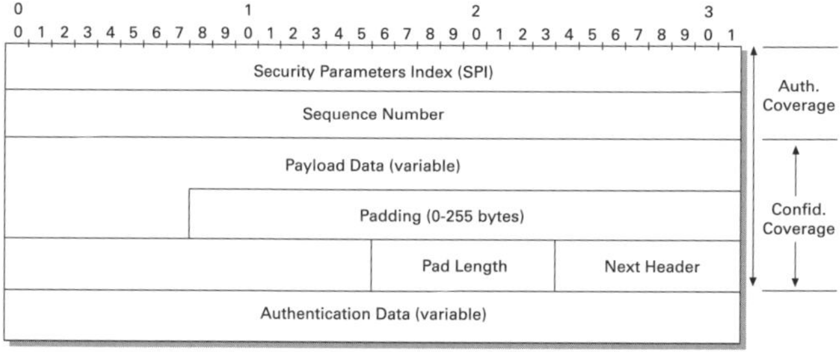

Abbildung 4.10: Encapsulating Security Payload-Paketformat

Security Parameters Index (SPI)

Der 32 Bit lange Security Parameters Index (SPI) sorgt in der Kombination mit der IP Destination-Adresse und dem Security-Protokoll (ESP) für eine eindeutige Kennzeichnung der Sicherheitsfunktion des betreffenden Datagramms. Die SPI-Werte werden von der Internet Assigned Numbers Authority (IANA) zentral vergeben.

Sequence Number

Mit Hilfe der Sequence-Nummer wird die Reihenfolge der Daten zwischen Sender und Empfänger kontrolliert. Zu Beginn einer Kommunikationsbeziehung werden die Sequence-Nummernzähler beim Sender und beim Empfänger auf den Wert 0 zurückgesetzt. Daher enthält das erste übermittelte Paket in dieser Kommunikationsbeziehung immer den Wert = 1. Mit jeder weiteren Übermittlung von Paketen wird dieses Feld automatisch hochgezählt.

Payload Data

Mit Hilfe des variablen Payload Data-Feldes werden die im Next Header-Feld definierten Daten transportiert. Werden die Payload-Daten verschlüsselt und erfordert der Verschlüsselungsmechanismus eine Synchronisation der Verschlüsselung, so wird im Payload-Feld der betreffende Initialisierungs-Vector (IV) übermittelt.

Pad Length

Das Pad Length-Feld legt die Anzahl der direkt auf dieses Feld folgenden Pad-Bytes (0-255) fest.

Next Header

Das 8 Bit lange Next Header-Feld dient zur Identifizierung des im Payload Datenfeld eingefügten Datentyps.

Authentication Data

Das Authentication Data-Feld enthält einen Integrity Check Value (ICV), der über das gesamte ESP-Paket minus der Authentication-Daten berechnet wird.

Prozesse des Encapsulating Security-Protokolls

Mit Hilfe des Encapsulating Security-Protokolls lassen sich die folgenden Übertragungsmechanismen realisieren: der reine Transport-Modus und der Tunnel-Modus. Beim Transport-Modus sorgen die miteinander kommunizierenden Endgeräte (Rechner) neben der Sicherheit auf der IP-Ebene auch für die Sicherheit der höheren Protokolle. Beim Transport-Modus wird der ESP-Header direkt nach dem IP-Header eingefügt. Dieser Header agiert quasi als Zwischenschicht zwischen IP und den höheren Protokollen (TCP, UDP, ICMP). In Abbildung 4.11 wird das Einfügen eines ESP-Headers in ein IPv4-Datagramm im Transport-Modus dargestellt.

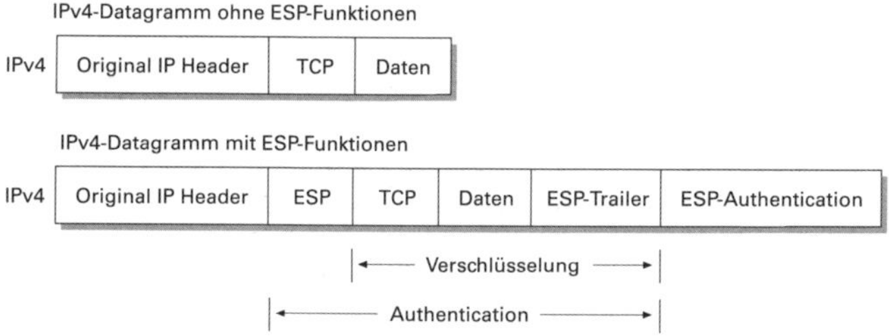

Abbildung 4.11: Einfügen eines ESP-Headers in ein IPv4-Datagramm

Bei der Übermittlung von IPv6-Datagrammen wird der ESP-Header als eine Ende-zu-Ende-Payload behandelt. Aus diesem Grund muss der ESP-Header nach den Hop-by-Hop-, Routing- und Fragmentation-Extension-Headern eingefügt werden. In Abbildung 4.12 wird das Einfügen eines ESP-Headers in ein IPv6-Datagramm im Transport-Modus dargestellt.

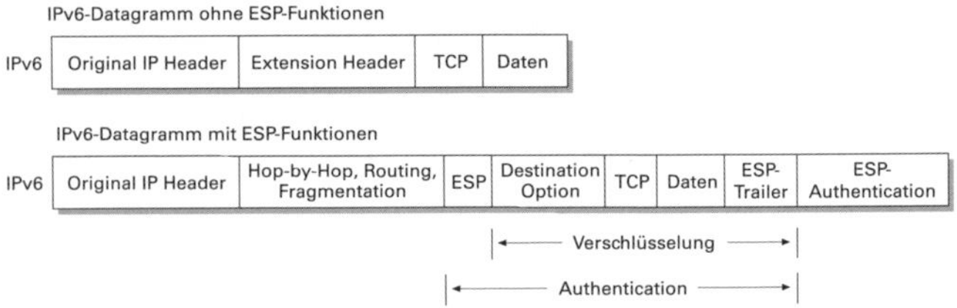

Abbildung 4.12: Einfügen eines ESP-Headers in ein IPv6-Datagramm

Der Authentication Header-Tunnel-Modus kann sowohl von Rechnern als auch von Security Gateways initiiert werden. Beim Tunnel-Modus enthält das innere IP-Paket im IP-Header die Source- und Destination-Adressen der miteinander kommunizierenden Rechner. Der äußere IP-Header enthält nur die IP-Adressen der Tunnelendpunkte. Im Tunnel-Modus sorgt der ESP-Mechanismus für den Schutz des gesamten inneren Paketes (inklusive aller IP-Header). In Abbildung 4.13 wird das Einfügen eines ESP-Headers in ein IPv4- und IPv6-Datagramm beim Tunnel-Modus dargestellt.

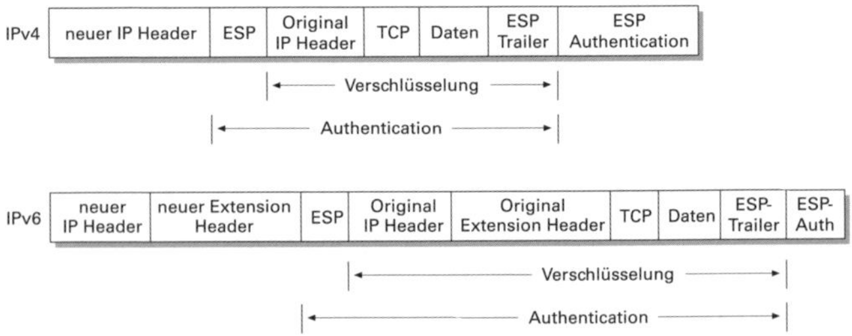

Abbildung 4.13: SP-Header im Tunnel-Modus

5 Routing-Protokolle

Weltweit werden voneinander unabhängige Netze installiert. Damit ein Datenaustausch zwischen diesen heterogenen Netzsystemen möglich ist, müssen die Netze miteinander verbunden werden. Das Verbinden der voneinander unabhängigen Netze und Teilnetze wird als Internetworking, das Resultat als Internetwork bezeichnet. Ein gutes Beispiel für ein globales Internetwork ist das Internet, das einige tausend Netze zusammenschließt, an die wiederum Tausende von Rechnern angebunden sind. Die Kommunikation zwischen diesen unabhängigen Netzen wird erst durch den Einsatz von Routern möglich.

Rechnernetze können auf verschiedenen Schichten miteinander verbunden werden. Die Schicht, auf der die Kopplung stattfindet, bestimmt, welche Hardware eingesetzt wird. Bei einer Kopplung auf der physikalischen Schicht, dem Physical Layer, sind Komponenten notwendig, die einzelne Bits auf den Leitungen zwischen zwei (oder mehr) Kabelsträngen kopieren. Diese Geräte werden als Repeater bezeichnet. Der Kopplung auf der Sicherungsschicht, dem Data Link Layer, dienen Bridges oder Switches. Diese Komponenten kopieren die Frames eines Teilnetzes in ein anderes. Router verbinden voneinander unabhängige Netze auf der Vermittlungsschicht, dem Network Layer, und haben damit eine Gateway-Funktion.

Sendet ein Rechner (auch „Endsystem" oder „Host") ein Datenpaket an einen anderen Rechner, der sich nicht im gleichen Netzwerk befindet, schickt er es zunächst an einen Router, dessen Adresse beispielsweise im Rechner-Betriebssystem konfiguriert ist. Das Paket wird allerdings nicht an die Netzadresse, sondern direkt an die MAC-Adresse des Router geschickt. Es enthält als logische Adresse die des Zielsystems. Der Router sieht sich diese Zieladresse an und entscheidet dann, ob er das Paket zustellen kann. Ist dies nicht möglich, generiert er eine Fehlermeldung und verwirft dieses Paket. Kann er es zustellen, ändert er die physikalische (MAC)-Adresse des Paketes in die des nächsten Router (oder Endsystems) und überträgt dieses. Die logische (Network Layer-) Adresse ändert sich hierbei nicht.

Auf der Schicht 3 können mehrere Netzwerkabschnitte/Subnetze zu einem logischen Gesamtnetz gekoppelt werden. Es ist Aufgabe dieser Schicht, die dafür notwendigen Adressfunktionen und die Wegefindung (Routing) zwischen den Datennetzen bereitzustellen. So können logisch strukturierte, hierarchische Netzwerke aufgebaut werden. Bei allen Datennetzen (Ethernet, FDDI, Token Ring, ATM) sind nur die unteren zwei Schichten (Physical Layer und Data Link Layer) im IEEE-Standard festgelegt. Ab Schicht 3 werden die Funktionen von höheren Protokollen, ihren Normen und Spezifikationen abgedeckt. Alle Geräte, die auf der Schicht 3 und höher arbeiten, gehören zu den protokollspezifischen Systemen. Zu den bekanntesten Protokollen auf der Schicht 3 zählen:

- das X.25-Protokoll,
- das Internet-Protokoll (IP),
- das Xerox Network System (XNS),
- das Novell NetWare- (IPX) und
- das DECnet-Protokoll.

Geräte, die auf der Schicht 3 arbeiten, müssen die spezifischen Protokolle verstehen können, um den Inhalt der empfangenen Daten angemessen zu interpretieren und gegebenenfalls zum Empfänger weiterleiten zu können.

Router arbeiten nur mit einem auf der Schicht 3 angesiedelten Protokoll. Unterstützt ein Router nur das Internet-Protokoll (IP), kann er keine anderen Protokolle (XNS oder DECnet) übermitteln. Ein Router „packt" jedes Datenpaket bis zur Schicht 3 aus. Anhand der enthaltenen Adressinformation wird das Datenpaket vermittelt. Daher eignen sich Router hervorragend zum Verbinden unterschiedlicher Netztopologien wie Ethernet mit Token Ring (802.5), FDDI, ATM oder X.25.

Router sind Wegfinder

Die Grundfunktion eines Router besteht in der Wegefindung innerhalb eines vermaschten Netzwerkes. Router finden den Weg zu den Nachbar-Routern und Zielnetzen anhand der Routing-Informationen. Diese können manuell oder dynamisch über Router-to-Router-Protokolle in den Routing-Tabellen eingetragen werden. Beim dynamischen Routing werden zwischen den am Netz angeschlossenen Routern zyklisch Wegefindungspakete (Routing Information) verschickt. Durch die Routing-Pakete erlernt jeder Router die vorhandenen Pfade zwischen einzelnen Datennetzen.

In der TCP/IP-Welt können große vermaschte Netze in einzelne Routing-Domänen unterteilt werden. Innerhalb einer Routing-Domäne verwenden die Router eigene Interior Gateway-Protokolle (IGP). Die bekanntesten IGPs sind das Routing Information-Protokoll (RIP) und das Open Shortest Path First-Protokoll (OSPF). Die Routing-Domänen propagieren untereinander die Erreichbarkeit von Netzen über Exterior Gateway-Protokolle. Hierzu zählen das Exterior Gateway-Protokoll (EGP) und das Boarder Gateway-Protokoll (BGP). Durch die Aufteilung in verschiedene Routing-Domänen reduzieren sich die Routing-Updates zwischen den einzelnen Domänen erheblich.

Das Border Gateway Protocol (BGP) stellt einen Versuch dar, die größten Probleme des Exterior Gateway Protocols (EGP) zu lösen.

BGP

Border Gateway Protocol

Wie beim Exterior Gateway-Protokoll handelt es sich beim Border Gateway-Protokoll um ein Inter Domain Routing Protocol zur Verbindung von Autonomen Systemen. Die zwischen BGP-Routern ausgetauschten Routing-Informationen enthalten alle Daten (Metriken) über den Pfad zwischen den Autonomen Systemen, der von einem Paket durchquert werden muss, um das Zielnetz zu erreichen. Die BGP-Metriken benutzen nur solche Informationen, die der Netzadministrator dem Router bei der Konfiguration zuweist. Das BGP-Protokoll bietet gegenüber anderen Protokollen zahlreiche zusätzliche Möglichkeiten, da sich die Wichtigkeit der einzelnen Wege anhand der physikalischen Gegebenheiten (zum Beispiel Anzahl der zu durchquerenden Autonomen Systeme, Leitungsgeschwindigkeit und Zuverlässigkeit der Verbindung) festlegen lässt. Auch trägt das BGP der lokalen Routing-Politik Rechnung, denn der Netzadministrator kann bestimmte Routen zwischen Autonomen Systeme als unzulässig erklären. Anhand dieser Informationen kann das BGP-Protokoll definierte Graphen erstellen. Diese stellen die Beziehungen der Autonomen Systemen zueinander dar und verhindern Routing-Loops. Ein BGP-Router propagiert seinen Kommunikationsnachbarn nur solche Routen, die von dem Gerät benutzt werden. Zur Übermittlung der Routing-Updates wird zwischen zwei BGP-Routern das Transmission Control Protocol (TCP) verwendet. Dadurch wird sichergestellt, dass ein zuverlässiger und sicherer Übermittlungsvorgang stattfindet. Auch wurde in das BGP-Protokoll ein Mechanismus zur Authentifizierung der Pakete mittels digitaler Unterschriften implementiert.

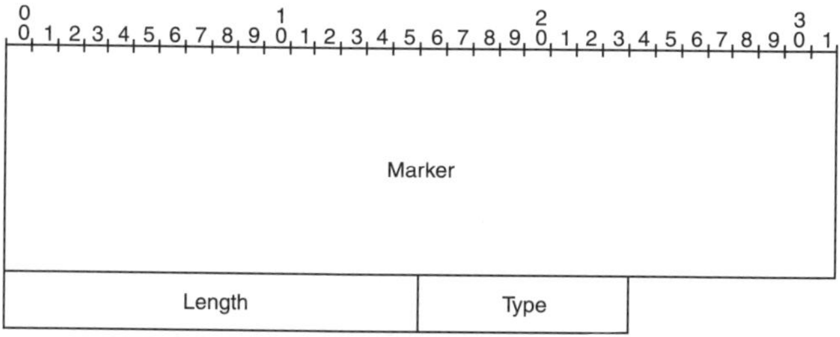

Abbildung 5.1: BGP Message Header-Format

Marker

Anhand des 16 Oktett langen Marker-Feldes errechnet der Empfänger die Gültigkeit der Meldung.

Length

Beschreibt die Länge der BGP-Meldung in Oktetts. Die minimale Länge beträgt 19 Oktett; die maximale Länge beträgt 4096 Oktett.

Type

Beschreibt den Message-Typ. Folgende Typcodes wurden bisher definiert:

1	OPEN
2	UPDATE
3	NOTIFICATION
4	KEEP-ALIVE

Open Message Format

Nachdem eine vollständige Transportverbindung zwischen zwei BGP-Routern aufgebaut wurde, wird als erste Meldung eine Open

Message übertragen. Wurde die Open Message vom Kommunikationspartner akzeptiert, wird deren Empfang mit einer Keep-alive-Meldung bestätigt, und es können im Betrieb untereinander die Update-, Keep-alive- und Notification-Meldungen übermittelt werden.

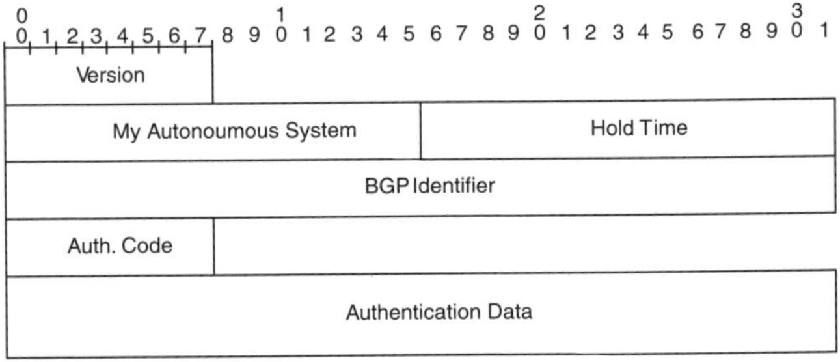

Abbildung 5.2: Schematische Darstellung des Open Message Formats

Version

Definiert die verwendete Version des Protokolls. Momentan wird beim BGP-Protokoll die Version 4 eingesetzt.

My Autonomous System

Enthält die 2 Oktett lange Autonomous Systemnummer des Senders

Hold Time

Beschreibt den Wert des Hold Timers in Sekunden

BGP Identifier

Legt den BGP-Identifikator des Senders fest

Auth. Code

Der 1 Oktett lange Authentication Code beschreibt den verwendeten Authentication-Mechanismus.

Authentication Data

Enthält die Daten, die durch den Authentication Code vorgegeben werden

Update-Meldungen

Update-Meldungen werden zum Informationsaustausch zwischen zwei BGP-Routern eingesetzt. Anhand dieser Daten werden vom Empfänger Graphen konstruiert, die Routen zu unterschiedlichen Autonomen Systemen beschreiben. In einer Update-Meldung wird immer nur eine Route zu einem BGP-Partner definiert. Jedoch können mit einer Update-Meldung mehrere derzeit nicht mehr verfügbare Routen bekannt gegeben werden.

Eine Update-Meldung besteht immer aus dem festen BGP Message Header und kann zusätzlich noch folgende Felder enthalten:

Unfeasible Routes Length (2 octets)
Withdrawn Routes (variable)
Total Path Attribute Length (2 octets)
Path Attributes (variable)
Network Layer Reachability Information (variable)

Abbildung 5.3: Update-Meldung

Unfeasible Routes Length

Definiert die Länge des gelöschten Routing-Feldes in Oktett. Der Wert 0 legt fest, dass keine Routen gelöscht wurden, und ein withdrawn Routes-Feld in dieser Update-Meldung nicht enthalten ist.

Withdrawn Routes

Beschreibt anhand einer Liste die IP-Adress-Präfixe der gelöschten Routen. Die IP-Adress-Präfixe werden wie folgt codiert:

Length (octet)
Prefix (variable)

Total Path Attribute Length

Definiert die Länge des Path Attributes-Feldes in Oktett. Der Wert 0 legt fest, dass keine Network Layer Reachability-Informationen in dieser Update-Meldung enthalten sind.

Path Attributes

Definiert in den Update-Meldungen die Attribute jedes Pfades und hat folgendes Format:

```
0                   1
0 1 2 3 4 5 6 7 8 9 0 1 2 3 4 5
+-+-+-+-+-+-+-+-+-+-+-+-+-+-+-+-+
|  Attr. Flags  |Attr. Type Code|
+-+-+-+-+-+-+-+-+-+-+-+-+-+-+-+-+
```

Bit 0: Legt fest, ob es sich um eine Attribut-Option handelt

Bit 1: Das Transitive Bit (transitive oder non-transitive) definiert den Zustand des optionalen Attributs.

Bit 2: Das Partial Bit (partial oder complete) legt fest, ob es sich um Teile oder die kompletten Informationen handelt.

Bit 3: Das Extended Length Bit beschreibt die Länge des Attributs.

Bit 4 - 7: Werden nicht benutzt und auf den Wert = 0 gesetzt

Attribute Type Codes

Die folgenden Attribute Type Codes wurden festgelegt:

Type Code	Bezeichnung
1	ORIGIN
2	AS_PATH
3	NEXT_HOP
4	MULTI_EXIT_DISC
5	LOCAL_PREF
6	ATOMIC_AGGREGATE
7	AGGREGATOR

Network Layer Reachability Information

Enthält eine Liste von IP-Adress-Präfixen. Die IP-Adress-Präfixe werden wie folgt codiert:

Length (1 octet)
Prefix (variable)

Notification-Meldung

Eine Notification-Meldung wird von einem BGP-Router immer nur dann gesendet, wenn ein Fehler registriert wurde. Nach dem Aussenden der Notification-Meldung wird die BGP-Verbindung automatisch unterbrochen. Eine Notification-Meldung besteht immer aus dem festen BGP Message Header, an den folgende Felder angehängt werden:

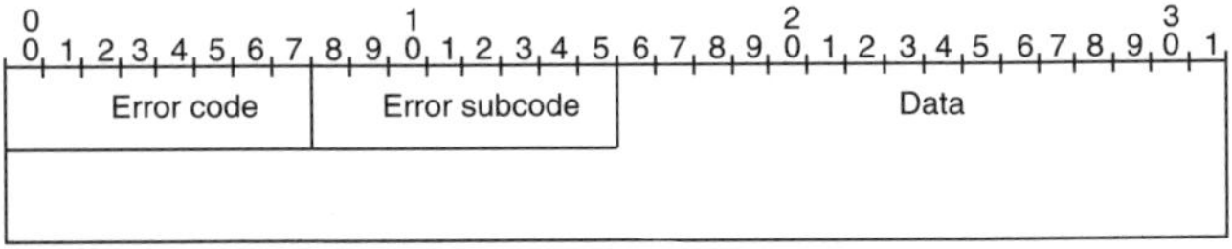

Abbildung 5.4: BGP Message Header mit Notification-Meldung

Error Code

Definiert den Typ der Fehlermeldung. Folgende Fehlercodes wurden festgelegt:

1	Message Header Error
2	OPEN Message Error
3	UPDATE Message Error
4	Hold Timer Expired
5	Finite State Machine Error
6	Cease

Error Subcode

Der 1 Byte lange Fehler-Subcode gibt genauere Auskunft über die Ursache des Fehlers.

Message Header Error Subcodes:

1	Connection Not Synchronized
2	Bad Message Length
3	Bad Message Type

OPEN Message Error Subcodes:

1	Unsupported Version Number
2	Bad Peer AS
3	Bad BGP Identifier

4	Unsupported Authentication Code
5	Authentication Failure
6	Unacceptable Hold Time

UPDATE Message Error Subcodes:

1	Malformed Attribute List
2	Unrecognized Well-known Attribute
3	Missing Well-known Attribute
4	Attribute Flags Error
5	Attribute Length Error
6	Invalid ORIGIN Attribute
7	AS Routing Loop
8	Invalid NEXT_HOP Attribute
9	Optional Attribute Error
10	Invalid Network Field
11	Malformed AS_PATH

Data

Enthält spezifische Informationen über die Ursache der Fehlermeldung

Cisco Router

Werden Router und Bridges von Cisco in einer Punkt-zu-Punkt-Konfiguration über ein WAN betrieben, wird das proprietäre Cisco-Router-Protokoll (im Default-Modus) zur Datenübermittlung verwendet.

Die HDLC-Pakete haben folgendes Format:

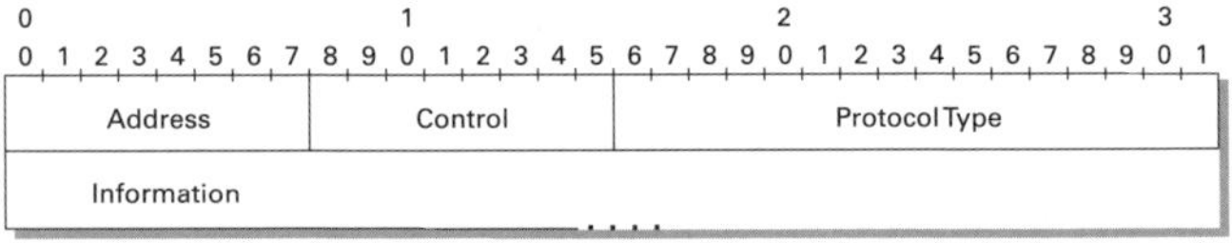

Abbildung 5.5: Cisco Router Header-Struktur

Address

Definiert den jeweiligen Pakettyp:

Wert	Typ
0x0F	Unicast
0x8F	Broadcast

Control

Dieses Feld wird immer auf den Wert = 0 gesetzt.

Protocol Code

Definiert das im Paket verpackte Protokoll. Der Protocol Code entspricht im Allgemeinen den Ethernet Type-Werten. Darüber hinaus hat Cisco zusätzliche Pakettypen definiert.

Zu den bekannten Ethernet Type-Werten gehören:

Wert	Beschreibung
0x0200	PUP
0x0600	XNS
0x0800	IP
0x0804	Chaos
0x0806	ARP
0x0BAD	Vines IP

Wert	Beschreibung
0x0BAF	Vines Echo
0x6003	DECnet phase IV
0x8019	Apollo domain
0x8035	Cisco SLARP
0x8038	DEC Bridge Spanning Tree Protocol
0x809B	Apple EtherTalk
0x80F3	AppleTalk ARP
0x8137	Novell IPX

Zu den Cisco-spezifischen Werten gehören:

Wert	Beschreibung
0x0808	Frame Relay ARP
0x4242	IEEE bridge spanning protocol
0x6558	Bridged Ethernet/802.3 packet
0Xfefe	ISO CLNP/ISO ES-IS DSAP/SSAP

Information

Enthält die Daten der höheren Schichten

Cisco ISL

Mit Hilfe des proprietären Inter-Switch Link (ISL) von Cisco kommunizieren zwei VLAN Ethernet Switches über ein LAN miteinander. Die Pakete des ISL-Links bestehen entweder aus einem Ethernet, FDDI oder Token Ring Paket und den zusätzlichen VLAN-Informationen.

Das Cisco ISL-Paketformat hat folgenden Aufbau:

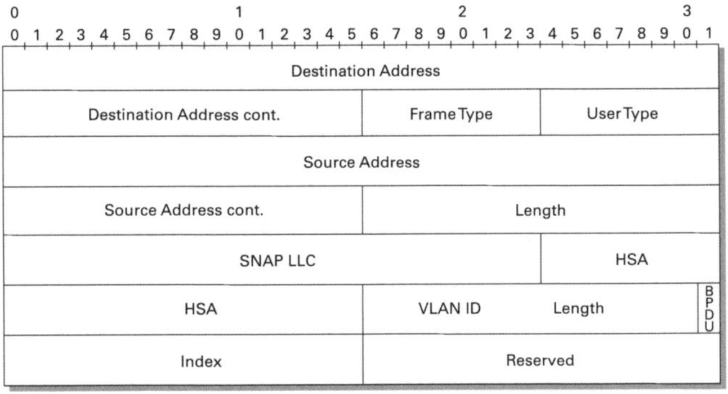

Abbildung 5.6: Cisco ISL-Paketstruktur

Destination address

Enthält die 6 Byte lange Zieladresse des Paketes

Frame type

Definiert das Paketformat. Folgende Werte wurden bisher festgelegt:

Wert	Beschreibung
0000	Ethernet
0001	Token Ring
0010	FDDI
0011	ATM

User type

Legt die Priorität des Paketes fest. Folgende Werte wurden bisher definiert:

Wert	Beschreibung
0	normale Priorität
1	höchste Priorität

Source address

Die 48 Bit lange Source-Adresse des ISL-Paketes enthält die 802.3 MAC-Adresse des Switch-Ports, der das Paket übermittelt.

Length

Legt die Länge des Paketes fest. In die Berechnung der Paketlänge fließen aber nicht das Destination Address-, das Frame-, das User-, das Source Address-, das Length- und das CRC-Feld ein.

HSA

Das HSA-Feld enthält die höchsten drei Bytes der Source-Adresse.

Virtual LAN ID

Definiert die Zugehörigkeit des Paketes zum jeweiligen VLAN

BPDU and CDP indicator

Definiert die Verarbeitung des Paketes. Folgende Werte wurden definiert:

Wert	**Beschreibung**
0	Paket wird nicht an die CPU zur weiteren Verarbeitung weitergeleitet
1	Paket wird zur weiteren Verarbeitung an die CPU weitergeleitet

Index

Das Index-Feld enthält eine Liste aller Switch-Ports des Senders. Dieses Feld wird nur zu Diagnostikzwecken verwendet. Dieser 16 Bit-Wert wird vom Empfänger ignoriert.

Reserved

Reserviert für zukünftige Anwendungen

EGP

Exterior Gateway Protocol

Das Exterior Gateway Protocol wird nur zwischen Routern eingesetzt, die als Zugänge zu Autonomen Systemen definiert sind. Das EGP-Protokoll geht davon aus, dass diese Übergänge nur über bestimmte Router – die Core Gateways – erfolgen können. Ein Autonomes System ist ein Verbund von Routern und Netzwerken, die alle zu einer Organisation gehören. Innerhalb eines Autonomen Systems tauschen die Router über verschiedene Interior Gateway-Protokolle (IGPs) Routing-Informationen aus. Jedes Autonome System identifiziert sein Partnersystem durch Nummern, die weltweit durch das Stanford Research Institute (SRI) festgelegt und veröffentlicht werden.

Das Exterior Gateway Protocol regelt das Routing zwischen verschiedenen Autonomen Systemen. Dieses universelle Protokoll ermöglicht die transparente Kommunikation der einzelnen, in einem Internet zusammengeschlossenen Autonomen Systemen. Die Wege eines Datenpaketes durch ein Internetwork und die Anzahl der dabei durchquerten Autonomen Systeme sollte für den Endbenutzer vollkommen transparent sein.

Um zwischen zwei Autonomen Systemen Routing-Informationen auszutauschen, wurden für das EPG-Protokoll drei Mechanismen spezifiziert:

- Nachbar-Akquisition (Neighbor Acquisition)

Bei der Nachbar-Akquisition vereinbaren die am Prozess beteiligten Router, Routing-Informationen auf Basis des EPG miteinander auszutauschen.

- Test aller bekannten Nachbarn (Neighbor Reachability Monitoring)

Bei diesem Verfahren testen Router periodisch, ob ihr direkter Nachbar noch aktiv ist. Der Router sendet periodische Hello-Meldungen zum Nachbarsystem aus und erwartet hierauf eine Antwort in Form von „Ich habe dich verstanden" (I Heard You).

- Kontinuierliche Aktualisierung aller Routing-Informationen

Durch den periodischen Austausch von Routing-Update-Meldungen gibt jeder Router bekannt, welche Netze er direkt erreichen kann.

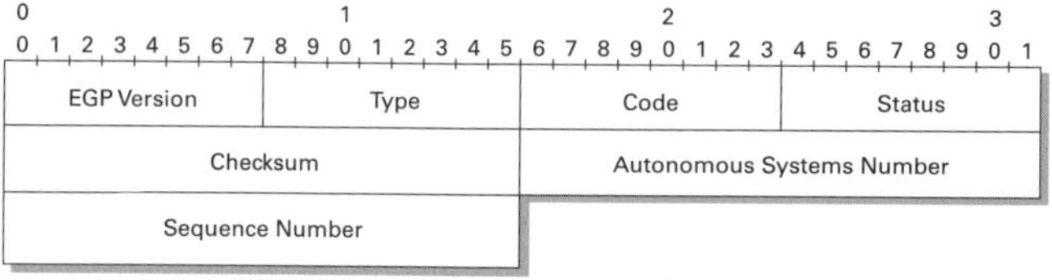

Abbildung 5.7: EGP Message Header

EGP Version

Das EGP-Versions-Feld gibt die verwendete Version des EGP-Headers an. Im Moment wird allgemein die Version 2 benutzt.

Type

Das Typfeld definiert, um welchen Meldungstyp es sich handelt.

Code

Der Code definiert die Art des Typs genauer, d.h., es wird angegeben, ob es sich um ein Kommando oder um eine Antwort auf ein Kommando handelt.

Status

Enthält je nach EGP-Meldung bestimmte Statusinformationen

Checksum

Enthält eine Prüfsumme, die nur das EGP Message-Format auf Fehler überprüft

Autonomous System

Enthält die Autonomous System-Nummer und identifiziert das jeweilige Partnersystem. Die Autonomous System-Nummern sind weltweit festgelegt und werden von Zeit zu Zeit als Ergänzungen zu den RFCs veröffentlicht.

Siehe auch Assigned Autonomous System-Nummern.

Sequence Number

Enthält eine Sequenznummer, anhand der der Sender die Meldungen und Replies synchronisiert. Ein Router initialisiert seine Sequence-Nummer bei der ersten Neighbor Acquisitions Message und zählt diesen Counter bei jeder weiteren Meldung hoch. Der Empfänger einer Neighbor Acquisitions Message antwortet immer mit der letzten Sequence-Nummer, die er empfangen hat, und ermöglicht somit dem Sender die Zuordnung von Antworten auf Kommandos.

Neighbor Acquisition Message

Bei der Nachbar-Akquisition nimmt ein Router durch Aussenden von Meldungen die Kommunikation zu einem anderen Router auf. Der Kommunikationspartner wird durch den Administrator des jeweiligen Router festgelegt. Die Neighbor Acquisition Messages legen den Intervall fest, in dem die beiden Router Informationen austauschen.

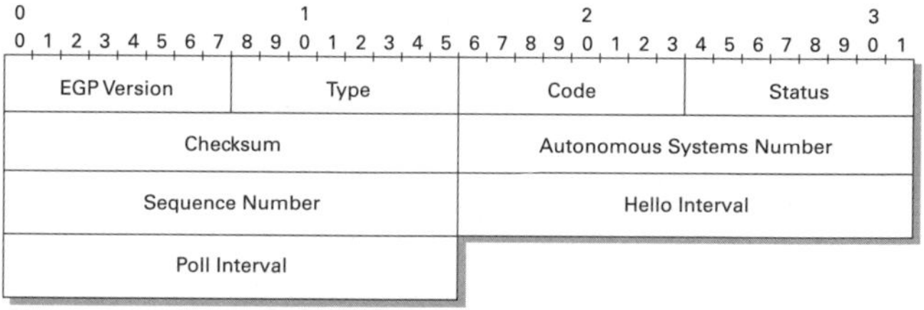

Abbildung 5.8: Neighbor Acquisition Message Header

Typ

Das Typ Feld definiert, um welchen Meldungstyp es sich handelt und ermöglicht dem Router, bei der Übertragung über Netze die Art der EGP-Meldung anzugeben. Für das Neighbor Acquisition Message-Format ist der Typ-Wert 3 definiert.

Code

Der Code definiert die Art des Typs genauer, d.h., es wird angegeben, ob es sich um ein Kommando oder um eine Antwort auf ein Kommando handelt. Folgende Codes sind für den Neighbor Acquisitions Message-Typ 3 definiert:

0 = Akquisitions Request-Kommando (Anforderung)

1 = Akquisitions Confirm-Kommando (Bestätigung)

2 = Akquisitions Refuse-Kommando

3 = Cease Request-Kommando

4 = Cease Confirm (Ac)-Kommando

Status

Enthält je nach EGP-Meldung bestimmte Statusinformationen. Folgende Statusmeldungen sind für den Typ 3 festgelegt:

0 = unspezifisch

1 = aktiver Mode

2 = passiver Mode

3 = nicht genügend Ressourcen

4 = verboten

5 = wird abgebaut

6 = Parameter-Problem

7 = Protokoll-Verletzung

Checksum

Enthält eine Prüfsumme, die nur das EGP Neighbor Acquisition Message-Format auf Fehler überprüft.

Autonomous System

Enthält die Autonomous System-Nummer und identifiziert das jeweilige Partnersystem

Sequenz Number

Enthält eine Sequenznummer, anhand der der Sender die Meldungen und Replies synchronisiert. Ein Router initialisiert seine Sequence-Nummer bei der ersten Neighbor Acquisition Message und zählt diesen Counter bei jeder weiteren Meldung hoch. Der Empfänger einer Neighbor Acquisition Message antwortet immer mit der letzten Sequence-Nummer, die er empfangen hat und ermöglicht somit dem Sender die Zuordnung von Antworten auf Kommandos.

Hello Interval

Durch den Hello Interval wird festgelegt, innerhalb welcher minimalen Zeit die beiden Router Hello-Kommandos untereinander austauschen. Die Zeitbasis für das Hello-Kommmando wird immer in Sekunden gemessen.

Poll Interval

Durch den Poll Interval wird festgelegt, innerhalb welcher minimalen Zeit die beiden Router Poll-Kommandos untereinander austauschen. Die Zeitbasis für das Poll-Kommmando wird immer in Sekunden gemessen.

Neighbor Reachability Message

Beim Exterior Gateway-Protokoll wird in zwei verschiedenen Modi unterschieden, wie ein Nachbarsystem erkannt werden kann. Im aktiven Modus sendet ein Router aktiv zu einem Nachbarsystem periodische Hello-Meldungen aus und erwartet auf diese Meldungen eine „I-Heard-You"-Antwort. Im passiven Modus verlässt sich ein Router vollkommen auf seinen Nachbarn, der periodisch Hello- oder Poll-Meldungen sendet. In der Regel arbeiten immer beide Nachbargeräte im aktiven Modus.

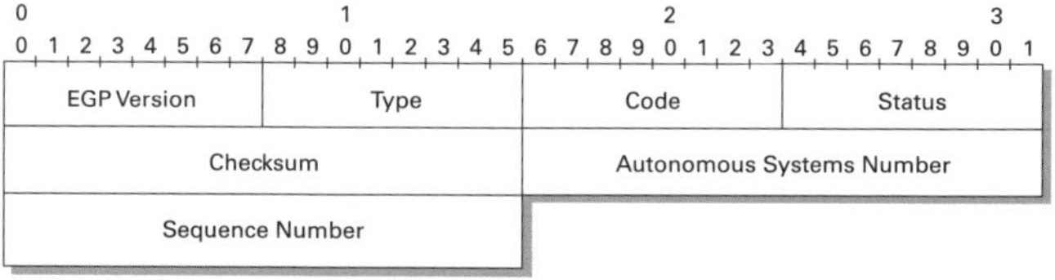

Abbildung 5.9: Neighbor Reachability Message Header

Typ

Das EGP-Typ-Feld definiert, um welchen Meldungstyp es sich handelt, und ermöglicht es dem Router, bei der Übertragung über Netze die Art der EGP-Meldung anzugeben. Für das Neighbor Reachability Message-Format ist der EGP-Typ-Wert 5 definiert.

Code

Der Code definiert die Art des Typs genauer, d.h., es wird angegeben, ob es sich um ein Kommando oder um eine Antwort auf ein Kommando handelt. Folgende Codes sind für den Typ 5 definiert:

0 = Hallo-Kommando

1 = I-H-U Response

Status

Enthält je nach EGP-Meldung bestimmte Statusinformationen. Für das Neighbor Reachability Message-Format (Typ 5) sind folgende Statusmeldungen festgelegt:

0 = indeterminate

1 = up state

2 = down state

Checksum

Enthält eine Prüfsumme, die nur das EGP Neighbor Reachability Message-Format auf Fehler überprüft

Autonomous System

Enthält die Autonomous System-Nummer und identifiziert das jeweilige Partnersystem

Sequenz Number

Enthält eine Sequenznummer, anhand der der Sender die Meldungen und Replies synchronisiert. Ein Router initialisiert seine Sequence-Nummer bei der ersten Neighbor Acquisition Message und zählt diesen Counter bei jeder weiteren Meldung hoch. Der Empfänger einer Neighbor Acquisition Message antwortet immer mit der letzten Sequence-Nummer, die er empfangen hat, und ermöglicht somit dem Sender die Zuordnung von Antworten auf Kommandos.

Error Response/Indication

Die Error Response/Indication-Informationen werden von Nachbar-Routern benutzt, um untereinander Status- oder Fehlermeldungen austauschen zu können. Eine Error Response/Indication-Meldung wird immer nur dann ausgeschickt, wenn in einer empfangenen Message ein Fehler entdeckt wird. Eine Error Response/Indication-Meldung wird nie auf eine empfangene Fehlermeldung generiert.

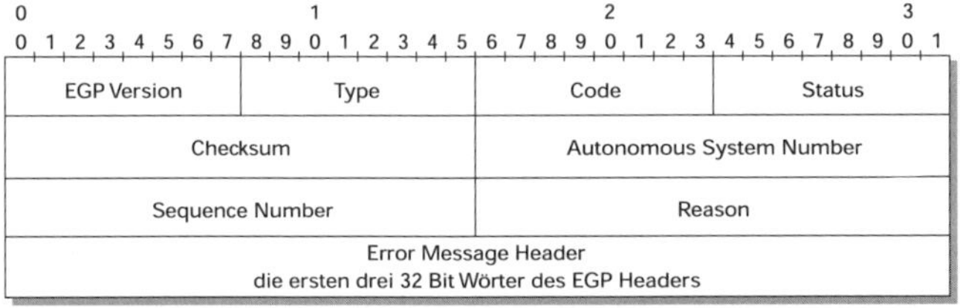

Abbildung 5.10: EGP Error Response/Indication Message Header

Typ

Das EGP-Typ-Feld definiert, um welchen Meldungstyp es sich handelt und ermöglicht dem Router, bei der Übertragung über Netze die Art der EGP-Meldung anzugeben. Für das EGP Error Response/Indication-Format ist der Typ 8 definiert.

Code

Der Code definiert die Art des Typs genauer, d.h., es wird angegeben, ob es sich um ein Kommando oder um eine Antwort auf ein Kommando handelt. Für das EGP Error Response/Indication-Format (Typ 8) ist der Code 0 definiert.

Status

Enthält je nach EGP-Meldung bestimmte Statusinformationen. Für das EGP Error Response/Indication-Format sind folgende Statusmeldungen festgelegt:

0 = indeterminate

1 = up state

2 = down state

128 = unsolicited Message Bit

Checksum

Enthält eine Prüfsumme, die nur das EGP Errror Response/Indication Message-Format auf Fehler überprüft.

Autonomous System

Enthält die Autonomous System-Nummer und identifiziert das jeweilige Partnersystem.

Sequence Number

Enthält eine Sequenznummer, anhand der der Sender die Meldungen und Replies synchronisiert. Ein Router initialisiert seine Sequence-Nummer bei der ersten Neighbor Acquisition Message und zählt diesen Counter bei jeder weiteren Meldung hoch. Der Empfänger einer Neighbor Acquisition Message antwortet immer mit der letzten Sequence-Nummer, die er empfangen hat und ermöglicht somit dem Sender die Zuordnung von Antworten auf Kommandos.

Reason

Folgende Gründe, die zum Aussenden einer Error Response/Indication-Meldung führen, sind für den Typ 8 festgelegt:

0 = undefiniert

1 = ungültiges EGP Header-Format

2 = ungültiges EGP-Daten-Format

3 = Reachability-Information nicht verfügbar

4 = Exzessive Polling-Rate

5 = Keine Response

Poll-Kommando

Das EGP Poll-Kommando ermöglicht die Erkennung eines aktiven Nachbarsystems. Dabei werden periodische so genannte Hello Messages (Poll Requests) zu einen Nachbarsystem geschickt, und auf I-Heard-You Response Messages gewartet, um festzustellen, ob der jeweilige Nachbar noch aktiv ist. Beim Poll-Kommando wird die IP-Source-Netzwerk-Nummer des einen gemeinsamen Netzwerkes über die beiden Router (Core-Gateways) mit ausgetauscht.

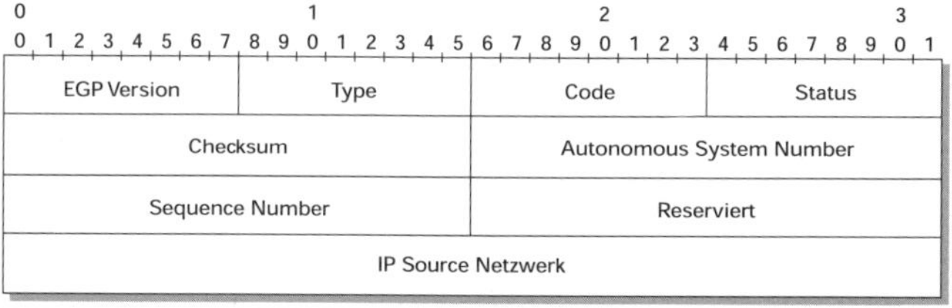

Abbildung 5.11: Poll-Kommando-Format

Typ

Das EGP-Typ-Feld definiert, um welchen Meldungstyp es sich handelt, und ermöglicht es dem Router, bei der Übertragung über Netze die Art der EGP-Meldung anzugeben. Für das EGP Poll-Kommando ist der TYP 2 definiert.

Code

Der Code definiert die Art des Typs genauer, d.h., es wird angegeben, ob es sich um ein Kommando oder um eine Antwort auf ein Kommando handelt. Für das EGP Poll-Kommando (Typ 2) ist der Code 0 definiert.

Status

Enthält je nach EGP-Meldung bestimmte Statusinformationen. Für das EGP Poll-Kommando (Typ 2) sind folgende Statusmeldungen festgelegt:

0 = indeterminate

1 = up state

2 = down state

Checksum

Enthält eine Prüfsumme, die nur das EGP Neighbor Poll Message-Format auf Fehler überprüft.

Autonomous System Number

Enthält die Autonomous System-Nummer und identifiziert das jeweilige Partnersystem

Sequence Number

Enthält eine Sequenznummer, anhand der der Sender die Meldungen und Replies synchronisiert. Ein Router initialisiert seine Sequence-Nummer bei der ersten Neighbor Acquisition Message und zählt diesen Counter bei jeder weiteren Meldung hoch. Der Empfänger einer Neighbor Acquisition Message antwortet immer mit der letzten Sequence-Nummer, die er empfangen hat, und ermöglicht somit dem Sender die Zuordnung von Antworten auf Kommandos.

IP Source-Netzwerk-Nummer

Die IP Source-Netzwerk-Nummer ist die Netzadresse eines gemeinsamen Netzwerkes, über die die beiden Router (Core-Gateways) Poll-Kommandos austauschen.

Response/Indication

Das Konzept des Update Response/Indication-Mechanismus besteht darin, dass ein Router durch Aussenden von Meldungen die Erreichbarkeit von anderen Netzen (Autonomen Systemen) ermittelt (siehe Abbildung 5.12).

Typ

Das EGP-Typ-Feld definiert, um welchen Meldungstyp es sich handelt, und ermöglicht es dem Router, bei der Übertragung über Netze die Art der EGP-Meldung anzugeben. Für das EGP Update Response/ Indication-Format ist der Typ 1 definiert.

Code

Der Code definiert die Art des Typs genauer, d.h., es wird angegeben, ob es sich um ein Kommando oder um eine Antwort auf ein Kommando handelt. Für das EGP Update Response/Indication-Format (Typ 1) ist der Code 0 festgelegt.

Checksum

Enthält eine Prüfsumme, die nur das EGP Update Response/Indication-Feld auf Fehler überprüft

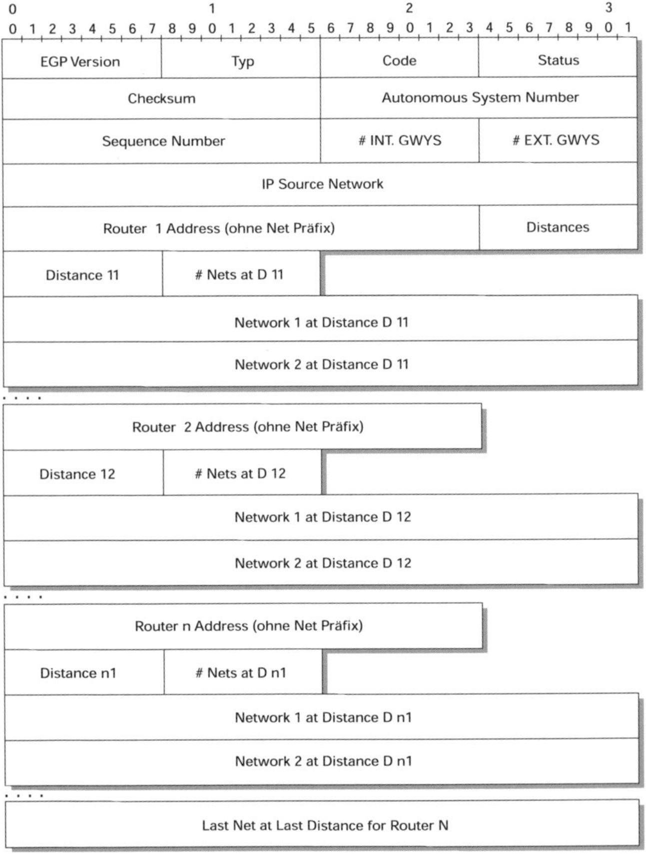

Abbildung 5.12: EGP Update Response/Indication Format

Status

Enthält je nach EGP-Meldung bestimmte Statusinformationen. Für das EGP Update Response/Indication-Format (Typ 1) sind folgende Statusmeldungen festgelegt:

0 = indeterminate

1 = up state

2 = down state

128 = unsolicited Message Bit

Autonomous System Number

Enthält die Autonomous System-Nummer und identifiziert das jeweilige Partnersystem.

Sequence Number

Enthält eine Sequenznummer, anhand der der Sender die Meldungen und Replies synchronisiert. Ein Router initialisiert seine Sequence-Nummer bei der ersten Neighbor Acquisition Message und zählt diesen Counter bei jeder weiteren Meldung hoch. Der Empfänger einer Neighbor Acquisition Message antwortet immer mit der letzten Sequence-Nummer, die er empfangen hat, und ermöglicht somit dem Sender die Zuordnung von Antworten auf Kommandos.

Number of Interior Gateways

Dieses Feld legt die Anzahl der Interior Gateways fest, über die Informationen in dieser Meldung enthalten sind.

Number of Exterior Gateways

Dieses Feld legt die Anzahl der Exterior Gateways fest, über die Informationen in dieser Meldung enthalten sind.

IP Source Network

Das IP Source Network-Wertefeld definiert die Netzadresse eines gemeinsamen Netzwerkes, über die die beiden Router (Core-Gateways) Update-Informationen austauschen.

Router 1 IP Address

Die erste Gateway IP-Adresse ist die Routeradresse von dem ersten Router (in der Regel ein Core-Gateway), das die Update-Informationen schickt.

Number of Distances

Das Number-of-Distances-Feld in einer Update Response/Indication Message definiert die erste Distanz, über die Informationen in dieser Meldung enthalten sind.

Distance D11

Die Distance D11 definiert, wie weit der Router mit all seinen angeschlossenen Netzen von dem Bezugspunkt (IP Source-Netznummer) entfernt ist.

Number of Nets at D11

Das Number-of-Nets-at-D11-Feld definiert die Anzahl der Netze, über die in den anschließenden Feldern Informationen enthalten sind.

Network 1 at Distance D11

Das Network-1-at-Distance-D11-Feld definiert die Netzadresse des ersten an diesen Router angeschlossenen Datennetzes.

Network 2 at Distance D11

Das Network-2-at-Distance-D11-Feld definiert die Netzadresse des zweiten an diesen Router angeschlossenen Datennetzes.

Router 2 IP Addresses

Die zweite Gateway IP-Adresse ist die Routeradresse des zweiten Router, der die Update-Informationen schickt.

Number of Distances 12

Das Number-of-Distance-Feld in einer Update Response/Indication Message definiert die zweite Distanz, über die Informationen in dieser Meldung enthalten sind.

Distance D 12

Die Distance D 12 definiert, wie weit der Router mit all seinen angeschlossenen Netzen von dem Bezugspunkt (IP Source-Netzwerk-Nummer) entfernt ist.

Number of Nets at D12

Das Number-of-Nets-at-D12-Feld definiert die Anzahl der Netze, über die in den anschließenden Feldern Informationen enthalten sind.

Network 1 at Distance D12

Das Network-1-at-Distance-D12-Feld definiert die Netzadresse des ersten an diesen Router angeschlossenen Datennetzes.

Network 2 at Distance D12

Das Network-2-at-Distance-D12-Feld definiert die Netzadresse des zweiten an diesen Router angeschlossenen Datennetzes.

Router N IP Addresses

Die N-te Gateway IP-Adresse ist die Routeradresse von dem N-ten Router, der die Update-Informationen schickt.

Number of Distances N

Das Number-of-Distances-Feld in einer Update Response/Indication Message definiert die N-te Distanz, über die Informationen in dieser Meldung enthalten sind.

Distance N

Die Distance N definiert, wie weit der Router mit all seinen angeschlossenen Netzen von dem Bezugspunkt (IP-Source-Netzwerk-Nummer) entfernt ist.

Number of Nets at N

Das Number-of-Nets-at-N-Feld definiert die Anzahl der Netze, über die in den anschließenden Feldern Informationen enthalten sind.

Network 1 at Distance N

Das Network-1-at-Distance-N-Feld definiert die Netzadresse des ersten an diesen Router angeschlossenen Datennetzes.

Network 2 at Distance N

Das Network-2-at-Distance-N-Feld definiert die Netzadresse des zweiten an diesen Router angeschlossenen Datennetzes.

Last Network at Last Distance for Router N

Das Last-Network-at-Distance-N-Feld definiert die letzte Netzadresse des an diesen Router angeschlossenen Datennetzes.

GRE
Generic Routing Encapsulation

Das Generic Routing Encapsulation (GRE)-Protokoll (RFC 1701 und 1702) bietet einen allgemeinen Mechanismus zum Routing von beliebigen Paketen. Verfügt ein System über ein Paket, das zum Transport mit Hilfe eines Encapsulation-Mechanismus verpackt und geroutet werden soll, wird die Payload (das ursprüngliche Paket) zuerst in ein GRE-Paket eingepackt. Anschließend wird das GRE-Paket geroutet und mit Hilfe eines Transportmechanismus an das Ziel weitergeleitet.

Das GRE-Protokoll hat folgendes Format:

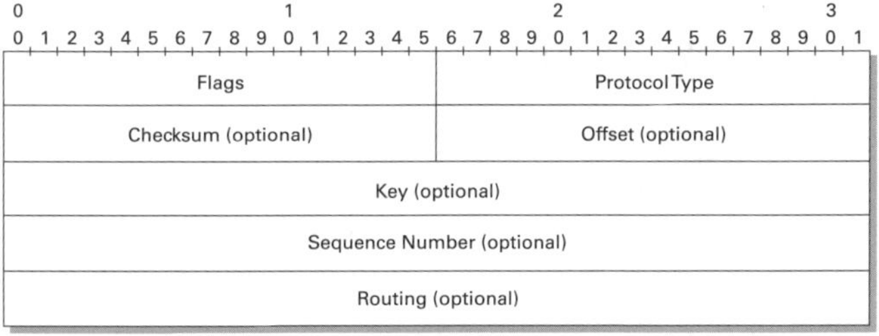

Abbildung 5.13: GRE-Header

Flags

Die GRE-Flags werden in den ersten zwei Oketts des GRE-Headers codiert. Die Flags haben folgende Bedeutung:

Checksum Present (Bit 0)

1 = Eine Prüfsumme wurde für den GRE-Header berechnet.

Routing Present (Bit 1)

1 = Das Offset- und Routing-Feld enthalten zusätzliche Informationen.

Key Present (Bit 2)

1 = Das Key-Feld enthält weitere Informationen.

Sequence Number Present (Bit 3)

1 = Eine Sequenznummer wurde in den GRE-Header eingefügt.

Strict Source Route (Bit 4)
1 = Die Daten müssen nach dem Strict Source Routing-Mechanismus weitergeleitet werden.

Recursion Control (Bits 5-7)
Enthält einen drei Bit langen Integer und definiert die Anzahl der zusätzlichen Encapsulations.

Version Number (Bits 13-15)
Wird immer auf den Wert = 0 gesetzt

Protocol Type
Definiert den Protokolltyp des Payload-Paketes und entspricht dem Wert des Ethernet Protocol Type-Feldes des zu transportierenden Paketes.

Offset
Pointer (in Oktett) zum Beginn des Routing-Feldes mit dem ersten Source Route-Eintrag

Checksum
IP-Prüfsumme über den gesamten GRE-Header und der nachfolgenden Payload

Key
Enthält eine vier Oktett lange Nummer, die vom Encapsulator eingefügt wird. In einigen Implementierungen wird dieses Feld zur Authentifizierung verwendet.

Sequence number
Enthält eine 32 Bit lange Identifizierungsnummer. Anhand der Sequenznummer ordnet der Empfänger die Reihenfolge der empfangenen Datenpakete.

Routing

Enthält die für das Paket festgelegten Routing-Informationen

Der erweiterte GRE-Header hat folgendes Format:

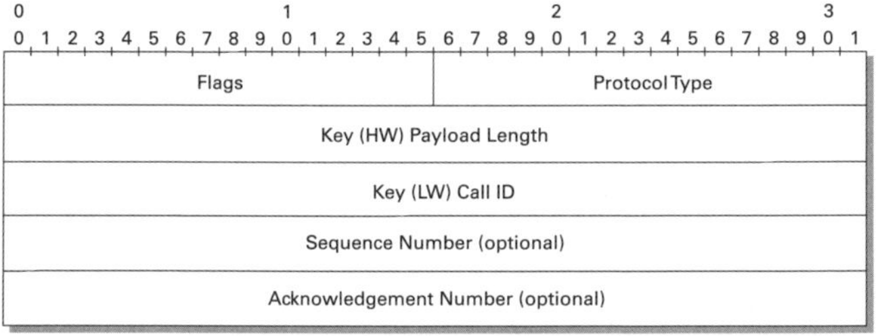

Abbildung 5.14: Der erweiterte GRE-Header

Flags

Die GRE-Flags werden in den ersten zwei Oketts des erweiterten GRE-Headers codiert. Die Flags haben folgende Bedeutung:

Checksum Present (Bit 0)

1 = Eine Prüfsumme wurde für den GRE-Header berechnet.

Routing Present (Bit 1)

1 = Das Offset- und Routing-Feld enthalten zusätzliche Informationen.

Key Present (Bit 2)

1 = Das Key-Feld enthält weitere Informationen.

Sequence Number Present (Bit 3)

1 = Eine Sequenznummer wurde in den GRE-Header eingefügt.

Strict Source Route (Bit 4)

1 = Die Daten müssen nach dem Strict Source Routing-Mechanismus weitergeleitet werden.

Recursion Control (Bit 5-7)

Enthält einen drei Bit langen Integer und definiert die Anzahl der zusätzlichen Encapsulations.

Acknowledgment (Bit 8)

1 = Eine Bestätigungsnummer wurde in den GRE-Header eingefügt.

Flags (Bit 9-12)

Für zukünftige Erweiterungen. Die Bits 9 bis 12 werden immer auf den Wert = 0 gesetzt.

Version Number (Bit 13-15)

Wird beim erweiterten GRE-Header immer auf den Wert = 1 gesetzt

Protocol type

Definiert den Protokolltyp des Payload-Paketes. Beim erweiterten GRE-Header wird dieses Feld immer auf den Wert = 0x880B gesetzt.

Key

Enthält eine vier Oktett lange Nummer, die vom Encapsulator eingefügt wird. In einigen Implementierungen wird dieses Feld zur Authentifizierung verwendet.

Sequence number

Enthält eine 32 Bit lange Identifizierungsnummer. Anhand der Sequenznummer ordnet der Empfänger die Reihenfolge der empfangenen Datenpakete.

Acknowledgment number

Enthält die Sequenznummer des zuletzt empfangenen GRE-Paketes.

Hello-Protokoll

Das Hello-Protokoll gehört zu den Distance Vector-Protokollen. Es berechnet die Distanz nicht nach dem Hop Count-Modell, sondern basiert auf einem Network Delay. Daher muss das Protokoll für eine Synchronisation der Uhren der beteiligten Rechner sorgen und es den einzelnen Routern ermöglichen, die Routen mit der kürzesten Verzögerung zu berechnen. Dieses wird dadurch realisiert, dass die Router die Uhrzeit ihrer Nachbarn schätzen und Routing Updates mit einem Timestamp versehen. Der Empfänger des Paketes zieht dann die Timestamp von der Uhrzeit des Senders ab und erhält so die Laufzeitverzögerung.

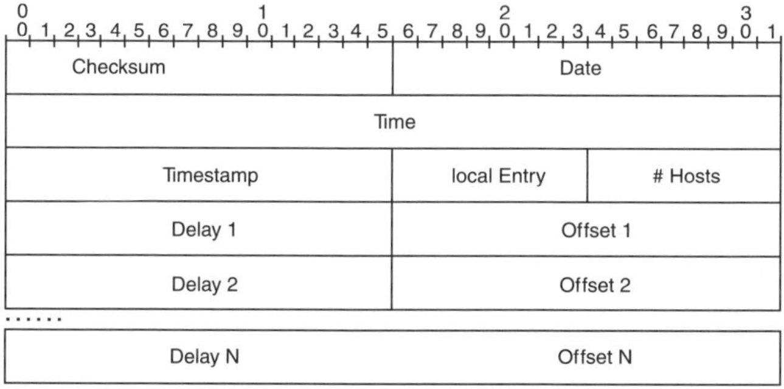

Abbildung 5.15: Hello Message Header

Checksum

Berechnet eine Prüfsumme über den gesamten Hello Message Header

Date

Definiert das Datum des Absenders

Time

Enthält die Absendezeit gemäß der lokalen Clock des Absenders

Timestamp

Wird nur für die Berechnung von Round Trip Delays verwendet

Local Entry

Pointer auf eine Liste von Rechnern, die für das lokale Netz von Relevanz sind

 # Hosts

Definiert die Anzahl der Rechner, die im Feld „Local Entry" speziell maskiert werden

Delay 1

Beschreibt die geschätzte Zeitverzögerung zwischen dem Sender und Empfänger für Rechner 1 in der „Local Entry-Liste"

Offset 1

Errechnet die geschätzte Zeitdifferenz zwischen Sender und Empfänger für Rechner 1 in der „Local Entry-Liste"

Delay 2

Beschreibt die geschätzte Zeitverzögerung zwischen dem Sender und Empfänger für Rechner 2 in der „Local Entry-Liste"

Offset 2

Errechnet die geschätzte Zeitdifferenz zwischen Sender und Empfänger für Rechner 2 in der „Local Entry-Liste"

Delay N

Beschreibt die geschätzte Zeitverzögerung zwischen dem Sender und Empfänger für Rechner N in der „Local Entry-Liste"

Offset N

Errechnet die geschätzte Zeitdifferenz zwischen Sender und Empfänger für Rechner N in der „Local Entry-Liste"

HSRP

Hot Standby Router Protocol

Das Cisco Hot Standby Router Protocol (HSRP) wurde im RFC2281 definiert. Es bietet einen Mechanismus zur automatischen Umleitung von IP-Datenströmen an unterschiedliche Router. In der Praxis arbeiten eine Vielzahl von Endgeräten noch immer mit einer Default Router-Einstellung. Diese Geräte sind beim Ausfall des Default-Router nicht in der Lage, einen alternativen Router selbständig zu ermitteln. Das Hot Standby Router Protokoll (HSRP) sorgt für eine automatische Router-Redundanz.

HSRP arbeitet auf Basis des UDP-Protokolls und benutzt den UDP-Port 1985. Die HSRP-Pakete werden immer an die Multicast-Adresse 224.0.0.2 (TTL = 1) übermittelt. Die Router verwenden als Source-Adresse immer ihre eigene IP-Adresse und nicht die virtuelle IP-Adresse, da sich sonst die HSRP-Router nicht untereinander identifizieren könnten.

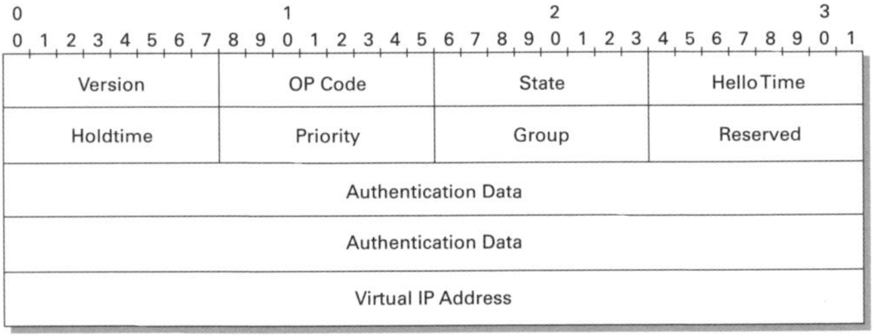

Abbildung 5.16: Der HSRP-Header

Version

Das Versionsfeld wird immer auf den Wert = 0 gesetzt.

Opcode

Definiert den Messagetyp. Folgende Werte wurden bisher festgelegt:

Werte	Beschreibung
1	Mit Hilfe des Hello-Kommandos propagiert ein Router seine Existenz am Netz. Zu diesem Zeitpunkt ist das Gerät in der Lage, sowohl als aktiver wie auch als Standby-Router zu arbeiten.
2	Das Coup-Kommando signalisiert, dass ein Router als aktiver Router arbeiten möchte.
3	Mit dem Resign-Kommondo signalisiert ein Router, dass dieser nicht länger als aktiver Router arbeitet.

State

Das State-Feld beschreibt den momentanen Status des Router. Folgende Werte wurden bisher festgelegt:

Wert	Aktion
0	Initial
1	Learn
2	Listen
4	Speak
8	Standby
16	Active

Hellotime

Ungefährer Zeitraum (in Sekunden) zwischen zwei Hello Messages. Wurde die Hellotime auf einem Router nicht konfiguriert, wird dieser Wert über die empfangenen Hello Messages des aktiven Router gelernt. Wird die Hellotime nicht vom Active Router über die Hello Message gelernt, und wurde dieser Parameter nicht konfiguriert, wird ein Default-Wert von drei Sekunden eingesetzt.

Holdtime

Gültigkeitszeitraum (in Sekunden) für die jeweilige Hello Message

Priority

Wird zur Auswahl des aktiven und des Standby-Router verwendet. Der Router mit der höheren Priorität wird automatisch zum aktiven Router. Im Fall einer Gleichheit der Prioritäten wird der Router mit der höheren IP-Adresse zum aktiven Router.

Group

Identifiziert die jeweilige Standby-Gruppe. Im Bereich des Token Ring sind nur Werte zwischen 0 und 2 gültig. Bei allen anderen Medien sind sämtliche Werte zwischen 0 und 255 gültig.

Authentication data

Acht Charakter langes Passwort im Klartext. Wurde keine Authentifikation vom Systemadministrator konfiguriert, wird folgender String als Default-Wert eingesetzt: 0x63 0x69 0x73 0x63 0x6F 0x00 0x00 0x00.

Virtual IP address

Die von der jeweiligen Gruppe benutzte virtuelle IP-Adresse. Wurde die virtuelle IP-Adresse nicht auf einem Router konfiguriert, kann diese über die Hello Message vom aktiven Router gelernt werden.

IGRP

Interior Gateway Routing Protocol

Das Interior Gateway Routing Protocol (IGRP) wurde von Cisco Systems als Router-Protokoll entwickelt. IGRP-Informationen werden mit Hilfe von IP-Datagrammen (IP-Port = 9) übermittelt. Der IGRP-Header folgt unmittelbar auf den IP-Header (siehe Abbildung 5.17).

Version

Definiert die aktuelle Version des IGRP-Protokolls. Momentan ist nur die Version 1 im Einsatz.

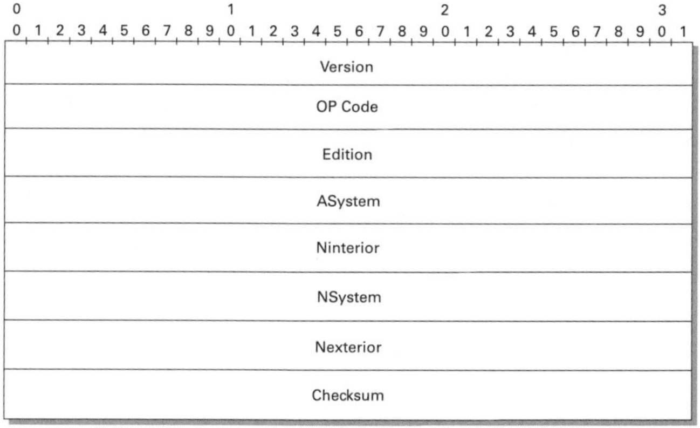

Abbildung 5.17: IGRP-Header

Opcode

Der Operationscode definiert den jeweiligen Pakettyp. Folgende Werte wurden bisher festgelegt:

Wert	Bedeutung
1	Update
2	Request

Edition

Mit einer Art Seriennummer wird jede Änderung in den Routing-Tabellen versehen. Dadurch haben Router die Möglichkeit, bereits gelernte Routing-Informationen von neuen Daten zu unterscheiden.

Asystem

Ein Router kann Mitglied mehrerer Autonomer Systeme sein. Jedes Autonome System arbeitet mit seinem eigenen internen IGRP-Protokoll und führt deshalb komplett unabhängige Routing-Tabellen. Durch die Autonomous-Systemnummern sind die Router in der Lage, zwischen den unterschiedlichen Routing-Tabellen auszuwählen.

Ninterior, Nsystem, Nexterior

Definiert die Anzahl der Einträge in den Header-Bereichen Ninterior, Nsystem und Nexterior in einer Update Message

Checksum

Die Prüfsumme wird über den gesamten IGRP-Header und den angefügten Routing-Informationen gebildet.

IGRP Request

Mit Hilfe des IGRP-Requests fragt ein Router bei seinem Kommunikationspartner dessen Routing-Tabellen ab. In einer Request Message werden nur das Versions-, das Opcode- und das Asystem-Feld gesetzt. Alle anderen Felder werden mit Null-Werten gefüllt.

IGRP update

Bei einer IGRP Update Message folgen auf den IGRP-Header die Routing-Informationen. In einem 1500 Byte langen Datagramm (inklusive dem IP-Header) können bis zu 104 Einträge untergebracht werden. Sollen mehr Routing-Einträge übermittelt werden, muss ein weiteres IGRP Update Paket geschickt werden.

NARP
NBMA Address Resolution Protocol

Das Non-Broadcast, Multi-Access (NBMA) Address Resolution Protocol (NARP) wurde im RFC1735 festgelegt. Das Protokoll ermöglicht

Hosts oder Routern das Auffinden von Kommunikationspartnern über ein nicht-Broadcast-fähiges Multi-Access-Netzwerk.

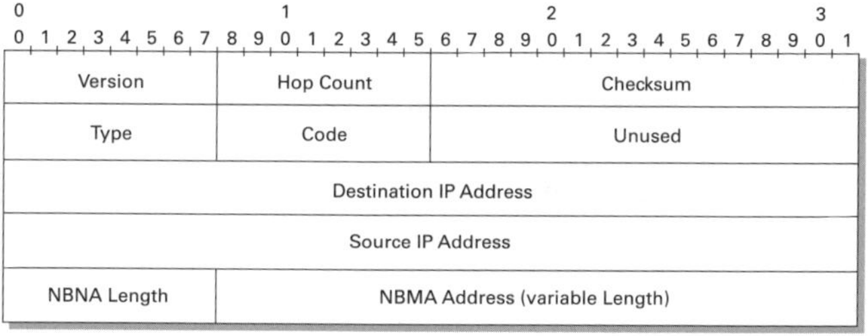

Abbildung 5.18: Der NARP-Header

Version

Definiert die Version des verwendeten NARP-Protokolls. Momentan ist nur die Version 1 im Einsatz.

Hop Count

Definiert die Anzahl der Router, über die das Paket vermittelt werden darf

Checksum

Berechnet eine Prüfsumme über das gesamte NARP-Paket

Type

Definiert den Pakettyp der NARP Message. Folgende NARP-Typen wurden bisher festgelegt:

Wert	Bezeichnung
1	NARP Request
2	NARP Reply

Code

In einer Response auf einen NARP Request können unter Umständen Informationen aus dem Cache übermittelt werden. Werden nicht gecachte Informationen angefordert, wird dies durch Code 2 signalisiert.

Folgende NARP Request Codes wurden bisher festgelegt:

- 1 Standard-NARP Request
- 2 Autorisierter NARP Request

NARP Replies können sowohl positiv als auch negativ beantwortet werden. Folgende NARP Reply Codes wurden bisher festgelegt:

- 1 Positiver nicht autorisierter Reply
- 2 Positiver autorisierter Reply
- 3 Negativer nicht autorisierter Reply
- 4 Negativer autorisierter Reply

Source und Destination IP Address

Enthält die IP-Adressen des NARP-Requestors und die NARP-Zieladresse, an die das Paket geschickt wird

NBMA Length und NBMA Address

Das NBMA-Längenfeld definiert die Länge der NBMA-Adresse des Senders.

NHRP

NBMA Next Hop Resolution Protocol

Das Non-Broadcast, Multi-Access (NBMA) Next Hop Resolution Protocol (NHRP) ist im RFC 2332 definiert. Das Protokoll dient Hosts und Routern zur Ermittlung der NBMA-Adressen der Router (NBMA Next Hops) auf dem Weg zum Kommunikationspartner.

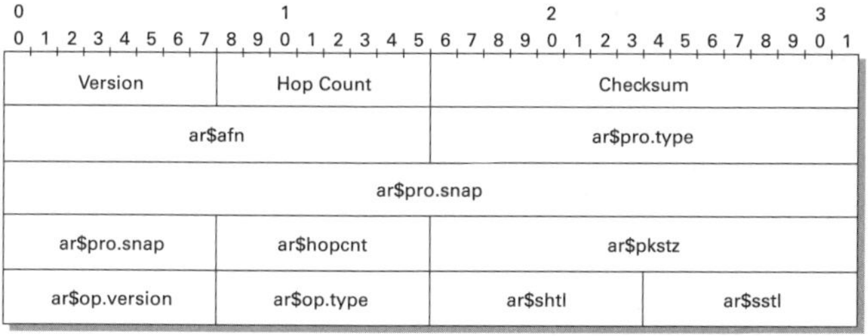

Abbildung 5.19: NHRP-Header

ar$afn

Definiert den Typ der verwendeten Link Layer-Adresse

ar$pro.type

Definiert den verwendeten Protokolltyp. Folgende Werte wurden bisher festgelegt:

Wert	Beschreibung
0x0000 bis 0x00FF	Protokolle entsprechend der NLPID-Definitionen
0x0100 bis 0x03FF	Reserviert für zukünftige Anwendungen durch das IETF
0x0400 bis 0x04FF	Reserviert für das ATM-Forum
0x0500 bis 0x05FF	Experimentelle oder lokale Nutzung
0x0600 bis 0xFFFF	Protokolle entsprechend den Definitionen der Ethertypes

ar$pro.snap

Wenn der ar$pro.type einen Wert von 0x0080 hat, wird eine Snap Encoded-Erweiterung verwendet, um den Protokolltyp zu verschlüsseln. Diese Snap-Erweiterung steht im ar$pro.snap-Feld; in allen anderen Fällen wird dieses Feld mit Null-Werten gefüllt.

ar$hopcnt

Definiert die Anzahl der Router, über die das Paket vermittelt werden darf

ar$pktsz

Legt die Gesamtlänge des NHRP-Paketes fest

ar$chksum

Berechnet eine Prüfsumme über das gesamte NHRP-Paket

ar$extoff

Dieses Feld stellt Existenz und Ursprung von NHRP-Erweiterungen fest.

ar$op.version

Das Versionsfeld definiert die im jeweiligen Paket verwendete Art des Adress-Mappings und des Managementprotokolls. Folgende Werte wurden bisher festgelegt:

Wert	Beschreibung
0x00	MARS-Protokoll
0x01	aktuelle NHRP-Version
0x02 - 0xEF	Reserviert für zukünftige Anwendungen durch das IETF
0xF0 - 0xFE	Reserviert für das ATM-Forum
0xFF	Experimentelle oder lokale Nutzung

ar$op.type

Wurde das ar$op.version-Feld auf den Wert = 1 gesetzt, definiert das ar$op.type-Feld den NHRP-Pakettyp. Folgende Werte wurden bisher festgelegt:

Wert	Aktion
1	NHRP Resolution Request
2	NHRP Resolution Reply
3	NHRP Registration Request
4	NHRP Registration Reply
5	NHRP Purge Request
6	NHRP Purge Reply
7	NHRP Error Indication

ar$shtl

Definiert den Typ und die Länge der Source NBMA-Adresse

ar$sstl

Definiert den Typ und die Länge der Source NBMA-Subadresse

OSPF

Open Shortest Path First

Das Open Shortest Path First Protocol basiert auf dem Shortest Path First (SPF)-Algorithmus und zählt zu den hierarchischen Link State Protocols. In großen Netzen wird es oft als Interior Gateway Protocol (IGP) eingesetzt. Das OSPF-Protokoll setzt unmittelbar auf dem Internet-Protokoll (IP) auf und bietet im Vergleich zum RIP einen deutlich erweiterten Funktionsumfang. Das OSPF-Protokoll schreibt vor, dass alle Informationen zwischen OSPF-Routern gesichert übermittelt werden müssen. Mehrere Sicherungsmechanismen sind festgelegt. Außerdem können einzelne Bereiche unterschiedliche Sicherungsmechanismen nutzen. Die Designer des OSPF-Protokolls begrenzten so die Anzahl der Router, die Routing Informationen verbreiten können. Nur ausgewählte Router können innerhalb des Netzwerkes Routing-Informationen übermitteln. Damit wird ausgeschlossen, dass falsche oder nicht autorisierte Routen innerhalb eines Datennetzes propagiert werden.

Version

Das Versionsfeld spezifiziert die Version des Protokolls. Im Moment ist die Version 1 im Einsatz.

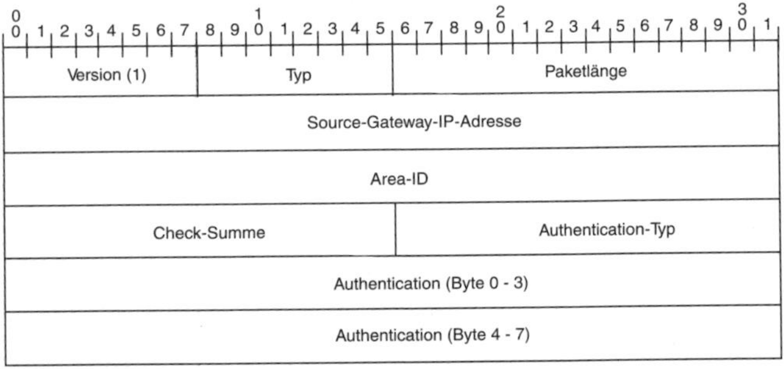

Abbildung 5.20: 24 Byte OSPF-Datenheader

Type

Das Typ-Feld beschreibt die Art des OSPF-Paketes. Folgende Werte wurden definiert:

Typ	Bedeutung
1	Hello (testet die Erreichbarkeit)
2	Database Beschreibung (Topologie)
3	Link Status-Anfrage
4	Link Status-Aktualisierung
5	Link Status-Bestätigung

Length

Definiert die Länge des OSPF-Paketes

Source Gateway IP-Adresse

Definiert die Adresse des Senders

Area ID

Das Area ID-Feld enthält eine 32-Byte-Adresse zur eindeutigen Identifizierung der jeweiligen Area.

Checksum

Enthält eine Prüfsumme, die nur den OSPF-Header auf Fehler überprüft. Durch die Checksum können mögliche Übermittlungsfehler erkannt werden.

Authentication Type

Das Authentication-Feld legt fest, ob zur Kontrolle der Verbindung ein Password abgefragt wird. Folgende Werte wurden definiert:

0 keine Password-Abfrage

1 Password wird benutzt

Authentication

Enthält das Passwort

Hello Message Format

OSPF sendet Hello-Pakete in festen Zeitabständen auf jeden Link. Hiermit werden neue Verbindungen aufgebaut und bestehende auf ihre Existenz hin überprüft.

Network Mask

Enthält die Netzmaske für das Netzwerk, über das das Hello-Paket übermittelt werden soll

Dead Timer

Definiert den Zeitraum, nachdem ein Nachbar, der nicht antwortet, als nicht mehr existent bezeichnet wird

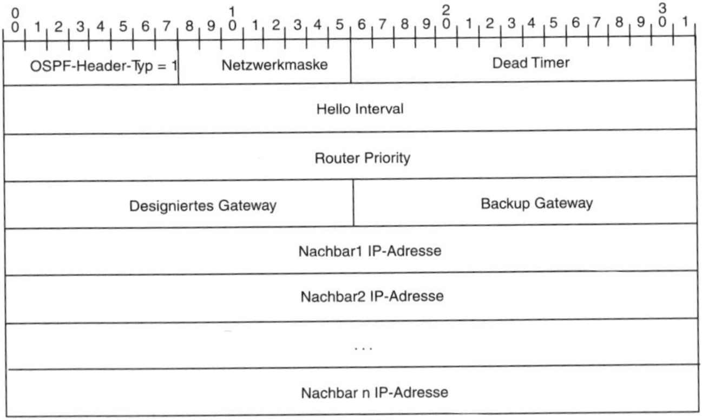

Abbildung 5.21: OSPF Hello Message

Hello Inter

Zeitintervall, nach dem ein Hello-Paket gesendet wird

Gway Prio

Definiert die Priorität, mit der ein Backup Gateway auszuwählen ist

Designated Gateway

IP-Adresse des aktiven Router

Backup Gateway

IP-Adresse des Backup-Router

Neighbor IP Address

Beschreibt die Nachbar-IP-Adresse von einem Router, der auf Hello-Pakete geantwortet hat

Database Description Message Format

OSPF-Router tauschen zur Initialisierung der Adresstabellen OSPF Database Description Messages aus. Diese Meldungen enthalten Informationen über die aktuelle Netzwerk-Topologie.

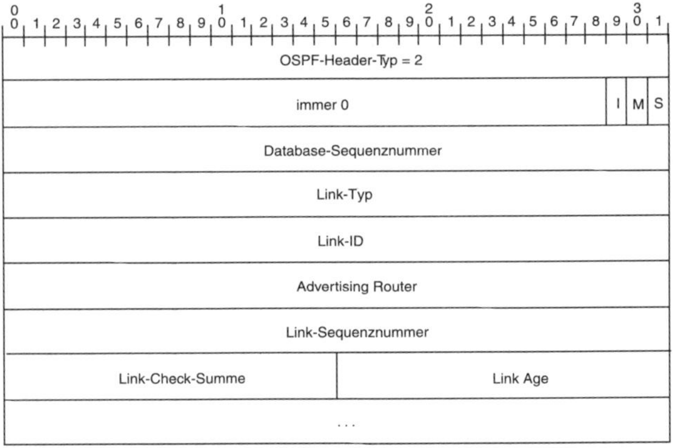

Abbildung 5.22: OSPF Database Description Header

Bit I

Handelt es sich um ein Initialisierungspaket, wird Bit I auf den Wert = 1 gesetzt.

Bit M

Bit M wird auf 1 gesetzt, wenn mehrere Pakete zur Übertragung der Topologie-Information benutzt werden.

Bit S

Bit S wird auf 1 gesetzt, wenn das Datenpaket von einem Master gesendet wird. Das nicht gesetzte Bit S wird nur von Slave übermittelt.

Database Sequence Number

Definiert die aktuelle Sequenz des Datenbankzugriffs

Link Type

Spezifiziert den Typus der Verbindung. Folgende Werte wurden festgelegt:

Link Typ	Bedeutung
1	Gateway Link
2	Netzwerk Link
3	Summary Link (IP-Netzwerk)
4	Summary Link (Link zum Border Gateway)
5	Externer Link (Link zu einer anderen Area)

Link ID

Dient zur eindeutigen Identifizierung eines Links

Advertising Gateway

Definiert die Adresse des Router, der den Link bekannt gibt

Link Sequence Number

Wird vom sendenden Router generiert. Die Link Sequence Number stellt sicher, dass keine Pakete verloren gehen oder in eine falsche Reihenfolge geraten.

Link Checksum

Dient zur Überprüfung der übertragenen Link-Informationen

Link Age

Beschreibt die bisherige Lebensdauer (in Sekunden) des Links

Link Status Request

Nach dem Austausch der Adresstabellen mit einem Nachbarn altern die Adresseinträge. Aus diesem Grund müssen die Informationen bei Bedarf aktualisiert werden. Der Router übermittelt eine Anfrage an den am Link angeschlossenen Nachbar-Router. Der Nachbar antwortet daraufhin mit den neuesten Informationen. Die drei Felder in der nachfolgenden Abbildung werden in jedem Paket wiederholt und enthalten die entsprechende Information über den jeweiligen Link.

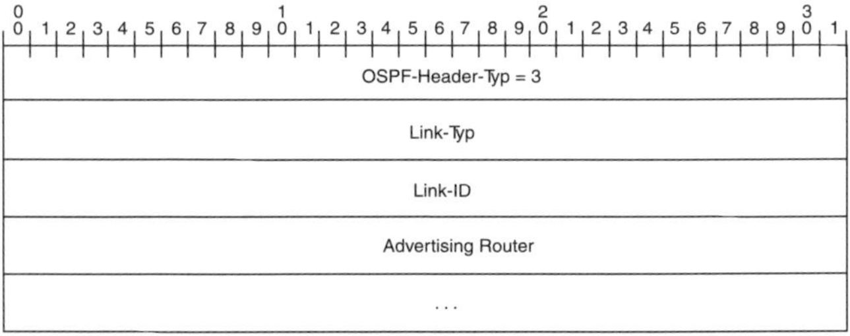

Abbildung 5.23: OSPF Link Status Request

Link Type

Spezifiziert den Typus der Verbindung. Folgende Werte wurden festgelegt:

Link Typ	Bedeutung
1	Gateway Link
2	Netzwerk Link
3	Summary Link (IP-Netzwerk)
4	Summary Link (Link zum Border Gateway)
5	Externer Link (Link zu einer anderen Area)

Link ID

Dient zur eindeutigen Identifizierung eines Links

Advertising Router

Definiert die Adresse des Router, der den Link bekannt gibt

Link Status Update

Der Status eines Links wird von Routern mit Hilfe von Broadcasts übermittelt.

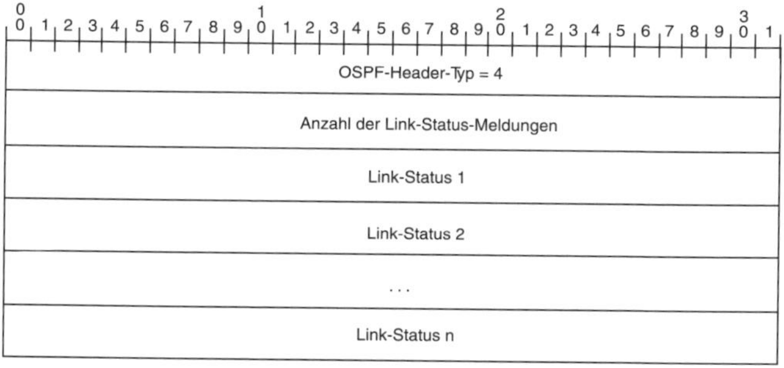

Abbildung 5.24: OSPF Link Status Update Headerformat

Number of Link Status Advertisments

Legt die Anzahl der Link-Statusmeldungen im Paket fest

Link Status Advertisement

Enthält die Statusmeldung für den jeweiligen Link

Link Status Advertisement

Anhand der Link Status Advertisement-Meldungen ermittelt der Empfänger eines solchen Paketes, welche der Router bzw. Links sich in seiner eigenen Area befinden.

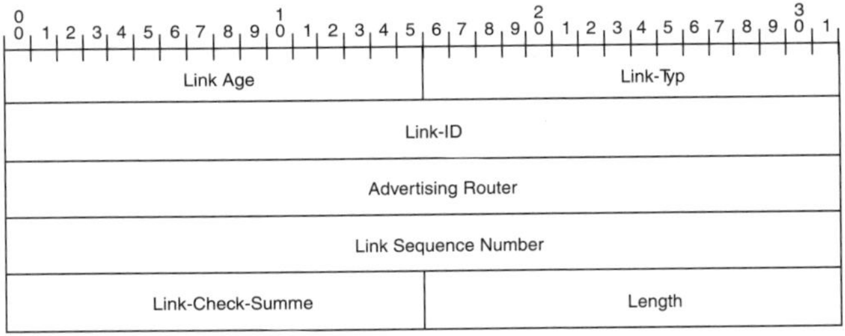

Abbildung 5.25: OSPF Link Status Advertisement-Headerformat

Link Age

Beschreibt die bisherige Lebensdauer (in Sekunden) des Links

Link Type

Spezifiziert den Typus der Verbindung. Folgende Werte wurden festgelegt:

Link Typ	Bedeutung
1	Gateway Link
2	Netzwerk Link
3	Summary Link (IP-Netzwerk)
4	Summary Link (Link zum Border Gateway)
5	Externer Link (Link zu einer anderen Area)

Link ID

Dient zur eindeutigen Identifizierung eines Links

Advertising Gateway

Definiert die Adresse des Router, der den Link bekannt gibt

Link Sequence Number

Wird vom sendenden Router generiert. Die Link Sequence Number stellt sicher, dass keine Pakete verloren gehen oder in eine falsche Reihenfolge geraten.

Link Checksum

Dient zur Überprüfung der übertragenen Link-Informationen

Length

Definiert die Länge des OSPF-Paketes

RIP

Routing Information Protocol

Das Routing Information Protocol (RIP) gehört zu den Standardprotokollen und ist in jeder TCP/IP-Implementierung verfügbar. Es zählt zu den Distance Vector-Protokollen und basiert auf dem Bellman-Ford-Algorithmus. Die Routing-Metrik wird bei RIP anhand der Anzahl von Hops berechnet. Als Hop wird ein Sprung zwischen zwei Routern bezeichnet. Zur Stabilisierung des Bellman-Ford-Algorithmus bedient sich das RIP-Protokoll der folgenden Mechanismen:

- Triggered Updates
- Split Horizon
- Reverse Poison Updates

Das RIP wurde als Routing-Protokoll für kleinere bis mittelgroße Netze mit geringer Komplexität entwickelt. Folglich kann mit Hilfe des RIP-Protokolls nur eine Kaskadierungstiefe bis zu 15 Routern erreicht werden.

Wird ein RIP-Router gestartet, so wird von diesem automatisch ein Broadcast Request (Request-Kommando-Typ 1) an alle am Netz angeschlossenen Stationen verschickt. Der Metric Count wird bei dem Broadcast Request auf den Wert gleich 16 gesetzt. Diese Meldung bedeutet, dass der Router von allen weiteren RIP-Routern deren vollständige Routing-Tabellen als Antwort erwartet. Ein Broadcast Request wird von den anderen Routern mit einem Response-Kommando (Typ 2) beantwortet.

Die Adresse im Family-of-Net-Feld stellt die Netzadresse, Rechneradresse oder die Subnetznummer dar. Der Metric Count repräsentiert dabei die Anzahl der Hops zwischen Sender- und Empfängernetz. In einem RIP-Paket können bis zu 25 Informationen übermittelt werden. Nachdem ein Router initialisiert ist, werden zur Pflege der Routing-Tabellen alle 30 Sekunden Broadcast Request-Pakete an alle Netzknoten ausgeschickt. Dadurch erkennt ein Router innerhalb kürzester Zeit alle anderen Router und Routen zu anderen Netzen und kann somit die Routing-Tabelle auf dem aktuellen Stand halten. Meldet sich ein anderer Router nicht innerhalb von 180 Sekunden auf die Anfrage, gilt er als nicht mehr verfügbar. Die Route wird automatisch auf einen Hop-Wert von 16 gesetzt und ist nicht mehr erreichbar. Die einzelnen Routen können vom Netzadministrator gewichtet werden. Existieren zwei gleichwertige Verbindungen zum Zielnetz, kann die Anzahl der Hops manuell erhöht werden. Hierdurch wird sichergestellt, dass sämtliche Pakete über die Verbindung geschickt werden, die über weniger Hops verfügt.

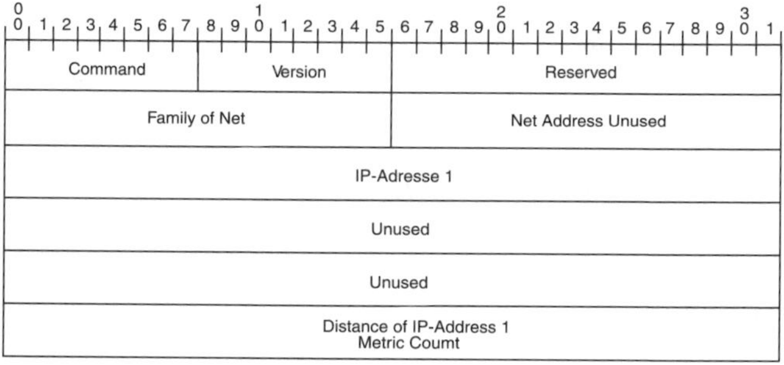

Abbildung 5.26: RIP-Header

Command

Das Command-Feld legt den RIP-Kommandotyp fest. RIP unterstützt fünf Typen:

- Command Request
  Eine Anfrage an alle angeschlossenen RIP-Systeme, ihre kompletten Routing-Tabellen an den anfragenden Router zu übermitteln. Der RIP-Request hat die Typnummer 1.
- Command Response
  Eine Antwort enthält die vollständige Routing-Tabelle eines Senders. Diese Meldung wird als Reaktion auf eine RIP-Anfrage, eine Poll- oder eine Update-Meldung gesendet. Der Response hat die Typnummer 2.
- Command Traceon
  Wird nicht mehr verwendet. Meldungen, die dieses RIP-Kommando enthalten, sind zu ignorieren. Traceon hat die Typnummer 3.

- Command Traceoff
  Wird nicht mehr verwendet. Meldungen, die dieses RIP-Kommando enthalten, sind zu ignorieren. Traceoff hat die Typnummer 4.
- Reserved
  Dieses Rip-Kommando reservierte sich Sun Microsystems für eigene Zwecke; es darf nicht benutzt werden. Reserved hat die Typnummer 5.

Version

Das RIP-Versionsfeld gibt die verwendete RIP-Protokollversion an. Durch die Versionsnummer in jedem Datenpaket kann der Empfänger einer RIP-Anfrage die verschiedenen RIP-Versionen angemessen interpretieren. Derzeit wird bei TCP/IP-Netzwerken die Version 1 verwendet.

Reserved

Dieses Feld ist für zukünftige Anwendungen reserviert.

Family of Net

Dieser Identifikator muss bei den TCP/IP-Protokollen immer auf den Wert 2 gesetzt sein.

Net Address

Dieses Feld wird bei den TCP/IP-Protokollen nicht verwendet.

IP Address

In einem RIP-Paket wird nicht zwischen Adresstypen unterschieden. Der Wert der IP-Adresse kann daher folgende Bedeutungen haben: Rechneradresse, Subnetz- oder Netznummer.

Distance of IP Address (Metric Count)

Der Metric Count definiert den Wert des Hop-Zählers. Jeder Router, der auf dem Weg durch das Netzwerk durchlaufen wird, setzt den Hop-Zähler um einen Wert hoch. Es sind maximal 16 Hops gestattet; 16 bedeutet, dass das Netzwerk nicht mehr erreichbar ist.

RIPv2 Routing Information Protocol Version 2

Das Routing Information Protocol Version 2 (RIPv2) gehört zu den Distance Vector-Protokollen und basiert auf dem Bellman-Ford-Algorithmus. Das neue Protokoll erweitert die Spezifikationen des RFC 1058.

Bits 0–7	Bits 8–15	Bits 16–31
Command	Version	unused
Address Family Identifier		Route Tag
IPAddress		
Subnet Mask		
Next Hop		
Metric		

Abbildung 5.27: RIPv2-Header

Command

Das Command-Feld legt den RIP-Kommandotyp fest. RIP unterstützt fünf Typen:

- Command Request
  Eine Anfrage an alle angeschlossenen RIP-Systeme, ihre kom-

pletten Routing-Tabellen an den anfragenden Router zu übermitteln. Der RIP-Request hat die Typnummer 1.

- Command Response
  Eine Antwort enthält die vollständige Routing-Tabelle eines Senders. Diese Meldung wird als Reaktion auf eine RIP-Anfrage, eine Poll- oder eine Update-Meldung gesendet. Der Response hat die Typnummer 2.
- Command Traceon
  Wird nicht mehr verwendet. Meldungen, die dieses RIP-Kommando enthalten, sind zu ignorieren. Traceon hat die Typnummer 3.
- Command Traceoff
  Wird nicht mehr verwendet. Meldungen, die dieses RIP-Kommando enthalten, sind zu ignorieren. Traceoff hat die Typnummer 4.
- Reserved
  Dieses Rip-Kommando reservierte sich Sun Microsystems für eigene Zwecke; es darf nicht benutzt werden. Reserved hat die Typnummer 5.

Version

Das RIP-Versionsfeld gibt die verwendete RIP-Protokollversion an. Durch die Versionsnummer in jedem Datenpaket kann der Empfänger einer RIP-Anfrage, die verschiedenen RIP-Versionen angemessen interpretieren. Es wurden folgende RIP-Versionen definiert:

0 Datagramme mit einer Versionsnummer = 0 werden ignoriert.

1 Bei Datagrammen mit einer Versionsnummer = 0 handelt es sich um gültige Pakete. Bei der anschließenden Verarbeitung werden die 0-Felder überprüft. Tritt in diesen Fel-

dern ein anderer Wert als 0 auf, wird die gesamte Message ignoriert.

2 Die RIP-Message enthält spezielle Authentifikationsinformationen, oder die neuen RIPv2-Felder werden benutzt.

>2 Bei Datagrammen mit einer Versionsnummer > 0 handeltes sich um gültige Pakete. Bei der anschließenden Verarbeitung werden die 0-Felder nicht überprüft.

Address Family Identifier

Dieser Identifikator muss bei den TCP/IP-Protokollen immer auf den Wert 2 gesetzt sein. Wird der Authentifikationsmechanismus verwendet, wird dieses Feld auf den Wert = FFFF gesetzt.

Route Tag

Das Route Tag (RT) dient zur Unterscheidung zwischen internen und externen RIP-Routen.

IP Address

Enthält die Adresse des Zielgeräts

Subnet Mask

Das Subnet Masken-Feld dient zur Kennzeichnung des netzspezifischen Teils einer IP-Adresse.

Next Hop

Definiert die nächste Adresse, zu der das Paket auf dem Weg zum Ziel übermittelt werden soll

Metric

Der Metric Count definiert den Wert des Hop-Zählers. Jeder Router, der auf dem Weg durch das Netzwerk durchlaufen wird, setzt den Hop-Zähler um einen Wert hoch. Es sind maximal 16 Hops gestattet; 16 bedeutet, dass das Netzwerk nicht mehr ereichbar ist.

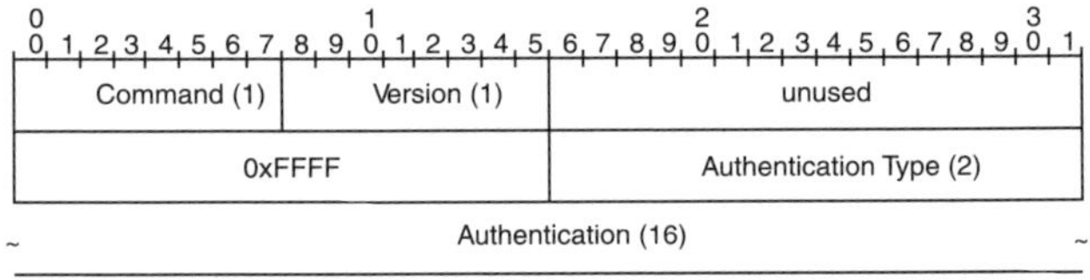

Abbildung 5.28: RIPv2 Authentication Header

Address Family Identifier

Wird der Address Family Identifier auf den Wert = 0xFFFF gesetzt, müssen die nachfolgenden Informationen zur Authentifikation verwendet werden.

Authentication Type

Momentan wird nur der Authentication Type 2 verwendet

Authentication

Enthält das 16 Byte lange Passwort

6 Protokolle der Transportschicht

Die „Transportschicht" oder „Transport Layer" leistet eine transparente Datenübertragung zwischen Endsystemen. Die Transportprotokolle der Schicht 4 bieten unterschiedliche Dienstklassen und -güten, unter anderem hinsichtlich der Fehlerkorrekturmöglichkeiten und Multiplexmechanismen. Zu unterscheiden ist zwischen verbindungsorientierten und verbindungslosen Protokollen. Während verbindungsorientierte Protokolle (beispielsweise das TCP-Protokoll) eine sichere Übertragung zwischen den beiden Endsystemen garantieren, gibt es bei anderen Protokollen (beispielsweise UDP) keine Überprüfung, ob ein Datenpaket korrekt beim Empfänger abgeliefert wurde. Die Schicht 4 gilt als oberste Netzwerk- beziehungsweise unterste Anwendungsschicht. Auf dieser Schicht arbeiten keine Komponenten.

RUDP
Reliable UDP

Das Reliable UDP-Protokoll (RUDP) ist in den RFCs 1151 und 908 definiert. Das zuverlässige Transportprotokoll wurde in der Vergangenheit zur Übermittlung von Telefonsignalisierungen über IP-Netze verwendet. Mit Hilfe von RUDP lassen sich die unterschiedlichen Übertragungscharakteristiken der Verbindungen individuell konfigurieren. Gleichzeitig wird über den verbindungslosen IP/UDP-Datenkanal ein zuverlässiger Transportmechanismus garantiert. Die minimale Länge eines RUDP-Paketes beträgt 6 Byte.

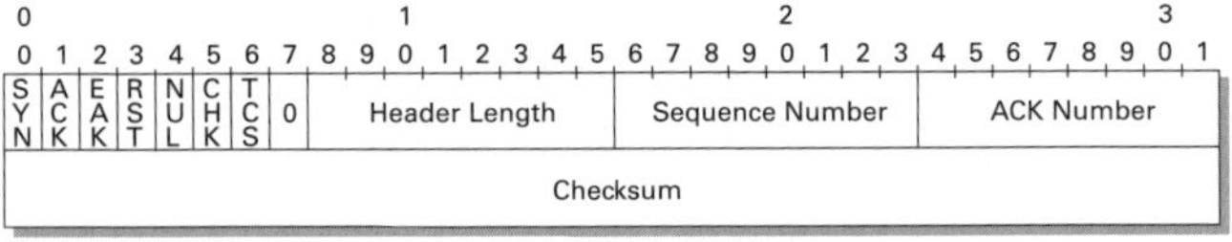

Abbildung 6.1: RUDP-Header

Control Bits

Die acht Kontrollbits definieren die jeweilige Funktion des Paketes. Folgende Werte wurden festgelegt:

- SYN: Mit Hilfe des SYN-Bits erfolgt der Verbindungsaufbau und die Synchronisation der Sequenznummern zwischen zwei Kommunikationspartnern. Im Datenteil des Paketes werden sämtliche verhandelbaren Parameter der Verbindung übermittelt.
- ACK: Das Acknowledge-Bit bestätigt den Empfang von Daten.
- EACK: Durch das EACK-Bit werden RUDP-Segmente bestätigt, die außerhalb der regulären Übertragungssequenz empfangen wurden. Das EACK-Bit wird immer zusammen mit dem ACK-Bit gesetzt und enthält die Sequenznummer des zuletzt in der regulären Sequenz empfangenen Segments.
- RST: Mit Hilfe des RST-Bits signalisiert der Sender den Abbruch der Verbindung.
- NUL: Mit dem NUL-Bit wird überprüft, ob der Kommunikationspartner noch aktiv ist. Der Empfang eines NUL-Segments muss sofort bestätigt werden.
- CHK: Das CHK-Bit legt fest, ob das Checksum-Feld die Prüfsumme nur über den RUDP-Header oder den RUDP-Header und den anschießenden Datenteil bildet.
- TCS: Das TCS-Bit dient zur Signalisierung von Statusinformationen zur jeweiligen Verbindung.

- 0: Dieses Feld wird immer auf den Wert = 0 gesetzt.

Header length

Legt die Anzahl der 32-Bit-Worte im RUDP-Header fest. Ausgehend von diesem Feld wird der auf den RUDP-Header folgende Datenteil berechnet.

Sequence number

Mechanismus zur Flusskontrolle, der bei RUDP auf der fortlaufenden Nummerierung der Daten-Bytes beruht. Jedem über RUDP übertragenen Daten-Byte wird vom Sender eine Sequenznummer zugeordnet.

Acknowledgement number

Mechanismus zur Flusskontrolle, der beim RUDP-Protokoll auf der fortlaufenden Nummerierung der Daten-Bytes beruht. Durch die Acknowlegement-Nummer bestätigt der Empfänger dem Sender alle empfangenen Daten und zeigt gleichzeitig an, welche Sequenz-Nummer als Nächstes erwartet wird.

Checksum

Die Prüfsumme wird entweder über den RUDP-Header oder den RUDP-Header und den anschießenden Datenteil gebildet.

TCP

Transmission Control-Protokoll

Das Transmission Control-Protokoll (TCP) ist für den Einsatz auf paketvermittelten Netzen geeignet. Es leistet virtuelle Verbindungsdienste zur reihenfolgengetreuen gesicherten Übertragung der Anwenderdaten. Das TCP ist als Mil-Spezifikation (MIL-1778) und als RFC 793 veröffentlicht. TCP gewährleistet eine zuverlässige Verbindung zwischen zwei Kommunikationspartnern.

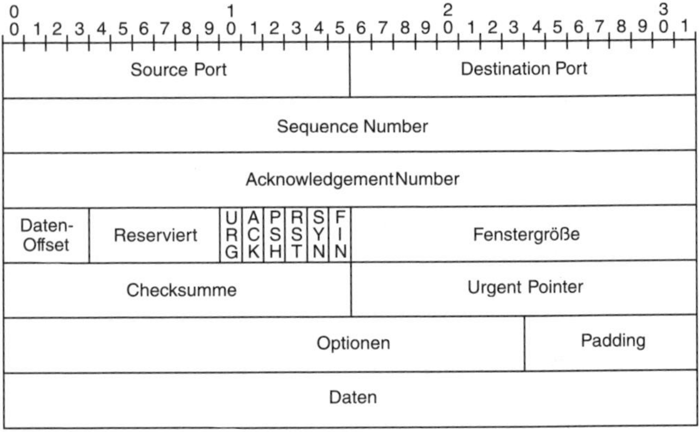

Abbildung 6.2: TCP-Header

Source Port

Sendeadresse des Prozesses oder Dienstes des Absenders. Durch den Sendeport wird definiert, für welches höhere Protokoll die Daten bestimmt sind. Die bekanntesten Adressen (Sockets) sind:

Bezeichnung	**Wert (dezimal)**
FTP	21 (20)
Telnet	23
SMTP	25
Rlogin	513

Destination Port

Bezeichnung des Sockets (Dienst oder Prozess) im Rechner des Empfängers. Sockets bleiben für die Dauer einer Verbindung gleich.

Sequence Nummer

Mechanismus zur Flusskontrolle, der bei TCP auf der fortlaufenden Nummerierung der Daten-Bytes beruht. Jedem über TCP übertragenen Daten-Byte wird vom Sender eine Sequenznummer zugeordnet. Die Sequenznummer steht für das erste Byte im Datenpaket.

Acknowledgement Number

Mechanismus zur Flusskontrolle, der beim-TCP Protokoll auf der fortlaufenden Nummerierung der Daten-Bytes beruht. Durch die Acknowledgement-Nummer bestätigt der Empfänger dem Sender alle empfangenen Daten und zeigt gleichzeitig an, welche Sequenz-Nummer als Nächstes erwartet wird.

Data Offset

Das Daten-Offset-Feld gibt die Anzahl der 32-Bit-Worte im TCP-Header an. Ausgehend von diesem Feld wird der auf den TCP-Header folgende Datenteil berechnet. Das Daten-Offset-Feld ist durch die veränderliche Länge des Optionen-Feldes notwendig.

Reserved

Für zukünftige Anwendungen reserviert, muss immer auf null gesetzt werden

Control Flags

Das Control Flag-Feld enthält eine Reihe von Ein-Bit-Indikatoren, die zum Aufbau, Beenden und zur Aufrechterhaltung von Verbindungen dienen.

URG	ACK	PSH	RST	SYN	FIN

Abbildung 6.3: Control Flag-Feld

Urgent Pointer (URG)

URG = 1 markiert Vorrangdaten und zeigt an, dass das Urgent Pointer-Feld im TCP-Header beachtet werden muss.

Acknowlegement (ACK)

ACK = 1 bestätigt den Empfang von Daten.

Push (PSH)

PSH = 1 teilt dem Empfänger mit, dass die Daten sofort an das höhere Protokoll weitergegeben werden müssen. Bei der Übertragung von Telnet-Parametern wird der Push-Mechanismus immer verwendet.

Reset (RST)

RST = 1 - Der Sender will die Verbindung beenden.

Synchronisation (SYN)

SYN = 1 - Eine Verbindung soll synchronisiert werden.

Final (FIN)

FIN = 1 - Die Verbindung ist endgültig abgebaut, keine weiteren Daten folgen.

Window

Das Window-Feld dient der Flusskontrolle zwischen Sender und Empfänger. Die Flusskontrolle basiert auf einer fortlaufenden Nummerierung der übertragenen Daten-Bytes. Der Fenstermechanismus teilt dem sendenden Rechner mit, wie groß der noch verfügbare Puffer im empfangenden TCP-Knoten ist. Das Fenster limitiert die Anzahl der unbestätigten Daten und verhindert ein Überlaufen des Puffers im Empfänger.

Checksum

Die Prüfsumme wird aus dem TCP-Header und einem 96-Bit-Pseudo-Header gebildet.

Urgent Pointer

Durch das Urgent Pointer-Feld wird angezeigt, dass die TCP-Daten Informationen mit hoher Dringlichkeit beinhalten. Diese Daten werden durch das URGent-Bitund den URGENT Pointer gekennzeichnet. Der Urgent Pointer zeigt immer auf das Ende der Vorrangdaten. Der Wert des Urgent Pointer ist ein positives Offset der Sequenznummer. Dringende Daten werden immer als erste Informationen nach dem TCP-Header übertragen.

Options

TCP ist in der Lage, Service-Optionen zu definieren. Die Feldlänge hängt von der Optionenart, der Optionenlänge und den aktuellen Optionendaten ab.

End of option list

Mit dem Ende des Optionenliste-Feldes wird das Ende aller zu übertragenden Optionen angezeigt.

0	0	0	0	0	0	0	0

Option = 0

Abbildung 6.4: Feld der End of option list

No option list

Das Keine-Operation-Feld dient zur Trennung zwischen zwei Optionen.

0	0	0	0	0	0	0	1

Optionsart= 1

Abbildung 6.5: Feld der No option list

Maximum segment size

Im Segment-Größen-Feld wird die maximale Segmentlänge zwischen zwei Kommunikationspartnern festgelegt. Diese Option wird nur bei dem Verbindungsaufbau benutzt.

0 0 0 0 0 0 1 0	0 0 0 0 0 1 0 0	maximale Segmentlänge

Optionsart = 2, Länge = 4

Abbildung 6.6: Feld der Maximum segment size

Padding

Enthält nur Füllinformationen, um sicherzustellen, dass der TCP-Header immer im 32-Bit Format endet.

UDP
User Datagram-Protokoll

Das User Datagram-Protokoll (UDP) ist auf Transport-Ebene angesiedelt und stellt den höheren Protokollen einen definierten Dienst zum transaktionsorientierten Versenden von Datagrammen zur Verfügung. Das UDP verfügt nur über minimale Protokollmechanismen, mit denen die Daten zwischen Kommunikationspartnern übermittelt werden. Das UDP-Protokoll garantiert im Gegensatz zu TCP keine Ende-zu-Ende-Kontrolle. Das User Datagram-Protokoll (UDP) ist im RFC 768 definiert.

UDP Header

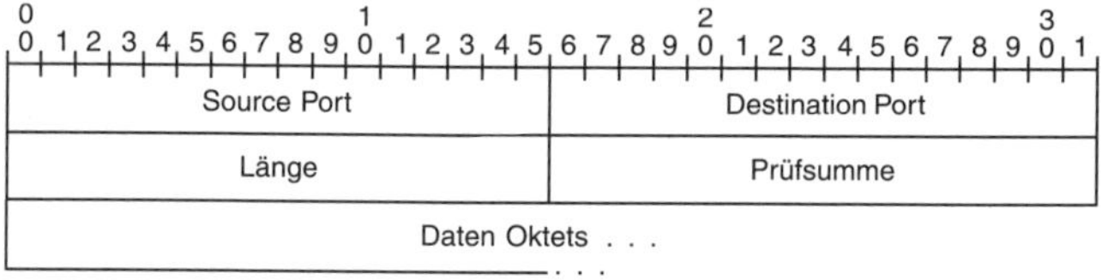

Abbildung 6.7: Schematische Darstellung des UDP-Headers

Source Port

Optionelle Adresse des UDP-Sende-Ports. Bei Antworten auf UDP-Pakete kann durch die Source Port-Adresse der jeweilige Prozess direkt wieder angesprochen werden. Wird vom Sender kein UDP Source-Port definiert, so wird dieses Feld mit dem Wert = 0 übertragen.

Destination Port

Adresse des Empfänger-Ports

Length

Definiert die Länge des UDP-Paketes inklusive UDP-Header und UDP-Daten

Checksum

Die UDP-Prüfsumme ist ein optionaler Wert und muss nicht berechnet werden. Der UDP Checksum-Wert = 0 bedeutet, dass keine Berechnung der Prüfsumme erfolgt ist.

7 Protokolle der Sitzungsschicht

Die Sitzungs-, die Darstellungs- und die Anwendungsschicht bilden die oberen Schichten des OSI-Referenzmodells. Im Gegensatz zu den unteren vier Schichten, deren Aufgabe die zuverlässige Ende-zu-Ende-Kommunikation ist, liegt es bei den oberen Schichten, benutzerorientierte Dienste anzubieten. Sie verwenden dabei den von der Transportschicht zur Verfügung gestellten Datenkanal, und fügen zusätzliche Funktionen hinzu, die in einer Vielzahl von Anwendungen von Nutzen sind. So bleibt es den Entwicklern von Anwendungen erspart, diese Funktionen immer wieder als Teile eines eigenen Programms auszuarbeiten.

Dialogsteuerung

Die Sitzungssschicht (Schicht 5) ermöglicht es Anwendern an verschiedenen Maschinen, zu Sitzungen zusammenzukommen. Eine Sitzung erbringt zum normalen Datentransport zusätzliche Dienste. Einer der Dienste der Sitzungsschicht ist beispielsweise die Dialogsteuerung. Es gibt Sitzungen, bei denen der Verkehr in beide Richtungen gleichzeitig möglich ist und auch solche, bei denen der Verkehr nur in jeweils eine Richtung übertragen wird. Wenn der Verkehr nur in eine Richtung möglich ist, sorgt die Session-Schicht bei der Festlegung dafür, welche Seite auf Sendung gehen kann. Bei manchen Protokollen ist es von grundlegender Bedeutung, dass nicht beide Seiten gleichzeitig dieselbe Operation einleiten. Die von der Sitzungsschicht bereitgestellte Token regeln diesen Vorgang, denn nur die Seite, die gerade über das Token verfügt, darf die fragliche Operation ausführen.

Synchronisierung

Ein weiterer Sitzungsdienst ist die Synchronisierung. Man denke an die Probleme, die entstehen könnten, wenn man versucht, eine Datei mit zwei Stunden Übertragungszeit an eine Maschine in einem Netzwerk zu schicken, dessen mittlere Absturzzeit bei einer Stunde liegt. Nach jedem Abbruch der Übertragung müsste wieder ganz von vorne angefangen werden, und man würde wahrscheinlich wieder nur bis zum nächsten Netzwerkabsturz kommen. Um diesem Problem aus dem Weg zu gehen, können in der Sitzungsschicht Fixpunkte (checkpoints) in den Datenfluss eingefügt werden, damit nach einem Netzwerkabsturz nur noch die Daten nach dem letzten Fixpunkt erneut übertragen werden müssen.

DiffServ

Differentiated Services

Das Internet besteht in der Realität aus vielen, lose miteinander verbundenen Teilnetzen. Auf die reine Datenübermittlung (FTP, E-Mail, WWW-Dienste) hat dies kaum Auswirkungen. Werden jedoch für den Datentransport bestimmte Dienstgüten (beispielsweise für Sprache oder Video) benötigt, müssen zwischen den einzelnen Netzbetreibern Abkommen über die Bereitstellung bestimmter Leistungsmerkmale bestehen. Diese Abkommen betreffen in der Regel nur die Router als zentrale Vermittlungssysteme im Internet. Die Router empfangen die Verkehrsströme der Endgeräte und leiten diese an interne Verarbeitungsprozesse (Queues) weiter. Hier wird der IP-Paket-Header analysiert und entschieden, über welchen Router-Ausgang das IP-Paket vermittelt wird. Je mehr individuelle Datenströme von einem Router vermittelt werden, umso mehr Router-Ressourcen werden verbraucht. Dies hat zur Folge, dass die Datenströme auf den Routern verlangsamt werden. Auch die unterschiedlichen Paketlängen haben Auswirkungen auf die Durchlaufzeiten und somit auf die Verzögerungszeiten. Im Internet werden die Pakete im Schnitt über 30 Router zwischen Sender und Empfänger übermittelt. Durch diese Verzögerungskaskade ist es nur natürlich, dass der Echtzeitcharakter der Internet-Verbindungen verloren geht. Aber auch das Internet-Protokoll selbst weist Eigenheiten auf, die sich auf die Übertragung von Echtzeitdaten auswirken. Das IP-Protokoll arbeitet auf der Ebene 3 unabhängig von der darunter liegenden Übertragungstechnik. QoS-Funktionen und das Reservieren von garantierten Übermittlungsressourcen erfordern jedoch Mechanismen, die sowohl von den Schicht-2-Protokollen als auch von IP unterstützt werden. Mit Differentiated Services (DiffServ) soll jetzt in IP-Netze ein Class of Service (CoS) bzw. ein Quality of Service (QoS) Einzug halten.

Per Hop Behaviour

Bei den Differentiated Services (DiffServ) werden die Dienste in wenige QoS-Klassen unterteilt. Für jede Dienstklasse wurde ein Satz von Regeln (genannt Per Hop Behaviour; PHB) definiert. Wird ein Datenpaket in das Netz eingespeist, wird im DS-Feld des IP-Headers eine Markierung vorgenommen. Diese entspricht der Dienstklasse des Paketes. Mehrere Datenströme mit ähnlichen QoS-Anforderungen werden anschließend vom Router zu einem Verkehrsbündel zusammengefasst. Dieser Vorgang wird als Aggregation bezeichnet. Im Gegensatz zum IntServ-Verfahren werden nicht mehr die einzelnen Datenflüsse separat verwaltet, sondern nur noch am Eingang des DiffServ-Netzes. Hier werden die Daten bearbeitet und die QoS-Klassen festgelegt bzw. die Policies kontrolliert. Zur Kennzeichnung der Differentiated Services wird das DS-Feld im IP-Header genutzt. Hierfür wird bei DiffServ das Type-of-Service-Feld des IPv4-Headers bzw. das Traffic Class Octett des IPv6-Headers genutzt.

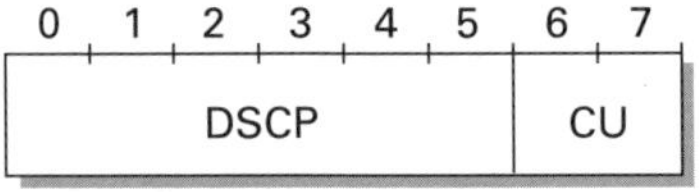

Abbildung 7.1: DS-Feld

Die ersten sechs Bit werden als DS-Codepoints (DSCP) bezeichnet. Diese dienen zur Separierung der einzelnen Datenströme eines Verkehrsbündels. Anhand des DS-Codepoints entscheidet ein DS-Knoten, nach welchen Regeln (Per Hop Behavior) ein Paket weitergeleitet wird. Zentrale Elemente eines Netzes auf Grundlage von DiffServ sind DiffServ-Domänen. Damit lassen sich auch in großen Netzen mehrere DiffServ-Domänen aufbauen, in denen jeweils feste Transportregeln für die Datenströme gelten. Die Service Level Agreements (SLA) regeln am Ein- bzw. am Ausgang einer DiffServ-Domäne wie mit diesen Datenströmen zu verfahren ist. Im Internet wird damit ein Paket beim Erreichen eines DiffServ-Netzes (im Router) über einen Classifier-Prozess (zur Bestimmung des betreffenden Aggregats) und einem Traffic Conditioner-Prozess (Definition der DS-Codepoints) verarbeitet. Jeder DiffServ-Knoten auf dem Weg zum Empfänger prüft den DSCP und leitet das Paket entsprechend der zugehörigen PHB- und Routing-Tabelle weiter.

DNS

Domain Name Service-Protokoll

Die Handhabung von Netzen kann für einen User wesentlich erleichtert werden, wenn anstatt der langen, komplizierten Internet-Adressen nur logische Namen eingegeben werden müssen. Dieser Service wird durch die so genannten Name Service-Protokolle erbracht. Bei den TCP/IP-Protokollen wird heute allgemein das Domain Name Service-Protokoll (DNS) benutzt. Das DNS-Protokoll baut auf dem User Datagram-Protokoll (UDP) auf der Transportschicht (Port 53) auf.

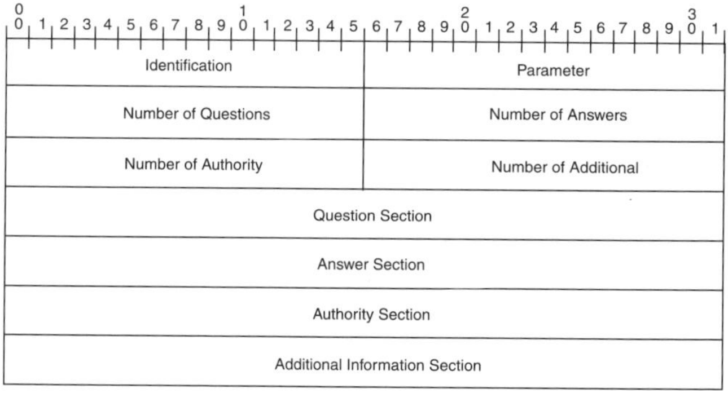

Abbildung 7.2: Domain Name Message Format

Identifikation

Das Identifikationsfeld enthält eine eindeutige Identifikationsnummer, die bei der Anfrage und bei der Antwort immer im Header übermittelt wird. Durch die Identifikationsnummer kann die richtige Zuordnung von Anfragen und Responses durchgeführt werden.

Parameter

Das Parameterfeld definiert genau, um welchen Typ der Anfrage oder Antwort es sich bei dem DNS-Paket handelt.

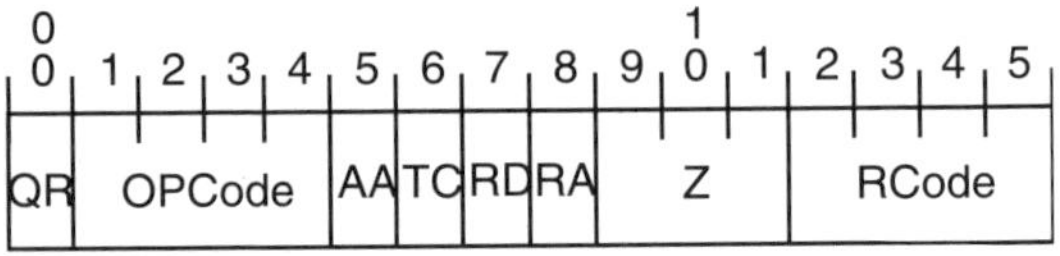

Abbildung 7.3: Parameter Feld Header

Query Response (QR)

Das Query/Response-Feld definiert, ob es sich bei dem Paket um eine Anfrage (Query=0) oder eine Antwort (Response=1) handelt.

Option Code

Der Option Code definiert die Art der Anfrage in dieser Message. Dieser Wert wird immer vom Initiator einer Anfrage gesetzt und in die Antwort kopiert. Folgende Werte sind definiert:

0	Standard-Anfrage
1	Inverse Anfrage
2	Server-Status
3	Reserviert

Authoritive Answer (AA)

Das Authoritive Answer-Feld wird nur bei DNS-Replies benutzt und definiert, dass der Name Server eine Name Authority für den in der Question Section definierten Domain-Namen ist.

Truncation (TC)

Das Truncation-Feld zeigt dem Initiator einer DNS-Query an, dass die Meldung die maximal zulässige Länge überschritten hat und somit ungültig ist.

Recursion Desired (RD)

Das Recursion Desired-Feld definiert, dass von dem Subdomain Name-Server die Internet-Adresse zu dem logischen Namen erwartet wird. Kann der Subdomain Name-Server auf die Query nicht antworten, so wird die Anfrage an den Domain Name-Server weitergeleitet. Wird dieses Bit in einer Anfrage nicht gesetzt, so antwortet der Subdomain Name-Server nur mit der Adresse des Domain Name-Servers, der die Anfrage beantworten kann.

Recursion Available (RA)

Das Recursion Available-Feld definiert, ob der Name-Server den Recursions-Mechanismus unterstützt. Dieses Bit wird nur bei Antworten gesetzt.

Z-Feld

Reserviert für zukünftige Entwicklungen. Das Z-Feld muss bei Queries und Responses immer auf den Wert 0 gesetzt sein.

Response Code

Das Response Code-Feld wird nur bei DNS-Replies benutzt. Folgende Response Codes sind festgelegt:

0	Kein Fehler
1	Format-Fehler in Anfrage
2	Server-Fehler
3	Name existiert nicht
4	Parameter wird vom Name Server nicht unterstützt
5	Name Server lehnt die Antwort ab
6-15	Reserviert

Number of Questions

Das Number-of-Questions-Feld definiert die Anzahl der Anfragen in der Question Section.

Number of Answers

Das Number-of-Answers-Feld definiert die Anzahl der Antworten in der Answers Section.

Number of Authority

Das Number-of-Authority-Feld definiert die Anzahl der Resource Records in der Authority Section.

Number of Additional

Das Number-of-Additional-Feld definiert die Anzahl der Resource Records in der Additional Information Section.

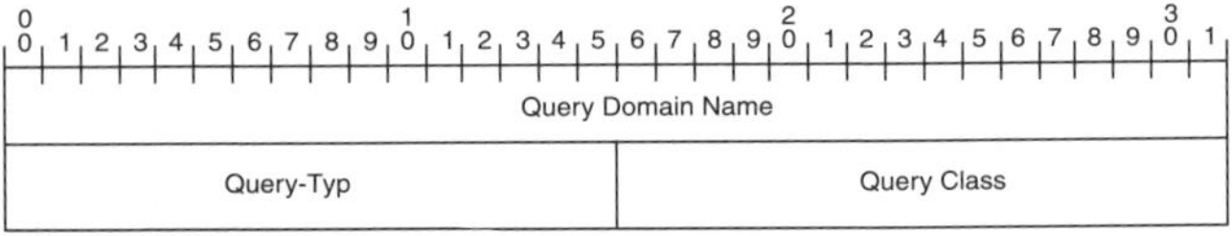

Abbildung 7.4: Question Section Message Header

Query Domain Name

Der Domain-Name besteht aus einer Sequenz von Labeln. Jedes Label besteht aus einem Längenoktett und den Daten. Ein Domain-Name wird immer mit einem Null-Label abgeschlossen.

Query Type

Der Query Type definiert den Typ der Anfrage. Folgende Query-Typen sind festgelegt:

Name	Wert	Erklärung
A	1	Host-Adresse
NS	2	Authority Name Server
MD	3	ersetzt durch Mail Exchange
MF	4	ersetzt durch Mail Exchange
CNAME	5	Alias-Namen
SOA	6	Markiert den Start einer Authority Zone
MB	7	Mailbox Domain Name (Experiment)
MG	8	Mailbox Group Member (Experiment)
MR	9	Mail Rename Domain Member (Experiment)
NUll	10	Null Resource Record (Experimental)
WKS	11	Well-known Service-Beschreibung
PTR	12	Domain Name Pointer
HINFO	13	Host Information
MINFO	14	Mailbox oder Maillist-Info
MX	15	Mail Exchange
TXT	16	Text String
AXFR	252	Request für Transfer einer ganzen Zone
MAILB	253	Request für Mailbox Records
MAILA	254	wird nicht mehr benutzt
*	255	Request für alle Records

Query Class

Durch das Query Class-Feld werden die Anfragen in Klassen eingeteilt. Folgende Query-Klassen sind definiert:

Klasse	Wert	Beschreibung
IN	1	Internet
CS	2	wird nicht mehr benutzt
CH	3	Chaos Class
HS	4	Hesiod
*	255	alle Klassen

Answer Section Message Header

Das Format der Answer Section ist identisch mit dem Resource Record Format.

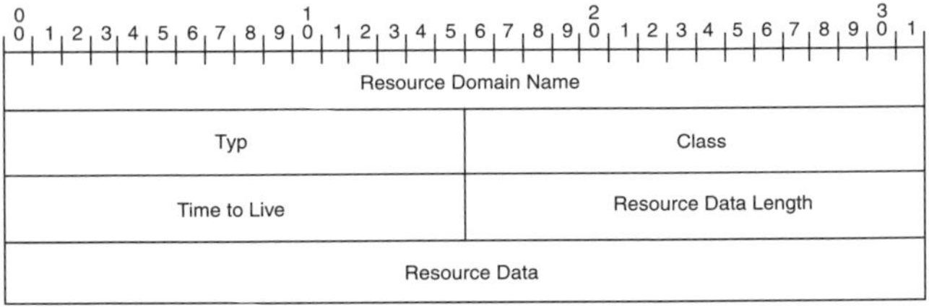

Abbildung 7.5: Resource Record Format

Resource Domain Name

Der Resource Domain-Name entspricht dem Domain-Namen, zu dem im Data-Feld die Informationen zu finden sind.

Type

Dieses Feld legt den Datentyp im Data-Feld fest. Folgende Typen sind definiert:

Name	Wert	Erklärung
A	1	Host-Adresse
NS	2	Authority Name Server
MD	3	ersetzt durch Mail Exchange
MF	4	ersetzt durch Mail Exchange
CNAME	5	Alias-Namen
SOA	6	Markiert den Start einer Authority Zone
MB	7	Mailbox Domain Name (Experiment)
MG	8	Mailbox Group Member (Experiment)
MR	9	Mail Rename Domain Member (Experiment)
Null	10	Null Resource Record (Experimental)
WKS	11	Well-known Service-Beschreibung
PTR	12	Domain Name Pointer
HINFO	13	Host Information
MINFO	14	Mailbox oder Maillist-Info
MX	15	Mail Exchange
TXT	16	Text String

Class

Im Resource Record Class-Feld wird die Klasse der Daten im Data-Feld festgelegt. Folgende Resource Record-Klassen sind definiert:

Class	Wert	Beschreibung
IN	1	Internet
CS	2	wird nicht mehr benutzt
CH	3	Chaos Class
HS	4	Hesiod

Time to Live

Der Zeitraum, der mit dem Time-to-Live-Feld definiert wird, gibt die maximale Zeit (in Sekunden) an, die eine Resource Record-Meldung im Cachespeicher des Empfängers gespeichert werden kann. Nach Ablauf dieser Zeit, muss die Message gelöscht werden. Wird das TTL auf den Wert 0 gesetzt, darf die Message nur für diese Transaktion verwendet und kann nicht im Cache zwischengespeichert werden.

Length

Das Length-Feld definiert die Länge (in Byte) des Data-Feldes.

Data

Im Data-Feld befinden sich die eigentlichen Daten.

IEN 116

Der Internet Name Service

Das Internet Name Service-Protokoll ist das älteste aller Name Service-Protokolle und wurde 1979 als Internet Engineering Note 116 (IEN 116) veröffentlicht. Der Name Service wandelt logische Namen in IP-Adressen um. Das IEN-116-Protokoll setzt direkt auf dem UDP-Protokoll auf. Der Empfänger ist in der Lage, die Daten in willkürlicher Reihenfolge oder auch Duplikate zu empfangen.

Name Request

Ein Rechner will eine Verbindung zu einem anderen Gerät am Netz aufbauen und kennt nur dessen logischen Namen. Ein Name Request wird an den Name Server oder den Backup Name Server geschickt. Der Name Request hat folgendes Format:

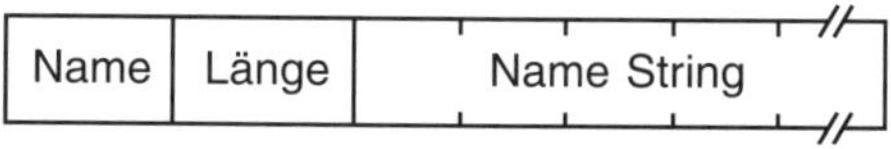

Abbildung 7.6: Name Server Requests Format

Name

Der Name wird durch einen 1-Oktett-Code dargestellt und legt fest, dass die nachfolgenden Zeichen als Name interpretiert werden müssen. Das Namenfeld hat immer den Wert = 01.

Length

Das Längenfeld definiert die Anzahl der Bytes im nachfolgenden Name String.

Name String

Der Name String wird als reiner ASCII-Character String übermittelt. Er hat folgendes Format: !NET !Rest

- !Net definiert das Netzwerk, den Namen oder die Nummer.
- !Rest definiert den Rechnernamen und wird als Ziffernfolge oder als ASCII-Character String dargestellt.

Name Server Reply

Als Antwort auf einen erfolgreich ausgeführten Name Request sendet der Name Server einen Name Reply zurück. Der Name Reply hat folgendes Format:

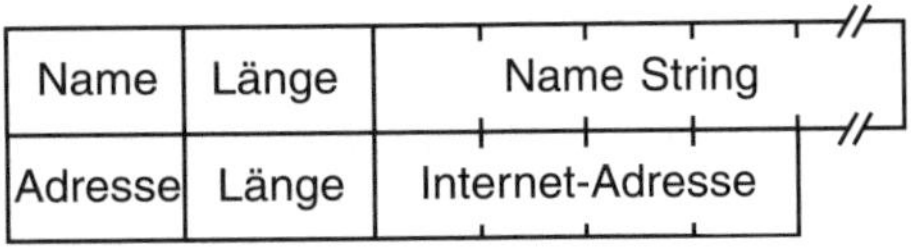

Abbildung 7.7: Name Server Reply Format

Name

Der Name wird durch einen 1-Oktett-Code dargestellt und legt fest, dass die nachfolgenden Zeichen als Name interpretiert werden müssen. Das Namenfeld hat immer den Wert = 01.

Length

Das Längenfeld definiert die Anzahl der Oktetts im nachfolgenden Name String.

Name String

Der Name String wird als reiner ASCII-Character String übermittelt. Er hat folgendes Format: !NET!Rest. !Rest definiert den Rechnernamen und wird als Ziffernfolge oder als ASCII-Character String dargestellt.

Address

Die Adresse wird durch einen 1-Oktett-Code dargestellt und legt fest, dass die nachfolgenden Zeichen als Adresse interpretiert werden müssen. Der Wert des Address-Feldes ist immer 02.

Address Length

Das Address Length-Feld definiert die Länge (in Oktett) der nachfolgenden Internet-Adresse. Der Wert beträgt beim IP-Protokoll immer 4 (4 Oktett).

Internet Address

Die Internet-Adresse definiert die 4 Oktett lange IP-Adresse des Geräts, das sich hinter dem logischen Namen verbirgt.

IEN-116-Fehlermeldung

Ein Name Server, der nicht in der Lage ist, auf einen Name Request eine gültige Antwort zu geben (z.B., wenn der Name mehreren IP-Adressen zugeordnet wurde oder der Name in der Adresstabelle nicht verzeichnet ist), erzeugt eine Fehlermeldung.

Name	Länge	Name String	
Fehler	Länge	Fehler Code	Fehler String

Abbildung 7.8: Error Message Format

Name

Der Name wird durch einen 1-Oktett-Code dargestellt und legt fest, dass die nachfolgenden Zeichen als Name interpretiert werden müssen. Das Namenfeld hat immer den Wert = 01.

Length

Das Length-Oktett definiert die Anzahl der Oktetts im nachfolgenden Namen-String.

Name String

Der Name String wird als reiner ASCII-Character String übermittelt. Er hat folgendes Format: !NET!Rest.

!Rest definiert den Rechnernamen und wird als Ziffernfolge oder als ASCII-Character String dargestellt.

Error

Ein Fehler wird durch einen 1-Oktett-Code dargestellt und legt fest, dass die nachfolgenden Zeichen als Error-Meldung interpretiert werden müssen. Der Wert des Error-Feldes beträgt immer 03.

Length

Das Längenfeld definiert die Anzahl der Oktetts im nachfolgenden Error String.

Error Code

Folgende Fehler-Codes sind festgelegt:

- 0 = undefinierter Fehler,
- 1 = Name nicht gefunden,
- 2 = Syntax-Fehler.

Error String

Im Error String wird der Fehler durch einen ASCII-String beschrieben.

IPP

Das Internet Printing Protocol

In Zusammenarbeit zwischen den Unternehmen Novell und Xerox wurde ein Protokoll für das Drucken über das Internet entwickelt. Das Internet Printing Protocol (IPP) wurden in der Printer Working Group (PWG) des IETFs endgültig spezifiziert und im Request for Comments (RFC) 2910 veröffentlicht. Das IPP-Protokoll arbeitet im Client/Server-Modus und bietet folgende Funktionen:

- Der Anwender kann über das Netz die Möglichkeiten und Fähigkeiten eines Druckers feststellen.
- Der Anwender kann Aufträge an einen solchen Drucker schicken.

- Der aktuelle Status des Druckers kann über das Netz abgefragt werden.
- Bereits gestartete Druckaufträge können über das Netz abgebrochen werden.

Da das Auffinden von Druckern im Internet oder auch in großen Unternehmensnetzen ohne den Einsatz dieser Dienste (zum Beispiel LDAP - Lightweight Directory Access Protocol) völlig unmöglich ist, wird großer Wert auf eine solche Integration gelegt. Das IPP-Protokoll arbeitet nach den im Internet üblichen Request/Response-Mechanismen.

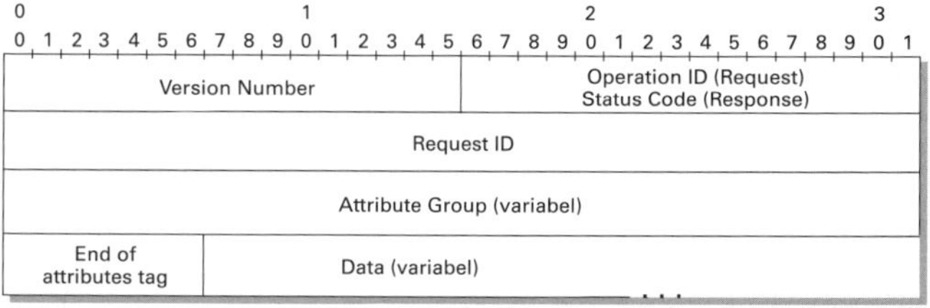

Abbildung 7.9: IPP Request/Response Header

Version Number

Die Versionsnummer definiert die verwendete Protokollversion. Momentan wird die Version 1.1 eingesetzt.

Operation ID

Die Operation ID definiert die Funktion des Request-Paketes. Folgende Werte wurden festgelegt:

Wert	Funktion
0x0002	Print Job
0x0003	Print URI
0x0005	Create Job
0x000A	Get Jobs

Status Code

Das Statuscode-Feld wird nur in Response-Paketen verwendet. Folgende Werte wurden festgelegt:

Wert	Funktion
0x0000	successful-ok
0x0001	successful-ok or ignored
0x040	Bclient-error-attributes or values-not-supported

Request ID

Anhand der Request IDs unterscheidet der Empfänger zwischen mehreren Anfragen eines Rechners.

Attribute Group

Das Attribute Group-Feld wird wie folgt codiert:

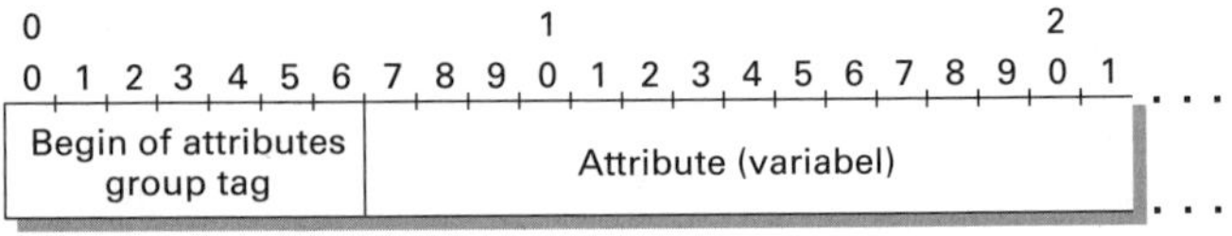

Abbildung 7.10: Format des Attribute Group-Feldes

Tags

Die Tags werden in Delimiter Tags und Value Tags unterschieden.

Delimiter Tags

Die Delimiter Tags haben folgende Bedeutung:

Tag-Wert	Bedeutung
0x00	reserviert für zukünftige IETF-Definitionen
0x01	Operation Attributes Tag
0x02	Job Attributes Tag
0x03	End of Attributes Tag
0x04	Printer Attributes Tag
0x05	Unsupported Attributes Tag
0x06 - 0x0f	reserviert für zukünftige IETF-Definitionen

Value Tags

Die Werte-Tags definieren den Typ des Attributes. Die Value Tags haben folgende Bedeutung:

Tag-Wert	Bedeutung
0x10	unsupported
0x11	reserviert für Default-Definitionen durch das IETF
0x12	unknown
0x13	no-value
0x14 - 0x1F	reserviert für zukünftige Out-of-Band-Definitionen

Die folgenden Integer-Werte wurden für das Value Tag-Feld reserviert:

Tag-Wert	Bedeutung
0x20	reserviert für zukünftige IETF-Definitionen
0x21	integer
0x22	boolean
0x23	enum
0x24 - 0x2F	reserviert für zukünftige Integer-Typen

Die folgenden Oktett-String-Werte wurden für das Value Tag-Feld reserviert:

Tag-Wert	Bedeutung
0x30	octetString mit unspezifiziertem Format
0x31	dateTime
0x32	resolution
0x33	rangeOfInteger
0x34	reserviert für zukünftige IETF-Definitionen
0x35	textWithLanguage
0x36	nameWithLanguage
0x37 - 0x3F	reserviert für zukünftige OctetString-Typ-Definitionen

Die folgenden Character String-Werte wurden für das Value Tag-Feld reserviert:

Tag-Wert	Bedeutung
0x40	reserviert für zukünftige IETF-Definitionen
0x41	textWithoutLanguage

Tag-Wert	Bedeutung
0x42	nameWithoutLanguage
0x43	reserviert für zukünftige IETF-Definitionen
0x44	keyword
0x45	uri
0x46	uriScheme
0x47	charset
0x48	naturalLanguage
0x49	mimeMediaType
0x4A - 0x5F	reserviert für zukünftige Character String-Typ-

Definitionen

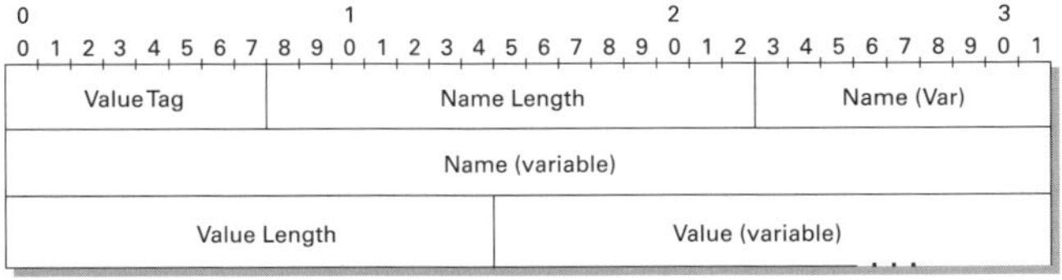

Abbildung 7.11: Attribute mit Werte-Feld

Name Length

Das Längenfeld definiert die Länge des nachfolgenden Namensfeldes in Oktett.

(Attribute) Name

Enthält das eigentliche Attribut gemäß RFC 2911

Value Length

Das Längenfeld definiert die Länge des nachfolgenden Wertefeldes in Oktett.

Attribute Value

Definiert den verwendeten Syntax-Typ. Folgende Typen wurden bisher festgelegt: US-ASCII-STRING, LOCALIZED-STRING, SIGNED-INTEGER, SIGNED-SHORT, SIGNED-BYTE und OCTET-STRING.

Data

Enthält die eigentlichen Informationen des Paketes.

LDAP
Lightweight Directory Access Protocol

Nachdem die globale Struktur des Internet von immer mehr Anwendern genutzt wird, nimmt das leichte Auffinden von Informationen einen immer höheren Stellenwert ein. So genannte Verzeichnisdienste sollen Informationen verschiedenster Natur auch ohne Kenntnis von URLs benutzerfreundlich auffinden lassen. Das Lightweight Directory Access Protocol (LDAP) wurde von der Access, Searching and Indexing of Directories (Asid)-Arbeitsgruppe im IETF spezifiziert und im RFC 1777 veröffentlicht. Mit LDAP können Frontends für X.500-Directory Server oder für spezielle LDAP-Server realisiert werden. Dabei werden die typischen Client/Server-Funktionen genutzt. Der LDAP-Client baut eine TCP-Verbindung über Port 389 zum LDAP-Server auf und kommuniziert mit diesem per Anfrage/ Antwort-Sequenzen. Die größte Dateneinheit bei LDAP ist der Eintrag (Entry), welcher Informationen über ein Objekt enthält. Typisches Beispiel eines Objektes für die klassische Anwendung von Verzeichnisdiensten ist eine Person. Solch ein Eintrag hat Eigenschaften (Attributes), die einen Typ und einen oder mehrere Werte haben. Für jedes dieser Attribute ist eine Syntax definiert, die zum einen beschreibt, welche Wertetypen für dieses Attribut erlaubt sind (ASCII, numerisch, Bilddateien, Videos, Sound etc.). Zum anderen beschreibt die Syntax, wie sich ein solches Attribut bei Verzeichnisoperationen wie beispielsweise beim Suchen verhält. Dabei kann es um vergleichsweise einfache Dinge wie landesspezifische Vergleichsoperationen bei der Textsuche gehen, aber auch um komplexe Aufgaben wie die Interpretation von multimedialen Daten. Theoretisch wäre es möglich, ein Verzeichnis zu organisieren, das auch eine Suche in grafischen Daten ermöglicht. Die Einträge können baumartig organisiert werden. Für das klassische Beispiel des Personenverzeichnisses basieren solche Bäume häufig auf geografischen, politischen oder organisationszentrierten Abgrenzungen, was aber willkürlich ist. Innerhalb jeder Ebene ist jeder Eintrag durch seinen so genannten Relative Distinguished Name (RDN) eindeutig namentlich gekennzeichnet. Für die Erzeugung dieses RDN werden ein oder mehrere Attribute verwendet. Von jedem Attribut kann höchstens ein Wert verwendet werden.

Das schematische Vorgehen von LDAP-Anwendungen sieht folgendermaßen aus:

- Über die Funktion ldap_init() wird eine Session mit einem LDAP-Server gestartet und ein Handle zurückgegeben.
- Durch ldap_bind() oder eine der verwandten Funktionen authentifiziert sich der Benutzer gegenüber dem Server.
- Mit ldap_search() können LDAP-Operationen ausgeführt werden. Sowohl Ergebnisse als auch Fehlercodes werden mit Hilfe einer universellen Datenstruktur zurückgegeben. Diese kann dann ähnlich Operationen in Dateiverzeichnissen mit ldap_first_-entry(), ldap_next_entry() traversiert werden. Für Fehlerüberprüfungen steht unter anderem ldap_result2error() zur Verfügung.

- Mit ldap_unbind() wird eine Session geschlossen.

Die LDAP Messages verwenden kein starres Header-Format, sondern werden ähnlich dem SNMP-Protokoll auf Basis der ASN.1-Codierung dynamisch erzeugt

NetBios/IP

Network Basic Input/Output System over IP

Die NETBIOS (Network Basic Input/Output System) dient als Anwendungsschnittstelle in erster Linie zum Datenaustausch zwischen Stationen im lokalen Netz. NETBIOS übernimmt den Auf- und den Abbau der Datenverbindungen zwischen den Stationen, überwacht das Dialogmanagement, synchronisiert den Datenaustausch und unterteilt Nachrichten in logische Einheiten. Das NETBIOS-Protokoll arbeitet auf der Schicht 5 des OSI-Referenzmodells. Seine Hauptfunktion besteht im Aufbau einer virtuellen Verbindung zwischen gleichrangigen Stationen im Netz.

Über die virtuelle Verbindung werden nicht nur Daten ausgetauscht, sondern auch zusätzliche Dienste bereitgestellt. Hierzu gehören beispielsweise die Dialogsteuerung, das Token-Management und die Synchronisation. Eine NETBIOS-Session besteht aus drei Phasen: Aufbau, Übertragung und Abbau. Vor Beginn einer Session muss eine Verbindung zwischen der lokalen und entfernten Station hergestellt werden. Zum Aufbau einer Verbindung sendet die lokale Station eine Nachricht an die Adresse der entfernten Station, um festzustellen, ob diese Station frei oder belegt ist. Nachdem eine Sitzung eröffnet ist, finden die Datenübertragungsvorgänge statt, bei denen die Stationen ihre Nachrichten austauschen. Diesen Nachrichten sind die spezifischen NETBIOS-Header-Informationen vorangestellt. Das Beenden eines Kommunikationsvorgangs beinhaltet nicht automatisch, dass die gesamte Sitzung beendet ist, sondern nur der spezifische Prozess. Zur ordnungsgemäßen Beendigung einer Session müssen beide Teilnehmer darin übereinkommen, dass keine Daten mehr zu übertragen sind.

Im RFC1002 wurde ein Standardverfahren zum Transport von NetBIOS-Diensten über ein IP-Netzwerk definiert. Hierzu wird folgendes Header-Format verwendet:

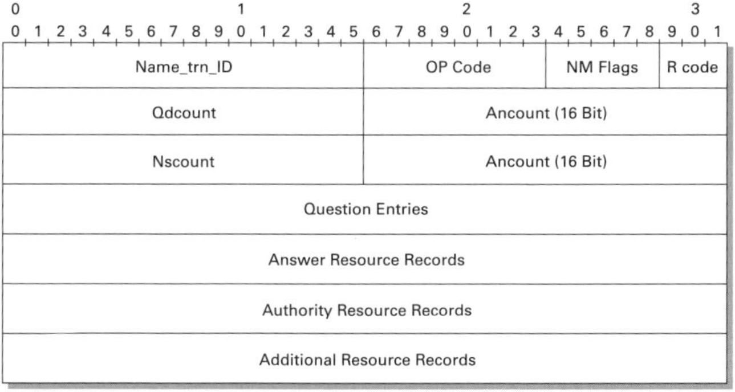

Abbildung 7.12: NetBIOS/IP-Header

Name_trn_id

Transaktions-ID für Name Service Transaktionen

Opcode

Definiert den jeweiligen Pakettyp. Das OpCode-Feld hat folgenden Aufbau:

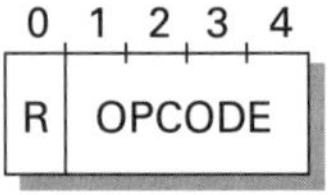

Response Flag (Bit 0)

Wert	Funktion
0	Request Paket
1	Response Paket

Operation Specifier (Bit 1-4)

Wert	Aktion
0	Query
5	Registration
6	Release
7	WACK
8	Refresh

Nm_flags

Die Flags definieren die Funktion des Paketes.

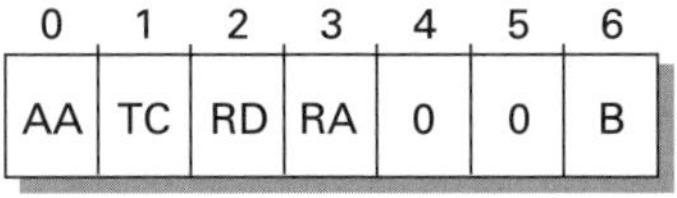

Abbildung 7.13: NM_FLAG-Felder

Folgende Flagwerte wurden bisher festgelegt:

Symbol	Bit	Beschreibung
B	6	Broadcast Flag = 1: Broadcast oder Multicast = 0: unicast
RA	3	Recursion Available Flag. Wird nur als Response auf NetBIOS Name Server aktiviert. = 1: der NBNS unterstützt die Recursive Query, die Registration und den Release. = 0: der Endknoten muss für jede Query und Challenge eine Registrierung ausführen
RD	2	Recursion Desired Flag. Wird nur bei NetBIOS Name Server Requests gesetzt. Der NBNS kopiert seinen Status in jedes Response-Paket. = 1: Der NBNS generiert die Message als Reaktion auf Query, Registration oder Release.
TC	1	Truncation Flag. Wird immer gesetzt, wenn ein Paket aufgrund eines zu langen Datagramms (> 576 Byte), verworfen wurde.
AA	0	Authoritative Answer Flag. R-Flag = 0: der OPCode wird auf den Wert = 0 gesetzt. R-Flag = 1: Authoritative Answer Flag (AA) wird auf den Wert = 1 gesetzt. Damit wird signalisiert, dass der Knoten als Authority für einen Domain-Namen reagiert.

Rcode

Beschreibt die auf einen Request resultierende Codes. Folgende Rcode-Definitionen wurden bisher festgeschrieben:

Symbol	Wert	Beschreibung
FMT_ERR	0x1	Formatfehler. Falsch formatierter Request
SRV_ERR	0x2	Server-Fehler. Problem mit NBNS, Name kann nicht verarbeitet werden.
IMP_ERR	0x4	Request wird nicht unterstützt.
RFS_ERR	0x5	Abgewiesen. Aus Administrationsgründen wurde die Registrierung des Namens vom betreffenden Host abgewiesen.
ACT_ERR	0x6	Aktiver Fehler. Der Name wird bereits von einem anderen Knoten benutzt.
CFT_ERR	0x7	Nameskonflikt. Der Name wird von mehr als einem Knoten genutzt.

Qdcount

Der 16 Bit lange Integer definiert die Anzahl der abgefragten Namen im Question-Feld eines Name Service-Paketes.

Ancount

Der 16 Bit lange Integer definiert die Anzahl der Resource Records im Answer-Feld eines Name Service-Paketes.

Nscount

Der 16 Bit lange Integer definiert die Anzahl der Resource Records im Authority-Feld eines Name Service-Paketes.

Arcount

Der 16 Bit lange Integer definiert die Anzahl der abgefragten Resource Records im Additional Records-Feld eines Name Service-Paketes.

8 Protokolle der Anwendungsschicht

Die Anwendungsschicht (Application Layer) enthält eine Vielzahl von häufig benötigten Protokollen. Es gibt zum Beispiel Hunderte von nicht kompatiblen Terminalarten auf der ganzen Welt. Man stelle sich die Mühsal eines Ganzseiteneditors vor, der in einem Netz mit vielen verschiedenen Terminalarten - jede mit anderem Bildschirm-Layout, anderen Steuer-Sequenzen zum Einfügen und Löschen von Text, zum Bewegen des Cursors und so weiter - vernünftig arbeiten soll. Eine mögliche Lösung dieses Problems ist die Definition eines abstrakten virtuellen Netzwerkterminals, an das man Editoren und andere Programme anpassen kann. Damit dann jede Terminalart mitspielen kann, muss ein Stück Software geschrieben werden, das die Funktionen des virtuellen Netzwerkterminals auf das echte Terminal abbildet. Wenn zum Beispiel der Editor den Cursor des virtuellen Terminals in die obere linke Ecke des Bildschirms bewegt, so muss das Programm die passende Sequenz ausgeben, damit das echte Terminal seinen Cursor ebenfalls dorthin setzt. Die gesamte Software des virtuellen Terminals befindet sich in der Anwendungsschicht.

Eine weitere Funktion der Anwendungsschicht ist der Dateitransfer. Verschiedene Dateisysteme haben auch verschiedene Konventionen für Dateinamen, verschiedene Arten, Textzeilen darzustellen und so weiter. Wenn man eine Datei zwischen zwei verschiedenen Systemen hin- und her transferieren will, muss man sich mit diesen und noch einigen anderen Inkompatibilitäten herumschlagen. Dies ist ebenso die Aufgabe der Anwendungsschicht wie die elektronische Post, die

Auftragsferneingabe, die Verzeichnisabfrage und einige weitere Einrichtungen allgemeiner und spezieller Art.

Archie

Die Archie-Applikation wurde im Jahr 1992 vom Computer Science Department an der McGill University in Montreal entwickelt. Mit Archie kann der Benutzer Software, Daten und andere Informationen auffinden, die über die Anonymous FTP-Applikation im Internet verfügbar sind. Mit Archie werden die Inhalte mehrerer Tausend Anonymous FTP Sites und deren Millionen von Files archiviert. Etwa einmal pro Monat wird der Archie-Server automatisch einem Update unterzogen.

Die Archie Sites können entweder mit Hilfe einer Archie Client Software oder dem Telnet-Protokoll erreicht werden. Erfolgt der Zugriff auf einen Archie-Server per TELNET, muss sich der Benutzer als *archie* (in Kleinbuchstaben) einloggen und die Enter-Taste bei der Aufforderung zur Eingabe eines Passwortes drücken. Das Help-Kommando bietet dem Benutzer genügend Informationen, um die grundlegenden Dienste unkompliziert ausführen zu können. Zwei weitere nützliche Archie-Kommandos sind *prog* und *whatis*. Das prog-Kommando sucht nach Files in einer Datenbank, während das whatis-Kommando nach Schlüsselworten sucht.

COPS
Common Open Policy Service

Das COPS-Protokoll bietet die Basis für den Austausch von Policy-Informationen zwischen einem Policy Server (Policy Decision Point; PDP) und den angeschlossenen COPS Clients (Policy Enforcement

Points; PEPs). In den Policy Clients (Router, Layer-3-Switches) muss beispielsweise zur Verkehrs- und Bandweitensteuerung das ReSerVation Protocol (RSVP) implementiert sein. Die aktuellen Regeln (Parameter und Attribute) für die betreffende Session werden vom Policy Server über eine TCP/IP-Verbindung (TCP-Portnummer = 3288) an den Policy Enforcement Point (PEP) übermittelt. Hier werden die Parameter mit den Konfigurationen des Local Decision Points (LDP) verglichen und bei Bedarf Änderungen (beispielsweise bei den Filtern, Prioritäten usw.) vorgenommen.

Beispiel

Im folgenden Beispiel werden die grundsätzlichen Mechanismen regelbasierter Netze dargestellt. Mit Hilfe der Policy-Management-Applikation beschränkt der Netzadministrator den Zugriff der Benutzer auf die Mitarbeiterdaten in der Personaldatenbank. Der Zugriff soll nur zu bestimmten Zeiten für eine festgelegte Personengruppe ermöglicht werden.

Um 11:00 Uhr am Freitagmorgen versucht der Benutzer Tony Rei auf die Personaldatenbank zuzugreifen. Der Start der Applikation, die den Zugriff auf die Personaldatenbank ermöglicht, generiert automatisch einen Policy Request. Dieser Request wird von der nächsten Koppelkomponente (beispielsweise ein Layer-3-Switch) im Netz entgegengenommen. Der Layer-3-Switch sendet anschließend eine explizite Anfrage per COPS-Protokoll an den Policy Server. Nach Empfang des Policy Requests werden vom Policy Server die jeweiligen Regeln interpretiert. Hierzu muss der Policy Interpreter unter Umständen eine Reihe unterschiedlicher Informationen zu Rate ziehen.

In unserem Beispiel müssen Informationen über den Directory Server und den Network Time-Protokoll (NTP)-Server besorgt werden: Mit Hilfe des LDAP-Protokolls greift der Policy Server auf das Benutzerprofil von Tony Rei auf dem Directory Server zu, und mit Hilfe des

NTP-Protokolls wird die genaue Zeit ermittelt. Diese Informationen werden mit den jeweiligen Regeln verglichen und daraus eine Antwort (Policy Reply) formuliert. Die Antwort wird vom Policy Server an den Policy Client bzw. an die anfragende Koppelkomponente übermittelt. Mit dieser Antwort wird entschieden, ob der Benutzer Tony Rei auf die Personaldatenbank zugreifen kann oder ob der Zugriff abgelehnt wird.

Die eigentliche Umsetzung der Regeln erfolgt in den Netzkomponenten. Hierzu stehen in den Geräten spezielle Hardware- und Software-Funktionen, wie beispielsweise das Packet Filtering, die Bandweiten-Reservierung Verkehrspriorisierung usw., zur Verfügung. Durch den Aufbau eines modernen, flexibel reagierenden Netzwerkes und einer leistungsstarken Ende-zu-Ende-Lösung kann sich der Netzbetreiber darauf konzentrieren, die inhaltliche Qualität der Unternehmensinformationen zu verbessern. Verbesserter Informationszugang und höhere Netzwerk-Zuverlässigkeit haben einen hohen Einfluss auf die Produktivität der Mitarbeiter. Dadurch ist ein positiver wirtschaftlicher Effekt bis in die untersten Ebenen des Unternehmens möglich. Die Vorteile eines Gesamtkonzepts für die unternehmensinterne Kommunikationstechnologie müssen in klare geschäftliche Vorteile umgesetzt und somit zum festen Bestandteil der neuen Kommunikationsphilosophie werden.Das Common Open Policy Service (COPS) ist im Request for Comments 2748 festgelegt.

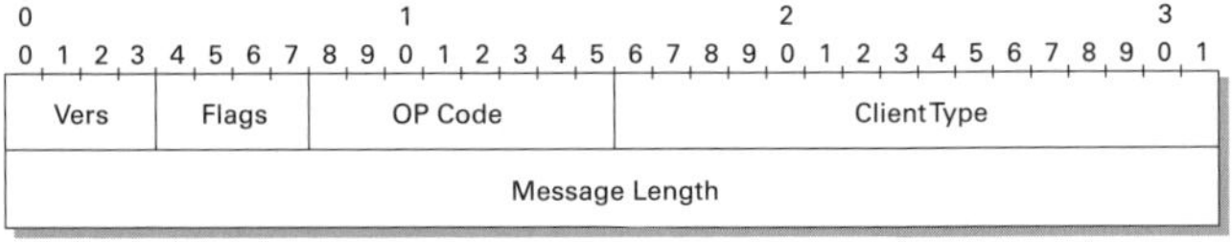

Abbildung 8.1: COPS-Header

Version

Das Versionsfeld legt die verwendete Version des COPS-Protokolls fest. Momentan wird die Version 1 verwendet.

Flags

Die Flags legen die Funktionen der Pakete fest. Momentan ist nur das Solicited Message Flag (Wert 0001) festgelegt. Dieses Flag wird nur dann gesetzt, wenn die Message auf Basis einer anderen Message erzeugt wurde.

Op Code

Definiert die COPS-Operation der Message. Folgende Werte wurden festgelegt:

Code	Beschreibung	Abkürzung
1	Request	REQ
2	Decision	DEC
3	Report State	RPT
4	Delete Request State	DRQ
5	Synchronize State Req	SSQ
6	Client Open	OPN
7	Client Accept	CAT
8	Client Close	CC
9	Keep-alive	KA
10	Synchronize Complete	SSC

Client Type

Der Parameter Client Type dient zur Identifizierung des Policy Clients.

Message length

Definiert die Länge der Message in Oktetts und erstreckt sich sowohl über den COPS-Header als auch über die angehängten Objekte

COPS Specific Object Format

Direkt auf den COPS-Header folgen die in der Message enthaltenen Objekte. Die Objekte werden wie folgt codiert:

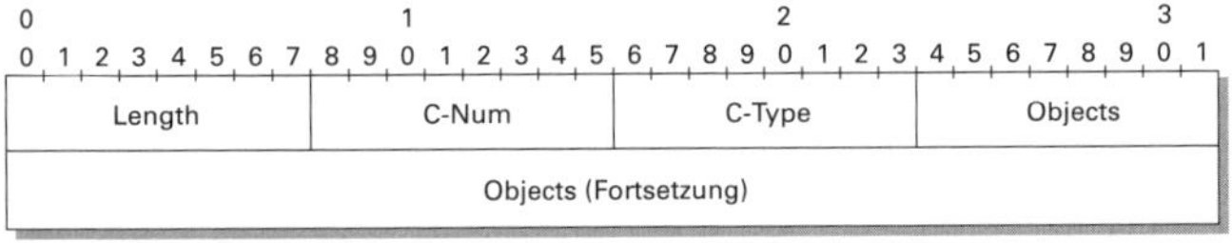

Abbildung 8.2: Format des COPS-Headers

Length

Der zwei Oktett lange Wert definiert die Anzahl der Objekte (inklusive des Headers). Entspricht die Länge nicht einem 32 Bit-Wort, werden die Objektdaten mit Füllzeichen auf die nächste 32 Bit-Grenze aufgefüllt.

C-Num

Definiert die Klasse der im Objekt enthaltenen Informationen. Folgende C-Nummern wurden bisher festgelegt:

C-Num	Object Contents
1	Handle
2	Context
3	In Interface
4	Out Interface
5	Reason code

C-Num	Object Contents
6	Decision
7	LDP Decision
8	Error
9	Client Specific Info
10	Keep-alive Timer
11	PEP Identification
12	Report Type
13	PDP Redirect Address
14	Last PDP Address
15	Accounting Timer
16	Message Integrity

C-Type

Dient zur Identifizierung des Subtyps der im Objekt enthaltenen Information

Object contents

Enthält die im C Number-Feld definierten Objekte bzw. Inhalte

Finger

Das Finger-Protokoll ist im RFC 1288 definiert und bietet einen einfachen Zugang über das Netz zu anderen Informationsprogrammen (Remote User Information Program; RUIP). Der Informationsaustausch erfolgt bei Finger auf dem gesicherten Transmission Control Protocol (TCP Port 79). Der lokale Rechner öffnet eine TCP-Verbindung zum Finger-Port des entfernten Rechners. Nachdem der entfernte Rechner den RUIP-Request verarbeitet hat, können über die

Verbindung die notwendigen Daten ausgetauscht werden. Dabei übermittelt der lokale Rechner die RUIP-Query und wartet auf die Reaktion des entfernten Rechners. Der entfernte Rechner verarbeitet die RUIP-Query, übermittelt die Antwort und initiiert den Abbau der Verbindung. Nachdem der lokale Rechner die Antwort und den Abbauwunsch für die Verbindung erhalten hat, beendet dieser die TCP-Session.

Beim Finger-Mechanismus werden die übermittelten Daten immer im ASCII-Format übermittelt. Dabei ist zu beachten, dass keine Partität verwendet wird. Die Zeilen werden immer mit einem CRLF (ASCII-Character 13 gefolgt von ASCII-Character 10) beendet. Zu beachten ist jedoch, dass ein ASCII-Character 13, der direkt von einem ASCII-Character 10 gefolgt wird, nicht angezeigt werden kann. Bei dieser Character-Kombination handelt es sich um die End-the-Line-Sequenz.

FTP

File Transfer-Protokoll

Der Austausch von Dateien ist eine wesentliche Forderung bei der Vernetzung mehrerer Rechner. Die Vielfalt der verfügbaren Rechnertypen erfordert einen herstellerunabhängigen Standard. Das File Transfer Protocol (FTP) ermöglicht es, Dateien unabhängig von Bauweise und Betriebssystem der Rechner auszutauschen, sowie die Datenbestände entsprechend zu verwalten. Das File Transfer-Protokoll (FTP) setzt direkt auf dem Transmission Control-Protokoll (TCP) (Schicht 4) auf. Es ist im RFC 959 und den Mil-Spezifikationen (MIL-STD 1780) ausführlich beschrieben. FTP beschreibt Regeln zur Kommunikation von Rechnern untereinander. In Abhängigkeit, auf welchem Rechner das FTP-Anwenderprogramm gestartet wurde, unterscheidet man zwischen Client und Server.

FTP-Kommandos

FTP-Kommandos setzen sich aus Telnet-Zeichenfolgen zusammen. Der Abschluss jedes Kommandos erfolgt über eine eindeutige Zeichenfolge (EOL). Kommandos und Replies werden über die Steuerleitung ausgetauscht.

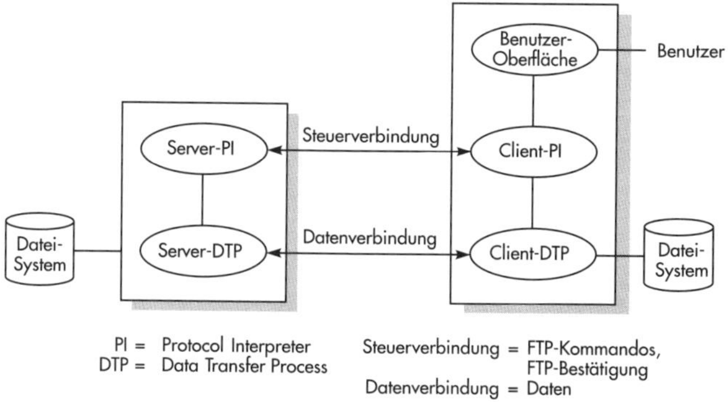

Abbildung 8.3: Prinzip des FTPs

Access Control Commands

Der Zugriff und die Manipulation von Daten ist an bestimmte Berechtigungen gebunden. Access Control Commands dienen der Identifizierung des Benutzers gegenüber dem Server sowie zur Verwaltung der Verbindung.

USER

Das User-name-Kommando ist immer das erste Kommando nach Herstellung der Steuerverbindung. Mit dem Benutzernamen identifiziert sich der Anwender gegenüber dem Server. Durch Abfrage eines Passwords (PASS-Kommando) hat der Server die Möglichkeit, den unerlaubten Zugriff auf das File-System weiter einzuschränken.

PASS

Das PASSword-Kommando folgt unmittelbar auf das USER-Kommando und übermittelt ein Benutzer-Password an den Server.

ACCT

Das Account-Kommando dient der Übermittlung der Benutzer-Kostenstelle. Dies erfolgt unmittelbar auf das PASS-Kommando, oder beim Zugriff auf bestimmte Dateien.

REIN

Das Reinitialize-Kommando beendet alle Anwenderprozesse im Server und setzt alle Übertragungsparameter auf die Default-Werte zurück. Die Steuerverbindung wird aufrecht erhalten, und noch nicht abgeschlossene Übertragungen können beendet werden.

QUIT

Das QUIT-Kommando beendet alle Anwenderprozesse im Server. Im Gegensatz zum REIN-Kommando wird die Steuerleitung abgebaut.

Transfer Parameter Commands

Die Kommandos zur Steuerung der Übertragung ermöglichen unter Zuhilfenahme von Parametern, die Übertragung von Dateien zwischen den unterschiedlichsten Rechnersystemen.

PORT

Das PORT-Kommando dient zur Adressierung der Datenverbindung zum Server abweichend von den Standardwerten. Die Adresse setzt sich aus durch Kommas getrennten 8-Bit Wörtern, dezimaler Internet-Adresse und TCP-Port zusammen.

PASV

Das Passive Kommando setzt die Datenleitung in den Listen-Modus. Der Server initiiert keine Datenverbindung nach Empfang eines entsprechenden Kommandos (z.B. RETR).

TYPE

Das Representation-Type-Kommando setzt die Art der Darstellung der zu übertragenden Datei fest. Das Kommando enthält bis zu zwei Parameter, die durch ein Leerzeichen getrennt sind.

A (ASCII) <SP>	N (Non print)
E (EBCDIC)<SP>	C (Carriage Control)
I (Image)	
L (bytes.) <SP>	dec. Integer defining local byte size

STRU

Das Structure-Kommando setzt die Struktur der zu übertragenden Datei fest. Folgende Strukturen können festgelegt werden:

F (File, no record structure)

R (record structure)

P (page structure)

MODE

Das Transfer Mode-Kommando setzt die Übertragungsweise der Datei fest. Folgende Transfer Modes können festgelegt werden:

- S (stream)

- B (block)
- C (compressed)

Service Commands

Die FTP-Dienstkommandos sind Kommandos zur gezielten Durchführung des Dateitransfers bzw. zur Verwaltung von Dateisystemen. FTP-Dienstkommandos beziehen sich auf die gewünschte Datei bzw. das Dateiverzeichnis durch Angabe der Pfadbezeichnung in einer für den FTP-Server verständlichen Form.

RETR

Das Retrieve-Kommando bewirkt die Übertragung einer Kopie der angegebenen Datei vom FTP-Server zum FTP-User.

STOR

Das Store-Kommando bewirkt das Abspeichern einer Datei im Server unter der angegebenen Pfadbezeichnung. Sollte bereits eine Datei unter der gleichen Pfadbezeichnung existieren, wird diese Datei überschrieben.

APPE

Das Append-Kommando bewirkt das Abspeichern einer Datei unter der angegebenen Pfadbezeichnung. Besteht bereits eine Datei unter der gleichen Pfadbezeichnung, so werden die übertragenen Daten an die Datei angehängt.

ALLO

Das Allocate-Kommando bewirkt die Reservierung des nötigen Speicherbedarfs für eine Datei im Server. Falls eine Reservierung des Speicherbedarfs nicht nötig ist, sollte das Kommando als NOOP (no operation) behandelt werden.

REST

Das Restart-Kommando markiert die Stelle einer Datei, von der ab die Übertragung neu aufgesetzt werden soll.

RNFR

Das Rename-from-Kommando setzt die Pfadbezeichnung der umzubenennenden Datei fest. RNFR erwartet in der Folge ein RNTO-Kommando.

RNTO

Das Rename-to-Kommando setzt eine neue Pfadbezeichnung (Dateiname) einer umzubenennenden Datei fest. RNTO darf nur unmittelbar nach einem RNFR-Kommando erfolgen.

ABOR

Das Abort-Kommando unterbricht ein FTP-Dienstkommando und baut die Datenverbindung ab.

DELE

Das Delete-Kommando ermöglicht das Löschen einer Datei.

CWO

Das Change Working Directory-Kommando ermöglicht das Wechseln in ein anderes Verzeichnis im Server entsprechend der angegebenen Pfadbezeichnung.

LIST

Das LIST-Kommando bewirkt das Auflisten aller Dateien in einem Verzeichnis bzw. Informationen über einzelne Dateien entsprechend der Pfadbezeichnung über die Datenleitung.

NLST

Das Name List-Kommando bewirkt, im Gegensatz zu LIST, lediglich das Auflisten aller Dateibezeichnungen (Namen) eines Verzeichnisses entsprechend der Pfadbezeichnung über die Datenleitung.

SITE

Das Site Parameters-Kommando dient der Aktivierung systemspezifischer Dienstkommandos im Server.

STAT

Das Status-Kommando gibt Aufschluss über den Stand der Durchführung des aktuellen FTP-Dienstkommandos. Bei Angabe einer (optionalen) Pfadbezeichnung entspricht STAT dem LIST-Kommando. Die Übertragung der Information erfolgt jedoch über die Steuerleitung.

HELP

Das HELP-Kommando dient zum Abrufen von Hilfsinformation über FTP-Kommandos.

NOOP

Das No-Operation-Kommando hat keinerlei Einfluss auf vorher eingegebene Kommandos bzw. Parameter. Es bewirkt lediglich das Aussenden einer Bestätigung durch den Server.

FTP Replies

FTP-Bestätigungen setzen sich aus einer dreistelligen Zahlenfolge gefolgt von Text zusammen. Der Text dient der einfacheren Entschlüsselung der Zahlenfolge durch den Anwender. Im Gegensatz zu der festgelegten Zahlenfolge (Auswertung erfolgt durch FTP-Prozesse), ist der Wortlaut des Textes nicht eindeutig definiert. Jedem Kommando muss zumindest eine Bestätigung folgen. Die FTP-Replies in numerischer Reihenfolge:

110	Bestätigung bei Restart Markierung; hier ist der Wortlaut der Bestätigung festgelegt. "MARK <SP> yyyy <SP> = <SP> mmmm" yyyy := Restart-Marke von FTP-Client mmmm := Restart-Marke von FTP-Server120 Rechner in <*xyz*> Minuten verfügbar
125	Datenverbindung aufgebaut, starte Übertragung
150	Datei-Status o.k.; Datenverbindung wird abgebaut
200	Kommando o.k.
202	Kommando wird nicht unterstützt, Funktion ist ohne Bedeutung
211	Hilfsinformation oder Status
212	Verzeichnis-Status
213	Datei-Status
214	Hilfsinformation
220	Rechner bereit für Benutzer
221	Steuerverbindung wird abgebaut
225	Datenverbindung aktiv, keine laufende Übertragung
226	Übertragung abgeschlossen, Datenverbindung wird abgebaut
227	Erwarte passiven Verbindungsaufbau auf Port <*No.*>
230	Login o.k., erwarte Eingabe eines Kommandos
250	Operation abgeschlossen
331	Benutzername o.k., erwarte Password
332	User Account erfordert
350	Weitere Information erfordert
421	Die Steuerverbindung wird abgebaut, Rechner nicht verfügbar
425	Datenverbindung kann nicht aufgebaut werden

426	Die Datenverbindung wurde abgebaut
450	Operation nicht ausgeführt, die Datei ist gesperrt
451	Lokaler Fehler, Operation abgebrochen
452	Speicher belegt, Operation kann nicht ausgeführt werden
500	Fehler in Syntax oder Kommando unbekannt
501	Fehler in Syntax bei Kommando oder Parameter
502	Das Kommando wird nicht unterstützt
503	Fehler in der Kommandofolge
504	Parameter für Kommando nicht unterstützt
530	User ist nicht eingeloggt
532	Account zur Ausführung des Kommandos gefordert
550	Kein Zugriff auf Datei möglich, gewünschte Operation konnte nicht ausgeführt werden
551	Unbekanntes Seitenformat, Operation abgebrochen
552	Speicher belegt, Operation nicht durchgeführt
553	Fehler in Dateibezeichnung, Operation nicht ausgeführt

Gopher

Das Internet Gopher-Protokoll wurde vom Microcomputer Center der Universität Minnesota im Jahr 1991 als verteiltes Informationssuch- und Retrieval-Tool für das Internet entwickelt. Gopher arbeitet in einem Client/Sever-Konzept und ist in der Lage, mit Hilfe von hierarchisch strukturierten Menüs die benötigten Informationen im gesamten Internet aufzufinden. Die hierarchische Organisation von Informationen erfolgt bei Gopher durch einfache Textmarken. Der Zugriff auf die jeweiligen Files erfolgt über ein simples Menü-System. Durch Gopher kann der Anwender auch die Inhalte der Files lesen, ohne zusätzlich ein File-Transfer-Protokoll zu aktivieren. Mit Gopher wurde es erstmals möglich, unterschiedliche Internet-Sites zu verbinden. Dies brachte den großen Vorteil, dass nicht jede Gopher Site alle Informationen vor Ort vorhalten musste. Auf jede Gopher Site kann mit einer Gopher Client-Software oder einem WWW-Browser zugegriffen werden. Viele Gopher Sites unterstützen auch das TELNET-Protokoll. Hierzu muss sich der Benutzer nur mit dem User-Namen *gopher* (in Kleinbuchstaben) ohne Eingabe eines Passwortes im System einloggen.

Beispiel

Im folgenden Dialogbeispiel loggt sich ein Benutzer im Gopher-Server (ds.internic.net) des Internet Network Information Center (InterNIC) via TELNET ein. Nach dem Einloggen erscheint das Menü-Interface. Durch Auswahl des dritten Menü-Punktes wird der Anwender in das „InterNIC Registration Services (NSI)"- Menü weitergeleitet. Die Auswahl des ersten Menü-Punktes im Submenü „InterNIC Registration Archives" zeigt alle verfügbaren Files, die Informationen über die InterNIC Domain Registration Policies, Domain-Daten, Registrierungsformulare und weitere Informationen zur Registrierung von Namen und Domains im Internet enthalten. Für kurze Zeit hatte sich Gopher zur universellen Schnittstelle für den Zugriff auf Informationen im Internet entwickelt. Gopher wurde jedoch durch die WWW-Browser in vielen Bereichen ersetzt. In den WWW-Benutzeroberflächen ist jedoch das Gopher-Programm noch als zusätzliches Funktionstool enthalten.

HTTP

Hypertext Transfer Protocol

Mit Hilfe des Hyper Text Transfer Protocols (HTTP) werden die Hypertext-Dokumente zwischen WWW-Clients und WWW-Servern ausgetauscht. Das HTTP gehört somit zu den Kommunikationsprotokollen der Applikationsschicht. Das HTTP wird seit dem Jahr 1990 weltweit als WWW-Standardprotokoll verwendet. Die erste Version des HTTP-Protokolls wurde allgemein als HTTP/0.9 bekannt und stellte einen simplen Mechanismus zur reinen Übertragung von unstrukturierten Daten über das Internet zur Verfügung. Die Nachfolgeversion HTTP/1.0 (RFC 1945) ermöglichte bereits das Übertragen von Informationen, die gemäß den Multipurpose Internet Mail Extensions (MIME)-Spezifikationen codiert waren. Außerdem wurde in das Protokoll ein etwas komplexerer Anfrage/Antwort-Mechanismus integriert.

Da moderne Anwendungen heute wesentlich umfangreichere Funktionen und Dienste benötigen als einen reinen Frage/Antwort-Mechanismus, wurde im RFC 2068 die HTTP-Version 1.1 veröffentlicht. Das HTTP-Protokoll basiert auf einem verbindungsorientierten Transportmechanismus. Möchte ein Client die durch eine URL bezeichneten Daten von einem Server herunter laden, baut dieser mit Hilfe des Transport Control Protocols (TCP) zum betreffenden Server eine Verbindung auf. Hierfür wird der logische TCP-Port 80 verwendet.

HTTP Request

Wird eine Request-Meldung von einem Client an einen Server übermittelt, so werden in die erste Zeile der Meldungen folgende Informationen eingefügt: die Aktion (Method), die die Ressource ausführen soll, der Identifikator der Ressource und die aktuelle Version des Protokolls.

Method	Request URI	HTTP Version

Abbildung 8.4: HTTP Request-Paket

Method

Im Method-Feld wird die Aktion, die auf der jeweiligen Ressource ausgeführt werden soll, definiert. Folgende Optionen wurden festgelegt:

- GET
- HEAD
- POST
- PUT
- DELETE
- TRACE
- extension-method

Request URI

Die Request URI definiert den Uniform Resource Identifier der Ressource, an die der Request übermittelt wird.

HTTP Version

Definiert die verwendete Version des Hyper Text Transfer-Protokolls

HTTP Response

Nach dem korrekten Empfang einer Request-Meldung reagiert der Server mit einer HTTP Response-Meldung.

HTTP Version	Status Code	Reason Phrase

Abbildung 8.5: HTTP Response-Paket

HTTP Version

Definiert die verwendete Version des Hyper Text Transfer-Protokolls

Status Code

HTTP-Bestätigungen (Replies) setzen sich aus einer dreistelligen Zahlenfolge gefolgt von Text (Reason Phrase) zusammen. Zur leichteren Decodierung kommen den einzelnen Stellen der dreistelligen Zahlenfolge bestimmte Bedeutungen zu. Die erste Stelle des Status-Code beschreibt die Klasse des jeweiligen Response. Die zwei folgenden Stellen wurden bisher noch nicht kategorisiert.

Folgende Response-Klassen wurden bisher festgelegt:

- **1xx: Informational** - Request empfangen; wird weiter verarbeitet.
- **2xx: Success** - Der Befehl wurde ordnungsgemäß empfangen und akzeptiert.
- **3xx: Redirection** - Kommando war gültig, Ausführung jedoch von weiterem Kommando abhängig
- **4xx: Client Error** - Der Request wurde aufgrund einer ungültigen Syntax nicht ausgeführt.
- **5xx: Server Error** - Der Server konnte den gültigen Befehl nicht ausführen.

Reason Phrase

Die numerischen Werte werden im Reason Phrase-Feld erklärt. Folgende Informationen wurden für das HTTP-Protokoll bisher festgelegt:

Code	Erklärung
100	Continue
101	Switching Protocols
200	OK
201	Created
202	Accepted
203	Non-Authoritative Information
204	No Content
205	Reset Content
206	Partial Content
300	Multiple Choices
301	Moved Permanently
302	Moved Temporarily
303	See Other
304	Not Modified
305	Use Proxy
400	Bad Request
401	Unauthorized
402	Payment Required
403	Forbidden
404	Not Found
405	Method Not Allowed

Code	Erklärung
406	Not Acceptable
407	Proxy Authentication Required
408	Request Time-out
409	Conflict
410	Gone
411	Length Required
412	Precondition Failed
413	Request Entity Too Large
414	Request URI Too Large
415	Unsupported Media Type
500	Internal Server Error
501	Not Implemented
502	Bad Gateway
503	Service Unavailable
504	Gateway Time-out
505	HTTP Version not supported extension-code

IMAP4

Internet Message Access Protocol, Version 4rev1

Das Internet Message Access Protocol, Version 4rev1 (IMAP4) wurde im RFC 2060 spezifiziert. Zur Philosophie von IMAP gehört es, dass die gesamte Verwaltung der persönlichen Nachrichten auf dem E-Mail-Server geschieht, weshalb dieses Protokoll mehr Funktionen anbieten muss als beispielsweise POP. Daneben bietet IMAP auch eine Reihe von zusätzlichen Diensten, wie etwa das Lesen von News-Gruppen, die Verwaltung von eigenen Diskussionsforen sowie Funktionen, die anderen IMAP-Benutzern eigene Dateien in frei zugänglichen Verzeichnissen anbietet oder zum Herunterladen zur Verfügung stellt. Der Ablauf einer Sitzung kann sich bedingt durch die vielfältigen Möglichkeiten von IMAP sehr unterschiedlich gestalten. Nachfolgendes Beispiel demonstriert, wie eine typische Sitzung aussehen könnte:

Beispiel

Als Erstes authentifiziert sich der Client dem Server gegenüber.

Dann lässt sich der Client eine Liste der verfügbaren Mail-Ordner (E-Mail-Folder) des Benutzers schicken und bietet diese dem Benutzer zur Auswahl an.

Der Benutzer wählt meist die Inbox.

Der Client lässt sich Informationen (Sender, Betreff, Datum) über jede einzelne Nachricht in der Inbox geben und stellt diese dar.

Der Benutzer klickt eine der Nachrichten an.

Der Client lädt den Inhalt der E-Mail vom Server und zeigt diese an.

Der Benutzer liest den Text und verschiebt die Nachricht in einen seiner angelegten Ordner.

Der Server kopiert die betreffende E-Mail von der Inbox in den gewünschten Ordner und löscht sie anschließend aus der Inbox.

Der Benutzer beendet das E-Mail-Programm, und der Client schließt die Verbindung zum Server.Das IMAP-Protokoll erfordert im Unterschied zu POP also während der gesamten Session eine permanente Verbindung. Dafür können E-Mails von verschiedenen Rechnern aus weltweit bearbeitet werden, da Nachrichten, die nicht gelöscht oder verschoben wurden, weiterhin in der Inbox oder in den persönlichen Ordnern verbleiben.

IRC

InternetInternet Relay Chat

Mit Hilfe des Internet Relay Chat (ICR) wird die Online-Kommunikation in den betreffenden Kommunikationsforen im Internet realisiert. Das Internet Relay Chat ist in Hunderte von Kommunikationskanälen unterteilt, über die die jeweiligen Diskussionen ablaufen. Die IRC Galaxy wird aus vernetzten IRC-Servern gebildet. Jeder Kommunikationskanal wird durch einen eigenen Administrator verwaltet. Nach der Aktivierung von IRC über das Benutzer-Interface wählt der Benutzer seinen für die Verbindung gültigen Nutzernamen. Dieser Nutzername kann frei gewählt werden. In der Regel wird in diesen Kommunikationsforen nicht mit dem realen Namen kommuniziert und auf Diskretion geachtet. Mit Hilfe des frei gewählten Namens kann der Benutzer die freie Kommunikation mit den anderen am Forum beteiligten Teilnehmern durchführen. Die Diskussion erfolgt per Tastatur, indem der Teilnehmer seinen Diskussionsbeitrag in Form einfacher Zeilen eintippt. Das größte und bekannteste Forum wird als USENET bzw. als Internet News bezeichnet. USENET wurde ursprünglich von Studenten als Diskussionsforum gegründet. Die Themengruppen in USENET werden als Newsgroups bezeichnet.

Wichtige IRC-Befehle

Befehl	Bedeutung
flush	Stoppt die Ausgabe des vorhergehenden Befehls
help	Zeigt alle gültigen Befehle an
join <Kanal>	Betreten eines Kanals
leave <Kanal>	Verlassen eines Kanals

Befehl	Bedeutung
list	Anzeige aller Kanäle
list <Kanal>	Zeigt Informationen über einen bestimmten Kanal an
list -max a	Anzeige aller Kanäle mit maximal a Teilnehmern
list -min a	Anzeige aller Kanäle mit mindestens a Teilnehmern
me action	Mitteilen von bestimmten Tätigkeiten oder Gefühlen
mode * +pi	Modus des aktuellen Kanals wird auf privat umgeschaltet
msg <Pseudonym><text>	Versenden einer privaten Nachricht, die für die anderen Teilnehmer im Kanal nicht sichtbar ist
nick	Anzeige des eigenen Pseudonyms
nick <Pseudonym>	Abändern des Pseudonyms
query <Pseudonyme>	Alle folgenden Nachrichten werden nur noch an die angegebenen Personen gesendet.
quit	Beenden des IRC Programms
who <Kanal>	Anzeige aller Teilnehmer im Kanal
who <Pseudonym>	Anzeige von Informationen über eine bestimmte Person
whois <Pseudonym>	Anzeige aller Informationen über eine Person

ISAKMP

Internet Message Access Protocol, Version 4rev1

.Mit den Standards für die Authentifizierung beziehungsweise Verschlüsselung ist es nicht getan. Die zu verwendenden Mechanismen müssen ausgehandelt und die Schlüssel zwischen den Partnern ausgetauscht werden. Dazu wird beim Sitzungsaufbau eine Security Association (SA) vereinbart. Der Standard für diesen Schritt ist das IKMP (Internet Key Management Protocol), das auch als IKE (Internet Key Exchange) bezeichnet wird. Dieses Protokoll basiert auf ISAKMP/Oakley. Das Internet Message Access Protocol, Version 4rev1 (ISAKMP) ist im RFC 2408 beschrieben. ISAKMP beschreibt das Internet-Security-Association-and-Key-Management-Protocol, das solche SAs definiert.

IKE besteht im Wesentlichen aus zwei Phasen. In der ersten Phase wird eine Authentifizierung der beiden ISAKMP-Instanzen, des Initiators (Client) und Responders (Server), durchgeführt. Damit werden kryptographische Verfahren sowie notwendige Schlüssel für eine nachfolgende Kommunikation ausgetauscht. Es resultiert eine Security Association (SA) zwischen diesen beiden ISAKMP-Instanzen, die zum Schutz der nachfolgenden Kommunikation dient. Die jeweils aktiven SAs werden in der Security Association Database (SAD) gespeichert. Authentifizierung in Phase I

Für den Schlüsselaustausch in Phase I kommt das Diffie-Hellman-Verfahren (DH) in Verbindung mit Zufallswerten (Nonce) zum Einsatz. Zur Authentifizierung der Nachrichten – und damit der DH-Exponenten und ISAKMP-Instanzen selbst – sind derzeit drei Verfahren spezifiziert, durch deren Wahl man bestimmte Schutzziele verfolgen kann:

- Für das Signieren einer Nachricht kommt DSS oder RSA in Frage.
- RSA kann als Public Key-Verschlüsselung zum Einsatz kommen.
- Für begrenzte Umgebungen mit bekannten Kommunikationspartnern sind 'Pre-Shared Keys', vorher ausgetauschte geheime Schlüssel, die dritte Möglichkeit. Dies ist notwendig, da das DH Key Agreement-Verfahren keinerlei Schutz gegen eine Man-in-the-middle-Attacke bietet. Sobald die DH-Exponenten ausgetauscht sind, können die ISAKMP-Nachrichten verschlüsselt übermittelt werden.

Der Algorithmus zur Generierung des endgültigen symmetrischen Schlüsselmaterials für die ISAKMP-SA ist abhängig vom Authentifizierungsverfahren. Wichtig ist, dass aus einem Masterkey mehrere Schlüssel abgeleitet werden, die zur Verschlüsselung und Authentifizierung der nachfolgenden Nachrichten unter der ISAKMP-SA dienen. Das erhöht maßgeblich die Sicherheit der später unter dieser ISAKMP-SA ausgetauschten Nachrichten und Schlüssel.

Schlüsseletablierung in Phase II

In der zweiten Phase werden kryptographische Verfahren und die dazu notwendigen Schlüssel für beliebige andere Protokolle ausgetauscht, beispielsweise IPSec. Diese Schlüsseletablierung geschieht unter dem Schutz der ISAKMP-SA und ist mit symmetrischen Schlüsseln authentifiziert. Damit kann ein wesentlich schnelleres Protokoll ohne Public Key-Operationen gewählt werden, da mit den Parametern der ISAKMP-SA ein gesicherter Kanal bereitsteht. IPSec kann damit ohne großen Aufwand einen neuen symmetrischen Schlüssel etablieren oder gar das Verschlüsselungsverfahren wechseln. Wenn symmetrische Schlüssel nur kurze Zeit gültig sind, stehen potentielle Angreifer vor einer weiteren, kaum zu überwindenden Hürde.

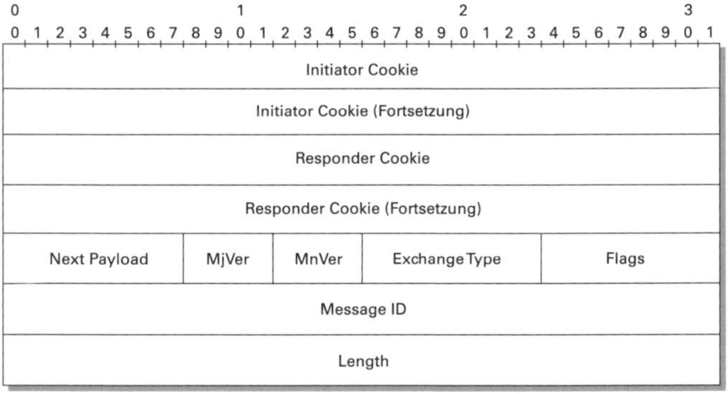

Abbildung 8.6: ISAKMP-Header Initiator cookie

Initiator Cookie

Cookie des Teilnehmers, der Verbindung aufgebaut hat

Responder cookie

Cookie des zweiten Teilnehmers

Next payload

Definiert den Typ der nachfolgenden Payload. Folgende Typen wurden bisher festgelegt:

Wert	**Funktionstyp**
0	None
1	Security Association (SA)
2	Proposal (P)
3	Transform (T)

Wert	Funktionstyp
4	Key Exchange (KE)
5	Identification (ID)
6	Certificate (CERT)
7	Certificate Request (CR)
8	Hash (HASH)
9	Signature (SIG)
10	Nonce (NONCE)
11	Notification (N)
12	Delete (D)
13	Vendor ID (VID)
14-127	Reserved
128-255	Private use

MjVer

Definiert die Hauptversionsnummer des ISAKMP-Protokolls. Alle RFC 2408-konformen Implementierungen benutzen die Hauptversionsnummer 1. Frühere ISAKMP-Implementierungen werden durch die Versionsnummer = 0 gekennzeichnet.

MnVer

Unterversion des verwendeten ISAKMP-Protokolls. Alle RFC 2408-konformen Implementierungen benutzen die Unterversionsnummer 0.

Exchange Type

Definiert den Typ des Austauschs von Daten und legt gleichzeitig die Reihenfolge der Meldungen und der Payloads fest. Folgende Werte wurden bisher festgelegt:

Wert	Beschreibung
0	None
1	Base
2	Identity Protection
3	Authentication Only
4	Aggressive
5	Informational
6-31	ISAKMP Future Use
32-239	DOI Specific Use
240-255	Private UseFlags

Spezielle Optionen für den Austausch. Die Flags haben folgende Bedeutung:

Encryption Bit (Bit 0): Die auf den Header folgenden Daten werden gemäß dem Schlüssel der ISAKMP SA verschlüsselt.

Commit Bit (Bit 1): Dient zur Synchronisierung des Schlüsselaustausches

Authentication Only Bit (Bit 2): Nur Authentification bei Informationsaustausch

Bits 3 bis 7: Alle weiteren Flags werden auf den Wert = 0 gesetzt.

Message ID

Eindeutige ID für Phase 2 der Verbindung. Der Message Identifier wird durch einen Zufallsgenerator vom Initiator der Phase 2-Verhandlung generiert. Während der Phase 1 wird dieser Parameter immer auf den Wert = 0 gesetzt.

Length
Definiert die Länge (in Oktett) der Nachricht inklusive des Headers und der Payloads

JUGHEAD

Eine weitere Gopher-Ergänzung ist JUGHEAD (Jonzy's Universal Gopher Hierarchy Excavation and Display). JUGHEAD unterstützt das Suchen nach Schlüsselworten und deren logische Verknüpfung (UND, ODER und NICHT). Als Resultat einer JUGHEAD-Suche wird ein Menü aufgebaut, welches alle im Such-String spezifizierten Files enthält, die im Netz der University of Manchester und dem UMIST Information Server aufzufinden sind.

Kerberos

Der unkontrollierte Datenverkehr, die wachsende Heterogenität der Hardware-Komponenten im Netz und die besonderen Gefahren des World Wide Web (WWW) führen immer wieder zu erheblichen Problemen bei der Sicherheit der Netzwerke. Mit Hilfe der Kerberos-Spezifikationen lassen sich in einem Netz die Zugänge zu den vernetzten Ressourcen sichern. Eine der größten Schwachstellen in TCP/IP-Netzen ist die Authentisierung. Bei einem Verbindungsaufbau werden die Benutzer-ID und das Passwort unverschlüsselt in einem oder mehreren Paketen durch das Netz übermittelt. Mit Hilfe eines LAN-Analysators kann der gesamte Datenverkehr auf einem Netz abgefangen werden. Möchte sich ein Benutzer auf einer anderen Maschine am Netz einloggen, so muss er in der Regel seine Indentität durch die Kenntnis eines geheimen Passwortes nachweisen. Da zu diesem Zeitpunkt die Maschine, an der sich der Benutzer befindet, und der Zielrechner noch keinen gemeinsamen, geheimen Schlüssel für eine Codierung besitzen, sieht es auf den ersten Blick so aus, als wäre es unumgänglich, das Passwort unverschlüsselt zu übertragen. Genau an dieser Stelle setzt das Kerberos-Programm an. Bei der Kerberos-Authentisierung werden keine geheimen Daten unverschlüsselt übertragen. Ein ausgeklügeltes System sorgt dafür, dass weder Schlüssel noch relevante Daten abgehört oder gefälscht werden können. Alle Informationen werden mit Hilfe vom DES (Data Encryption Standard)-Verschlüsselungsalgorithmus codiert. Die übertragenen Daten können dadurch weder mitgelesen noch modifiziert werden. Zum Einsatz des Kerberos ist ein zentraler Kerberos-Server notwendig. Auf dem Kerberos-Server werden alle geheimen Schlüssel der Benutzer und der zu verwaltenden Ressourcen abgelegt. Der Kerberos-Server erfüllt folgende zwei Funktionen:

- Key Distribution Center (KDC): Dieser ist für die Generierung und das Verteilen von Sitzungsschlüsseln zuständig.
- Ticket Granting Server (TGS): Nach einer Authentisierung werden von diesem Server die Tickets ausgegeben. Mit Hilfe dieser Tickets wird die Nutzung der einzelnen geschützten Ressourcen (Rechner, Gateways, File Server) freigeschaltet.

Möchte sich ein User an einem Server einloggen, wird zuerst die jeweilige User-ID abgefragt. Diese Information wird anschließend unverschlüsselt an den Kerberos-Server weitergeleitet. Der Kerberos-Server erstellt daraufhin ein Ticket für die Dienste des Servers. Das erstellte Ticket enthält neben dem Namen des Benutzers und der Workstation auch das Datum des Request und die Gültigkeitsdauer des ausgestellten Tickets. Durch diese Maßnahmen verhindert der Kerberos-Mechanismus, dass eine mitprotokollierte Authentisierung zu einem späteren Zeitpunkt wieder benutzt werden kann. Nach der Erstellung des spezifischen Tickets wird noch ein 56 Bit langer DES-

Sitzungsschlüssel erzeugt und angefügt. Das Ticket wird daraufhin mit dem geheimen Schlüssel des Zielrechners codiert. An diese Information wird eine weitere Kopie des Sitzungsschlüssels angefügt und mit dem geheimen Schlüssel des Benutzers codiert. Im nächsten Schritt wird das komplette Ticket an den Client zurückgeschickt. Nach dem Empfang des Tickets wird der Benutzer zur Eingabe seines Passwortes aufgefordert. Aus dem Passwort wird der geheime Schlüssel des Benutzers generiert. Nur durch die korrekte Eingabe des richtigen Passwortes kann die Information des Key Distribution Center (KDC) entschlüsselt werden. Mit diesem Sitzungsschlüssel und des erzeugten Tickets für den Zielrechner baut der Benutzer die Verbindung auf. Fester Bestandteil dieses Verbindungs-Request ist der Authenticator. Dieser enthält neben dem Namen des Benutzers und des Client auch die aktuelle Uhrzeit. Die Informationen werden mit dem Sitzungsschlüssel codiert. Das Ticket und der Authenticator werden gemeinsam an den Zielrechner geschickt. Da das vom Zielrechner empfangene Ticket vom Key Distribution Center (KDC) mit dem geheimen Schlüssel des Zielrechners erstellt wurde, kann der darin enthaltene Sitzungsschlüssel decodiert werden. Mit Hilfe des Sitzungsschlüssels entziffert der Zielrechner anschließend den Echtheitsnachweis der Meldung. Daraufhin werden die in beiden Dokumenten vorhandenen Angaben zur Identität des Benutzers verglichen. Die Tatsache, dass der Client in Besitz des Sitzungsschlüssels war, beweist außerdem, dass der Benutzer seine Identität durch Kenntnis des Passwortes nachweisen konnte.

Bei der Kerberos-Authentisierung werden alle wichtigen Nachrichten verschlüsselt übertragen. Zeigt außerdem ein Vergleich der Zeiten, dass das Ticket noch gültig ist, kann daraufhin die Übertragung von Daten erfolgen. Mit dem Sitzungsschlüssel verfügen nun auch

Client und Server über eine gemeinsame Codierungsvorschrift, die die Verschlüsselung der zu übertragenden Daten ermöglicht. Einer der wichtigsten Grundsätze des Kerberos-Mechanismus beruht darauf, dass keinerlei Benutzerinformationen ungeprüft akzeptiert werden. Der Anwender könnte beispielsweise versuchen, durch die Eingabe eines falschen Namens sich in einen Rechner einzuschleichen. Die vom Key Distribution Center (KDC) übermittelte Nachricht kann nicht entschlüsselt werden. Dadurch kommt der Benutzer nicht in den Besitz des erforderlichen Sitzungsschlüssels. Werden die Daten des Authenticators gefälscht, so sorgt der Vergleich mit dem Ticket dafür, dass die Fälschung erkannt wird. Auch das Mitlesen der übertragenen Nachrichten führt nicht zu einer Aufdeckung des Geheimnisses. Der Lauscher kann zwar den Namen des Benutzers erkennen, die jeweiligen Schlüssel werden jedoch nicht uncodiert übertragen. Der Versuch, die Nachrichten aufzuzeichnen und durch späteres Einspielen eine falsche Identität vorzutäuschen, scheitert an der im Ticket enthaltenen Gültigkeitsdauer.

Der einfache Kerberos-Dienst erfordert vor jedem Request die Eingabe des Passwortes durch den Benutzer. Für jeden Dienst muss deshalb ein neues Ticket vom Kerberos-Server angefordert werden. Aus diesem Grund wurde die Aufteilung des Kerberos in das Key Distribution Center (KDC) und den Ticket Granting Server (TGS) vorgenommen. Beide Funktionen werden von einem besonders gesicherten Kerberos-Server zur Verfügung gestellt. Der Benutzer beantragt beim Einloggen vom Key Distribution Center zuerst ein Ticket für den Ticket Granting Server. Für die Gültigkeitsdauer des Tickets ist der Benutzer berechtigt, weitere Tickets für spezielle Dienste beim Ticket Granting Server anzufordern.

MIME

Multipurpose Internet Mail Extensions

Die MIME-Definitionen erweitern das SMTP Mail-Format (RFC821) um zusätzliche Funktionen. Die SMTP-Spezifikation beschränken die Übertragung von Nachrichten auf 7-Bit US-ASCII-Nachrichten mit einer maximalen Zeilenlänge von 1000 Zeichen. Die Erweiterung wird durch die Einführung von speziellen MIME-Headern erreicht. Neben dem MIME-Versions-Header sind dies die sieben Content Type-Headerfelder:

- **Text Content:** Type für Textinformationen und verschiedene Zeichensätze
- **Multipart Content:** Type für die Kombination unterschiedlicher Datentypen innerhalb einer Nachricht
- **Application Content:** Type für binäre Daten jeglicher Art
- **Message Content:** Type für die Enkapsulierung anderer Mail-Nachrichten
- **Image Content:** Type für die Übertragung von Bildern
- **Audio Content:** Type für Audio- oder Sprachdaten
- **Video Content:** Type für VideodatenUm die erweiterten Datenformate auf dem Nachrichtenweg auch über ältere 7-Bit-Gateways übermitteln zu können, ist ein Codierungsverfahren zur Harmonisierung der unterschiedlichen Datenformate notwendig. Für MIME wurden daher zwei Codierungsmechanismen festgelegt:

  Quoted Printable und Base 64.

Quoted Printable setzt die 8 Bit Zeichen in eine Art Escape-Sequenz um, während das Base 64.0 Format aus sechs Bit der Binärdatei jeweils vier Bit des zu übertragenden Anhangs macht.

NTP

Network Time Protocol

Das Network Time Protocol (NTP) wurde in den RFCs 1059, 1129 und 1305 dokumentiert. Das NTP-Protokoll sorgt für Koordination der Zeit zwischen Servern und Clients und synchronisiert die Uhren-Frequenzen. Es bewirkt, dass die Uhren im Netzwerk in Bezug auf ihre Referenz-Uhrzeit (Universal Coordinated Time, UTC) übereinstimmen und immer mit gleicher Frequenz vorrücken bzw. im gleichen Rhythmus ticken. Die Zeitgenauigkeit eines Timeservers wird von der Auflösung der eigenen Systemuhr bestimmt. Man geht bei UNIX-Rechnern von einer Uhrenfrequenz von 100 Hz aus und kann somit eine Genauigkeit von ca. 10 ms erreichen. Timeserver stehen in hierarchischer Beziehung zueinander. Ein sekundärer Timerserver erhält seine Zeit über das Netz von einem primären Timerserver. Andere Timerserver beziehen ihre Zeit wiederum von einem sekundären Timeserver. Die Stellung eines Timeservers in dieser Hierarchie wird mit einer Zahl, dem Stratum, gekennzeichnet. Ein primärer Timeserver hat ein Stratum von 1, ein sekundärer hat ein Stratum von 2. Je höher das Stratum, desto weiter ist der Timeserver von der primären Zeitquelle entfernt und desto höher ist die Wahrscheinlichkeit, dass dieser Timeserver ungenau arbeitet. Der NTP-Mechanismus wurde für den Einsatz im Internet entwickelt. Er bietet Mechanismen, um Störungen bei Zeitzeichen-Empfängern und Timeservern bzw. den Netzverbindungen zwischen Timeservern abzufangen. Beim NTP werden hierzu im Wesentlichen zwei Techniken angewandt:

Redundanz: Jeder Timeserver bzw. jeder Client steht mit weiteren (mindestens 3, möglichst mehr) Timeservern höheren oder gleichen Stratums in Verbindung. Fällt für einen Rechner die aktuelle Synchronisationsquelle aus, übernimmt automatisch ein anderer Timerserver diese Rolle.

Aus der Liste der zur Verfügung stehenden Timerserver wird der beste Server als neue Synchronisationsquelle ausgewählt wird. Als Kriterien gelten:

- Stratum - (je kleiner, desto besser)
- Delay - (je kleiner, desto besser)
- Dispersion - (je kleiner, desto besser)

Die Frequenz, mit der zwischen Timeservern Messages ausgetauscht werden, schwankt dynamisch zwischen 64 Sekunden (mit aktueller Synchronisationsquelle) und 34 Minuten (mit Backup-Timerservern).

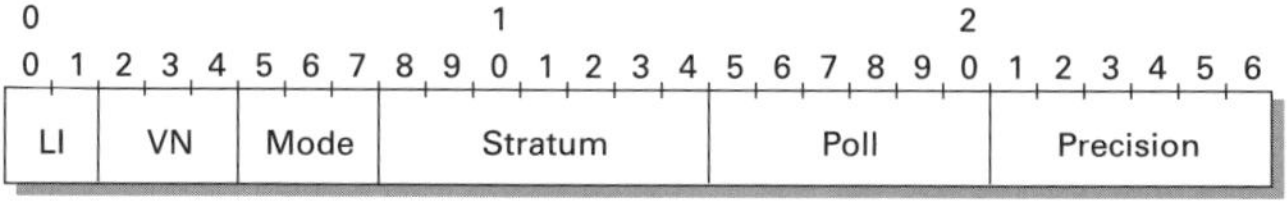

Abbildung 8.7: NTP-Header

Leap Indicator (LI)

Der 2-Bit-Warnungscode legt fest, wie viele Sekunden am letzten Tag des aktuellen Monats zur Systemzeit hinzugefügt werden müssen. Die Bits haben folgende Bedeutung:

Wert	Bedeutung
00	Keine Warnung
01	+1 second (following minute has 61 seconds)

Wert	Bedeutung
10	- 1 second (following minute has 59 seconds)
11	Alarm (Uhr nicht synchronisiert)

Version Number (VN)

Der 3-Bit-Code definiert die aktuelle Version des verwendeten NTP-Protokolls.

Mode

Definiert den aktuellen Modus des Protokolls. Folgende Werte wurden bisher reserviert:

Wert	Bedeutung
0	Reserviert
1	Symmetrie aktiv
3	Client
4	Server
5	Broadcast

NTP Control Message

Stratum

Definiert den Stratum-Wert der lokalen Uhr. Folgende Werte sind definiert:

Wert	Bedeutung
0	Unspezifiziert
1	Primäre Referenz (z.B. Funkuhr)
2	Sekundäre Referenz (via NTP)

Poll

Definiert den zeitlichen Abstand (in Sekunden) zwischen zwei aufeinander folgenden NTP-Messages

Precision

Definiert die Genauigkeit der lokalen Uhr in Sekunden

POP3

Post Office Protokoll Version 3

Das POP-Protokoll ist ein relativ altes Protokoll und hat sich, trotz einiger Erweiterungen, seit seiner Entstehung kaum verändert. Der grundlegende Ablauf einer POP-Verbindung sieht folgendermaßen aus:

Der Client-Rechner, an dem der Benutzer seine E-Mails lesen will, baut eine Verbindung mit dem E-Mail-Server auf. Anschließend schickt der Client die Benutzerkennung und das Kennwort an den Server. Der Client lässt sich eine Liste der Nachrichten in der Mailbox der eingehenden Post (Inbox) geben und prüft, ob eventuell neue Nachrichten eingegangen sind. Der Client kopiert diese auf den lokalen Rechner und löscht in der Regel bei erfolgreicher Übertragung die entsprechende E-Mail auf dem Server. Der Client schließt die Verbindung.

Die eigentliche E-Mail-Verwaltung erfolgt auf dem lokalen Rechner des Benutzers. Da die Verbindung zum Server nur während der Übertragung der neuen Nachrichten bestehen muss, eignet sich dieses Protokoll gut für Modembenutzer, da die Modemverbindung sofort nach der Datenübertragung unterbrochen werden kann und die E-Mails offline in Ruhe gelesen und beantwortet werden können. Eine neue Verbindung ist erst dann nötig, wenn Antworten verschickt werden sollen.

RADIUS

Remote Authentication Dial In User Service

Der Remote Authentication Dial In User Service (RADIUS) gewährleistet bei Zugriffen von Remote-Systemen die Sicherheit im Netz. Dabei werden – auf Basis einer zentralen Datenbank – die Authentifikation, die Benutzerberechtigung und die Konfigurationsparameter der sich einwählenden Komponenten überprüft. Diese Überprüfung erfolgt durch die Kommunikation zwischen dem Network Access Server (NAS) und der Remote Access-Komponente. Nach der Authentifizierung kann der Anwender nur auf Netzwerk-Applikationen zugreifen, die für ihn freigegeben sind. Eingehende Anrufe werden auf drei Faktoren überprüft:

1: Identifikationsnummer des Anwenders (Caller ID)

2: Anwendername

3: Sicherheits-Codes (PAP oder CHAP)

Ist nur eine der Informationen falsch, wird die Verbindung direkt abgebrochen und der Anwender kann nicht auf das Netzwerk zugreifen. Gleichzeitig wird dieser illegale Zugriffsversuch im RADIUS Information Server protokolliert.

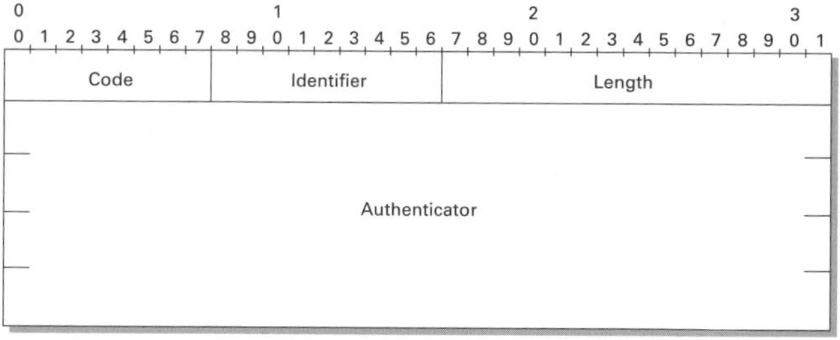

Abbildung 8.8: RADIUS Message Header

Code

Definiert den jeweiligen Message-Typ

Identifier

Kennwert zur eindeutigen Zuordnung von Requests und Replies. Die Vergabe der Identifikationsnummer erfolgt im Normalfall durch eine höhere Schicht und wird als Parameter übergeben.

Length

Die Internet RADIUS Length steht für die gesamte Länge des Headers, ausgedrückt in 32-Bit-Einheiten.

Authenticator

Wird zur Autorisierung der vom Radius-Server übermittelten Antworten verwendet

Die r-Befehle

Die Unix-Befehle *copy, shell, execusion* usw. wurden erstmals in der Unix Berkeley-Version um die Funktionen des Netzwerkes erweitert. Diese Funktionen sind mit anderen Netzanwendungen wie z.B. FTP oder Telnet vergleichbar. Die r-Befehle (r steht für remote) *rlogin, rcopy, rsh, rexec* dienen der schnellen und problemlosen Kommunikation zwischen Unix-Systemen. Problemlos deshalb, weil zum Ausführen dieser Befehle auf der Zielmaschine kein Passwort benötigt wird. Stattdessen existieren zwei Dateien. In *.rhosts* sind alle zugriffsberechtigten Rechner (+ Benutzer) eingetragen (befindet sich im Home Directory jedes Benutzers). Ein Eintrag in der */etc/hosts.equiv* erlaubt jedem Benutzer, sich unter seinem Namen einzuloggen bzw. einem spezifizierten Benutzer, sich unter allen Namen (außer *root*) einzuloggen. Der Benutzer *root* darf sich jedoch nie direkt einloggen (*hosts.equiv* wird nicht von *root* gelesen), er muss sich – wie alle nicht berechtigten Benutzer – über eine Passwortabfrage authentifizieren.

rlogin

Dieser Befehl erlaubt – ähnlich dem Telnet-Kommando – das Einloggen auf einem fremden Rechner (Virtual Terminal). Die Verbindung wird über den TCP-Port 513 aufgebaut und überträgt als Erstes einen String, der die UID des Servers und des Client sowie den Terminal-Typ beinhaltet. Danach folgt eine transparente Terminal Session.

Beispiel

Login über das Netz

Mir% rlogin Mat

Last login: Sat Jan 17 11:44:17 from Mir.Uni-Stockach.com

SunOS Release 4.1.1 #1: Fri Jan 17 18:33:34 EDT 1999

Mir% logout

Connection closed.

rsh/rexec

Der remote shell-Befehl erlaubt es dem Anwender, von seinem lokalen System aus Shell-Kommandos und Shell-Scripts auf einem anderen System auszuführen. Die Verbindung wird über den TCP-Port 514 aufgebaut und leitet *stdin*, *stdout* und *stderr* des Remote-Systems auf die entsprechenden lokalen Prozesse um. Während der rsh-Befehl beim Verbindungsaufbau das Passwort über die Leitung schickt (vgl. rlogin), ist dies beim rexec-Befehl nicht der Fall. Dieses Kommando ist im Übrigen häufig nur über einen Systemcall (*rexec()*) auszuführen. Nicht zuletzt deswegen wird er wesentlich seltener eingesetzt als rsh.

Beispiel:

Mit Hilfe des rsh-Befehls sieht sich ein Benutzer an Rechner Mir das File */etc/named.boot* auf dem Rechner Mat näher an. Die Ausgabe des ls-Befehls wird an *stdout* von Rechner Mir weitergereicht.

Mir% rsh Mat ls -l /etc/named.boot

-rw-r--r-- 1 root 1499 Jan 17 10:21 /etc/named.boot

rcp

Dieser Befehl weitet das lokale UNIX-Kommando *cp* (copy) auf einen Remote-Rechner aus. Dadurch kann schneller (ohne Passwort) auf den Rechner zugegriffen werden als mit der FTP-Applikation. Außerdem stehen dem Benutzer alle Funktionen, die auch das lokale Copy-Kommando (z.B. recursives Kopieren) bereit stellt, zur Verfügung.

Beispiel:

Mit Hilfe des rcp-Befehls soll das Verzeichnis */etc/hilfe* bei Netzwerken vom Rechner Mat in das aktuelle Verzeichnis von Rechner Mir abgespeichert werden.

Mir% rcp Mat:/etc/ hilfe.beim.netzwerken

rwho

Über diesen Befehl erfahren Sie, welcher Anwender von welchem Rechner sich gerade auf Ihrer eigenen lokalen Maschine eingeloggt hat.

ruptime

Dieser Befehl zeigt an, welche (UNIX-)Hosts derzeit am Netzwerk aktiv arbeiten und wie lange diese Rechner bereits aktiv (bzw. inaktiv) sind.

Systemsicherheit

Der große Vorteil der r-Befehle besteht darin, dass der Anwender nicht nach dem Passwort gefragt wird. Da die r-Befehle die normale Passwort-Authentisierung umgehen, stellen sie generell Sicherheitslücken dar. Aus diesem Grund sollten die r-Befehle nur in solchen Netzen aktiviert werden, in denen die Anzahl der Benutzer überschaubar ist (Workgroup) und diesen Benutzern vertraut werden kann. In einem großen Netz, eventuell auch mit einem Zugang zum Internet, können falsch konfigurierte r-Befehle potentiellen Eindringlingen Tür und Tor öffnen. Aus diesem Grunde kommentieren einige Systemadministratoren diese Befehle aus der Datei */etc/inetd.conf* aus. Als Alternative dazu gibt es jedoch die Möglichkeit, für die r-Befehle eine Benutzerauthentisierung über das Passwort zu erzwingen. Hierzu muss die */etc/hosts.equiv*-Datei gelöscht werden, und es muss sichergestellt sein, dass kein Benutzer eine eigene *~/.rhosts*-Datei anlegt.

Die berühmte Ausnahme zur Regel spielt jedoch der rcp-Befehl. Das rcp-Programm sieht keine Passwort-Authentisierung vor. Da jedoch die meisten Benutzer und Administratoren sich das Leben so einfach wie möglich machen und deswegen auf die r-Befehle nicht verzichten wollen, müssen die Mechanismen zur Benutzer-Authentisierung aktiviert bzw. angelegt werden. Anstelle eines Passwortes benutzen die r-Befehle einen Mechanismus, der auf vertrauenswürdigen Rechnern und Benutzern basiert. Vertrauenswürdige Benutzer auf den Rechnern dürfen den lokalen Rechner benutzen, ohne ein Passwort einzugeben. Dadurch erhält der Benutzer auf dem lokalen Rechner die gleichen Rechte wie auf dem nicht-lokalen Rechner. Der Rechner, auf dem sich ein Benutzer einlogget, geht davon aus, dass der Benutzername mit dem Benutzernamen auf dem lokalen Rechner übereinstimmt. Dieser Authentisierungs-Mechanismus benutzt Konfigurationsdateien, in denen die vertrauenswürdigen Rechner und Benutzer definiert sind. Im Normalfall muss sich ein Benutzer, der über das Netz auf einen Rechner zugreifen möchte, immer durch ein Passwort identifizieren. Dieses zusätzliche Identifizieren in einem fremden Rechner kann toleriert werden, wenn man sich mit Telnet oder rlogin in ein System einwählt und für längere Zeit auf dem fremden System arbeitet. Bei der Ausführung eines einzigen Kommandos mit Hilfe des RSH-Kommandos wirkt dieser zusätzliche Arbeitsaufwand störend. Außerdem kann das Remote Copy-Kommando (rcp) in diesem Fall nicht verwendet werden, da rcp keine Möglichkeit hat, Passworte abzufragen.

Um den Zugriff über das Netz auf einen fremden Rechner ohne die Abfrage von Passworten zu ermöglichen, wurde in Unix-Rechnern ein zweistufiges Equivalence-System integriert. Die Zugriffsberechtigung auf einen fremden Rechner wird über folgende zwei Files geregelt: */etc/hosts.equiv* und *.rhost* im Remote Home Directory des Benutzers. Dem Systemadministrator obliegt die Aufgabe, den Zugriff auf die Files bzw. Rechner für die Benutzer so einfach wie möglich zu gestalten und die Sicherheit des Systems nach seinen Vorstellungen umzusetzen.

RTSP
Real-Time Streaming Protocol

Das Real-Time Streaming Protocol (RFC 2326) wurde ursprünglich von Netscape Communications, RealNetworks und der Columbia University entwickelt. RTSP ist ein Anwendungsprotokoll, das die Auslieferung, Kontrolle und Steuerung von Multimedia-Daten auf Basis von Unicast und Multicast unterstützt. Das Protokoll ist an die existierende Internet-Architektur angepasst (deshalb hat es auch eine gewisse Ähnlichkeit mit HTTP) und ist sowohl für große Konferenzen als auch für einfache Video-on-Demand (VoD)-Anwendungen geeignet. Es existieren getrennte Kanäle für die Auslieferung (z.B. UDP) der Daten und die Kontrolle (z.B. TCP). RTSP kann als eine Art Network Remote-Protokoll für Muldimedia-Server betrachtet werden. Das RTSP-Protokoll ist jedoch nicht für die Verteilung und Übermittlung zuständig, obwohl auch dieser Aufgabenbereich abgedeckt werden kann.

Ein Set von Datenströmen wird in der RTSP-Spezifikation durch eine Präsentationsbeschreibung definiert. Eine Präsentation ist nichts anderes als ein Paket von Datenströmen. Dabei wird jede Präsentation durch eine RTSP-URL identifiziert. Wie die Präsentationsbeschreibung in der Praxis aufgebaut ist, ist nicht in der RTSP-Spezifikation definiert. Der Client holt sich die Informationen meist über einen typischen HTTP Request. Prinzipiell können aber auch andere Transportsysteme genutzt werden. Die Präsentationsbeschreibung umfasst Informationen über die im Stream enthaltenen Daten, einschließlich der verwendeten Codiermechanismen, Sprache und weiterer Parameter, die für den Client zum Lesen wichtig sind.

Über eine Beschreibung können nicht nur einzelne Streams, sondern auch mehrere gleichzeitig angesprochen werden. So ist es möglich, Audio- und Video-Inhalte auf unterschiedlichen Servern abzulegen, um die Last zu verteilen. RTSP kennt mehrere Session-Zustände für die Zuweisung und Verwendung der Stream-Ressourcen. Die wichtigsten sind Setup, Play, Pause und Tear-down.

- Über Setup wird eine RTSP-Session eingeleitet,
- Play leitet die Übertragung der Daten ein,
- Pause hält den Datentransfer temporär an, ohne die Server-Ressourcen freizugeben.
- Tear-down schließlich beendet die Session und gibt die beanspruchten Ressourcen wieder frei.
- Bei den Nachrichten, die zwischen Server und Client ausgetauscht werden, handelt es sich um ASCII-Code. Ein Stream wird dabei über einen Media Identifier angesprochen, den man auch als RTSP-URL bezeichnet. Der Locator entspricht der in der HTTP-Spezifikation definierten HTTP-URL.

SMTP

Simple Mail Transfer-Protokoll

Das Simple Mail Transfer-Protokoll (SMTP) ist ein Standard-Protokoll zum Austausch von Electronic Mail zwischen Rechnern. Das Protokoll wurde im Request for Comments (RFC) 821 und im Mil-Standard (MIL-STD-1781) definiert. Der wesentliche Unterschied zwischen diesen beiden Standards liegt mehr in der Dokumentation des Protokolls, als in den Inhalten. Das SMTP-Protokoll setzt direkt auf TCP auf und benutzt den Wellknown Port 25. Es ist von seinem Aufbau her sehr einfach und ermöglicht nur das Versenden von Mail Messages über ein Datennetz.

SMTP definiert nicht, wie eine Message von/zu einem Benutzer zu/von SMTP vermittelt wird, noch ist festgelegt, wie empfangene Mail dem Benutzer präsentiert wird. Auch ist nicht festgelegt, wie empfangene Mail zwischengespeichert und wie oft der Benutzer über diese Mail benachrichtigt wird. Diese Aufgaben überlässt SMTP anderen Applikationsprogrammen. Die Meldungen, die mit SMTP verschickt werden, haben im Allgemeinen das Format, welches im RFC 822 definiert wurde.

SMTP beachtet den Inhalt und die Form der jeweiligen Meldung nicht, bis auf zwei geringfügige Ausnahmen. In der Praxis bedeutet dies, dass das SMTP im Wesentlichen mit den Informationen, die auf den Briefumschlag geschrieben wurden, zurecht kommt und nicht in den Inhalt des Briefes schaut. Die Ausnahmen sind, dass SMTP die zu verwendeten Character als 7-Bit-ASCII definiert und keine Informationen über den Weg, den eine Meldung genommen hat, loggt.

Das 822-Format ist von seiner Struktur her sehr einfach gestaltet. Eine 822-Message besteht aus einigen Zeilen Header-Information, gefolgt von dem eigentlichen Text. Dieser Text wird auch als Message Body bezeichnet. Die Header-Information wird durch eine Leerzeile vom Message Body getrennt. Eine Message Header-Zeile besteht gewöhnlich aus Key-Worten, einem Doppelpunkt und einem Wert (Text, Adresse) für das jeweilige Key-Wort. Key-Worte sind in der Regel *Von, From, AN, TO, Betrifft, Subjekt, Date, Datum ...* und definieren den Absender der Message, den Empfänger, Überschrifft der Message und das Datum, an dem die Mail aufgegeben wurde. Die Message Header-Zeile kann auch in mehrere Zeilen unterteilt sein.

Der Message Body besteht aus reinem Text (7-Bit-ASCII) mit beliebiger Länge.

SMTP-Kommandos

Das Standardformat von SMTP-Kommandos ist eine einzelne Textzeile. Jedes Kommando beginnt mit einem vierstelligen Codewort. Folgende SMTP-Kommandos sind festgelegt: Hello, Mail, Recipient, Data, Reset, Send, Send or Mail, Send and Mail, Verify, Expand, Help, No-Operation, Quit und Turn.

SMTP Hello

Mit dem Hello-Kommando loggt sich ein Mail Client beim Mailserver ein.

SMTP Mail

Durch das SMTP Mail-Kommando identifiziert sich der Mail-Absender, d.h., an diese Adresse können als Reaktion auf eine Mail die Antwort oder Fehler- und Statusmeldungen geschickt werden.

SMTP Recipient

Legt die Empfängeradresse an, an welche die Mail Message geschickt werden soll. Es können mehrere Empfängeradressen hintereinander definiert werden, damit die gleiche Meldung an mehrere Empfänger gleichzeitig verschickt wird.

SMTP Data

Mit dem Kommando „Data“ wird der eigentliche Text einer Mail Message festgelegt. Die Textumfang einer Nachricht ist auf den 7-Bit-ASCII-Zeichensatz beschränkt. Das Ende einer Nachricht wird entweder durch einen Punkt am Anfang einer Zeile oder durch die 5 Character Sequenz Carriage Return (CR), Line Feed (LF), Punkt (.), Carriage Return (CR), Line Feed (LF) angezeigt. Diese Sequenz wird auf der Empfängerseite automatisch wieder aus dem Dokument entfernt.

SMTP Reset

Mit dem Reset-Kommando wird die augenblickliche Mailtransaktion abgebrochen.

SMTP Send

Mit dem Send-Kommando wird eine Message direkt zu einem Terminal geschickt. Sollte der User nicht aktiv sein, oder kann an dieses Terminal keine Message direkt geschickt werden, so wird ein 450 Reply Code (Operation nicht durchgeführt; Mailbox nicht vorhanden) generiert. Das Send-Kommando ist abgeschlossen, wenn die Message an das Terminal weitergegeben wurde.

SMTP Send or Mail

Mit dem Send-or-Mail-Kommando wird eine Message vorzugsweise zu einem Terminal geschickt. Kann dieses Terminal nicht angesprochen werden, so wird die Message an die Mailbox des Users weitergeleitet. Das Send-or-Mail-Kommando ist abgeschlossen, wenn die Message an das Terminal oder die Mailbox weitergegeben wurde.

SMTP Send and Mail

Mit dem Send-and-Mail-Kommando wird eine Message zu einem Terminal und an die Mailbox eines Users geschickt. Das Send-and-Mail-Kommando ist abgeschlossen, wenn die Message an die Mailbox des Users weitergegeben wurde.

SMTP Verify

Das Verify-Kommando ermöglicht das Überprüfen von Benutzernamen. Der Empfänger des Verify-Kommandos versucht, als Antwort den vollständigen Benutzernamen und die Adresse seiner Mailbox zurückzuschicken.

SMTP Expand

Das Expand-Kommando ermöglicht die Abfrage von vollständigen Maillisten. Der Empfänger des Expand-Kommandos versucht als Antwort eine vollständige Liste aller Benutzernamen und die Adressen der zugehörigen Mailboxen zurückzuschicken.

SMTP Help

Mit dem SMTP Help-Kommando werden von der SMTP-Benutzeroberfläche Hilfsinformationen angefordert.

SMTP No-Operation

Das NOOP-Kommando hat keinerlei Einfluss auf vorher eingegebene Kommandos bzw. Parameter. Es bewirkt lediglich das Aussenden einer OK-Bestätigung durch den Server.

SMTP Quit

Beendet die SMTP-Applikation

SMTP Turn

Wechsel der augenblicklichen Senderichtung, d.h., der momentane Empfänger einer Nachricht wird zum Sender von Messages

SMTP Replies

SMTP-Bestätigungen (Replies) setzen sich aus einer dreistelligen Zahlenfolge gefolgt von Text zusammen. Der Text dient der einfacheren Entschlüsselung der Zahlenfolge durch den Anwender. Im Gegensatz zu der festgelegten Zahlenfolge (Auswertung erfolgt durch SMTP-Prozesse), ist der Wortlaut der Textes nicht eindeutig definiert, sollte aber der Bedeutung nach entsprechend implementiert sein. Jedem SMTP-Kommando muss zumindest eine Bestätigung folgen. Die SMTP Replies in numerischer Reihenfolge:

211	System-Status oder Reply auf Help-Funktion
214	Hilfsinformation
220	Rechner bereit für Benutzer
221	Verbindung im Abbau
250	Gewünschte Operation abgeschlossen
251	Benutzer nicht lokal am Rechner, Mail wird weitergeleitet zu (Pfadname)
354	Maileingabe bereit, Beenden der Maileingabe mit (CRLF)
421	Rechner nicht verfügbar; Verbindung in Abbau
450	Operation nicht durchgeführt; Mailbox nicht vorhanden
451	Lokaler Fehler; gewünschte Operation abgebrochen
452	Speicher belegt; gewünschte Operation nicht durchgeführt
500	Fehler in Syntax, Kommando unbekannt
501	Syntax-Fehler bei Kommando oder Parameter
502	Kommando nicht unterstützt
503	Fehler in Kommandofolge
504	Parameter für Kommando nicht unterstützt
550	Kein Zugriff auf Mailbox möglich; gewünschte Operation nicht durchgeführt
551	Benutzer nicht lokal, Mail weiterleiten zu (Pfadname)
552	Speicher belegt; gewünschte Operation nicht durchgeführt
553	Fehler in Mailbox-Bezeichnung; gewünschte Operation nicht durchgeführt
554	Übermittlung konnte nicht durchgeführt werden

SNMP
Simple Network Management Protocol

Das Simple Network Management Protocol (SNMP) hat sich als das Standard-Management fest etabliert. Das SNMP-Protokoll basiert auf dem Query Response-Modell. Die Netzwerk-Management-Station agiert in diesem Modell als SNMP-Client und sendet die jeweiligen Abfragen (Queries) an den Agenten aus. Der SNMP-Server wird als Agent bezeichnet. Seine Aufgabe besteht in der Beantwortung der vom Client gesendeten Abfragen. Das Query Response-Modell des SNMP-Protokolls ermöglicht es einer Netzwerk-Management-Station, die Parameter eines Agents zu lesen und auch zu verändern (bzw. zu schreiben). Außerdem ermöglicht es einem Agenten, in bestimmten Alarm-Situationen der Management-Station unaufgefordert Meldung zu senden. Diese unaufgeforderten Meldungen werden als Traps bezeichnet. Zur Kommunikation zwischen der Management-Station und den Agenten benutzt das SNMP-Protokoll die UDP/IP-Übermittlungsmechanismen. Die Standards wurden vom Internet Activities Board (IAB) in folgenden RFCs veröffentlicht:

- **RFC 1052** Allgemeine Empfehlungen des IAB zum Management heterogener Netze
- **RFC 1155** Legt die Struktur und Identifikation der Management-Information (SMI) fest
- **RFC 1157** Definiert das Protokoll SNMP, das für die Kommunikation zwischen den Management-Instanzen verwendet wird
- **RFC 1213** Definiert die Datenbasis für die managebaren Objekte (MIB II)

Die managebaren Objekte werden in der von der OSI entwickelten Abstract Syntax Notation (ASN.1) definiert. Bei der ASN.1 handelt es sich um eine allgemeingültige Beschreibungssprache, die eine systemunabhängige Definition von Objekten ermöglicht. Dabei wird jedes Objekt mit einer eindeutigen Nummer, dem Objekt-Identifikator, festgelegt. Die Objekt-Identifikatoren ermöglichen eine volle Modularität und Erweiterbarkeit innerhalb des Protokolls. Die Struktur des Objekt-Identifikators ist baumförmig aufgebaut. Unter dem Begriff Internet in diesem Baum ist die gesamte TCP/IP-Protokollfamilie (inklusive SNMP) angesiedelt.

Das Simple Network Management Protocol unterstützt nur fünf Nachrichtentypen. Trotz dieser minimalen Kommandovielfalt können damit praktisch alle Operationen zwischen einem SNMP Client und SNMP Server umgesetzt werden. Die einzelnen Kommandos haben folgende Bezeichnungen:

- GET REQUEST
- GET NEXT
- SET REQUEST
- GET RESPONSE
- EVENT/TRAP

GET REQUEST

Das GET REQUEST-Kommando ermöglicht einem Management-System (Client) die gezielte Abfrage einer bestimmten Variable in der MIB eines SNMP-Agents (Servers). Als Argument wird bei diesem Nachrichtentyp ein Objekt-Identifier mitgesendet. Als Antwort auf einen GET REQUEST erhält der Client immer eine Nachricht vom Typ GET RESPONSE.

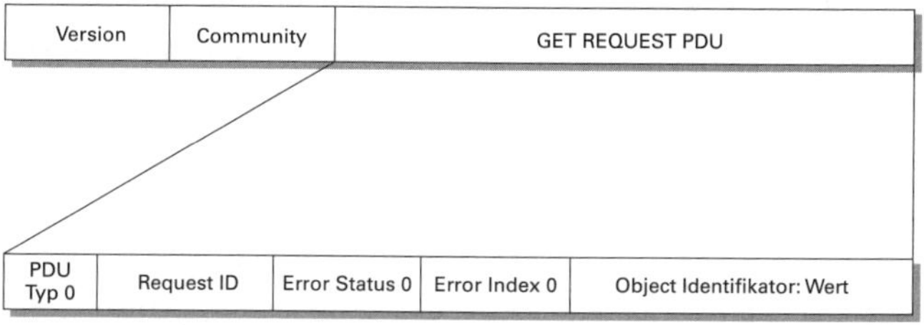

Abbildung 8.9: GET REQUEST PDU

PDU Typ

Für den GET REQUEST wurde die PDU-Kennung 0 festgelegt.

Request ID

Die Request IDs werden nur zum Zweck der Überprüfung noch ausstehender Messages generiert. Aufgrund der Request IDs ist das SNMP in der Lage, eingehende Antworten den jeweiligen gesendeten Requests zuzuordnen. Da das SNMP meist auf dem verbindungslosen UDP-Service aufbaut, kann es vorkommen, dass Messages beim Transport über das Netzwerk verloren gehen, bzw. verdoppelt werden können. D. h, dass aufgrund der Identifikations-Nummern Duplikate leicht herausgefunden werden können.

Error Status

Das Error Status-Feld wird bei einem GET REQUEST immer auf den Wert 0 gesetzt.

Error Index

Das Error Index-Feld wird bei einem GET REQUEST immer auf den Wert 0 gesetzt.

Variable Bindings

Im Variable Bindings-Feld ist der erfragte Objekt-Identifikator definiert. Der Wert der Objektvariablen beim GET REQUEST-Kommando wird mit der ASN.1-Konstanten NULL gefüllt.

SET REQUEST

Das SET REQUEST-Kommando ermöglicht einem Management-System (Client) das gezielte Setzen von bestimmten Variablen in der MIB eines SNMP-Agents (Servers). Als Argument wird bei diesem Nachrichtentyp ein Objekt-Identifier mitgesendet. Kann das SET REQUEST-Kommando mit dem spezifizierten Wert vom Agent bearbeitet werden, so wird ein GET RESPONSE-Paket zurückgeschickt und damit die Operation positiv bestätigt. Im Falle eines Fehlers wird ein GET RESPONSE erzeugt und mit den jeweiligen Fehlermeldungen an den Requester (Management Station) zurückgeschickt.

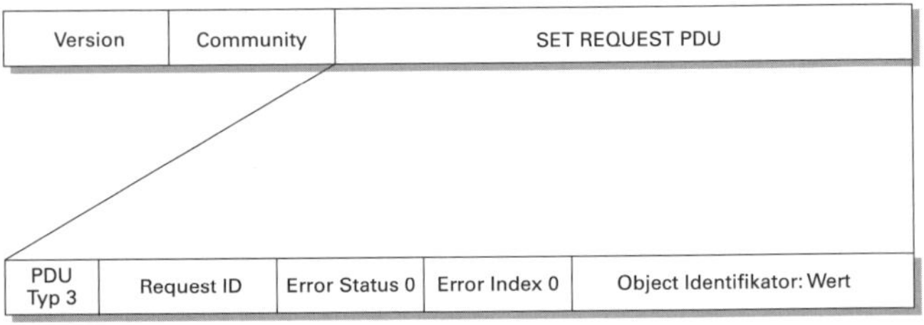

Abbildung 8.10: SET REQUEST PDU

PDU Typ

Für den SET REQUEST wurde die PDU-Kennung 3 festgelegt.

Request ID

Die Request IDs werden nur zum Zweck der Überprüfung noch ausstehender Messages generiert. Aufgrund der Request IDs ist das SNMP in der Lage, eingehende Antworten den jeweiligen gesendeten Requests zuzuordnen. Da das SNMP meist auf dem verbindungslosen UDP-Service aufbaut, kann es vorkommen, dass Messages beim Transport über das Netzwerk verloren gehen, bzw. verdoppelt werden können. D. h., dass aufgrund der Identifikations-Nummern Duplikate leicht herausgefunden werden können.

Error Status

Das Error Status-Feld wird bei einem SET REQUEST immer auf den Wert 0 gesetzt.

Error Index

Das Error Index-Feld wird bei einem SET REQUEST immer auf den Wert 0 gesetzt.

Variable Bindings

Im Variable Bindings-Feld ist der erfragte Objekt-Identifikator definiert. Der Wert der Objektvariablen beim SET REQUEST-Kommando wird mit dem jeweiligen ASN.1 codierten Wert gefüllt.

GET NEXT REQUEST

Das GET NEXT REQUEST-Kommando ermöglicht einem Management-System (Client) die Abfrage nach einem Wert des in der MIB-Baumhierarchie nachfolgenden nächsten Objektes. Als Argument wird jedoch nicht der Wert des gesuchten Object Identifier übergeben, sondern der letzte bekannte Object Identifier verwendet. Die GET NEXT-Operation eignet sich hervorragend für das Durchqueren von Tabellen, z.B. AT-Tabellen, Routing-Tabellen oder das schnelle Abrufen aufeinander folgender Objekte. Diese Operation kann auch von Vorteil sein, falls der Manager nicht genau weiß, welche MIB der Agent unterstützt. Bei unbekannten Objekten kann dadurch einfach ein GET NEXT Request auf das direkt vorhergegangene Objekt abgesetzt werden. Als Antwort auf einen GET NEXT REQUEST erhält der Client immer eine Nachricht vom Typ GET RESPONSE. In diesem GET RESPONSE-Paket werden die Werte des in der Baumhierarchie nachfolgenden nächsten Objektes zurückgeliefert.

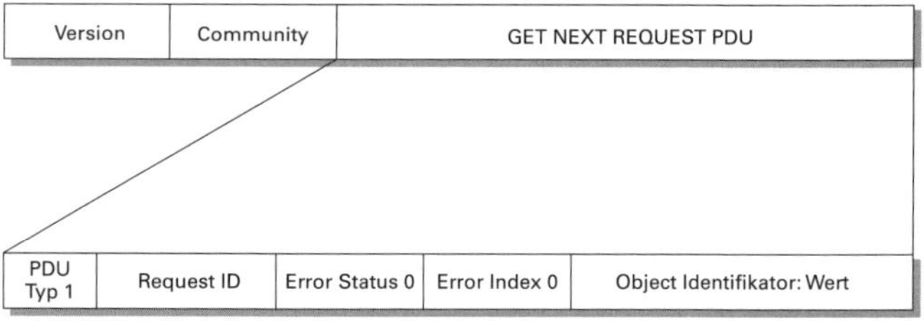

Abbildung 8.11: GET NEXT Request PDU

PDU Typ

Für den GET NEXT REQUEST wurde die PDU-Kennung 1 festgelegt.

Request ID

Die Request IDs werden nur zum Zweck der Überprüfung noch ausstehender Messages generiert. Aufgrund der Request IDs ist das SNMP in der Lage, eingehende Antworten den jeweiligen gesendeten Requests zuzuordnen. Da das SNMP meist auf dem verbindungslosen UDP-Service aufbaut, kann es vorkommen, dass Messages beim Transport über das Netzwerk verloren gehen, bzw. verdoppelt werden können. D. h., aufgrund der Identifikations-Nummern können Duplikate leicht herausgefunden werden.

Error Status

Das Error Status-Feld wird bei einem GET NEXT REQUEST immer auf den Wert 0 gesetzt.

Error Index

Das Error Index-Feld wird bei einem GET NEXT REQUEST immer auf den Wert 0 gesetzt.

Variable Bindings

Im Variable Bindings-Feld ist das dem gesuchten Objekt direkt vorhergegangene Objekt enthalten. Der Wert der Objektvariablen beim GET NEXT REQUEST-Kommando wird mit dem jeweiligen ASN.1 codierten Wert gefüllt.

GET RESPONSE

Das GET RESPONSE-Kommando ermöglicht einem Agent (Server), alle von einem Management-System (Client) gesendeten GET NEXT REQUEST-, SET REQUEST- oder GET REQUEST-Anfragen zu beantworten. Kann das jeweilige Kommando mit dem spezifizierten Wert vom Agent bearbeitet werden, so wird ein GET RESPONSE-Paket zurückgeschickt und damit die Operation positiv bestätigt. Die Felder Error Status und Error Index werden bei einer positiven Bestätigung immer auf den Wert 0 gesetzt. Im Falle eines Fehlers wird ein GET RESPONSE erzeugt und mit den jeweiligen Fehlermeldungen an den Requester (Management Station) zurückgeschickt. Die Felder Error-Status und Error-Index werden bei einer Fehlermeldung auf den jeweiligen festgelegten Wert gesetzt. Für das Error Status-Feld wurden folgende Werte festgelegt:

Bezeichnung	Wert
noError	0
tooBig	1
noSuchName	2
badValue	3
readOnly	4
genErr	5

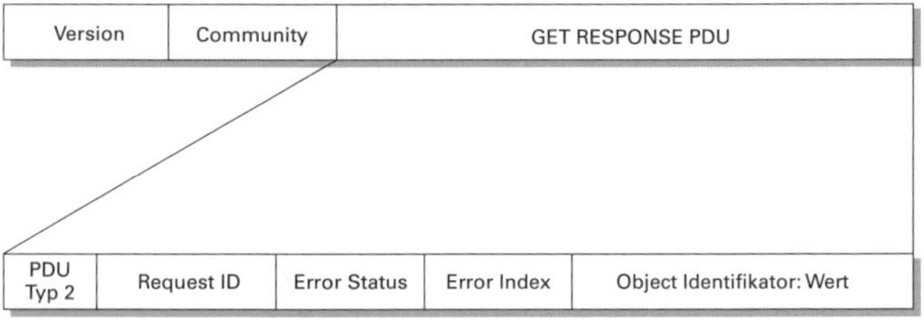

Abbildung 8.12: GET RESPONSE PDU

PDU Typ

Für den GET RESPONSE wurde die PDU-Kennung 2 festgelegt.

Request ID

Die Request IDs beziehen sich bei einer GET RESPONSE Message immer auf die Antwort der jeweiligen getätigten Anfrage. Aufgrund der Identifikations-Nummern können Message Duplikate leicht herausgefunden werden.

Error Status

Das Error Status-Feld hat bei einem GET RESPONSE immer folgende Werte:

- **NoError** - Wird der Error Status beim Verarbeiten auf einen Wert = 0 gesetzt, so bedeutet das, dass dieses Request verarbeitet wurde.
- **TooBig** - Der Agent ist nicht in der Lage, die erforderlichen Daten innerhalb einer einzigen SNMP Message unterzubringen.
- **NoSuchName** - Der Agent hat beim Decodieren des SNMP Request einen unbekannten Variablen-Namen gefunden, den er nicht verarbeiten kann. Das bedeutet, dass der Name nicht zwangsläufig im Agent vorhanden ist, sondern dass er ihn gemäß des ihm vorgegebenen Community-Profiles nicht kennen darf.
- **BadValue** - Der Agent hat beim Decodieren eine inkorrekte Syntax oder einen inkorrekten Wert entdeckt, der es ihm unmöglich macht, die gewünschte Variable zu ändern.
- **ReadOnly** - Der Agent hat beim Decodieren eine Variable entdeckt, die gemäß dem Community Profile nicht beschrieben werden darf.
- **GenError** - Alle anderen Fehler werden vom Agent immer als Generic Errors gekennzeichnet. Eine weitere Aufschlüsselung ist in SNMPv1 nicht vorgesehen.

Error Index

Wird das Error Status-Feld bei einem GET RESPONSE auf einen anderen Wert als den Wert = 0 gesetzt, so wird angezeigt, dass in dem gerade verarbeiteten Request ein Fehler erkannt wurde. Der Error Index enthält zusätzliche Informationen, die über die Ursache des Fehlers Aufschluss geben können.

Variable Bindings

Im Variable Bindings-Feld ist der erfragte Objekt-Identifikator definiert. Der Wert der Objektvariablen beim GET RESPONSE-Kommando wird mit dem jeweiligen ASN.1 codierten Wert gefüllt.

Traps

Das SNMP-Protokoll ist auf einem Polling-Mechanismus aufgebaut. Dabei muss jede Netzwerk Management Station (Client) jede Variablen- und Statusabfrage explizit durchführen. Um auf besondere Situationen gesondert reagieren zu können, wurde das Polling-Verfahren durch die Integration von Traps in den Agents (Servern) erweitert. Stellt ein Agent eine besondere Situation fest, so schickt er an die Managementstation eine Nachricht vom Typ Trap. Die Netzwerk Management Station hat durch diesen Trick die Möglichkeit, auf diese gesendeten Informationen sofort zu reagieren.

Folgende Initial-Traps wurden im RFC 1215 festgelegt:

Die Generic Traps

Bezeichnung	Wert
coldStart	0
warmStart	1
linkDown	2
linkUp	3
authenticationFailure	4
egpNeighborLoss	5
enterpriseSpecific	6

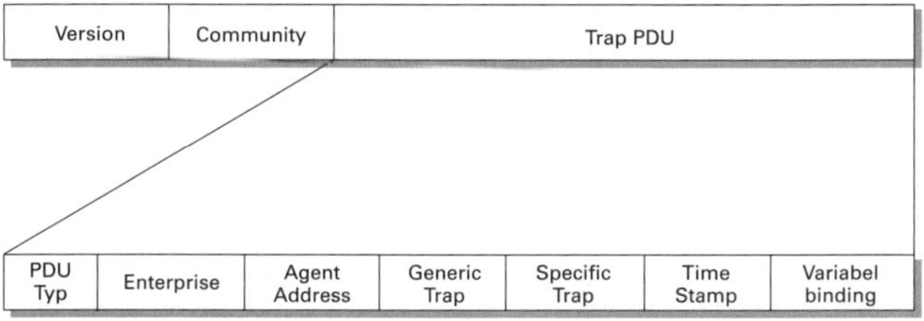

Abbildung 8.13: Die Trap PDU

PDU-Typ

Für den Trap wurde die PDU-Kennung 4 festgelegt.

Enterprise

Das Enterprise-Feld enthält den Wert des Objekt-Identifikators sysObjectID und übermittelt dadurch eindeutig die Kennung des Agents, der den Trap gesendet hat.

Agent Address

Das Agent Address-Feld enthält die IP-Adresse des Agents, der den Trap gesendet hat.

Generic Trap

Das Generic Trap-Feld enthält einen INTEGER, mit dem alle festgelegten Trap-Kennungen (coldStart, warmStart, linkDown, linkUp, authenticationFailure, egpNeighborLoss und enterpriseSpecific) übermittelt werden.

Specific Trap

Wird im Generic Trap-Feld die enterpriseSpecific-Kennung gesetzt, so wird mit dem INTEGER im Specific Trap die jeweilige Kennung des Enterprise-spezifischen Traps übermittelt.

Time Stamp

Im Time Stamp-Feld wird die Zeit, die in der Variablen sysUpTime (TimeTicks) verzeichnet ist, zu dem Moment eingetragen, an dem der Trap vom Agent generiert wird.

Variable Bindings

Im Variable Bindings-Feld können dem jeweiligen Trap die Werte der SNMP Trap-Variablen mitgegeben werden, die für das jeweilige Ereignis von Interesse sind.

Telnet

Das Remote Login über ein Netz, also die Möglichkeit, von einer Stelle aus auf mehreren Rechnern zu arbeiten, ist eine der wesentlichen Grundanforderungen an ein Rechnernetz. Das Telnet-Protokoll wird bei den TCP/IP-Protokollen für diese Funktion eingesetzt. Das Telnet beschreibt Regeln zur Kommunikation zwischen Terminal und Rechner und es simuliert eine fiktive Aus/Eingabe-Einheit (Network Virtual Terminal). Das Network Virtual Terminal macht Telnet unabhängig von der jeweiligen Rechnerumgebung. Durch Aushandeln von Parametern können individuelle Eigenschaften eingestellt werden. Das Telnet baut direkt auf dem fehlergesicherten Transmission Control-Protokoll (TCP) auf der Transportschicht (Port 23) auf. Das Telnet-Protokoll ist im RFC 854 und im MIL-Standard 1782 veröffentlicht; darüber hinaus werden in mehreren RFCs die verschiedensten Telnet-Optionen diskutiert.

TELNET-Kommandos

TELNET-Kommandos setzen sich aus zwei- oder drei Byte-Zeichenfolgen zusammen. Daneben sind Kommandos von variabler Länge zur Weiteraushandlung von Optionen in Verwendung. Die Weiteraushandlung von Optionen (Subnegotiation) ist die Einstellung individueller Parameter für eine bestimmte Option.

Erase Character (EC) **dez. 247**

Löscht letztes Eingabe-Zeichen

Erase Line (EL) **dez. 248**

Löscht letzte Eingabe-Zeile

Interrupt Process (IP) **dez. 244**

Bewirkt Abbruch des laufenden Prozesses im Remote-Rechner. Erzwingt den Abbau der Verbindung.

Abort Output (AO) **dez. 245**

Bewirkt Abbruch der Datenausgabe; Benutzer-Prozess bleibt bestehen.

Are You There (AYT) **dez. 246**

Bewirkt optisches oder akustisches Signal von der Gegenstelle

Break (BRK) **dez. 243**

Darstellung der BREAK-Taste

Go Ahead (GA) **dez. 249**

Signal zum Richtungswechsel bei Halb-Duplex-Übertragung

No Operation (NOP) **dez. 241**

Kommando ohne Funktion

Data Mark (DM) **dez. 242**

Out-of-Band-Signalisierung in Zusammenhang mit Telnet-SYNCH-Mechanismus. Dieser Mechanismus wird benutzt, um Telnet-Verbindung neu zu synchronisieren. Ein Telnet-SYNCH-Signal ist ein Data Mark (DM)-Kommando, welches durch die TCP Urgent-Daten signalisiert wird. Das Telnet-SYNCH bewirkt das Löschen sämtlicher Daten aus dem Speicher mit Ausnahme von Telnet-Kommandos. Das DM-

Kommando markiert einen Punkt zur Synchronisation, ab dem die Übertragung neu aufgesetzt werden kann.

WILL **dez. 251**

Der Sender zeigt an, dass er eine Option einschalten will.

WONT **dez. 252**

Der Sender zeigt an, dass er eine Option ausschalten will.

DO **dez. 253**

Der Sender zeigt an, dass der Empfänger eine Option einschalten soll.

DONT **dez. 254**

Der Sender zeigt an, dass der Empfänger eine Option ausschalten soll.

Subnegotiation Begin (SB) **dez. 250**

Signalisiert den Beginn der Weiteraushandlung von Optionen

Subnegotoation End (SE) **dez. 240**

Signalisiert das Ende der Weiteraushandlung von Optionen

Standard-Optionen

Der TELNET-Standard (MIL-STD 1782) beschreibt im Anhang folgende Optionen:

TRANSMIT BINARY **dez. 0**

Daten werden als 8-Bit-Binärdaten interpretiert.

ECHO **dez. 1**

Schaltet das lokale Echo aus. Echo aller Daten erfolgt durch den Remote-Rechner über das Netz.

SUPRESS GO-AHEAD **dez. 3**

Schaltet die TELNET GA-Funktion (Halb-Duplex-Übertragung) aus

STATUS **dez. 5**

Ermöglicht das Abfragen der im Remote-Rechner aktuell eingestellten Optionen

TIMING MARK **dez. 6**

Fügt Zeitmarken in den Datenstrom ein, auf denen eine Telnet-Verbindung synchronisiert werden kann

EXTENDED OPTIONS LIST **dez. 255**

Ermöglicht das Definieren von zukünftigen Optionen >255

TFTP

Trivial File Transfer-Protokoll

Das Trivial File Transfer-Protokoll (TFTP) stellt neben dem viel bekannteren File Transfer-Protokoll (FTP) das zweite Protokoll zum Transfer von einem File dar, welches von den TCP/IP Services unterstützt wird. Das TFTP bietet die Möglichkeit, Dateien unabhängig von Bauweise und Betriebssystem der Rechner auszutauschen, sowie die Datenbestände entsprechend zu verwalten.

Die Regeln und Definitionen für das TFTP-Protokoll sind ausführlich im Request for Comments 783 (RFC 783) beschrieben. Das Trivial File Transfer-Protokoll (TFTP) setzt im Gegensatz zum File Transfer-Protokoll (FTP) auf keinem gesicherten Transport-Service auf. TFTP benutzt die Services und Dienste des User Datagram-Protokoll (UDP). Es benutzt immer den UDP Port 69.

Read Request (RRQ)

Mit dem Read Request-Kommando wird ein File von einem anderen Host angefordert. Dabei wird eine Verbindung auf Basis des User Datagram-Protokolls zu diesem Rechner aufgebaut.

OPCode	File Name	0	Mode	0

Abbildung 8.14: Read Request Header

OpCode

Im Trivial File Transfer-Protokoll (TFTP) ist zur Kennzeichnung von Read Requests der OpCode mit dem Wert = 1 festgelegt.

Filename

Im Read Request Filename-Feld wird der Name des angeforderten File definiert.

Oktett

Das TFTP Read Request Filename-Feld muss immer durch ein 0-Oktett-Feld abgeschlossen sein.

Mode

Im Read Request Mode-Feld wird festgelegt, wie die Daten übertragen werden. Der Mode String definiert folgende Optionen:

Netascii: Das Netascii-Format besagt, dass ein Rechner, der ein File in diesem Format erhält, die darin enthaltenen Daten in das lokale Datenformat übersetzen muss.

Binary: Im Binary-Format werden in der Regel nur Files zwischen gleichen Rechnern übermittelt. Die Übertragung im Binary-Format vermeidet den Konvertierungsvorgang, der bei der Übersetzung ins Netascii-Format notwendig wäre.

Oktett

Das TFTP Read Request Mode-Feld muss immer durch ein 0-Oktett-Feld abgeschlossen sein.

Read Request (WRQ)

Mit dem Write-Request-Kommando wird ein File zu einem anderen Host geschickt. Dabei wird eine Verbindung auf Basis des User Datagram-Protokolls zu diesem Rechner aufgebaut.

Abbildung 8.15: Write Request Header

OpCode

Beim Trivial File Transfer-Protokoll (TFTP) ist zur Kennzeichnung von Write Requests der OpCode mit dem Wert = 2 festgelegt.

Filename

Im Write Request Filename-Feld wird der Name des zu sendenden File definiert.

Oktett

Das TFTP Write Request Filename-Feld muss immer durch ein 0-Oktett-Feld abgeschlossen sein.

Mode

Im Write Request Mode-Feld wird festgelegt, wie die Daten übertragen werden. Der Mode String definiert folgende Optionen:

Netascii: Das Netascii-Format besagt, dass ein Rechner, der ein File in diesem Format erhält, die darin enthaltenen Daten in das lokale Datenformat übersetzen muss.

Binary: Im Binary-Format werden in der Regel nur Files zwischen gleichen Rechnern übermittelt. Die Übertragung im Binary-Format vermeidet den Konvertierungsvorgang, der bei der Übersetzung ins Netascii-Format notwendig wäre.

Mail: Anstatt eines Filenamens wird bei der Mail-Option nur der Empfänger (Mail Recipient) der Mail definiert.

Oktett

Das TFTP Write Request Mode-Feld muss immer durch ein 0-Oktett-Feld abgeschlossen sein.

Data

Mit dem Data-Kommando werden die eigentlichen Daten übermittelt. Die Übertragung beim Trivial File Transfer-Protokoll erfolgt immer in 512-Byte-Blöcken. Alle Datenfelder, die kürzer als 512 Byte sind, beenden immer den eigentlichen File-Transfer.

Abbildung 8.16: Data Header

OpCode

Beim Trivial File Transfer-Protokoll (TFTP) ist zur Kennzeichnung von Daten der OpCode mit dem Wert = 4 festgelegt.

Blocknummer

Die Blocknummer bei der Übermittlung von Daten beginnt zu Beginn jedes File-Transfers mit dem TFTP-Protokoll und immer mit dem Wert = 1. Jede Übermittlung eines weiteren Datenblocks zählt das Blocknummernfeld fortlaufend hoch.

Data

Das Datenfeld kann zwischen 0 und 512 Byte lang sein. Ein Datenfeld mit einer Länge von 512 Oktett zeigt an, dass einer oder mehrere weitere Datenblöcke folgen. Werte zwischen 0 und 511 Byte zeigen an, dass dies der letzte Datenblock ist, der während diesem File-Transfer übertragen wird.

Acknowledgement

Alle empfangenen Datenpakete (bis auf Pakete, die den eigentlichen Datentransfer beenden) werden individuell bestätigt. TFTP Write Request und TFTP Data-Pakete werden immer mit Acknowledgements oder mit Error-Paketen bestätigt. TFTP-Read Request und Acknowledgement-Pakete werden immer mit Data-Paketen oder mit Error-Paketen bestätigt.

OPCode	Blocknummer

Abbildung 8.17: Acknowledgement Header

OpCode

Beim Trivial File Transfer-Protokoll (TFTP) wurde zur Kennzeichnung von Acknowledgement-Paketen der OpCode mit dem Wert = 3 festgelegt.

Acknowledgement Block Number

Die TFTP Acknowledgement-Blocknummer enthält immer die Blocknummer des zu bestätigenden Datenblocks. Write Requests werden immer mit einer Blocknummer = 0 bestätigt.

Error

Ein Error-Paket zeigt beim Trivial File Transfer-Protokoll (TFTP) einen Fehler bei der Übermittlung eines Files an. Ein Error-Paket kann von jedem anderen TFTP-Pakettyp bestätigt werden.

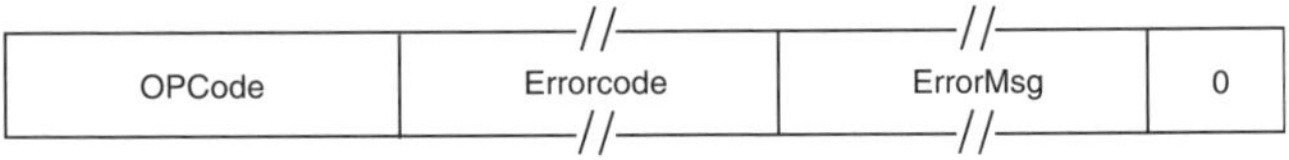

Abbildung 8.18: Error Header

OpCode

Beim Trivial File Transfer-Protokoll (TFTP) ist zur Kennzeichnung von Fehlern der OpCode mit dem Wert = 5 festgelegt.

Error Code

Der TFTP Error-Code beschreibt kurz den aufgetretenen Fehler. Folgende Error Codes sind festgelegt:

Error Code	Beschreibung
0	nicht definiert
1	File nicht gefunden
2	kein Zugriff möglich
3	Disk voll
4	unzulässige TFTP-Operation
5	unbekannte Transfer-ID

Error Message

Die Error Message kann je nach Implementierung für den Benutzer genauere Hinweise auf Fehler geben. Die Darstellung sollte in Netascii-Form erfolgen.

o-Oktett

Das TFTP Error Message-Feld muss immer durch ein 0-Oktett-Feld abgeschlossen sein.

VERONICA

Very Easy Rodent-Oriented Net-wide Index to Computerized Archives

VERONICA (Very Easy Rodent-Oriented Net-wide Index to Computerized Archives) wurde von der Universität in Reno entwickelt. Das Programm bietet eine Archie-Funktion für Gopher. VERONICA baut automatisch einen Index sämtlicher Gopher-Einträge auf und führt eine Suche nach Schlüsselworten auf allen bekannten Gopher-Sites aus. Wählt der Anwender einen bestimmten Menüpunkt aus, so baut VERONICA automatisch eine oder mehrere Sessions zu den jeweiligen Gopher-Servern auf und gibt die dort abgelegten Informationen in Form eines Gopher-Menüs auf dem jeweiligen Gopher-Client aus.

X-Window

Das X-Windows-System (RFC 1013) stellt die grafische Benutzeroberfläche von Unix-, bzw. Unix-artigen Systemen dar. X-Windows wurde am MIT entwickelt und wird seit 1987 von allen bekannten Workstation-Herstellern unterstützt. Die Grundausstattung von X ist public domain und kann daher für Workstations als Grundausstattung vorrausgesetzt werden. Im Vergleich zu anderen Windows-Systemen (für PCs beispielsweise) ist X ein sehr allgemeines System, das noch keine bestimmte Benutzeroberfläche mit bestimmten Verhalten und Aussehen definiert. Diese wird erst durch die Entscheidung für einen bestimmten Windows-Manager festgelegt. X ist als ein Multi-Fenster-System für Netzwerke konzipiert. Dies ermöglicht es, ein Programm auf einem anderen Computer laufen zu lassen (z.B. Großrechner) als der, auf dem die grafische Ausgabe erscheinen soll (z.B. Workstation mit Farbmonitor). Aus diesem Gesichtspunkt ergibt sich die Server -Client-Struktur von X.

X-Server

Der X-Server läuft auf dem Computer, auf dem die Grafik dargestellt werden soll. Er führt die Zeichenbefehle, die er als Requests erhält, aus und sendet Informationen über den Zustand der Tastatur, der Maus etc. als Events an die Anwendung, den Client.

Client

Der Client ist das eigentliche Anwenderprogramm. Um Grafikausgaben zu erzeugen, sendet der Client Zeichen-Requests an den Server. Um dies zu tun verwendet er Funktionen der Xlib.

Xlib

Xlib ist die Bibliothek, die die Grundbefehle für die Kommunikation zwischen dem Client und dem X-Server bereitstellt. Auf dieser aufbauend gibt es noch weitere Bibliotheken, wie z.B. XToolkit, Athena etc., die erheblich komplexere Befehle zur Verfügung stellen, aber in ihrer Handhabung leider auch nicht gerade einfacher als Xlib werden.

Events

Mit Events teilt der X-Server dem Client mit, ob sich am Zustand der Bildschirme (z.B. ein verdecktes Fenster wurde freigelegt), der Tastatur oder der Maus etwas geändert hat. Der Client kann dann mit Hilfe von Xlib-Funktionen auf diese Events reagieren.

Requests

Sie werden vom Client an den X-Server geschickt, um diesen dazu zu veranlassen, eine Zeichenaktion auszuführen.

X11-Protokoll

Darunter versteht man das Format der Daten, die in Events und Requests ausgetauscht werden. Um die Leistungsfähigkeit der Workstations besser ausnutzen zu können, arbeitet X 'asynchron', das bedeutet, dass Events und Requests von den jeweiligen Programmen nicht sofort ausgewertet werden, sondern sie werden in einer Queue zwischengespeichert und erst dann verarbeitet, wenn das Programm gerade mal Zeit hat. Dies ist besonders dann von Nutzen, wenn der X-Server mehrere Anwendungen versorgen muss.

9 IP Version 6

Die schnelle Verbreitung der TCP/IP-Protokolle und das explosive Wachstum des Internet führte zur Verknappung der IP-Adressen beim Internet-Protokoll. Das alte 32-Bit-Adressierungsschema wird bei der IP-Version 6 durch einen 128 Bit langen Mechanismus ersetzt. Daher ist das Ipv6 der logische Schritt auf dem Weg der IP-Evolution. Dieses Protokoll kann jederzeit als reiner Software Update auf den IP-Komponenten realisiert werden. Außerdem gewährleistet es, dass der IPv6-Code rückwärtskompatibel zu IP-Version 4 ist. Die IP-Version 6 kann jederzeit, sowohl auf schnellen Datennetzen (z.B. ATM) als auch auf langsamen Medien (z.B. Funk-LANs) eingesetzt werden. Darüber hinaus wurden eine Reihe von Funktionen integriert, die für eine zukünftige Internet-Plattform von Bedeutung sind. Die neuen Funktionen von IPv6 beseitigen einige Engpässe, die sich beim Betrieb des alten IPv4-Protokolls ergeben haben. Bestimmte Funktionen, die das IPv4 unterstützte, die jedoch aus praktischen Gründen in keiner Implementierung unterstützt wurden, sind in der IPv6-Version nicht mehr enthalten. Die wesentlichsten Unterschiede gegenüber der alten Version beziehen sich auf folgende Punkte:

Erweiterte Routing- und Adressierungsfunktionen

Die IP-Adressen werden beim IPv6 von 32 Bits auf 128 Bits vergrößert. Dadurch werden hierarchische Adressschemata unterstützt. Innerhalb der Adressgruppe kann dadurch eine wesentlich größere Zahl an Rechnern unterstützt werden. Durch einen neuen Adresstyp, die so genannten Cluster-Adressen, können die Netze in topologische Regionen unterteilt werden.

Vereinfachung des Header-Formats

Bereits in der IPv4-Version wurden einige Header-Felder nur sehr selten benutzt. Um die für die Übermittlung der IP-Daten notwendige Bandbreite so gering wie nur möglich zu halten, wurden in der neuen IP-Version alle unnötigen Header-Felder eliminiert. Obwohl in der IPv6-Version die Adressfelder vier Mal länger sind als bei der alten Version, ist der gesamte Header nur doppelt so lang wie bei IPv4.

Flexibilität bei der Unterstützung von Optionen

Die IP-Header-Optionen können in Zukunft wesentlich einfacher integriert werden. Durch einfache Erweiterungen des Header-Formats können neue Optionen jederzeit eingeführt werden.

Quality-of-Service

Durch neue Steuerungsfelder im Header können die Datagramme zwischen dem Sender und dem Empfänger anhand bestimmter Qualitätsparameter gesondert übermittelt werden. Dies wirkt sich besonders bei der Übermittlung von Real Time-Applikationen (Video und Sprache) aus.

Authentication und Privacy

In der neuen IPv6-Version wurden die Bedürfnisse der heutigen Kommunikationsstrukturen berücksichtigt. Aus diesem Grund wurden Funktionen wie z.B. Authentifikation, Datenintegrität und Sicherheit implementiert.

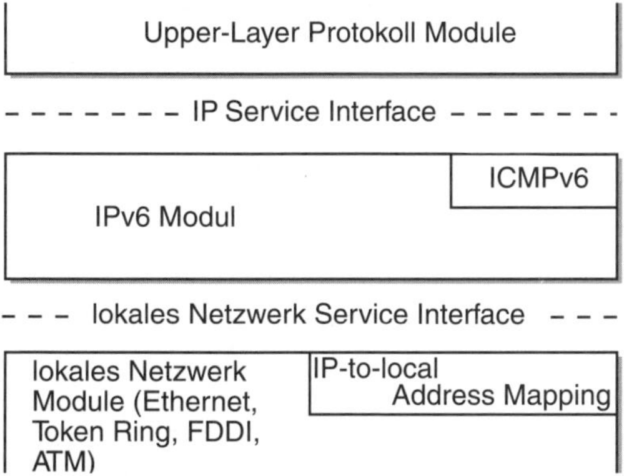

Abbildung 9.1: Die IPv6-Protokollschichten

CPv6

IPv6 Compression Protocol

Ermöglicht den beiden IP-Peers, die Daten untereinander im komprimierten Format auszutauschen. Als einziger Komprimierungsmechanismus wurde bisher die IPv6 Header Compression (Wert: 004f) integriert.

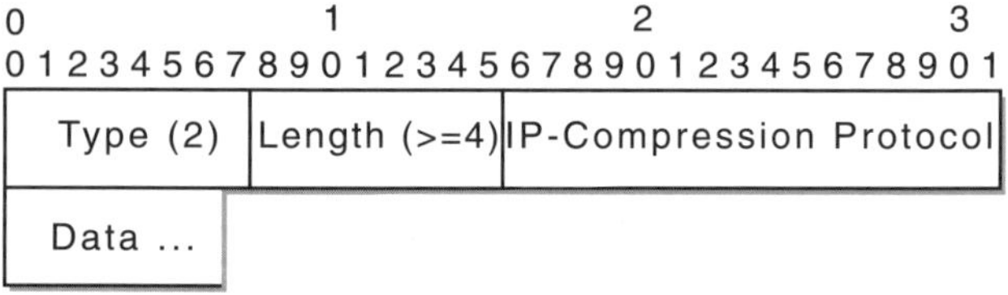

Abbildung 9.2: IPv6CP-Header mit Kompressionsoption

DHCPv6

Dynamic Host Configuration Protocol Version 6

Die Adressen auf den untersten Ebenen (Schicht 1 und Schicht 2) eines Netzwerkes werden durch die jeweilige verwendete Netztechnologie (Ethernet, Token Ring, FDDI usw.) bestimmt. Oberhalb der Schicht 2 in der Netzwerkebene sind die Internet-Adressen angesiedelt. Jeder Rechner, der an ein TCP/IP-Netzwerk angeschlossen wird, muss per Definition über eine oder mehrere eindeutige Internet-Adressen verfügen, bevor dieser Rechner Daten auf das Netz senden bzw. Daten empfangen kann. Die IP-Adressen wurden in der Vergangenheit beim IPv4-Protokoll vom Systemoperator den jeweiligen Hardwareadressen der Maschine zugeordnet. Das relativ komplizierte TCP/IP-Adressschema und die dazu gehörenden Subnetz- und Broadcast-Adressen führten immer wieder zu Fehlern und zu erheblichen Frustrationen im Umgang mit TCP/IP-Software. Bei der Installation von TCP/IP-Protokoll-Software gingen fast alle Hersteller, oder besser, die der Software beigelegten Installationsmanuals, davon aus, dass die Person, die den TCP/IP-Rechner eingerichtet hat, genau wusste, wie TCP/IP-Adressen und die dazu gehörenden Subnetzmasken zu strukturieren waren. Wurden bei der Installation nur die geringsten Fehler gemacht, konnten bestimmte Funktionen wie z.B. das Routing nicht benutzt werden, oder im schlimmsten Fall verweigerte der Rechner vollständig die Kommunikation mit anderen Rechnern.

Mit dem neuen IP-Protokoll (Version 6) wurde mit diesem Missstand aufgeräumt. Der Systemadministrator hat beim IPv6-Protokoll die Möglichkeit, neben der manuellen Rechnerkonfiguration ein automatisches Konfigurieren der Rechneradresse und weiterer Parameter vorzunehmen.

DHCP Client/Server-Modell

Eine Transaktion wird in der Regel von einem DHCP Client mit Hilfe eines DHCP Request an den DHCP Server gestartet. Die Antworten auf den DHCP Request werden vom Server oder einem DHCP Relay-Host direkt an den DHCP Client gesendet. Um DHCP Messages übermitteln zu können, müssen alle DHCPv6 Server/Relay Agents festes Mitglied der Multicast-Gruppe mit der Multicast-Adresse FF02:0:0:0:0:0:1:0 sein. Zusätzlich müssen alle DHCP Server der DHCPv6 Server Multicast-Gruppe mit der Multicast-Adresse FF02:0:0:0:0:0:1:xx versehen sein. Alle DHCP Relais gehören außerdem noch der DHCPv6 Relay Multicast-Gruppe mit der Multicast-Adresse FF02:0:0:0:0:0:1:xx an. Das Dynamic Host Configuration Protocol gehört zu den höheren Schichten und benutzt auf der Transportebene das User Datagram Protocol (UDP). Da das UDP-Protokoll zu den ungesicherten Protokollen gehört, muss das DHCP-Protokoll die Sicherungsfunktionen auf einer höheren Schicht übernehmen. Ein DHCP Client sendet alle Datagramme zum Server immer an den UDP Port 547 (Destination Port). Der DHCP Client empfängt alle DHCP Messages über den UDP Port 546.

DHCP Solicit Message

Mit Hilfe von DHCP Solicit Messages ermitteln DHCP Clients oder DHCP Relais die Adressen der DHCP Server am Netz. Verfügt ein DHCP Client über keine DHCP Agent-Adresse, oder versucht der Client mit einem neuen Server Kontakt aufzunehmen, muss das Paket an die DHCPv6 Server/Relay Agent Multicast-Adresse FF02:0:0:0:0:0:1:0 übermittelt werden. Wurde das P-Bit in der Solicit Message nicht gesetzt, so muss jeder DHCP Relay, der das betreffende Paket empfängt, die Message an die All DHCP Server Multicast-Adresse weiterleiten. Dadurch wird den DHCP-Servern mitgeteilt, dass diese alle Advertisements an den betreffenden Client übermitteln müssen. Der Relay Agent muss folgende Funktionen ausführen:

- Einfügen der lokalen Link-Adresse des Clients in die jeweilige Solicit Message
- Setzen des L-Bits
- Kopieren der Interface-Adresse, über die die Client Solicit-Message empfangen wurde. Anschließend wird diese Adresse in das Agent-Adressfeld der Message eingefügt.
- Setzen des A-Bits

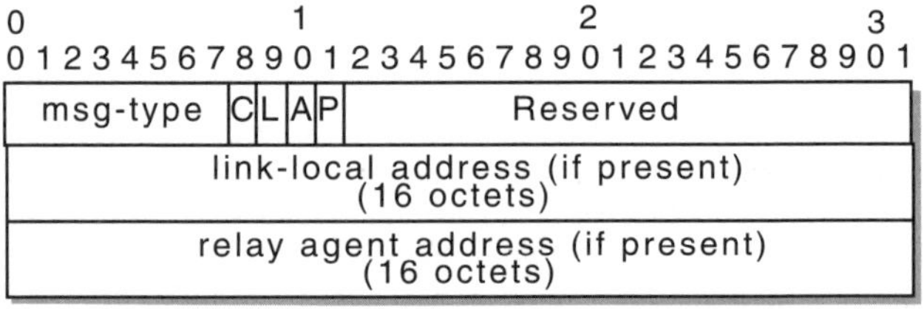

Abbildung 9.3: DHCP Solicit Message

Message-Typ

Die DHCP Solicit Message wurde als Typ 1 festgelegt.

C-Flag

Mit Hilfe des gesetzten C-Flags signalisiert ein DHCP Client an alle Server, dass die für den betreffenden Client reservierten Ressourcen freigegeben werden.

L-Flag

Das L-Bit wird nur gesetzt, wenn die lokale Link-Adresse von Bedeutung ist.

A-Flag

Das A-Bit wird nur gesetzt, wenn die Relay Agent-Adresse von Bedeutung ist.

P-Flag

Das P-Flag wird immer dann gesetzt, wenn der Client in der Lage ist, die von einem Relay Agent im Cache abgelegte Server-Adresse zu verarbeiten.

RESERVED

Dieses Leerfeld wird immer mit 0-Werten gefüllt.

DHCP Advertise Message

Mit Hilfe der DHCP Advertise Message propagiert ein DHCP Agent an die Clients seine IP-Adresse. Mit Hilfe dieser Adresse ist es dem DHCP Client möglich, die DHCP Request Messages an den Server zu übermitteln. Befinden sich ein DHCP Client und Server an unterschiedlichen Links, so werden vom Server die Advertisements über den DHCP Relay Agent übermittelt, über den die Solicit-Meldung empfangen wurde. Die Relay-Agenten ermitteln die Server-Adressen anhand der DHCP Advertisements und speichern die DHCP Server-

Adressen im lokalen Cache. Befindet sich der DHCP Server jedoch am gleichen Link wie der Client, wird die DHCP Advertise-Meldung als Aktion auf eine empfangene DHCP Solicit Message (übermittelt an die All DHCP Agents Multicast-Adresse) generiert. In diesem Fall wird als Agent-Adresse die IP-Adresse eines der Interfaces des Servers in die Message eingesetzt. Anschließend wird das S-Bit gesetzt. Damit wird signalisiert, dass die Agent-Adresse der Adresse des Servers entspricht. Übermittelt der DHCP-Server die Advertisement-Meldung als Reaktion auf eine Solicit-Meldung, die die lokale Link-Adresse des Clients enthält, muss der Server die lokale Link-Adresse in die Advertisement Message kopieren.

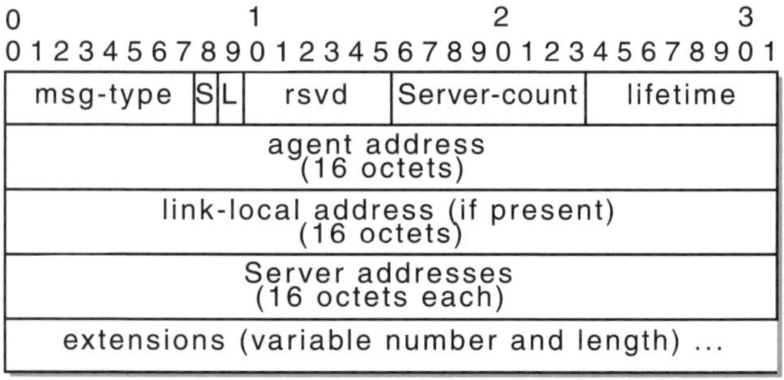

Abbildung 9.4: DHCP Advertise Message

Message-Typ

Die DHCP Advertise Message wurde als Typ 2 festgelegt.

S-Flag

Mit Hilfe des gesetzten S-Flags wird signalisiert, dass die Agent-Adresse der Server-Adresse entspricht.

L-Flag

Das L-Bit wird nur gesetzt, wenn die lokale Link-Adresse von Bedeutung ist.

Reserved

Dieses Leerfeld wird immer mit 0-Werten gefüllt.

Server-Count

Definiert die Anzahl der Adressen des Server Adress-Feldes.

Lifetime

Definiert die Lebensdauer einer Server-Meldung. Entspricht die Destination-Adresse der DHCP Message einer lokalen Link-Adresse, so wird das Lifetime-Feld immer auf den Wert = 0 gesetzt.

Agent Address

Definiert die IP-Adresse des DHCP Agent Interface. Dieses DHCP Agent Interface befindet sich am gleichen Link wie der Client.

Server Adresses

Enthält die IP-Adressen der DHCP Server

Extensions

Siehe Absatz DHCP Extensions

DHCP Request

Zur Anforderung von Parametern vom DHCP Server verwendet ein Client die DHCP Request Messages. Sind dem Client noch keine DHCP Server-Adressen bekannt, so versucht dieser, die Server-Adresse mit Hilfe einer DHCP Solicit Message zu erlangen.

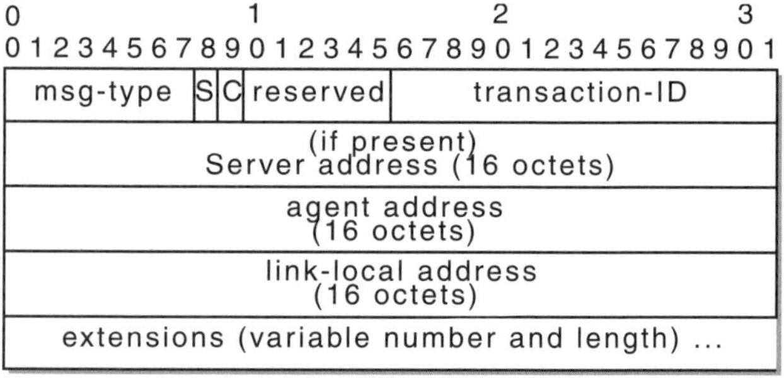

Abbildung 9.5: DHCP Request Message

Message-Typ

Die DHCP Request Message wurde als Typ 3 festgelegt.

S-Flag

Mit Hilfe des gesetzten S-Flags wird signalisiert, dass die Server-Adresse im weiteren Server-Adressfeld von Bedeutung ist.

C-Flag

Mit Hilfe des gesetzten C-Flags signalisiert ein DHCP Client an alle Server, dass die für den betreffenden Client reservierten Ressourcen freigegeben werden.

Reserved

Dieses Leerfeld wird immer mit 0-Werten gefüllt.

Transaction-ID

Dient zur eindeutigen Identifizierung von DHCP Messages durch den Client. Die Transaction-ID wird vom Client generiert und mit Hilfe der DHCP Request Message an den Server übermittelt. Der Server kopiert die Transaction ID in das betreffende Feld des DHCP Replies.

Server Address

Wird eine DHCP Request Message vom Client an den Server übermittelt, so enthält das Server-Adressfeld die IP-Adresse des DHCP Server.

Agent Address

Enthält die IP-Adresse eines Relay Agent oder Server Interface. Die IP-Adresse wird aus dem IP-Adressfeld einer empfangenen DHCP Advertisement Message generiert.

Link Local Address

Enthält die lokale Link-Adresse des sendenden Client Interface

Extensions

Siehe Absatz DHCP Extensions

DHCP Reply

Der Server antwortet auf jede empfangene DHCP Request Message mit einer oder mehreren DHCP Reply Messages. Wurde bei der empfangenen Request Message das S-Bit gesetzt, kann der Client die Message nicht direkt an den Server übermitteln. In diesem Fall wird die Message über einen Relay Agent an den Server übermittelt. Der Server setzt daraufhin in seiner DHCP Reply Message das L-Bit und übermittelt die Antwort über den DHCP Relay Agent. Ein gesetztes L-Bit hat zur Folge, dass die lokale Link-Adresse des Client in der Reply Message enthalten sein muss.

```
0                   1                   2                   3
0 1 2 3 4 5 6 7 8 9 0 1 2 3 4 5 6 7 8 9 0 1 2 3 4 5 6 7 8 9 0 1
+---------------+-+-------------+-------------------------------+
|   msg-type    |L| error code  |        transaction-ID         |
+---------------+-+-------------+-------------------------------+
|                         (if present)                          |
|               link-local address (16 octets)                  |
+---------------------------------------------------------------+
|     extensions (variable number and length) ...               |
+---------------------------------------------------------------+
```

Abbildung 9.6: DHCP Reply Message

Message-Typ

Die DHCP Reply Message wurde als Typ 4 festgelegt.

L-Flag

Das L-Bit wird nur gesetzt, wenn die lokale Link-Adresse von Bedeutung ist.

Error Code

Folgende Fehlercodes wurden für DHCP Reply Messages bisher festgelegt:

0	Success
16	Failure, reason unspecified
17	Authentication failed or nonexistent
18	Poorly formed request
19	Resources unavailable
20	Client record unavailable
21	Invalid source address in Release

22	Unable to honor required extension parameters
24	Bad Hair Day
32	Insufficient Funds
64	Server unreachable (ICMP error)

Transaction ID

Dient zur eindeutigen Identifizierung von DHCP Messages durch den Client. Die Transaction ID wird vom Client generiert und mit Hilfe der DHCP Request Message an den Server übermittelt. Der Server kopiert die Transaction ID in das betreffende Feld des DHCP Replies.

Link Local Address

Enthält die lokale Link-Adresse des sendenden Client Interface

Extensions

Siehe Absatz DHCP-Extensions

DHCP Release

Nachricht eines DHCP Client an einen Server, dass eine IP-Adresse, ein Parameter oder eine Ressource nicht mehr benötigt wird und wieder zur Verfügung steht. Die DHCP Release Messages werden nie über DHCP Relay Agents übermittelt. Generiert ein Client eine Release Message, wird automatisch davon ausgegangen, dass dieser über eine gültige IP-Adresse verfügt, um mit dem Server zu kommunizieren. Mit einer DHCP Release Message werden alle Parameter des nachfolgenden Extension-Feldes freigegeben. Der DHCP Server bestätigt den Empfang einer Release Message durch eine DHCP Reply Message.

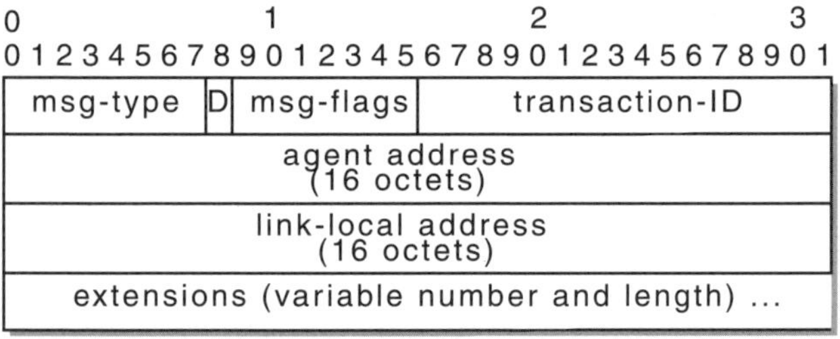

Abbildung 9.7: DHCP Release Message

Message-Typ

Die DHCP Release Message wurde als Typ 5 festgelegt.

D-Flag

Mit Hilfe des Direct (D)-Flags signalisiert ein Client dem DHCP Server, dass alle DHCP Replies direkt an den Client zurückgesendet werden müssen. Die DHCP Messages dürfen nicht über einen Relay Agent weitergeleitet werden.

msg-Flags

Das Message Flag-Feld wird immer auf den Wert = 0 gesetzt.

Transaction ID

Dient zur eindeutigen Identifizierung von DHCP Messages durch den Client. Die Transaction ID wird vom Client generiert und mit Hilfe der DHCP Request Message an den Server übermittelt. Der Server kopiert die Transaction ID in das betreffende Feld des DHCP Replies.

Agent Address

Enthält die IP-Adresse eines Relay Agent oder Server Interface. Die IP-Adresse wird aus dem IP-Adressfeld einer empfangenen DHCP Advertisement Message generiert.

Link Local Address

Enthält die lokale Link-Adresse des sendenden Client Interface

Extensions

Siehe Absatz DHCP Extensions

DHCP Reconfigure

Nachricht eines DHCP Servers an einen Client, dass die Werte einer Ressource bzw. eines Parameters geändert werden müssen. Die DHCP Reconfigure Messages werden nie über DHCP Relay Agents übermittelt. Generiert ein Server eine Reconfigure Message, wird automatisch davon ausgegangen, dass der Client über eine gültige IP-Adresse verfügt. Mit einer DHCP Reconfigure Message werden dem Client alle zu ändernden Parameter im nachfolgenden Extension-Feldes mitgeteilt. Diese Parameter müssen vom Client anschließend mit Hilfe einer Request Message erneut angefordert werden. Ein DHCP Client generiert die DHCP Reconfigure Messages immer über den UDP Port 546.

```
0                   1                   2                   3
0 1 2 3 4 5 6 7 8 9 0 1 2 3 4 5 6 7 8 9 0 1 2 3 4 5 6 7 8 9 0 1
+---------------+---------------+-------------------------------+
|   msg-type    |   msg-flags   |           reserved            |
+---------------+---------------+-------------------------------+
|     extensions (variable number and length) ...               |
+---------------------------------------------------------------+
```

Abbildung 9.8: DHCP Reconfigure Message

Message-Typ

Die DHCP Reconfigure Message wurde als Typ 6 festgelegt.

msg-Flags

Das Message Flag-Feld wird immer auf den Wert = 0 gesetzt.

Reserved

Dieses Leerfeld wird immer mit 0-Werten gefüllt.

Extensions

Siehe Absatz DHCP Extensions

DHCPv6 Extensions

Die DHCPv6 Extensions verwenden das gleiche Format wie die BOOTP Vendor Extensions (RFC 1497). Die DHCP Extensions können je nach Extension-Typ über eine feste oder eine variable Länge verfügen. Nur für die Extensions 0 und 255 wurde eine feste Länge definiert. Für alle anderen Extensions wurde neben der Typkennung ein variables Längenfeld eingeführt. Die Extension Codes 128 bis 254 wurden für die netzspezifischen Erweiterungen reserviert.

Pad Extension

Die Pad Extension enthält nur Füllinformationen, die sicherstellen, dass aufeinander folgende DHCP Extensions immer im 32-Bit-Format enden. Das Format der Füllzeichen ist immer 0 und verfügt immer über eine 8-Bit-Länge.

Code

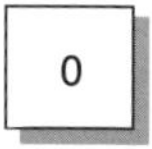

Abbildung 9.9: DHCP Pad Extension

End Extension

Die End Extension zeigt immer das Ende einer Reihe von aufeinander folgenden DHCP Extensions an. Das Format der Füllzeichen beträgt immer 255 und verfügt immer über eine 8-Bit-Länge.

Code

Abbildung 9.10: DHCP End Extension

IPv6 Address Extension

Die IPv6-Adress-Extension ist die wichtigste der DHCPv6 Extensions. Diese Extension wird sowohl von DHCP Servern wie auch von Clients verwendet. Der relativ komplexe Aufbau der IPv6-Adress-Extension hat seine Ursache in den IPv6-Adressoption, die mehrmals in einer DHCP Message enthalten sein können. Eine IPv6-Adress-Extension darf immer nur eine einzige IPv6-Adresse enthalten. Müssen mehrere IPv6-Adressen übermittelt werden, so werden dazu mehrere aufeinander folgende Extensions verwendet.

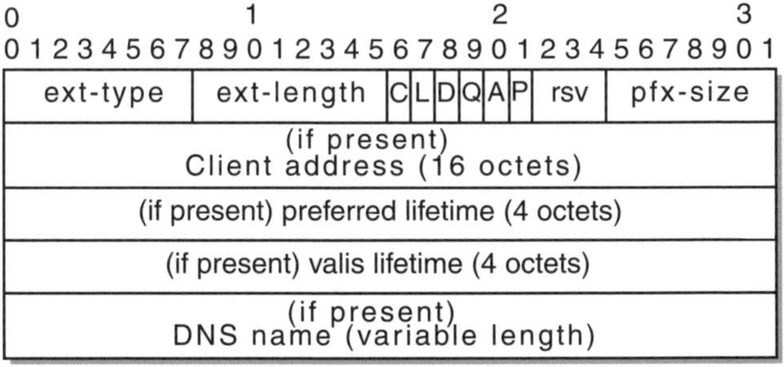

Abbildung 9.11: IPv6-Adress-Extension

ext-type

Die IPv6 Address Extension wurde als Typ 1 festgelegt.

ext-length

Definiert die Länge der Extension

C-Flag

Wurde das C-Bit gesetzt, so enthält die Extension die IPv6-Adresse des DHCPClients.

L-Flag

Wurde das L-Bit gesetzt, so enthält die Extension Informationen über die Lebenszeit.

D-Flag

Wurde das D-Bit gesetzt, so muss der Duplicate-Adresse-Detection-Prozess nicht durchgeführt werden.

Q-Flag

Mit Hilfe des Q-Bits fordert der DHCP Client einen Server auf, die spezifischen Extension-Felder in seinen Replies zu integrieren. Können die Extension-Felder bzw. deren Werte vom Server nicht bereitgestellt werden, so wird die komplette Message verworfen.

A-Flag

Wurde das A-Bit gesetzt, so wird vom Client FQDN signalisiert, dass der Server für ein Update des DNS mit einem neuen AAAA Record sorgen muss. Erst nachdem das Update des AAAA Record erfolgt ist, kann der Server mit einem DHCP Reply antworten.

P-Flag

Wurde das P-Bit gesetzt, so wird vom Client FQDN signalisiert, dass der Server für ein Update des DNS mit einem neuen PRT Record sorgen muss. Erst nachdem der Update des PRT Record erfolgt ist, kann der Server mit einem DHCP Reply antworten.

rsv

Dieses Feld wird immer mit 0-Werten gefüllt.

pfx-size

Enthält die Message die Client-Adresse (das C-Bit wurde gesetzt), so signalisiert das pfx-size-Feld die Länge des Routing-Präfixes.

Client address

Definiert die im Server abgelegte IPv6-Adresse des Client

preferred lifetime

Definiert die gewünschte Lebenszeit der jeweiligen IPv6-Adresse

valid lifetime

Definiert die aktuelle Lebenszeit der jeweiligen IPv6-Adresse

DNS name

Definiert den DNS-Namen eines Client. Bei dem DNS-Namen handelt es sich um einen Character String, auf den ein Null-Wert folgt. Ein DNS-Name enthält nicht den '.' Character als Trennungszeichen zwischen den jeweiligen DNS-Hirarchiekomponenten. Bei allen anderen Namen, die das '.'-Trennzeichen enthalten, handelt es sich um einen Fully Qualified Domain Name (FQDN).

Adress-Lifetime

Wird vom Server eine IPv6-Adresse an einen DHCP Client übermittelt, so enthält das Paket die Werte der gewünschten und der aktuellen Lebenszeit. Mit Hilfe der Lebenszeit wird festgelegt, wie lange einem DHCP Client die IPv6-Adresse zur Verfügung gestellt wird. Der DHCP Client hat die Aufgabe, nach Ablauf der maximalen Zeitdauer die jeweilige IPv6-Adresse mit Hilfe eines neuen DHCP Request erneut anzufordern. Erfolgt eine erneute Anfrage der IP-Adresse durch den Client nicht, so geht der Server davon aus, dass der Client diese Adresse nicht mehr benötigt. Der DHCP Server kann in diesem Fall die IPv6-Adresse einem anderen Client zur Verfügung stellen. Wird von einem DHCP Client eine IPv6-Adresse von einem DHCPv6 Server angefordert, so muss der Client den Zeitpunkt, an dem der Request generiert wurde, festhalten. Empfängt ein Client eine Reply-Meldung von einem DHCPv6 Server, wird anhand des darin enthaltenen Zeitstempels die Zeitdifferenz (Sendezeit minus Empfangszeit) ermittelt. Durch diesen einfachen Mechanismus stellt der DHCP Client sicher, dass die maximale Lebenszeit einer Adresse auf dem DHCP Server nicht vor dem Zeitpunkt auf dem Client abläuft.

Time Offset

Das Time Offset-Feld definiert die Zeitdifferenz (in Sekunden) des Client Subnet in Bezug auf die Coordinated Universal Time (UTC). Das Offset wird immer als 32 Bit Integer dargestellt.

Code	Len		Time Offset		
2	4	n1	n2	n3	n4

Abbildung 9.12: Time Offset Extension

Code

Für die Time Offset Extension wurde der Code 2 festgelegt.

Length

Die Länge einer Time Offset Extension beträgt immer 4 Oktetts.

Time Offset

Definiert die Zeitdifferenz in Bezug auf die Coordinated Universal Time (UTC)

Domain Name Server Extension

Die Domain Name Server Extension enthält in einer Liste die Domain Name-Systeme, die für den jeweiligen Client relevant sind.

Code	Len	Address 1				Address 2				
6	n	a1	a2	...	a16	a1	a2	...	a16	...

Abbildung 9.13: Domain Name Server Extension

Code

Für die Domain Name Server Extension wurde der Code 6 festgelegt.

Length

Die minimale Länge einer Domain Name Server Extension beträgt immer 16 Oktetts. Die gesamte Länge dieses Feldes wird immer als ein Vielfaches von 16 Oktett ausgedrückt.

Adressen

Enthält die aktuellen Adressen der Domain Name-Systeme, die für den jeweiligen Client relevant sind.

Directory Agent Extension

Die Directory Agent Extension enthält in einer Liste die Directory Agents, die für den jeweiligen Client relevant sind.

Code	Len	Address 1				Address 2				
11	n	a1	a2	...	a16	a1	a2	...	a16	...

Abbildung 9.14: Directory Agent Extension

Code

Für die Directory Agent Extension wurde der Code 11 festgelegt.

Length

Die minimale Länge einer Directory Agent Extension beträgt immer 16 Oktetts. Die gesamte Länge dieses Feldes wird immer als ein Vielfaches von 16 Oktett ausgedrückt.

Address

Enthält die aktuellen Adressen der Directory Agents, die für den jeweiligen Client relevant sind.

Domain Name

Die Domain Name Extension definiert den Domain-Namen, den der Client benutzten soll, wenn dieser Host-Namen mit Hilfe des Domain Name-Systems auflösen möchte.

Code	Len	Domain Name				
15	n	d1	d2	d3	d4	...

Abbildung 9.15: Domain Name Extension

Code

Für die Domain Name Extension wurde der Code 15 festgelegt.

Length

Die Länge der Domain Name Extension beträgt immer 1 Oktett.

Domain Name

Enthält den eigentlichen Domain-Namen

Static Route Extension

Die Static Route Extension dient zum Anlegen von statischen Routen im Routing Cache eines Client. Bestehen mehrere Routen zur einer Destination, so werden diese in der Wertigkeit, wie sie vom Client benutzt werden sollen, abgelegt.

Code	Len	Destination 1				Router 1			
33	n	d1	d2	...	d16	d1	r2	...	r16

Destination 2				Router 2				
d1	d2	...	d16	r1	r2	...	r16	...

Abbildung 9.16: Static Route Extension

Code

Für die Static Route Extension wurde der Code 33 festgelegt.

Length

Die minimale Länge einer Static Route Extension beträgt immer 32 Oktetts. Die gesamte Länge dieses Feldes wird immer als ein Vielfaches von 32 Oktett ausgedrückt.

Destination 1

Die Destination-Adresse definiert die IP-Adresse des Endgeräts.

Router 1

Die Router-Adresse definiert den Router, über den Pakete zu der Destination übermittelt werden sollen.

TCP Default TTL Extension

Die TCP Default TTL Extension legt den Default-Wert (in Sekunden) des TTL-Feldes fest. Anhand dieses Wertes ermittelt der Client vor dem Aussenden von TCP-Paketen die Lebenszeit von TCP-Segmenten.

Code	Len	TTL
37	1	n

Abbildung 9.17: TCP Default TTL Extension

Code

Für die TCP Default TTL Extension wurde der Code 37 festgelegt.

Length

Die minimale Länge der TCP Default TTL Extension beträgt immer 1 Oktett.

TTL

Legt den Default-Wert (in Sekunden) des TTL-Feldes fest

TCP Keep-alive Interval Extension

Die TCP Keep-alive Interval Extension definiert den Intervall (in Sekunden), den ein TCP Client abwarten muss, bevor dieser eine Keep-alive Message über die TCP-Verbindung übermittelt.

Code	Len	Time			
38	4	t1	t2	t3	t4

Abbildung 9.18: TCP Keep-alive Interval Extension

Code

Für die TCP Keep-alive Interval Extension wurde der Code 38 festgelegt.

Length

Die Länge der TCP Keep-alive Interval Extension beträgt immer 4 Okett.

Time

32 Bit langer Zeitwert, der den Intervall (in Sekunden) bis zur ersten Keep-alive Message definiert. Ein 0-Wert bedeutet, dass der Client keine Keep-alive-Meldungen generieren darf.

Vendor-Specific Information

Mit Hilfe der herstellerspezifischen Extensions können zwischen Clients und Servern optionale Informationen ausgetauscht werden. Der jeweilige Hersteller wird mit Hilfe der Class Identifier Extension codiert. Folgende Vendor-Specific Information Extensions wurden bisher festgelegt: die Maximum DHCPv6 Message Size, der Class Identifier die Reconfigure Multicast Address, die Renumber DHCPv6 Server Address und die Client Server Authentication Extension.

Code	Len	information		
43	n	i1	i2	...

Abbildung 9.19: Vendor-Specific Information Extension

Code

Für die Vendor-Specific Information Extension wurde der Code 43 festgelegt.

Len

Die minimale Länge einer Vendor-Specific Information Extension beträgt 1 Oktett.

In einer Vendor-Specific Extension können mehrere Informationen nacheinander abgelegt werden. In diesem Fall hat die Extension folgendes Format:

Code	Len	Data	item		Code	Len	Data	item		Code
T1	n	d1	d2	...	T2	n	D1	D2	...	...

Abbildung 9.20: Vendor-Specific Extension mit Daten

Maximum DHCPv6 Message Size

Die Maximum DHCPv6 Message Size Extension definiert die maximale Länge einer DHCPv6 Message, die ein Gerät empfangen kann. Vom DHCP Client darf die Maximum DHCPv6 Message Size Extension nur in DHCP Request Messages verwendet werden. Auf keinen Fall soll diese Extension in DHCP Solicit Messages vorkommen.

Code	Len	Length	
57	2	11	12

Abbildung 9.21: Maximum DHCPv6 Message Size Extension

Code

Für die Maximum DHCPv6 Message Size Extension wurde der Code 57 festgelegt.

Len

Die Länge der Maximum DHCPv6 Message Size Extension beträgt immer 2 Oktett.

Length

Die Längendefinition wird anhand eines 16 Bit langen Integer festgelegt. Der minimale Wert beträgt 1500 Oktett.

Class Identifier

Die Class Identifier Extension wird von einem Client zur Definition des Typs und der Konfiguration des jeweiligen DHCPv6 Client verwendet. Die eigentliche Information wird als Character String (n-Oktetts) an den Server übermittelt.

Code	Len	Class-Identifier		
60	n	i1	i2	...

Abbildung 9.22: Class Identifier Extension

Code

Für die Class Identifier Extension wurde der Code 60 festgelegt.

Len

Die Länge der Class Identifier Extension beträgt mindestens 1 Oktett.

Class Identifier

Der Class Identifier dient zur Definition des Typs und der Konfiguration des jeweiligen DHCPv6 Client.

Reconfigure Multicast Address

Mit Hilfe der Reconfigure Multicast Address Extension ist ein DHCPv6 Server in der Lage, einem Client mitzuteilen, dass dieser sich einer bestimmten Multicast-Gruppe anschließen soll. Über die Adresse der Multicast-Gruppe empfängt der Client anschließend die DHCPv6 Reconfigure Messages. Durch diesen einfachen Mechanismus ist der Server in der Lage, alle Clients auf einmal umzukonfigurieren.

Code	Len	IPv6	Multicast Address		
70	16	a1	a2	...	a16

Abbildung 9.23: Reconfigure Multicast Address Extension

Code

Für die Reconfigure Multicast Address Extension wurde der Code 70 festgelegt.

Len

Die Länge der Reconfigure Multicast Address Extension beträgt 16 Bit.

IPv6 Multicast Address

Definiert die Multicast-Adresse. über die die Rekonfigurationsmeldungen verschickt werden

Renumber DHCPv6 Server Address

Die Renumber DHCPv6 Server Address Extension ermöglicht es einem DHCPv6 Server, alle Clients gleichzeitig über eine Server-Adressänderung zu informieren. Die Renumber DHCPv6 Server Address Extension wird in der Regel zusammen mit einer DHCP Reconfigure Message übermittelt. Dadurch wird vermieden, dass die Informationen zu jedem Client individuell übermittelt werden müssen.

Code	Len	New IPv6 Server Address			
71	16	a1	a2	...	a16

Abbildung 9.24: Renumber DHCPv6 Server Address Extension

Code

Für die Renumber DHCPv6 Server Address Extension wurde der Code 71 festgelegt.

Length

Die Länge der Renumber DHCPv6 Server Address Extension beträgt 16 Bit.

New IPv6 Server Address

Definiert die neue IPv6-Adresse des Servers

Client Server Authentication Extension

In jeder DHCPv6 Message, die zwischen den Clients und den Servern übermittelt wird, kann eine Client Server Authentication Extension enthalten sein. Wird eine Client Server Authentication Extension eingefügt, so muss diese Extension nach jeder zweiten Extension eingefügt werden.

Code	Len	Security Parameter ndx				replay protect			
71	4+x	sp1	sp2	sp3	sp4	rp1	...	rp8	Auth ...

Abbildung 9.25: Client Server Authentication Extension

Code

Für die Client Server Authentication Extension wurde der Code 71 festgelegt.

Length

Die Länge der Client Server Authentication Extension errechnet sich aus dem Security Parameters Index und der Anzahl der Bytes des Authenticators.

Security Parameter Index (SPI)

Der Security Parameter Index definiert den zwischen dem DHCPv6 Client und dem Server vereinbarten Security-Kontext. Die SPI-Werte 0 bis 255 wurden für andere Zwecke reserviert und dürfen deshalb nicht in einer Client Server Authentication Extension vorkommen.

Replay Protection

Mit Hilfe des 64 Bit langen Timestamp (gemäß Network Time Protocol (NTP) Format) wird verhindert, dass die Daten einer verschlüsselten Meldung mitgeschnitten und zu einem späteren Zeitpunkt analysiert werden können.

Authenticator

Der Default Authentication Algorithmus generiert einen 128 Bit langen Message-Schlüssel und wird anhand der folgenden Informationen ermittelt:

- dem shared Secret, welches zwischen dem Client und dem Server besteht,
- dem Security Parameter Index und
- allen vorangegangenen Feldern der DHCPv6 Message und Extensions, gefolgt von dem shared Secret.

DNSv6

Domain Name Server Version 6

Mit Hilfe des Domain Name Server-Protokolls werden bei den Version-6-Protokollen die langen, komplizierten Internet-Adressen in logische Namen umgesetzt. Das DNSv6-Protokoll baut auf dem DNSv4-Protokoll auf.

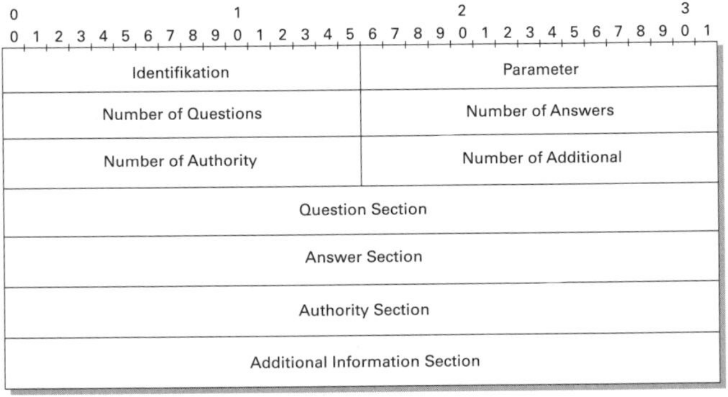

Abbildung 9.26: Domain Message Format

Identifikation

Das Identifikationsfeld enthält eine eindeutige Identifikationsnummer, die bei der Anfrage und bei der Antwort immer im Header übermittelt wird. Durch die Identifikationsnummer kann die richtige Zuordnung von Anfragen und Responses durchgeführt werden.

Parameter

Das Parameterfeld definiert genau, um welchen Typ der Anfrage oder Antwort es sich bei dem DNS-Paket handelt.

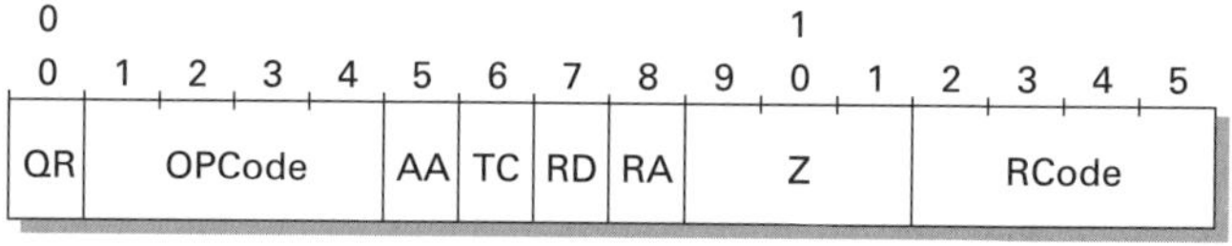

Abbildung 9.27: Parameter-Feld-Header

Query Response

Das Query/Response-Feld definiert, ob es sich bei dem Paket um eine Anfrage (Query=0) oder eine Antwort (Response=1) handelt.

Option Code

Der Option Code definiert die Art der Anfrage in dieser Message. Dieser Wert wird immer vom Initiator einer Anfrage gesetzt und in die Antwort kopiert.

Folgende Werte sind definiert:

0	Standard-Anfrage
1	Inverse Anfrage
2	Server-Status
3	Reserviert

Authoritive Answer

Das Authoritive Answer-Feld wird nur bei DNS Replies benutzt und definiert, dass der Name Server eine Name Authority für den in der Question Section definierten Domain-Namen ist.

Truncation

Das Truncation-Feld zeigt dem Initiator einer DNS Query an, dass die Meldung die maximal zulässige Länge überschritten hat und somit ungültig ist.

Recursion Desired

Das Recursion Desired-Feld definiert, dass von dem Subdomain Name Server die Internet-Adresse zu dem logischen Namen erwartet wird. Kann der Subdomain Name Server auf die Query nicht antworten, so wird die Anfrage an den Domain Name Server weitergeleitet. Wird dieses Bit in einer Anfrage nicht gesetzt, so antwortet der Subdomain Name Server nur mit der Adresse des Domain Name Servers, der die Anfrage beantworten kann.

Recursion Available

Das Recursion Available-Feld definiert, ob der Name-Server den Recursions-Mechanismus unterstützt. Dieses Bit wird nur bei Antworten gesetzt.

Z-Feld

Reserviert für zukünftige Entwicklungen. Das Z-Feld muss bei Queries und Responses immer auf den Wert 0 gesetzt sein.

Response Code

Das Response Code-Feld wird nur bei DNS Replies benutzt. Folgende Response Codes sind festgelegt:

0	Kein Fehler
1	Format-Fehler in Anfrage
2	Server-Fehler
3	Name existiert nicht
4	Parameter wird vom Name Server nicht unterstützt
5	Name Server lehnt die Antwort ab
6-15	Reserviert

Number of Questions

Das Number-of-Questions-Feld definiert die Anzahl der Anfragen in der Question Section.

Number of Answers

Das Number-of-Answers-Feld definiert die Anzahl der Antworten in der Answers Section.

Number of Authority

Das Number-of-Authority-Feld definiert die Anzahl der Resource Records in der Authority Section.

Number of Additional

Das Number-of-Additional-Feld definiert die Anzahl der Resource Records in der Additional Information Section.

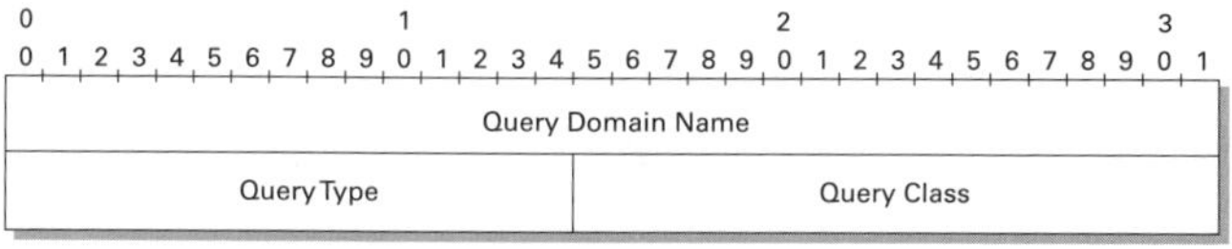

Abbildung 9.28: Question Section Message Header

Query Domain Name

Der Domain Name besteht aus einer Sequenz von Labeln. Jedes Label besteht aus einem Längenoktett und den Daten. Ein Domain-Name wird immer mit einem Null-Label abgeschlossen.

Query-Typ

Der Query-Typ definiert den Typ der Anfrage. Folgende Query-Typen sind festgelegt:

Name	Wert	Erklärung
A	1	Host-Adresse
NS	2	Authority Name Server
MD	3	ersetzt durch Mail Exchange
MF	4	ersetzt durch Mail Exchange
CNAME	5	Alias-Namen
SOA	6	Markiert den Start einer Authority Zone
MB	7	Mailbox Domain Name (Experiment)
MG	8	Mailbox Group Member (Experiment)
MR	9	Mail Rename Domain Member (Experiment)
Null	10	Null Resource Record (Experimental)
WKS	11	Well-known Service-Beschreibung
PTR	12	Domain Name Pointer
HINFO	13	Host Information
MINFO	14	Mailbox oder Maillist Info
MX	15	Mail Exchange
TXT	16	Text String
AAAA	28	IPv6-Adresse
AXFR	252	Request für Transfer einer ganzen Zone

Name	Wert	Erklärung
MAILB	253	Request für Mailbox Records
MAILA	254	wird nicht mehr benutzt
*	255	Request für alle Records

Query Class

Durch das Query-Class-Feld werden die Anfragen in Klassen eingeteilt. Folgende Query-Klassen sind definiert:

Klasse	Wert	Beschreibung
IN	1	Internet
CS	2	wird nicht mehr benutzt
CH	3	Chaos Class
HS	4	Hesiod
*	255	alle Klassen

Answer Section Message Header

Das Format der Answer Section ist identisch mit dem Resource Record-Format.

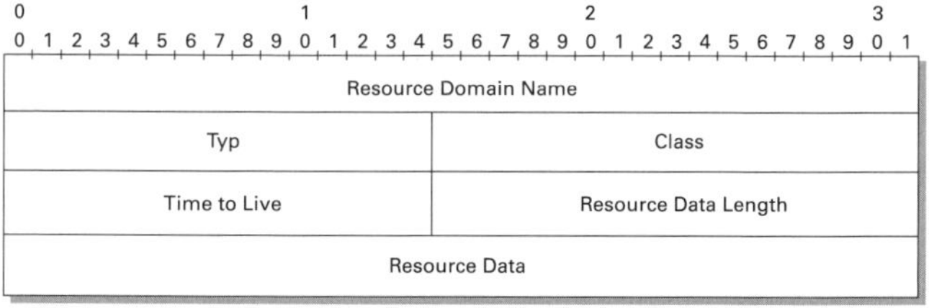

Abbildung 9.29: Resource Record Format

Resource Domain Name

Der Resource Domain-Name entspricht dem Domain-Namen, zu dem im Data-Feld die Informationen zu finden sind.

Type

Dieses Feld legt den Datentyp im Data-Feld fest.

Folgende Typen sind definiert:

Typ	Wert	Beschreibung
A	1	Host-Adresse
NS	2	Authority Name Server
MD	3	ersetzt durch Mail Exchange
MF	4	ersetzt durch Mail Exchange
CNAME	5	Alias-Namen
SOA	6	Markiert den Start einer Authority Zone
MB	7	Mailbox Domain Name (Experiment)
MG	8	Mailbox Group Member (Experiment)
MR	9	Mail Rename Domain Member (Experiment)
Null	10	Null Resource Record (Experimental)
WKS	11	Well-known Service-Beschreibung
PTR	12	Domain Name Pointer
HINFO	13	Host Information
MINFO	14	Mailbox oder Maillist Info
MX	15	Mail Exchange
TXT	16	Text String
AAAA	28	IPv6-Adresse

Class

Im Resource Record Class-Feld wird die Klasse der Daten im Data-Feld festgelegt. Folgende Resource Record-Klassen sind definiert:

Class	Wert	Beschreibung
IN	1	Internet
CS	2	wird nicht mehr benutzt
CH	3	Chaos Class
HS	4	Hesiod

Time-to-Live

Gibt die maximale Zeit (in Sekunden) an, die eine Resource Record-Meldung im Cache-Speicher des Empfängers gespeichert werden kann. Nach Ablauf dieser Zeit muss die Message gelöscht werden.

Length

Das Length-Feld definiert die Länge (in Byte) des Data-Feldes.

Data

Im Data-Feld befinden sich die eigentlichen Daten.

ICMPv6

Internet Control Message Protocol Version 6

Das Internet Control Message Protocol Version 6 (ICMPv6) ist neben dem Hauptprotokoll, dem Internet-Protokoll Version 6 (IPv6), als ein Hilfsprotokoll auf der Netzwerk-Schicht (Layer 3) angesiedelt. Mit dem ICMP-Protokoll werden Fehlermeldungen und Informationsmeldungen zwischen Rechnern am Netz ausgetauscht. Das ICMPv6-Protokoll wird immer mit einem vorangestellten IPv6-Header verschickt. Im IPv6 Next-Header wird das nachfolgende ICMPv6-

Protokoll durch den Wert 58 gekennzeichnet. Das ICMPv6-Protokoll muss vollständig in allen IPv6-Rechnern implementiert sein. Die Meldungen des Internet Control Message-Protokolls sind in die zwei Klassen Fehlermeldungen und Informationsmeldungen unterteilt.

Das ICMP-Protokoll baut auf dem IPv6-Protokoll auf, d.h., es wird von IPv6 behandelt, als sei es ein Protokoll einer höheren Schicht. ICMPv6-Daten werden immer mit einem vollständigen IPv6-Header verschickt, die eigentlichen ICMPv6-Meldungen befinden sich im anschließenden IP-Datenteil. Eine ICMPv6 Message hat folgendes Format:

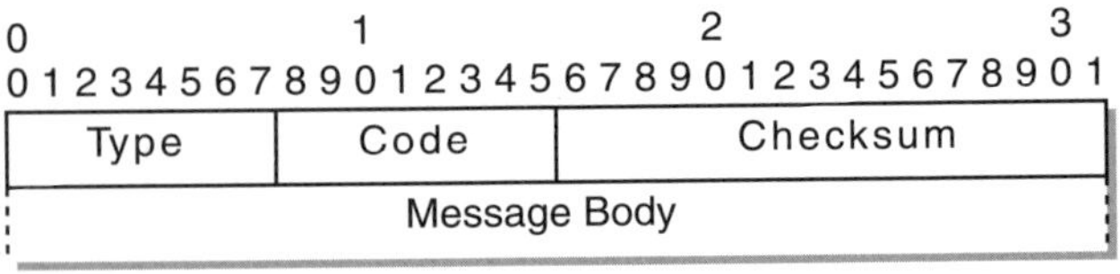

Abbildung 9.30: Format einer ICMPv6-Meldung

ICMP-Typnummer

Die ICMP-Typnummer dient zur Unterscheidung der einzelnen ICMP-Meldungen.

ICMP Code

Durch den ICMP Code werden die einzelnen ICMPv6-Meldungen detaillierter beschrieben.

ICMPv6 Header Checksum

Enthält eine Prüfsumme, die sich aus folgenden Komponenten zusammensetzt: IPv6 Source-Adresse, IPv6 Destination-Adresse, IPv6 Payload-Länge und Next Header-Typ. Der Algorithmus besteht darin, das Einerkompliment aller oben genannten Datenelemente zu addieren und daraus das Einerkomplement der Summe zu bilden.

ICMPv6-Daten

Enthält die eigentliche ICMPv6-Meldung

Destination Unreachable Message

Dem Sender eines Datagramms wird durch die Destination Unreachable-Meldung der Grund mitgeteilt, weshalb das Datagramm nicht übermittelt werden konnte.

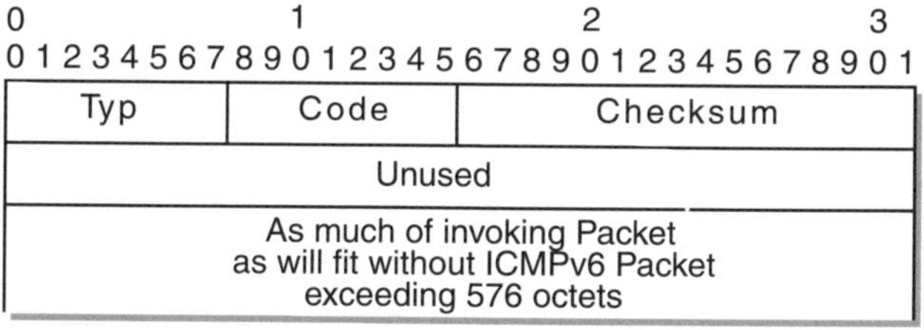

Abbildung 9.31: Format einer Destination Unreachable-Meldung

ICMP-Typnummer

Die ICMP-Typnummer dient zur Unterscheidung der einzelnen ICMP-Meldungen. Die Destination Unreachable-Meldung ist als Typ = 1 definiert.

ICMP Code

Durch den ICMP Code in der Destination Unreachable-Meldung wird dem Sender eines Datagramms mitgeteilt, weshalb das Datagramm nicht übermittelt werden konnte. Folgende Destination Unreachable Codes sind definiert:

0= Netz nicht erreichbar

1= Kommunikation mit Zielrechner aus administrativen Gründen nicht möglich

2= kein Nachbar

3= Adresse nicht verfügbar

4= Port nicht erreichbar

Unused

Dieses Feld wird im Moment nicht benutzt. Es wird beim Sender immer mit 0-Werten gefüllt und vom Empfänger ignoriert.

ICMP-Daten

In dem ICMP-Datenfeld werden aus dem die ICMP Message verursachenden IPv6-Paket die ersten 576 Oktetts eingefügt.

Packet-Too-Big Message

Eine Packet-Too-Big-Meldung muss von einem Router erzeugt werden, wenn ein empfangenes Datenpaket auf dem Pfad zum Empfänger nicht übermittelt werden kann, da die Paketgröße die MTU des Links übersteigt. Die Packet-Too-Big Message stellt eine der definierten Ausnahmen bei der Erzeugung von ICMPv6-Fehlermeldungen dar. Diese Fehlermeldung wird auch als Reaktion auf ein Paket mit einer IPv6 Multicast Destination-Adresse einer Link Layer Multicast- oder einer Link Layer Broadcast-Adresse generiert.

0 1 2 3
0 1 2 3 4 5 6 7 8 9 0 1 2 3 4 5 6 7 8 9 0 1 2 3 4 5 6 7 8 9 0 1

Typ	Code	Checksum
MTU		
As much of invoking Packet as will fit without ICMPv6 Packet exceeding 576 octets		

Abbildung 9.32: Format einer Packet-Too-Big Message

ICMP-Typnummer

Die ICMP-Typnummer dient zur Unterscheidung der einzelnen ICMP-Meldungen. Die Paket-Too-Big-Meldung ist als Typ = 2 definiert.

ICMP Code

Bei der Paket-Too-Big Message muss der ICMP Code immer auf den Wert = 0 gesetzt werden.

ICMP MTU

In diesem Feld wird die Maximum Transmission Unit (MTU) des nächsten Hop-Links festgelegt.

ICMP-Daten

In dem ICMP-Datenfeld werden aus dem die ICMP Message verursachenden IPv6-Paket die ersten 576 Oktetts eingefügt.

Time Exceeded Message

Empfängt ein Router ein Datenpaket, dessen Hop Limit auf den Wert = 0 gesetzt, ist oder ein Router setzt dieses Feld bei der Verarbeitung auf diesen Wert, so muss das betreffende Datenpaket verworfen werden und eine ICMPv6 Time Exceeded Message (Code = 0) an den Verursacher des Paketes übermittelt werden. In diesem Fall bedeutet die Fehlermeldung, dass entweder ein Routing Loop besteht oder der ursprüngliche Hop Limit-Wert für den betreffenden Pfad zu klein gewählt wurde.

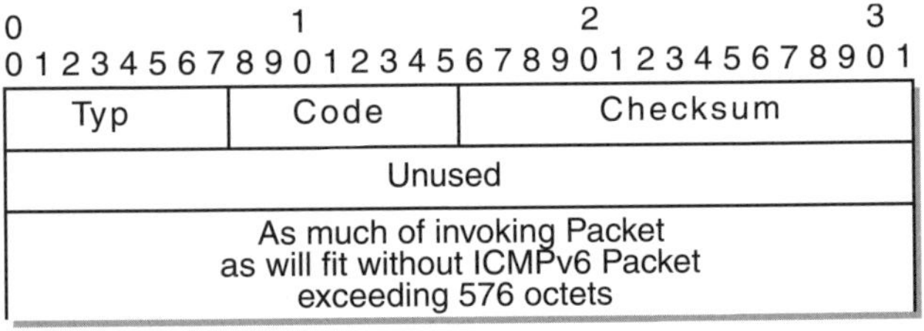

Abbildung 9.33: Format einer Time Exceeded Message

ICMP-Typnummer

Die ICMP-Typnummer dient zur Unterscheidung der einzelnen ICMP-Meldungen. Die Time Exceeded-Meldung ist als Typ = 3 definiert.

ICMP Code

Durch den ICMP Code in der Time Exceeded-Meldung wird dem Sender eines Datagramms mitgeteilt, weshalb das Datagramm nicht übermittelt werden konnte. Folgende Time Exceeded Codes sind definiert:

0 = Bei der Übertragung durch das Internet wurde das Hop Limit des Datagramms überschritten.

1 = Beim Reassemblierungsprozess wurde die hierfür maximal zulässige Zeit überschritten.

Unused

Dieses Feld wird im Moment nicht benutzt. Es wird beim Sender immer mit 0-Werten gefüllt und vom Empfänger ignoriert.

ICMP-Daten

In dem ICMP-Datenfeld werden aus dem die ICMP Message verursachenden IPv6-Paket die ersten 576 Oktetts eingefügt.

Parameter Problem Message

Dem Sender eines Datagramms wird durch die Parameter Problem-Meldung der Grund mitgeteilt, weshalb das Datagramm nicht übertragen bzw. nicht verarbeitet werden konnte. Ein solches Paket wird vom Empfänger verworfen und im Anschluss daran wird eine Parameter Problem Message erzeugt, die den jeweiligen Fehler genauer beschreibt. Anhand des Pointers wird das Datenoktett im Originaldatagramm angezeigt, in dem der jeweilige Fehler festgestellt wurde. Beispielsweise signalisiert eine ICMPv6 Message mit dem Typfeld = 4, dem Codefeld = 1 und einem Pointer-Wert = 48, dass in der auf den IPv6-Header folgenden IPv6-Header-Extension ein unbekannter Next Header-Wert eingetragen wurde.

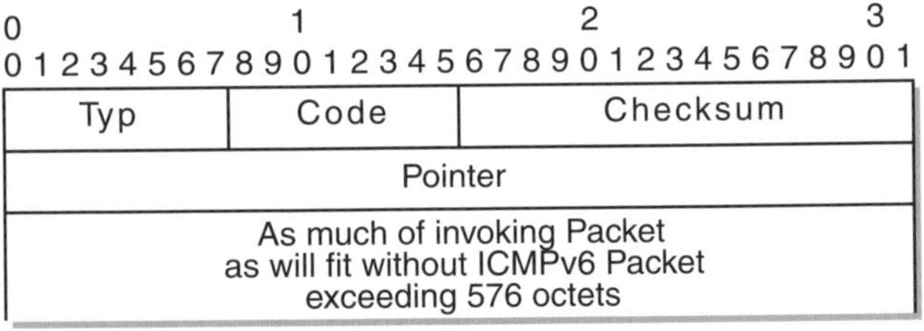

Abbildung 9.34: Format einer Parameter Problem-Meldung

ICMP-Typnummer

Die ICMP-Typnummer dient zur Unterscheidung der einzelnen ICMP-Meldungen. Die Parameter Problem-Meldung ist als Typ 4 definiert.

ICMP Code

Durch den ICMP Code in der Parameter Problem-Meldung wird dem Sender eines Datagramms mitgeteilt, weshalb das Datagramm nicht übermittelt werden konnte. Folgende Parameter Problem Codes sind definiert:

0 = Der Pointer im ICMPv6-Protokoll zeigt auf das Header-Feld im Datagramm, in dem ein Fehler festgestellt wurde.

1 = Der Pointer im ICMPv6-Protokoll zeigt auf das Header-Feld im Datagramm, in dem ein unbekannter Next Header-Typ festgestellt wurde.

2 = Der Pointer im ICMPv6-Protokoll zeigt auf das Header-Feld im Datagramm, in dem eine unbekannte IPv6-Option festgestellt wurde.

Pointer

Der Wert im Pointer-Feld zeigt auf das Oktett im Datagramm, in dem ein Fehler festgestellt wurde.

ICMP-Daten

In dem ICMP-Datenfeld werden aus dem die ICMP Message verursachenden IPv6-Paket die ersten 576 Oktetts eingefügt.

Echo Request Message

Vom Sender wird an einen IPv6-Rechner/Knoten im Netz ein Echo Request-Datagramm gesendet. Der darin enthaltene Daten-String sollte von dieser Station wieder vollständig mit Hilfe der Echo Reply-Funktion zurückgeschickt werden. Alle IPv6-Implementierungen müssen die ICMPv6 Echo Request/Reply-Funktion unterstützen.

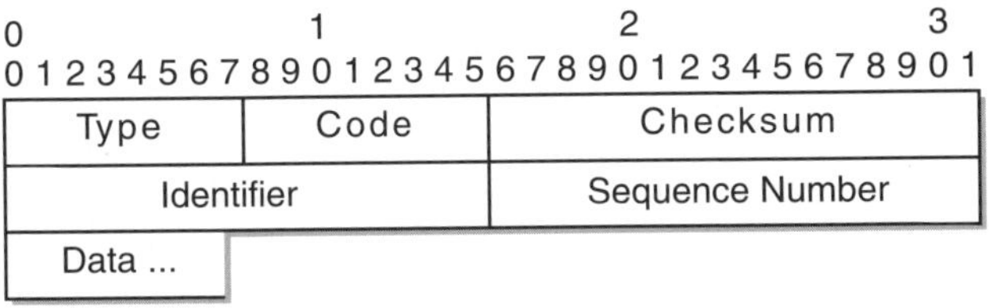

Abbildung 9.35: Echo Request-Format

ICMP-Typnummer

Die ICMP-Typnummer dient zur Unterscheidung der einzelnen ICMP-Meldungen. Die ICMP Echo Request-Meldungen sind mit dem Typ 128 definiert.

ICMP Code

Beim Echo Request hat der ICMP Code immer den Wert = 0.

ICMP Echo-Identifikator

Der ICMP Echo-Identifikator wird vom Sender des Datagramms erzeugt und dient zur eindeutigen Identifizierung des Prozesses. Bei einer Antwort auf ein Echo Request-Paket wird das Antwortpaket an diesen Port zurückgeschickt.

ICMP Echo-Sequenznummer

Der Sender eines Echo Paketes nummeriert die Datagramme fortlaufend. Der Empfänger benutzt die gleiche Sequenznummer bei der Echoantwort. Der Sender überprüft dadurch auf sehr einfache Art die Richtigkeit der Echo Antworten.

ICMP-Echodaten

Die ICMP-Echodaten enthalten einen Echo String, der vom Empfänger an den Sender zurückgeschickt wird.

Echo Reply Message

Wird von einem IPv6-Rechner/Knoten ein Echo Request-Datagramm gesendet, so muss der darin enthaltene Daten-String wieder mit Hilfe der Echo Reply-Funktion an den Absender zurückgeschickt werden. Alle IPv6-Implementierungen müssen die ICMPv6 Echo Request/Reply-Funktion unterstützen.

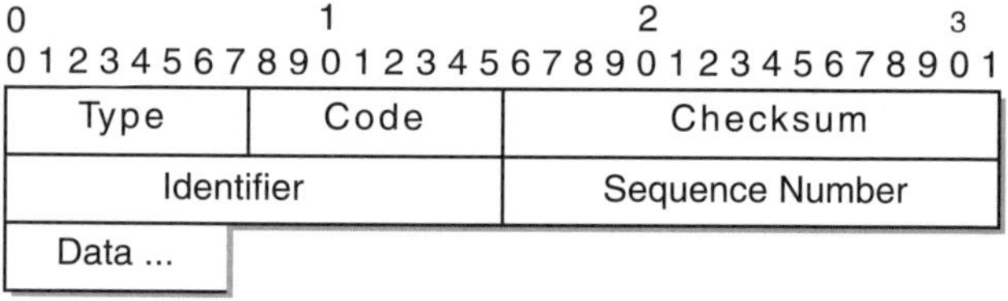

Abbildung 9.36: Echo Reply Message

ICMP-Typnummer

Die ICMP-Typnummer dient zur Unterscheidung der einzelnen ICMP-Meldungen. Die ICMP Echo Reply-Meldungen sind mit dem Typ 129 definiert.

ICMP Code

Beim Echo Reply hat der ICMP Code immer den Wert = 0.

ICMP Echo-Identifikator

Der ICMP Echo-Identifikator wird vom Sender des Datagramms erzeugt und dient zur eindeutigen Identifizierung des Prozesses. Bei einer Antwort auf ein Echo Request-Paket wird das Antwortpaket immer an diesen Port zurückgeschickt.

ICMP Echo-Sequenznummer

Der Sender eines Echo-Paketes nummeriert die Datagramme fortlaufend. Der Empfänger benutzt die gleiche Sequenznummer bei der Echoantwort. Der Sender überprüft dadurch auf sehr einfache Art die Richtigkeit der Echoantworten.

ICMP-Echodaten

Die ICMP-Echodaten enthalten einen Echo String, der vom Empfänger an den Sender zurückgeschickt wird.

Group Membership Messages

Alle IPv6-Rechner benutzen die Host Membership Query Messages, um festzustellen, welche Host/Router Groups sich auf dem angeschlossenen lokalen Netz befinden. Die Group Membership Query Messages werden immer an die jeweilige Multicast-Adresse der gesuchten Gruppe oder die gesuchte Link Local All Nodes Multicast-Adresse geschickt. Alle Rechner/Router, die in der Lage sind, die Membership Query Messages zu empfangen und zu interpretieren, antworten darauf mit Membership Report Messages. In der Report

Message wird jede Host/Router-Gruppe gemeldet, zu der der Rechner/Router auf diesem Netzwerk gehört.

Die ICMPv6 Group Membership Messages haben folgendes Format:

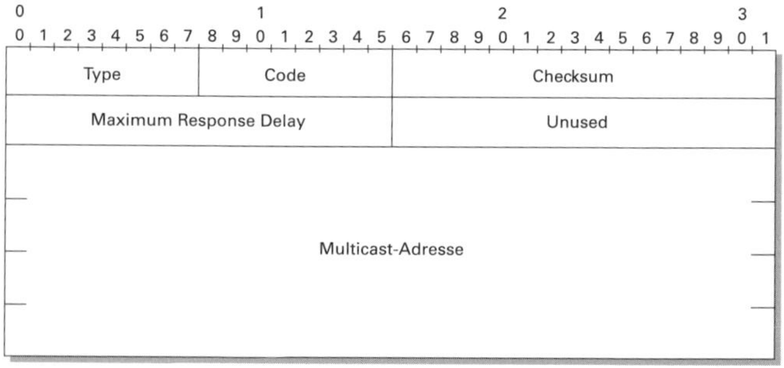

Abbildung 9.37: Format einer ICMPv6 Group Membership Message

Destination-Adresse

In einer Group Membership Query Message wird als Zieladresse immer die jeweilige Multicast-Adresse der gesuchten Gruppe oder die gesuchte Link Local All Nodes Multicast-Adresse eingesetzt.

Typ

Das Type-Feld definiert den Typ der Group Membership Message. Dieses Feld unterscheidet zwischen folgenden Typen:

130 Group Membership Query

131 Group Membership Report

132 Group Membership Reduction

Code

Das Code-Feld wird bei einer ICMPv6 Group Membership Message immer auf den Wert = 0 gesetzt.

Maximum Response Delay

In einer Query Message wird in diesem Feld festgelegt, wie lange (in Millisekunden) eine Antwort verzögert werden kann. In Report und Termination Messages wird dieses Feld immer auf den Wert 0 gesetzt und vom Empfänger ignoriert.

Unused

Dieses Feld wird im Moment nicht benutzt. Es wird beim Sender immer mit 0-Werten gefüllt und vom Empfänger ignoriert.

Multicast-Adresse

Enthält die Adresse der Multicast-Gruppe, an die die ICMPv6-Meldung gesendet wird. In einer Query Message kann die Multicast-Adresse auch auf den Wert = 0 gesetzt sein. Diese Adresse bedeutet, dass die Message nach allen Gruppen anfragt.

IPv6

IP-Version 6

Jedes Datagramm wird vom IPv6-Protokoll als ein einziges vollkommen unabhängiges Datenpaket vom Sender durch das Netz zum Empfänger übermittelt. Bei dem Internet-Protokoll findet kein Verbindungsaufbau oder Verbindungsabbau statt. Für jedes Datagramm wird innerhalb des Netzes ein von weiteren Datagrammen unabhängiger Weg ermittelt. Auf dem Weg zum Empfänger können sich die Datagramme überholen und in geänderter Reihenfolge beim Empfänger eintreffen. Die Aufgabe, die Pakete in die richtige Reihenfolge zu bringen, überlässt das Internet-Protokoll den Protokollen auf der

Transportschicht. Das Internet-Protokoll stellt außerdem keine gesicherte Verbindung zur Verfügung. Dies bedeutet, dass Datenpakete auf dem Weg zwischen Sender und Empfänger verloren gehen können. Das IP verlässt sich dabei völlig auf die Protokolle der höheren Ebenen, die den Verlust der Daten feststellen und die Sendewiederholung dieser Daten erneut initiieren. Das Internet-Protokoll ist auch nicht in der Lage, von der darunter liegenden Schicht abgelehnte Datagramme neu zu generieren und erneut zu übertragen.

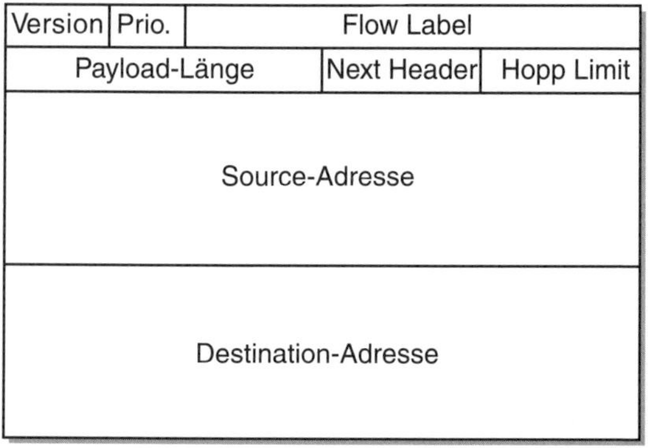

Abbildung 9.38: IPv6-Header-Format

Version

Das Versionsfeld gibt die verwendete Version des IP-Headers an. Das vorliegende Buch beschreibt die Version 6. Das Versionsfeld gibt die Version des Protokolls an, zu dem das Datagramm gehört.

Priorität

Definiert den Prioritätswert des jeweiligen Paketes

Flow Label

Definiert die spezielle Behandlung bei der Übermittlung des jeweiligen Paketes

Payload-Länge

Die Payload-Länge gibt den auf den IPv6-Header folgenden Rest des Paketes in Anzahl der darin enthaltenen Oktetts an. Wird dieses Feld auf den Wert = 0 gesetzt, so wird signalisiert, dass die Payload-Länge als Funktion der Jumbo-Payload Hop-by-Hop-Option dargestellt wird.

Next Header

Im Protokollfeld wird definiert, welches höhere Protokoll als Nächstes dem Datenteil vorangestellt ist. Die den höheren Protokollen zugeteilten Nummern werden in den so genannten Assigned Internet Protocol Numbers veröffentlicht. Beim IPv6-Protokoll wird das jeweilige Protokoll der vierten Schicht spezifiziert.

Hop Limit

Das Hop Limit-Feld definiert die verbleibende Lebensdauer eines Datagramms im Netz. Fällt der Wert auf null, muss das Datagramm zerstört werden. Als Basis der Hop Limit-Funktion dient der Begriff Hop. Ein Hop beschreibt den Sprung von einem Netz zu einem anderen Netz, der mit Hilfe eines Routers durchgeführt wird. Bei jeder Übertragung durch einen Router wird dieser Wert um mindestens eine Einheit herabgesetzt.

IP Source-Adresse

Das IP Source-Adressfeld enthält die Internet-Adresse des Rechners, der das Datagramm erzeugt hat. Die Codierung der IP Source-Adresse erfolgt hexadezimal.

IP Destination-Adresse

Enthält die Internet-Adresse des Rechners, für den das Datagramm bestimmt ist. Die Codierung der IP Destination-Adresse erfolgt hexadezimal.

IPv6-Header-Erweiterungen

Beim IPv6 können optionale Internet Layer-Funktionen in separaten Headern codiert werden. Diese Header werden direkt an den IPv6-Header angehängt. Diese optionalen Header werden durch das Next Header-Feld gekennzeichnet. Ein IPv6-Paket kann dadurch aus dem reinen IPv6-Header (keine Header-Erweiterung) oder dem IPv6 und ein bis mehreren Extension-Headern bestehen.

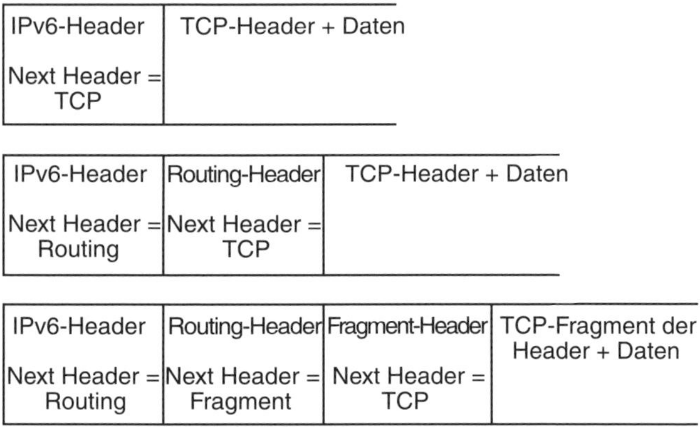

Abbildung 9.39: Beispiele für IPv6-Header

Diese Extension Header-Typen haben folgendes Format:

Optionstyp	Opt Data Len	Option Data

Optionstyp

Der Optionstyp legt fest, welche Typ-Längen-Werte im Paket enthalten sind. Die zwei Bits der höchsten Ordnung im Optionstyp legen die jeweilige Aktion fest. Das dritte Bit definiert, ob die Optionsdaten für die jeweiligen Routen auf dem Weg zum Zielrechner geändert werden können. Die nachfolgenden Bits definieren die spezifischen Alignment-Anforderungen.

Die zwei Bits der höchsten Ordnung

Die zwei Bits der höchsten Ordnung im Optionstyp legen die jeweilige Aktion für die Option fest, wenn der empfangende IPv6-Rechner den jeweiligen Optionstyp nicht verarbeiten kann. Es wurden folgende Werte festgelegt:

- **00** Die Option kann übersprungen werden und die Verarbeitung des Headers wird fortgeführt.
- **01** Das Paket wird verworfen.
- **10** Das Paket wird verworfen und es wird ein ICMP-Parameter-Problem (Code 2) zum ursprünglichen Absender des Paketes geschickt.
- **11** Das Paket wird nur dann verworfen, wenn es sich bei der Destination-Adresse um keine Multicast-Adresse handelt. In diesem Fall wird ein ICMP-Parameter-Problem (Code 2) zum ursprünglichen Absender des Paketes geschickt.

Das dritthöchste Bit

Das dritthöchste Bit im Optionstyp legt fest, ob die Optionsdaten der jeweiligen Option auf dem Weg zum Zielrechner pro Route geändert werden können. Es wurden folgende Werte festgelegt:

0 Die Optionsdaten dürfen nicht pro Route geändert werden.

1 Die Optionsdaten können pro Route geändert werden.

Die individuellen Optionen sollten immer so gewählt werden, dass die Multi-Oktett-Werte der Optionsdaten im 32-Bit-Format (den so genannten natural boundaries) enden. Eine Option wird deshalb wie folgt definiert:

x n + y

xn+y bedeutet: Der Optionstyp ist immer ein Vielfaches des X-Oktetts vom Start des Headers plus y Oktett.

2n bedeutet: jeder 2 Oktett Offset vom Start des Headers

8n+2 bedeutet: jeder 8 Oktett Offset vom Start des Headers plus 2 Oktett

Um sicherzustellen, dass das Paketformat von aufeinander folgenden Optionen und Header-Informationen und die daran anschließenden Header immer über ein Vielfaches des 8-Bit-Formats verfügen, wurden zwei Padding-Optionen definiert. Diese Padding-Optionen müssen von allen IPv6-Implementierungen unterstützt werden:

Pad1-Option

0

Das Format der Pad1-Option ist ein Spezialfall, da diese Option über kein Längen- und Wertefeld verfügt. Die Pad1-Option wird nur verwendet, um ein Oktett an Padding-Information in das Optionsfeld eines Headers einzufügen. Müssen mehr als ein Oktett an Padding-Informationen eingefügt werden, so sollte die PadN-Option verwendet werden.

PadN-Option

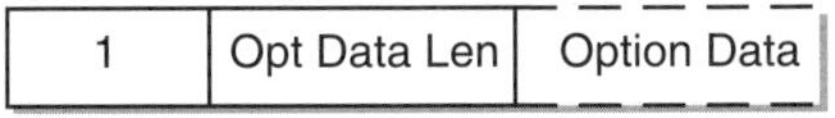

Die PadN-Option wird nur verwendet um zwei oder mehr Oktett an Padding-Information in das Optionsfeld eines Headers einzufügen. Die N Oktett an Padding-Informationen werden über das Option Data-Länge-Feld definiert (z.B. N = 2). Aus diesem Grund werden in die Optionsdaten zwei Oktetts mit dem Wert 0 eingefügt.

Hop-by-Hop Options-Header

Mit dem Hop-by-Hop Options-Header können zusätzliche Optionsdaten in ein Paket eingefügt werden. Diese zusätzlichen Informationen müssen von allen Rechnern entlang des Kommunikationspfads verarbeitet werden. Der Hop-by-Hop Options-Header wird durch einen Next Header-Wert = 0 im IPv6-Header angezeigt. Der Hop-by-Hop Options-Header hat folgendes Format:

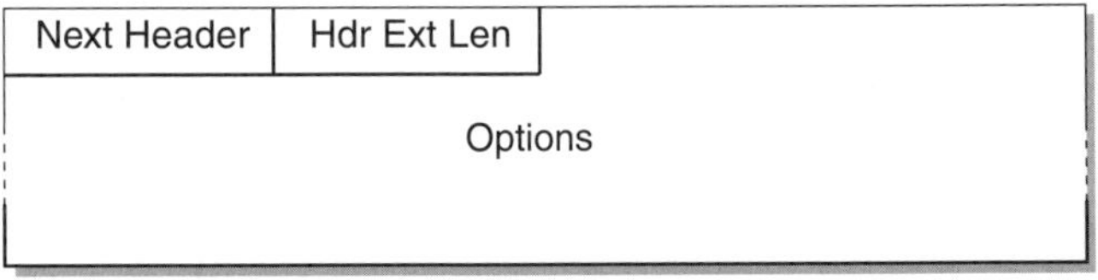

Abbildung 9.40: Format des Hop-by-Hop Options-Header

Next Header

Dient zur Identifizierung des auf den Hop-by-Hop Options-Header direkt folgende höhere Protokoll. Folgende Werte sind festgelegt:

Wert (dezimal)	Protokoll	Beschreibung
1	ICMP	Internet Control Message
2	IGMP	Internet Group Management
6	TCP	Transmission Control
8	EGP	Exterior Gateway Protocol
9	IGP	any private interior gateway
17	UDP	User Datagram
80	ISO-IP	ISO Internet Protocol
89	OSPFIGP	OSPFIGP

Header Extention Length

Definiert die Länge des Hop-by-Hop Options-Header in 8 Oktett-Einheiten. Die ersten 8 Oktetts werden dabei nicht mitgezählt.

Optionen

Das variable Längenfeld sorgt dafür, dass der komplette Hop-by-Hop Options-Header immer als ein Vielfaches von 8 Oktetts endet. Das Optionsfeld enthält eine oder mehrere TLV-codierte Optionen.

Jumbo Payload-Option

Die Jumbo Payload-Option wird immer dann verwendet, wenn IPv6-Pakete mit einer längeren Payload als 65535 Oktetts übermittelt werden sollen. Die Jumbo Payload-Länge entspricht der Länge aller

Oktetts, die in dem jeweiligen Paket (ohne den IPv6-Header) übertragen werden. Werden von einem Rechner Jumbo Payload-Optionspakete empfangen, deren Länge geringer oder gleich 65535 ist, so muss eine ICMP Parameter Problem Message (Code 0) an den Absender generiert werden. Im ICMP-Paket wird durch einen Pointer auf die ungültige Länge verwiesen. Wird eine Jumbo Payload-Option übertragen, so muss das Payload-Längenfeld im IPv6-Header immer auf den Wert = 0 gesetzt werden. Werden von einem Rechner gültige Jumbo Payload-Optionspakete empfangen, in deren IPv6-Header das IPv6 Payload-Längenfeld nicht auf den Wert = 0 gesetzt wurde, so muss eine ICMP Parameter Problem Message (Code 0) an den Absender generiert werden. Im ICMP-Paket wird durch einen Pointer auf das Option-Typfeld in der Jumbo Payload-Option verwiesen.

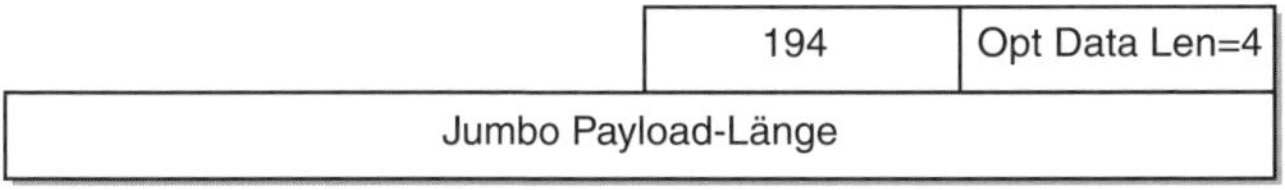

Abbildung 9.41: Jumbo Payload-Option

Routing Header

Durch den Routing Header ist ein IPv6-Sender in der Lage, anhand einer beliebig langen Tabelle von Router-Adressen den genauen Weg durch ein Netzwerk festzulegen. Der Routing Header wird durch einen Next Header-Wert = 43 im IPv6-Header angezeigt. Der Routing Header hat folgendes Format:

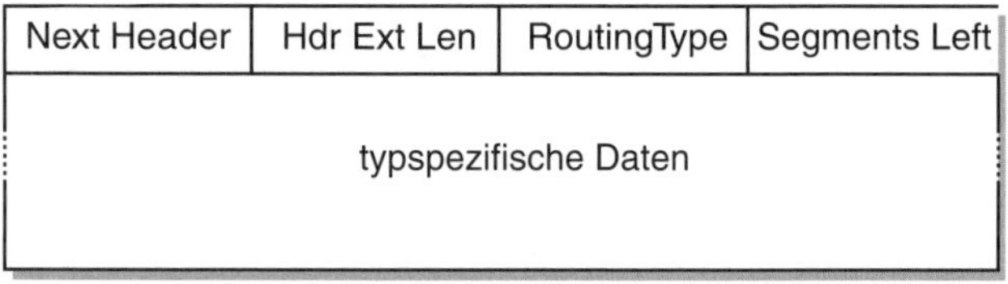

Abbildung 9.42: Format des Routing Header

Next Header

Dient zur Identifizierung des auf den Routing Header direkt folgenden höheren Protokolls. Folgende Werte sind festgelegt:

Wert (dezimal)	Protokoll	Beschreibung
1	ICMP	Internet Control Message
2	IGMP	Internet Group Management
6	TCP	Transmission Control
8	EGP	Exterior Gateway Protocol
9	IGP	any private interior gateway
17	UDP	User Datagram
80	ISO-IP	ISO Internet Protocol
89	OSPFIGP	OSPFIGP

Header Extension Length

Die Länge des Routing Header ausgedrückt in 8-Okett-Einheiten. Das Längefeld enthält nicht die ersten 8 Oktetts des Headers.

Routing Type

Anhand dieses Identifikators wird der jeweilige Routing Header festgelegt.

Segments Left

Anzahl der verbleibenden Routen (Routern) zwischen dem momentanen Router und dem Zielrechner

Typ-spezifische Daten

Das variable Längenfeld sorgt dafür, dass der komplette Routing Header immer als ein Vielfaches von 8 Oktetts endet. Wird von einem Rechner ein Routing Header verarbeitet, in dem ein unbekannter Routing-Typ festgestellt wurde, so muss das Paket verworfen werden. Enthält dieses Paket eine andere Adresse als eine Multicast-Adresse, so muss eine ICMP Parameter Problem Message (Code 0) an den Absender generiert werden. Im ICMP-Paket wird durch einen Pointer auf das unbekannte Routing-Typfeld verwiesen.

Ein Typ 0-Routing Header hat folgendes Format:

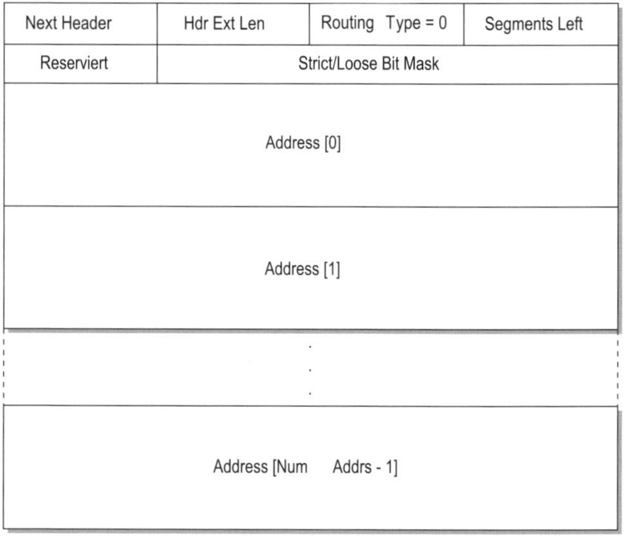

Abbildung 9.43: Format eines Typ 0-Routing Header

Next Header

Dient zur Identifizierung des auf den Typ 0-Routing Header direkt folgenden höheren Protokolls. Folgende Werte sind festgelegt:

Wert (dezimal)	Protokoll	Beschreibung
1	ICMP	Internet Control Message
2	IGMP	Internet Group Management
6	TCP	Transmission Control
8	EGP	Exterior Gateway Protocol
9	IGP	any private interior gateway
17	UDP	User Datagram
80	ISO-IP	ISO Internet Protocol
89	OSPFIGP	OSPFIGP

Header Extension Length

Die Länge des Routing Header ausgedrückt in 8-Okett-Einheiten. Das Längefeld enthält nicht die ersten 8 Oktetts des Headers.

Routing Type

Definiert den jeweiligen Routing Typ = 0

Segments Left

Anzahl der verbleibenden Routen (Routern) zwischen dem momentanen Router und dem Zielrechner. In einem Typ 0-Routing Header können maximal 23 Adresseinträge vorgenommen werden.

Reserved

Wird beim Versenden von Paketen immer auf den Wert = 0 gesetzt und beim Empfang ignoriert.

Strict/Loose Bit Mask

Die 24-Bit-Maske (0 bis 23) definiert für alle IP-Geräte innerhalb einer Route, ob es sich bei der nächsten Zieladresse um einen direkten Nachbarn (1= strict) oder um einen wahlfreien Rechner (0 = Loose) handelt.

0	1	2	3	4	5	6	7	8	9	10	11	12	13	14	15	16	17	18	19	20	21	22	23

Abbildung 9.44: Strict/Loose Bit-Maske

Wird das Bit 0 der Strict/Loose Bit Mask auf den Wert = 1 gesetzt, so muss das Destination Address-Feld im IPv6-Header des Senders die Zieladresse eines Nachbarn enthalten. Wird das Bit 0 der Strict/Loose Bit Mask auf den Wert = 0 gesetzt, so kann das Destination Address-Feld im IPv6-Header jede gültige Adresse enthalten.

Fragment Header

Der Fragment Header wird von allen IPv6-Rechnern zur Versendung von großen Datenpaketen verwendet, die die Kapazität der Path MTU übersteigen. Im Gegensatz zum IPv4-Protokoll wird beim IPv6 die Fragmentierung von Daten nicht mehr von den Routern entlang eines Kommunikationspfads, sondern nur vom Sender vorgenommen. Dadurch werden die Router entlastet und können sich auf ihre eigentliche Aufgabe, das Vermitteln von Paketen zwischen Netzen, konzentrieren. Ein Fragment Header wird durch den Next Header-Wert = 44 im direkt vorangestellten Header identifiziert.

Next Header	Reserved	Fragment Offset	Res	M
Identifikation				

Abbildung 9.45: Der Fragment Header

Next Header

Dient zur Identifizierung des auf den Fragment Header direkt folgenden höheren Protokolls. Folgende Werte sind festgelegt:

Wert (dezimal)	Protokoll	Beschreibung
1	ICMP	Internet Control Message
2	IGMP	Internet Group Management
6	TCP	Transmission Control
8	EGP	Exterior Gateway Protocol
9	IGP	any private interior gateway
17	UDP	User Datagram
80	ISO-IP	ISO Internet Protocol
89	OSPFIGP	OSPFIGP

Reserved

Wird beim Versenden von Paketen immer auf den Wert = 0 gesetzt und beim Empfang ignoriert

Fragment Offset

Dieses Feld gibt die Lage der Fragmentdaten relativ zum Anfang des Datenblocks im ursprünglichen Datagramm an. Das Fragment Offset definiert die Lage des jeweiligen Fragments als ein Vielfaches von 8 Bytes (Grundeinheit der Fragmentierung).

Reserved

Wird beim Versenden von Paketen immer auf den Wert = 0 gesetzt und beim Empfang ignoriert

M Flag

Dieses Feld enthält das More Flag (das zur Positionierung eines Fragments im ursprünglichen Datagramm dient). Das More Flag = 1 definiert, dass weitere Fragmente folgen, der Wert = 0 besagt, dass das letzte Fragment empfangen wurde.

Identification

Für das Original-Paket wird ein Identifikationswert festgelegt, der sich von allen früher verschickten Werten unterscheidet. Der Identifikationswert basiert auf einem einfachen 32 Bit langen Zähler der bei jeder Fragmentierung eines Paketes hochgezählt wird. Dieser Identifikationswert wird in jeden Fragment Header des zu fragmentierenden Paketes eingefügt. Anhand dieses Identifikationswertes kann der Empfänger alle Fragmente, die zu einem Originaldatagramm gehören, identifizieren.

Destination Options Header

Der Destination Options Header wird für den Transport von zusätzlichen Empfängerinformationen verwendet. Diese Informationen werden ausschließlich von dem Empfänger verarbeitet. Ein Destination Options Header wird durch den Next Header-Wert = 60 im direkt vorangestellten Header identifiziert. Als einzige Destination-Optionen wurden bisher die Pad1- und PadN-Option festgeschrieben. Die Destination Options können auf folgende zwei Arten in einem IPv6-Header codiert werden:

- als Option im Destination Options Header oder
- als separater Extension Header.

Der Fragment Header und der Authentication Header sind Beispiele für separate Extention Header. Die jeweilige Codierung der Option hängt von der Aktion ab, die ein Empfängerrechner, obwohl dieser die optionalen Informationen nicht versteht, ausführen soll.

Wird vom Empfänger ein übermitteltes Paket verworfen und handelt es sich bei der im Paket codierten Zieladresse um keine Multicast-Adresse, so generiert der Empfänger eine ICMP Unrecognized Typ Message an den Urheber des Paketes. In diesem Fall werden die zu übertragenden Informationen entweder in einem separaten Header oder als Option im Destination Options Header (mit dem Optionstyp-Wert = 11) codiert. Die Auswahl zwischen beiden Möglichkeiten wird anhand des zusätzlichen Overheads (Größe) und dem Alignment-Faktor getroffen.

Wird eine andere Aktion vom Empfänger erwartet, so muss die Information als Option im Destination Options Header (Optionstyp 00, 01 oder 10) übermittelt werden.

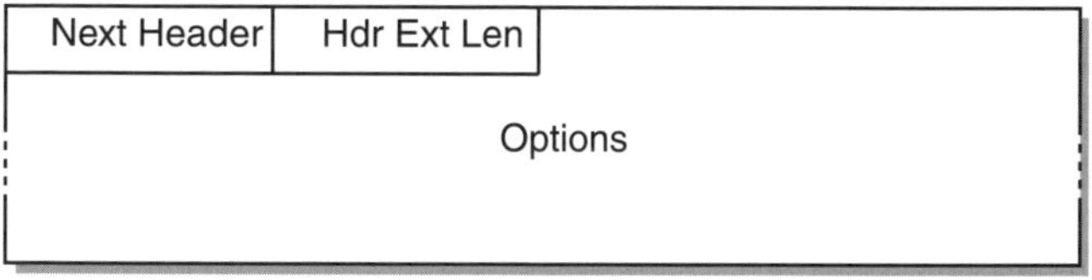

Abbildung 9.46: Destination Options Header

Next Header

Dient zur Identifizierung des auf den Destination Options Header direkt folgende höhere Protokoll. Folgende Werte sind festgelegt:

Wert (dezimal)	Protokoll	Beschreibung
1	ICMP	Internet Control Message
2	IGMP	Internet Group Management
6	TCP	Transmission Control
8	EGP	Exterior Gateway Protocol
9	IGP	any private interior gateway
17	UDP	User Datagram
80	ISO-IP	ISO Internet Protocol
89	OSPFIGP	OSPFIGP

Header Extention Length

Länge des Destination Options Header in 8-Oktett-Werten. Dabei werden die ersten 8 Oktett nicht mitgezählt.

Options

Die Länge des variablen Optionsfeldes inklusive aller Destination Options beträgt immer ein Vielfaches von 8 Oktetts. Das Optionsfeld enthält eine oder mehrere TLV-codierte Optionen.

No Next Header

Ein Next Header-Wert = 59 dient zur Identifizierung eines IPv6-Headers oder jedes anderen Extension Header. Der Next Header-Wert = 59 signalisiert, dass keine weiteren Informationen auf diesen Header folgen.

IPv6-Adressen

Per Definition muss jeder Rechner im Internet über eine universelle Layer-3-Adresse verfügen. Die IP-Adressen werden in den IP-Headern des Internet-Protokolls codiert. Anhand eines speziellen Feldes in der IPNG-Adresse, dem Format-Präfix (FP) werden die einzelnen Adressformate unterschieden. Momentan sind die folgenden Format-Präfix-Werte definiert:

Bedeutung	**Präfix (binär)**
Reserviert	0000 0000
Reserviert	0000 0001
NSAP	0000 001
IPX	0000 010
Reserviert	0000 011
Reserviert	0000 100
Reserviert	0000 101
Reserviert	0000 110
Reserviert	0000 111
Reserviert	0001
Reserviert	001
Provider Unicast-Adressen	010
Reserviert	011
Reserviert für geographische Adressen	100
Reserviert	101
Reserviert	110
Reserviert	1110
Reserviert	1111 0
Reserviert	1111 10
Reserviert	1111 110

Bedeutung	Präfix (binär)
Lokale Adressen	1111 1110
Multicast-Adressen	1111 1111

Unicast-Adressen

Die Unicast-Adressen unterscheiden sich von Multicast-Adressen durch den Wert des High Order-Oktetts in der Adresse. Der Wert FF (11111111) definiert eine IPv6-Adresse als Multicast-Adresse. Jeder andere Wert stellt eine Unicast-Adresse dar. Anycast-Adressen werden aus dem Adressraum der Unicast-Adressen gebildet und nicht gesondert dargestellt. Die einfachste Form einer IPv6-Rechneradresse hat folgendes Format:

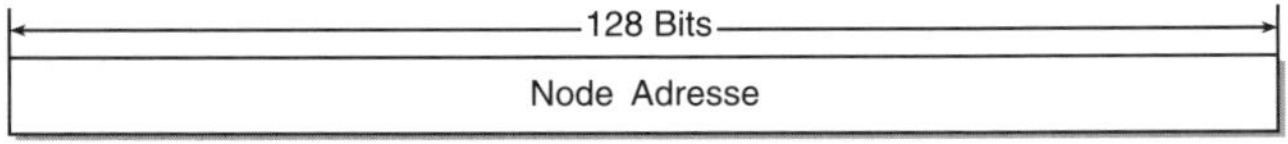

Abbildung 9.47: Beispiel 1 für Unicast-Adressen

Die IPv6-Adressen können jedoch auch in einzelne logische Gruppen unterteilt werden. Im folgenden Beispiel wird die IPv6-Adresse in eine Subnet- und eine Interface-Adresse unterteilt.

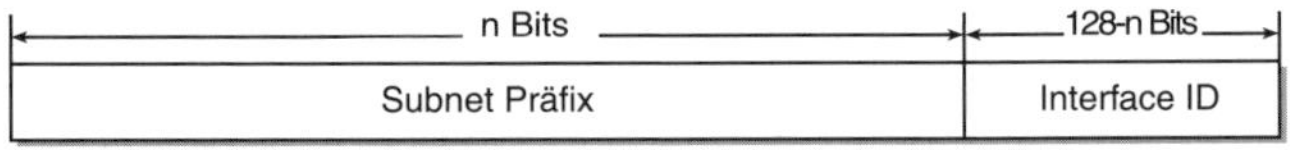

Abbildung 9.48: Beispiel 2 für Unicast-Adressen

Am Beispiel der folgenden Unicast-Adresse wird dargestellt, wie eine LAN-Adresse (IEEE 802 MAC Adresse) zum Bestandteil der IPv6-Adresse wird.

n Bits	80-n Bits	48 Bits
Subscriber Präfix	Subnet ID	Interface ID

Abbildung 9.49: Beispiel 3 für Unicast-Adressen in Verbindung mit einem LAN

Die 48 Bit Interface ID wird durch die IEEE-802 MAC-Adresse des jeweiligen LAN Interface vorgegeben. Werden in einem Netz, aus organisatorischen Gründen, zusätzliche Hierarchieebenen benötigt, so kann die Subnet ID in zusätzliche Area IDs unterteilt werden:

s Bits	n Bits	m Bits	128-s-n-m Bits
Subscriber Präfix	Area ID	Subnet ID	Interface ID

Unspezifische Adresse

Die Adresse mit dem Wert = 0:0:0:0:0:0:0:0 wird beim IPv6-Protokoll als unspezifische Adresse bezeichnet. Diese Adresse sollte niemals an einen Rechner bzw. an ein Interface vergeben werden. Diese Adresse wird nur als Stellvertreter für eine gültige IPv6-Adresse verwendet.

Loopback-Adresse

Die Unicast-Adresse 0:0:0:0:0:0:0:1 wird auch als Loopback-Adresse bezeichnet. Wird ein Datagramm an die Adresse 0:0:0:0:0:0:0:1 adressiert, so wird das Datenpaket innerhalb des lokalen Rechners an den Sender zurückgeschickt (Loop). Die Loopback-Adresse darf aus diesem Grund keinem physikalischen Interface zugeordnet werden.

IPv6-Adressen mit verpackten IPv4-Adressen

Um die Rückwärtskompatibilität zu alten IP Version 4-Netzen zu gewährleisten, wurde eine Technik entwickelt, mit der Hosts und Router dynamisch IPv6-Pakete über geroutete IPv4-Netze tunneln können. Dazu wurden spezielle IPv6 Unicast-Adressen entwickelt. Die letzten 32 Bit dieser Adressen enthalten die IPv4-Adresse und haben folgende Adressform:

80 Bits	16 Bits	32 Bits
0000...0000	0000	IPv4-Adresse

Auch wird es über einen langen Zeitraum im Internet noch eine Vielzahl von IP-Rechnern geben, die nie das neue IPv6-Protokoll unterstützen werden. Die ersten 80 Bit der Adresse dienen zur eindeutigen Identifizierung einer IPv4-Adresse. Die Bits 80 - 95 unterscheiden reine IPv4-Adressen von IPNG-Knotenadressen.

NSAP-Adressen

Um den Einsatz von NSAP-Adressen in IPv6-Netzen garantieren zu können, wird im Moment eine Technik entwickelt, mit der Hosts und Router diese Adressen verarbeiten können. Das NSAP/IPv6 Addressmapping hat folgende Adressform:

7 Bits	121 Bits
0000001	to be defined

IPX-Adressen

Für den Einsatz von Novell IPX-Adressen in IPv6-Netzen wurde folgende Adressform definiert:

7 Bits	121 Bits
0000010	to be defined

Globale Provider Unicast-Adressen

Die Provider Unicast-Adressen werden nur zur globalen Kommunikation verwendet. Diese Adressen haben folgendes Format:

3 Bits	n Bits	m Bits	o Bits	p Bits	125-m-n-o-p Bits
010	registry ID	provider ID	subscriber ID	subnet ID	intf. ID

Abbildung 9.50: Provider Unicast-Adressen

Sind die ersten drei Bits einer Adresse auf die Werte 010 gesetzt, so handelt es sich um eine Provider Unicast-Adresse. Die Provider ID wird dem jeweiligen Internet-Serviceanbieter von zentraler Stelle zugeordnet. Innerhalb seines Adressraums kann der Serviceanbieter die Adressen in weitere Bereiche, die Subscribers, unterteilen. Die Subscriber ID dient zur eindeutigen Identifizierung der einzelnen Servicenehmer eines Providers, die einen Adressbereich innerhalb des globalen Netzes selbst verwalten. Durch die Subnet ID können die einzelnen Subscriber-Netze in weitere Netze unterteilt werden. Innerhalb eines Subnetzes dient die Node ID zur eindeutigen Adressierung eines Gerätes.

Lokale IPv6 Unicast-Adressen

Die lokalen Adressen können nur innerhalb eines Subnet oder innerhalb eines Subscriber-Netzes eingesetzt werden. Man unterscheidet zwischen Link Local- und Site Local Unicast-Adressen. Die Link Local Unicast-Adressen werden einem einzigen Link, und die Site Local Unicast-Adressen einer ganzen IPv6 Site zugeordnet. Mit Hilfe dieser Adressen können beispielsweise die Bootstrap-Prozeduren durchgeführt werden. Das Format der Link Local Unicast-Adressen wurde wie folgt definiert:

10 Bits	n Bits	118-n Bits
1111111010	0	Interface-ID

Abbildung 9.51: Link Local Unicast-Adressen

Link Local-Adressen werden nur auf einem einzigen Link für die Auto-Adress-Configuration, oder, wenn kein Router vorhanden ist, zur Neighbor Discovery verwendet. Pakete, die eine Link Local Unicast-Adresse enthalten, dürfen auf keinen Fall von Routern transportiert werden.

Die Site Local Unicast-Adressen ermöglichen es Firmen und Organisationen, die bisher nicht an das globale Internet angeschlossen sind, eigene Adressstrukturen zu konzipieren. Soll dieses Netz in der Zukunft an das Internet angeschlossen werden, so kann es aus der Subnet ID und der Node ID zusammen mit einem universellen Präfix (z.B. Provider ID + Subscriber ID) in ein globales Adressschema überführt werden. Die Site Local Unicast-Adressen haben folgendes Format:

10 Bits	n Bits	m Bits	118-n-m Bits
1111111011	0	Subnetz-ID	Interface-ID

Abbildung 9.52: Site Local Unicast-Adressen

Die Node ID enthält eine in der jeweiligen Domain universelle Adresse. In den meisten Fällen wird darin die 48 Bit lange IEEE-802 Hardware-Adresse abgebildet. Die Subnet ID definiert das spezifische Subnet eines Netzbetreibers.

Anycast-Adressen

Eine IPv6 Anycast-Adresse wird einem oder mehreren Interfaces (typischerweise in unterschiedlichen Rechnern) zugeordnet. Ein Paket mit einer Anycast-Adresse wird in Abhängigkeit vom jeweiligen Routing-Protokoll (Hop Count) immer zu dem Sender am nächsten liegenden Interface mit der jeweiligen Anycast-Adresse übermittelt. Der Aufbau der Anycast-Adressen entspricht dem Aufbau von Unicast-Adressen. Wird eine Unicast-Adresse mehr als einem Interface zugeordnet, so wird diese Adresse automatisch zu einer Anycast-Adresse. Aus diesem Grund muss auf allen Rechner, die über eine Anycast-Adresse verfügen, diese Adresse speziell durch die Konfiguration bekannt gegeben werden. Ein Rechner hat sonst keinerlei Möglichkeiten, die Anycast- von Unicast-Adressen zu unterscheiden. Die Anycast für Subnet Router wurde im Standard definiert und hat folgendes Format:

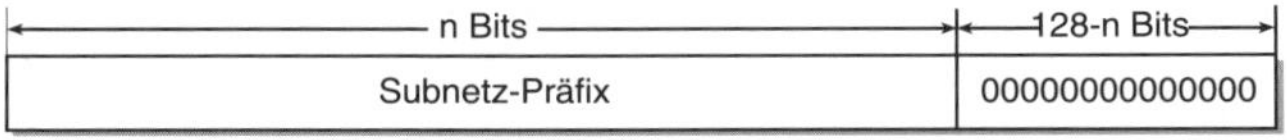

Der Subnet-Präfix in einer Anycast-Adresse wird zur Identifizierung des jeweiligen Links verwendet. Diese Anycast-Adresse entspricht von der Syntax her genau einer Unicast-Adresse eines Interface eines bestimmten Links, bei dem der Interface-Identifikator auf den Wert = 0 gesetzt wurde.

Multicast-Adressen

Durch eine Ipng Multicast-Adresse ist ein Rechner in der Lage, eine fest definierte Gruppe von Rechnern zu adressieren. Die Multicast-Adressen haben folgendes Format:

8	4	4	112 Bits
11111111	flgs	scop	Group ID

Durch ein 8 Bit langes Feld am Anfang der Adresse (Wert = 11111111) wird eine Multicast-Adresse gekennzeichnet.

Flags

Das Flagfeld dient zur Unterscheidung zwischen permanenten und temporären Multicast-Adressen. Das Flagfeld hat folgendes Format:

0	0	0	T

Die ersten drei Bits des Flagfeldes sind für spätere Verwendungen reserviert und müssen auf den Wert 0 gesetzt werden.

T = 0 definiert, dass eine von der Internet Numbering Authority festgelegte Multicast-Adresse verwendet wird.

T = 1 definiert, dass eine vom Netzbetreiber festgelegte Multicast-Adresse verwendet wird.

SCOP

Der Scop-Identifikator definiert die Bedeutung der Multicast-Gruppe. Folgende Werte wurden bisher definiert:

0 Reserviert

1 intra-node scope

2 intra-link scope

3	(nicht festgelegt)
4	(nicht festgelegt)
5	intra-site scope
6	(nicht festgelegt)
7	(nicht festgelegt)
8	intra-organization scope
9	(nicht festgelegt)
A	(nicht festgelegt)
B	intra-community scope
C	(nicht festgelegt)
D	(nicht festgelegt)
E	global scope
F	Reserviert

GROUP ID

Definiert den Zustand einer Multicast-Gruppe entweder als permanent oder als temporär festgelegt (transient). Permanente Multicast-Adressen sind vollkommen unabhängig vom jeweiligen Scope-Wert. Nicht permanente Multicast-Adressen sind nur in Zusammenhang mit dem jeweiligen Scope-Wert von Bedeutung. Zur Identifizierung einer bestimmten Gruppe innerhalb eines lokalen Netzes kann beispielsweise die Multicast-Adresse FF15:0:0:0:0:0:0:43 vergeben werden. Diese Adresse darf deshalb keinerlei Bedeutung für gleiche Adressen in anderen Netzen haben, non-permanent Groups mit der gleichen Group ID haben dies jedoch mit einem anderen Scope oder für permanente Gruppen mit der gleichen Group ID.

Definierte Multicast-Adressen

Die folgenden Multicast-Adressen wurden bisher definiert:

Reservierte Multicast-Adressen

Die folgenden Multicast-Adressen wurden für besondere Zwecke reserviert und sollten deshalb keiner Multicast-Gruppe zugeordnet werden:

FF00:0:0:0:0:0:0:0

FF01:0:0:0:0:0:0:0

FF02:0:0:0:0:0:0:0

FF03:0:0:0:0:0:0:0

FF04:0:0:0:0:0:0:0

FF05:0:0:0:0:0:0:0

FF06:0:0:0:0:0:0:0

FF07:0:0:0:0:0:0:0

FF08:0:0:0:0:0:0:0

FF09:0:0:0:0:0:0:0

FF0A:0:0:0:0:0:0:0

FF0B:0:0:0:0:0:0:0

FF0C:0:0:0:0:0:0:0

FF0D:0:0:0:0:0:0:0

FF0E:0:0:0:0:0:0:0

FF0F:0:0:0:0:0:0:0

All Nodes-Adressen

Die folgenden Multicast-Adressen wurden zur Identifizierung von IPv6-Rechnergruppen reserviert und legen den Scope der jeweiligen Adresse (1= node-local, 2 = link-local) fest:

FF01:0:0:0:0:0:0:1

FF02:0:0:0:0:0:0:1

All Router-Adressen

Die folgenden Multicast-Adressen wurden zur Identifizierung von IPv6-Router-Gruppen reserviert und legen den Scope der jeweiligen Adresse (1= node-local, 2 = link-local) fest:

FF01:0:0:0:0:0:0:2

FF02:0:0:0:0:0:0:2

DHCP Server/Relay-Agent

Die folgenden Multicast-Adressen wurden zur Identifizierung von IPv6-DHCP-Servern und Relay Agent-Gruppen innerhalb des Scopes 2 (link-local) reserviert:

FF02:0:0:0:0:0:1:0

Solicited Node-Adresse

Die als „Solicited Node-Adresse" bezeichnete Multicast-Adresse wird aus der Unicast- und der Anycast-Adresse des jeweiligen Rechners gebildet. Die Solicited Node Multicast-Adresse wird aus den niederwertigen 32 Bits der Unicast- oder Anycast-Adresse mit einem vorangeschalteten 96-Bit-Präfix FF02:0:0:0:0:1 gebildet. Aus diesem Grund haben die Solicited Node-Adressen folgende Wertebereiche:

FF02:0:0:0:0:1:0000:0000

bis

FF02:0:0:0:0:1:FFFF:FFFF

NCP

Network Control-Protokoll

Das Internet Protocol Control-Protokoll (IPv6CP) ermöglicht das Aktivieren, Deaktivieren und Konfigurieren der IP-Protokoll-Module auf beiden Seiten einer Point-to-Point-Verbindung. Wie bei dem Link Control-Protokoll werden diese Funktionen durch den

Austausch von speziellen Datenpaketen erreicht. Die IP Control-Protokoll-Informationen werden in Form von PPP-Datagrammen verschickt. Dabei signalisiert das Protokoll-Feld mit dem Wert 8057 hex, dass es sich im Datenteil um IPv6 Control Protocol-Informationen handelt. Pro Datagramm kann nur eine IPv6CP-Information verschickt werden. Der IP Control-Protokoll-Header baut sich wie folgt auf:

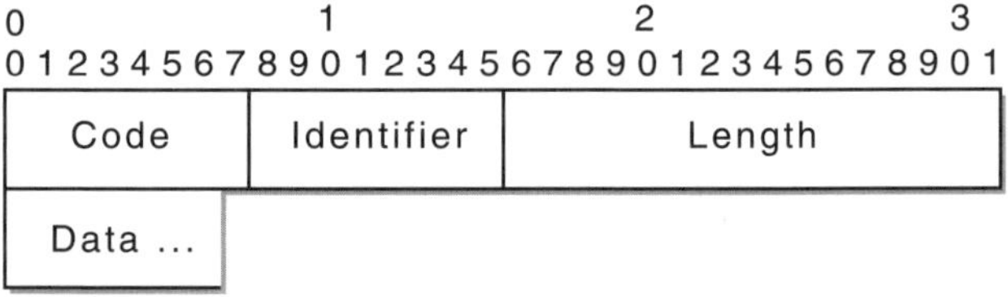

Abbildung 9.53: IPv6CP-Format

Code

Das ein Byte lange Code-Feld definiert die Art der IPCP-Information. Folgende Werte wurden bisher festgelegt:

1	Configure-Request
2	Configure-Ack
3	Configure-Nak
4	Configure-Reject
5	Terminate-Request
6	Terminate-Ack
7	Code-Reject

Identifier

Das ein Byte lange Identifier-Feld ermöglicht die Zuordnung von Requests zu Replies.

Data

Das Data-Feld enthält die eigentlichen IPv6CP-Informationen und wird immer durch ein Code-Feld abgeschlossen.

IPV6CP-Konfigurationsoptionen

Vor dem Übermitteln von IP-Datagrammen kann das IPCP-Protokoll noch Konfigurationsoptionen mit dem IP-Kommunikationspartner austauschen. Folgende IPCP-Optionen wurden festgelegt:

1	Interface Token
2	IPv6 Compression Protocol

NDP
Neighbor Discovery-Protokoll

Das Internet-Protokoll (IP) ist in der Lage, die unterschiedlichsten Datennetze mit den verschiedensten Adressierungsmechanismen zu unterstützen. Das Neighbor Discovery (ND)-Protokoll (RFC 1970) arbeitet als Hilfsprotokoll in einem IPv6-Netz und dient zur schnellen Ermittlung der IPv6 Link Layer-Adressen. Die Rechner benutzen dieses Protokoll auch zur Ermittlung der am Netz angeschlossenen Router. Außerdem hat jeder am Netz angeschlossene Rechner und Router mit Hilfe des ND-Protokolls die Möglichkeit, automatisch alle verfügbaren aktiven Knoten und Veränderungen bei den Adressen zu erkennen.

Router Solicitation Message

Ein Host (Rechner) sendet nach dem Initialisierungsvorgang (Start UP) eine oder mehrere Router Solicitation Messages aus. Dies bewirkt, dass ein Router, der diese Meldung empfängt, sofort eine Router Advertisement Message als Antwort sendet.

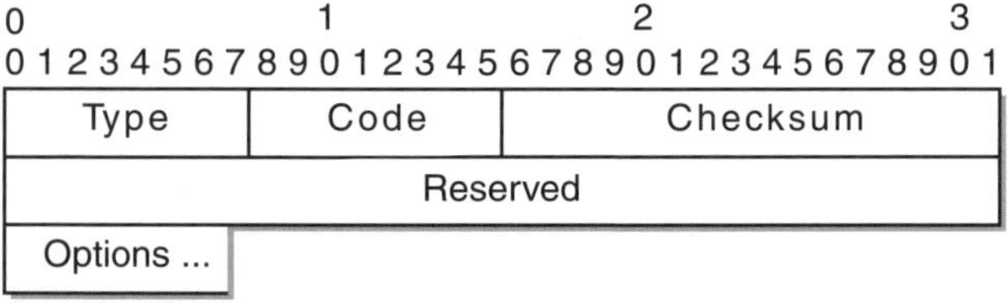

Abbildung 9.54: Router Solicitation Message Format

IP-Header:

Source-Adresse

Enthält immer die lokale Link-Adresse des Interface, das die Message aussendet

Destination-Adresse

Enthält immer die All Router Link Local Multicast-Adresse

Hop Count

Das Hop Count-Feld muss immer auf den Wert = 1 gesetzt sein.

ICMP-Header:

Typ-Nummer

Die ICMP-Typnummer dient zur Unterscheidung der einzelnen ICMP-Meldungen. Die Router Solicitation Message ist als Typ 133 definiert.

Code

Der ICMP Code ist bei der Router Solicitation Message immer auf den Wert 0 gesetzt. Router Solicitation Messages mit der Codenummer 0 werden nur von Rechnern erzeugt.

Checksum

Enthält eine Prüfsumme, die sich aus folgenden Komponenten zusammensetzt: IPv6 Source-Adresse, IPv6 Destination-Adresse, IPv6 Payload-Länge und Next Header-Typ. Der Algorithmus besteht darin, das Einerkomplement aller oben genannten Datenelemente zu addieren und daraus das Einerkomplement der Summe zu bilden.

Option:

Source Link Layer-Adresse

Enthält die Link Layer-Adresse des Senders. Anhand dieser Adresse sind die Router am lokalen Link in der Lage, direkt auf einen Request zu reagieren. Durch die Bekanntgabe der Source Link Layer-Adresse entfällt auf der Router-Seite die umständliche Funktion der Adressauflösung.

Router Advertisement Message

Die Router Advertisement Messages werden von Routern periodisch übermittelt oder als Reaktion auf den Empfang von Router Solicitation-Meldungen verschickt.

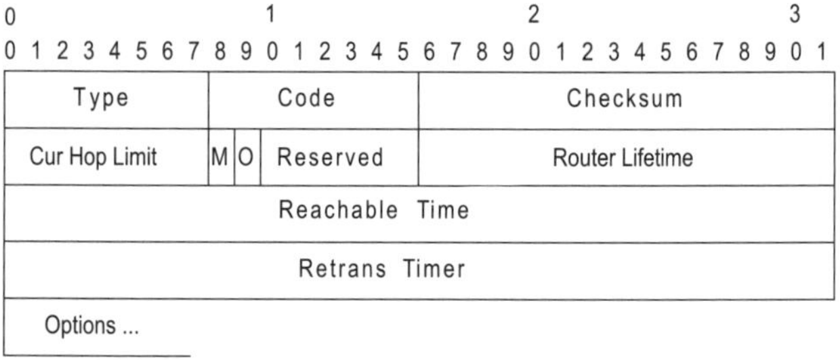

Abbildung 9.55: Format einer Router Advertisement Message

IP-Header:

Source-Adresse

Enthält immer die lokale Link-Adresse des Interface, das die Message aussendet

Destination-Adresse

Enthält immer die All Router Link Local Multicast-Adresse

Hop Count

Das Hop Count-Feld muss immer auf den Wert = 1 gesetzt sein.

ICMP-Header:

ICMP-Typnummer

Die ICMP-Typnummer dient zur Unterscheidung der einzelnen ICMP-Meldungen. Die Router Advertisement Message ist als Typ 134 definiert.

ICMP Code

Der ICMP Code ist bei der Router Advertisement Message immer auf den Wert 0 gesetzt. Die Code-Nummer 0 wird nur von Routern (Gateways) erzeugt.

Checksum

Enthält eine Prüfsumme, die sich aus folgenden Komponenten zusammensetzt: IPv6 Source-Adresse, IPv6 Destination-Adresse, IPv6 Payload-Länge und Next Header-Typ. Der Algorithmus besteht darin, das Einerkompliment aller oben genannten Datenelemente zu addieren und daraus das Einerkomplement der Summe zu bilden.

Cur Hop Limit

Werden von einem Rechner Router Advertisement Messages verschickt, so enthält das Current Hop Limit-Feld den Default-Wert der im Hop Count-Feld des IP-Headers gesetzt werden muss. Wird dieses Feld auf den Wert = 0 gesetzt, so wurde dieser Wert vom jeweiligen Router nicht festgelegt.

M-Bit

Das Managed Address Configuration Flag signalisiert, dass der jeweilige Rechner für seine Interfaces die betreffenden Adressen und bei Bedarf auch weitere Konfigurationen bzw. Parameter von einem dafür am Netzwerk eingerichteten Server herunterladen soll.

O-Bit

Das Other Konfigurations-Flag (O-Flag) definiert die Verwendung der Stateful-Autokonfiguration:

- Wird beim Vergleich zwischen dem gerade empfangenen Wert des O-Bits und dem abgespeicherten Wert ein Wechsel von FALSE nach TRUE (Default-Wert = FALSE) festgestellt, so muss die IP-Adresse des betreffenden Interface mit Hilfe des Stateful-Autokonfigurationsmechanismus konfiguriert werden.

- Wird beim Vergleich zwischen dem gerade empfangenen Wert des O-Bits und dem abgespeicherten Wert ein Wechsel von TRUE nach FALSE (Default-Wert = FALSE) festgestellt, so werden alle Parameteranfragen, außer der Anfrage nach der aktuellen Adresse, abgebrochen.

Router Lifetime

Definiert die Lebensdauer des Default Router in Sekunden. Die maximale Lebenszeit beträgt 18.2 Stunden. Eine Lebenszeit von 0 Sekunden bedeutet, dass es sich bei dem betreffenden Router um keinen Default Router handelt. Aus diesem Grund sollten Router mit einer 0-Lebenszeit niemals in der Default Router-Liste eingetragen werden.

Reachable Time

Anhand der Reachable Time wird die Zeitdauer (in Millisekunden) gemessen, die ein Rechner, nachdem dieser seine Verfügbarkeit bestätigt hat, am Netz erreichbar ist. Dieser Zeitwert wird vom Neighbor Unreachability Detection-Algorithmus verwendet. Wird dieses Feld auf den Wert = 0 gesetzt, so wurde dieser Wert vom jeweiligen Router nicht festgelegt.

Retrans Timer

Definiert die Zeitdauer (in Millisekunden), die vergehen muss, bevor Neighbor Solicitation Messages erneut gesendet werden können. Der Retrans Timer wird vom Adresse-Resolution- und dem Neighbor Unreachability Detection-Algorithmus verwendet. Wird dieses Feld auf den Wert = 0 gesetzt, so wurde dieser Wert vom jeweiligen Router nicht festgelegt.

Optionen:

Source Link Layer-Adresse

Enthält die Link Layer-Adresse des Interface, welches die Router Advertisement Message aussendet. Ein Router ist jedoch in der Lage, diese Option zu ignorieren. Der Router ist in der Lage, den gesamten Datenverkehr im Load Sharing-Verfahren über mehre Link Layer-Adressen zu verteilen.

MTU

Die MTU-Option sollte nur in Router Advertisement Messages integriert werden, die über Verbindungen mit einer variablen Maximum Transmission Unit gesendet werden.

Präfix-Information

Die Präfix-Information-Option definiert den Präfix des jeweiligen Links bzw. den Präfix, der für die Autokonfiguration der Adressen verwendet wird.

Neighbor Solicitation Message

Mit Hilfe der Neighbor Solicitation Messages fordert ein Netzknoten die Link Layer-Adresse eines Zielrechners an. Gleichzeitig übermittelt dieser Netzknoten seine eigene Link Layer-Adresse an den Zielrechner. Wird eine Adressauflösung (IP-Adresse --> Link-Adresse) notwendig, so werden die Neighbor Solicitation Messages per Multicast-Mechanismus übermittelt. Wird die Verfügbarkeit einer Verbindung zu einem bekannten Netzknoten überprüft, so werden die Neighbor Solicitation Messages mit Hilfe einer Unicast-Adresse verschickt.

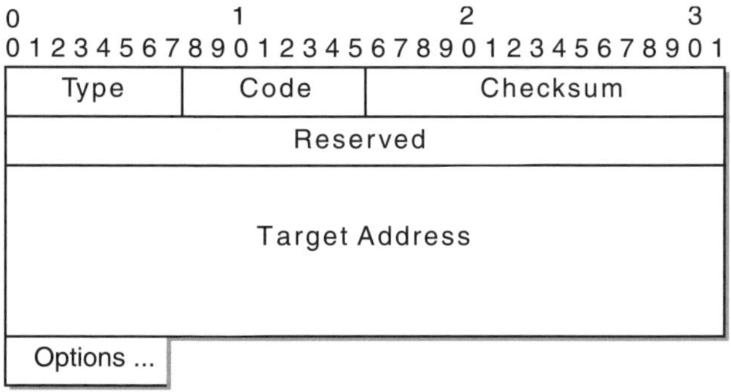

Abbildung 9.56: Neighbor Solicitation Messages

IP-Header:

Source Address

Enthält die jeweilige Interface-Adresse des Absenders

Destination Address

Als Destination-Adresse wird bei Neighbor Solicitation Messages entweder die Solicited Node Multicast-Adresse oder die Unicast-Adresse des jeweiligen Zielrechners verwendet.

Hop Limit

Das Hop Limit-Feld muss immer auf den Wert = 255 gesetzt sein.

Priority

Das 4 Bit lange Prioritätsfeld im IPv6-Header versetzt einen IPv6-Rechner in die Lage, für bestimmte Datenpakete unterschiedliche Prioritäten zu vergeben. Da Neighbor Solicitation Messages keinerlei Verzögerungen tolerieren, muss der Prioritätswert 15 im IP-Header definiert werden.

ICMP-Header:

ICMP-Typnummer

Die ICMP-Typnummer dient zur Unterscheidung der einzelnen ICMP-Meldungen. Die Neighbor Solicitation Message ist als Typ 135 definiert.

ICMP Code

Der ICMP Code ist bei der Neighbor Solicitation Message immer auf den Wert 0 gesetzt.

Checksum

Enthält eine Prüfsumme, die sich aus folgenden Komponenten zusammensetzt: IPv6 Source-Adresse, IPv6 Destination-Adresse, IPv6 Payload-Länge und Next Header-Typ. Der Algorithmus besteht darin, das Einerkompliment aller oben genannten Datenelemente zu addieren und daraus das Einerkomplement der Summe zu bilden.

Target Address

Enthält die Zieladresse, an die die jeweilige Neighbor Solicitation Message übermittelt wird. Bei der Zieladresse darf unter keinen Umständen eine Multicast-Adresse verwendet werden.

Option:

Source Link Layer Address

Definiert die Link Layer-Adresse des Senders. Bei allen Link Layer-Verfahren, die über einen eigenen Adressmechanismus verfügen, muss die Source Link Layer-Adresse in allen Multicast Solicitation Messages und optional in allen Unicast Solicitation Messages eingefügt werden.

Neighbor Advertisement Message

Die IPv6-Rechner übermitteln die Neighbor Advertisements nur als Antwort auf Neighbor Solicitations. Außerdem wird der Neighbor Advertisement-Mechanismus zur schnellen Verbreitung neuer Informationen am Netz verwendet.

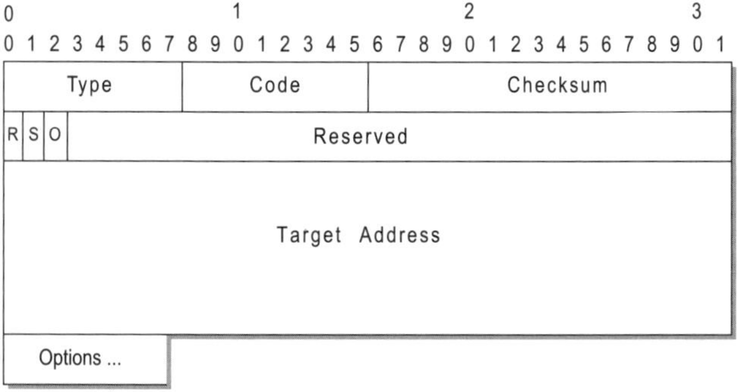

Abbildung 9.57: Neighbor Advertisement-Mechanismus

IP-Header

Source Address

Definiert die lokale Link-Adresse des Sende-Interface

Destination Address

Werden bekannte (gesicherte) Informationen mit Hilfe der Neighbor Advertisements propagiert, so wird als Destination-Adresse die Zieladresse des die Message auslösenden Knotens verwendet. Wird vom Sender als Source-Adresse eine nicht definierte Adresse verwendet, so muss bei der Antwort die All Nodes Multicast-Adresse eingesetzt werden. Das Übermitteln von Unsolicited Advertisements erfolgt typischerweise über die All Nodes Multicast-Adresse.

Hop Limit

Das Hop Limit-Feld muss immer auf den Wert = 255 gesetzt sein.

Priority

Das 4 Bit lange Prioritätsfeld im IPv6-Header versetzt einen IPv6-Rechner in die Lage, für bestimmte Datenpakete unterschiedliche Prioritäten zu vergeben. Da Neighbor Solicitation Messages keinerlei Verzögerungen tolerieren, muss der Prioritätswert 15 im IP-Header definiert werden.

ICMP-Header:

ICMP-Typnummer

Die ICMP-Typnummer dient zur Unterscheidung der einzelnen ICMP-Meldungen. Die Neighbor Advertisement Message ist als Typ 136 definiert.

ICMP Code

Der ICMP Code ist bei der Neighbor Advertisement Message immer auf den Wert 0 gesetzt.

Checksum

Enthält eine Prüfsumme, die sich aus folgenden Komponenten zusammensetzt: IPv6 Source-Adresse, IPv6 Destination-Adresse, IPv6 Payload-Länge und Next Header-Typ. Der Algorithmus besteht darin, das Einerkompliment aller oben genannten Datenelemente zu addieren und daraus das Einerkomplement der Summe zu bilden.

R-Bit

Das Router Flag signalisiert, dass es sich bei dem Sender um einen Router handelt. Mit Hilfe des R-Bits wird bei der Neighbor Unreachability Detection der Übergang eines Knotens von einem Router zu einem normalen Host signalisiert.

S-Bit

Das Solicited Flag signalisiert, dass die Advertisement Message als Reaktion auf eine empfangene Neighbor Solicitation Message verschickt wurde. Das S-Bit wird als Bestätigung beim Neighbor Unreachability Detection-Prozess verwendet.

O-Bit

Mit Hilfe des Override Flags wird signalisiert, dass beim Empfang der Advertisement Message ein bestehender Cache-Eintrag überschrieben werden und ein Update der Link Layer-Adresse vorgenommen werden muss. Wird das Override Flag in einer Advertisement Message nicht gesetzt, wird ein Update eines existierenden Neighbor Cache-Eintrags (ohne spezifische Link Layer-Adresse) vorgenommen.

Target Address

Werden gesicherte Informationen mit Hilfe von Advertisement-Meldungen propagiert, so enthält die Zieladresse die Adresse, die die jeweilige Neighbor Solicitation Message ausgelöst hat. Werden ungesicherte Informationen verbreitet, wird als Zieladresse immer die Adresse des Knotens verwendet, dessen Link Layer-Adresse geändert wurde. Als Target-Adresse darf nie eine Multicast-Adresse verwendet werden.

Optionen:

Source Link Layer Address

Definiert die Link Layer-Adresse des Empfängers. Bei allen Link Layer-Verfahren, die über einen eigenen Adressmechanismus verfügen, muss die Target Link Layer-Adresse in allen Advertisement Messages eingefügt werden.

Redirect Message

Dem Sender eines Datagrammms wird durch die Redirect Meldung mitgeteilt, dass sich auf dem Weg zum Zielrechner ein besserer Router am lokalen Netz befindet. Die Redirect-Meldungen können von Hosts wie folgt verwendet werden:

- Als Umleitung einer Message zu einem besser positionierten Router
- Als reine Information, dass es sich bei dem Zielrechner um einen direkten Nachbarn handelt. Dies wird durch die Gleichsetzung der Target-Adresse und der Destination-Adresse erreicht.

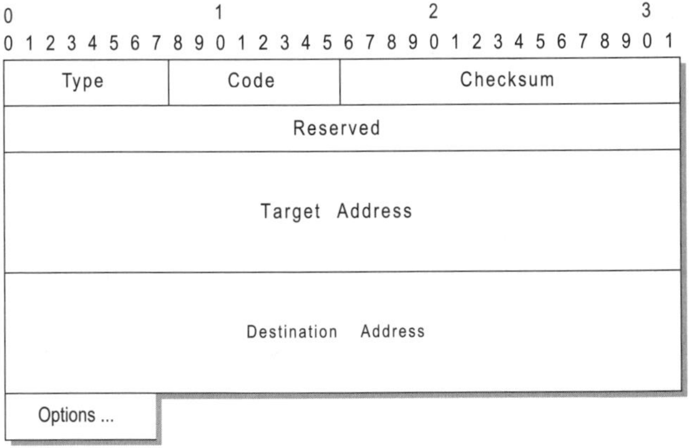

Abbildung 9.58: Redirect Message

IP-Header:

Source Address

Definiert die lokale Link-Adresse des Sende-Interface

Destination Address

Enthält die Source-Adresse des Paketes, welches den Redirect-Vorgang ausgelöst hat

Hop Limit

Das Hop Limit-Feld muss immer auf den Wert = 255 gesetzt sein.

Priority

Das 4 Bit lange Prioritätsfeld im IPv6-Header versetzt einen IPv6-Rechner in die Lage, für bestimmte Datenpakete unterschiedliche Prioritäten zu vergeben. Da Neighbor Solicitation Messages keinerlei Verzögerungen tolerieren, muss der Prioritätswert 15 im IP-Header definiert werden.

ICMP-Header:

ICMP-Typnummer

Die ICMP-Typnummer dient zur Unterscheidung der einzelnen ICMP-Meldungen. Die Redirect Message ist als Typ 137 definiert.

ICMP Code

Der ICMP Code ist bei der Redirect Message immer auf den Wert 0 gesetzt.

Checksum

Enthält eine Prüfsumme, die sich aus folgenden Komponenten zusammensetzt: IPv6 Source-Adresse, IPv6 Destination-Adresse, IPv6 Payload-Länge und Next Header-Typ. Der Algorithmus besteht darin, das Einerkompliment aller oben genannten Datenelemente zu addieren und daraus das Einerkomplement der Summe zu bilden.

Target Address

Enthält die IP-Adresse, die als besserer erster Hop für diese Verbindung identifiziert wurde. Entspricht die Target-Adresse dem Endpunkt des Kommunikationswegs (Destination wurde als Neighbor identifiziert), so enthält das Target-Adressfeld die gleiche Adresse wie das Destination-Adressfeld. In allen anderen Fällen wird mit der Target-Adresse ein besser positionierter erster Hop-Router identifiziert, und die Target-Adresse entspricht der lokalen Link-Adresse des Routers.

Destination Address

Definiert die IP-Adresse, über die das Paket umgeleitet werden muss

Optionen:

Target Link Layer Address

Enthält die Link Layer-Adresse des Zielrechners

Redirected Header

Der Redirect Header enthält den Teil des die Meldung auslösenden IP-Paketes, der innerhalb von 576 Oktetts untergebracht werden kann.

Optionen

Die Neighbor Discovery-Meldungen können mehrere Optionen enthalten. Die Optionen können in einer Meldung auch mehrmals vorkommen. Alle Optionen haben folgendes Format:

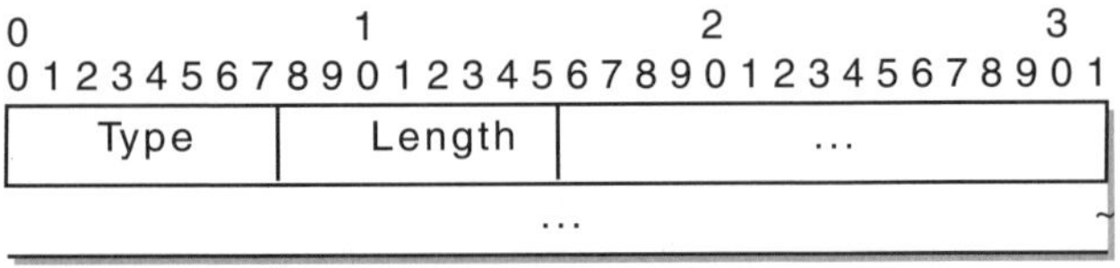

Abbildung 9.59: Neighbor Discovery

Typnummer

Die Typnummer dient zur Unterscheidung der einzelnen Optionen. Folgende Optionen wurden bisher definiert:

Optionsname	Typ
Source Link Layer Address	1
Target Link Layer Address	2
Prefix Information	3
Redirected Header	4
MTU	5

Length

Definiert die Länge der Option in 8 Okett-Einheiten. Eine Länge von 0 Oktett signalisiert einen ungültigen Wert.

Source/Target Link-Layer Address-Option

Die Source Link Layer Address-Option enthält die Link Layer-Adresse des Versenders des jeweiligen Paketes. Diese Option wird in Neighbor Solicitation-, Router Solicitation- und Router Advertisement-Paketen eingesetzt. Die Target Link Layer Address-Option enthält die Link Layer-Adresse des Paketempfängers. Diese Option wird in Neighbor Advertisement- und Redirect-Paketen verwendet.

0 1 2 3 4 5 6 7	8 9 0 1 2 3 4 5	6 7 8 9 0 1 2 3 4 5 6 7 8 9 0 1
Type	Length	Link-Layer Address ...

Abbildung 9.60: Source Link Layer Address-Option

Type

Die Typnummer dient zur Unterscheidung der Optionen. Die Source/Target Link Layer Address-Optionen wurden wie folgt definiert:

1 Source Link Layer Address

2 Target Link Layer Address

Length

Definiert die Länge der Option in 8-Okett-Einheiten

Link Layer Address

Das Format und die jeweiligen Felder der Link Layer-Adresse werden in den jeweiligen Codierungen des IPv6-Protokolls auf die jeweiligen Link Layer-Protokolle definiert. *(Siehe dazu Kapitel 3.6 IPv6 auf allen Netzen)*

Präfix-Informationsoption

Die Präfix-Informationsoption sorgt für die richtige Einstellung des jeweiligen Link-spezifischen Präfixes bzw. für die Präfixe bei der Adress-Autokonfiguration. Die Präfix-Informationsoption wird nur in Router Advertisement-Paketen verwendet.

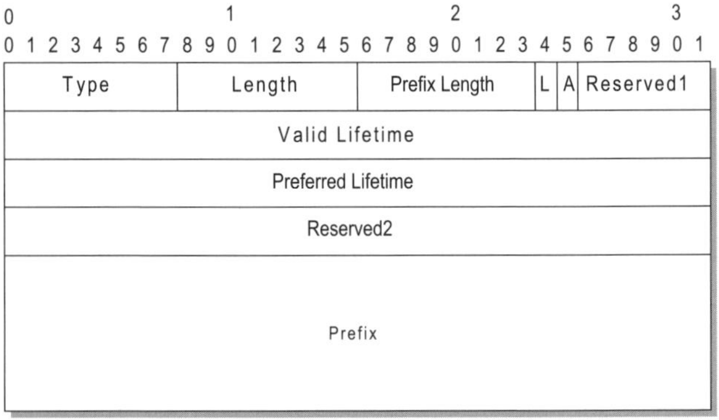

Abbildung 9.61: Präfix-Informationsoption

Type

Die Typnummer dient zur Unterscheidung der Optionen. Die Präfix-Informationsoptionen wurde als Typ 3 definiert.

Length

Definiert die Länge der Präfix-Informationsoption

Prefix Length

Feldlänge = 1 Oktett

Definiert die Länge des jeweiligen Präfixes (Wertebereich 0 bis 128)

L-Bit

Das On Link-Flag signalisiert, dass das jeweilige Präfix nur für den betreffenden Link gültig ist. Wird das On Link-Flag nicht gesetzt, so kann das Präfix sowohl am lokalen Link wie auch außerhalb des Links verwendet werden.

A-Bit

Das Autonomous Address-Konfigurations-Flag signalisiert, dass das Präfix bei der Autonomous-Adresskonfiguration verwendet wird.

Reserved 1

Dieses Feld wird immer mit 00-Werten gefüllt und beim Empfänger vollkommen ignoriert.

Valid Lifetime

Definiert die Zeitdauer in Sekunden (relativ zur Sendezeit des Paketes), die das jeweilige Präfix zur Adresskonfiguration am Link gültig ist. Der Wert 0xffffffff definiert einen unendlich langen Zeitraum.

Preferred Lifetime

Definiert die Zeitdauer in Sekunden (relativ zur Sendezeit des Paketes), die eine Adresse, die anhand dieses Präfixes gebildet wurde, gültig ist. Der Wert 0xffffffff definiert einen unendlich langen Zeitraum.

Reserved 2

Dieses Feld wird immer mit 00-Werten gefüllt und wird beim Empfänger vollkommen ignoriert.

Prefix

Das Prefix Length-Feld definiert die Länge des jeweiligen Präfixes. Alle Bits eines Präfixes, die die definierte Länge überschreiten, müssen vom Sender immer auf den Wert = 0 gesetzt werden. Ein Router darf niemals die Präfix-Option auf den lokalen Link übermitteln.

Redirected Header-Option

Die Redirected Header-Option wird nur in Redirect-Meldungen verwendet und enthält alle relevanten Daten des umzuleitenden Paketes.

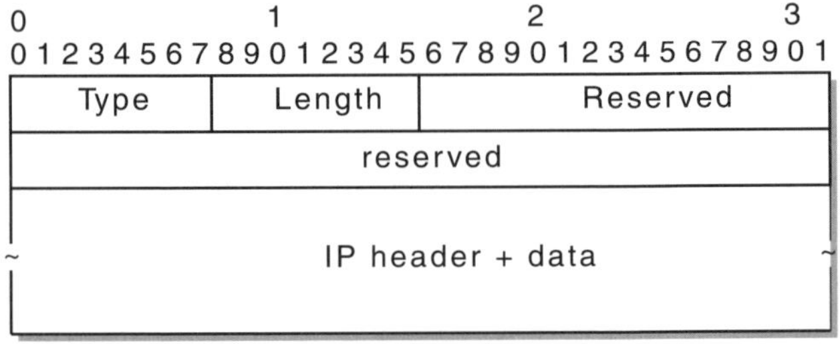

Abbildung 9.62: Redirected Header-Option

Type

Die Typnummer dient zur Unterscheidung der Optionen. Die Redirected Header-Option wurde als Typ 4 definiert.

Length

Definiert die Länge der Redirected Header-Option in 8-Okett-Einheiten.

IP-Header + Daten

Im IP-Header + Daten-Feld der Redirect Header-Option werden die ersten 576 Oktetts des die Redirect-Meldung auslösenden IP-Paketes untergebracht.

MTU-Option

Die MTU-Option wird in Router Advertisement-Meldungen verwendet und stellt sicher, dass alle Knoten am Link die gleiche MTU-Größe verwenden.

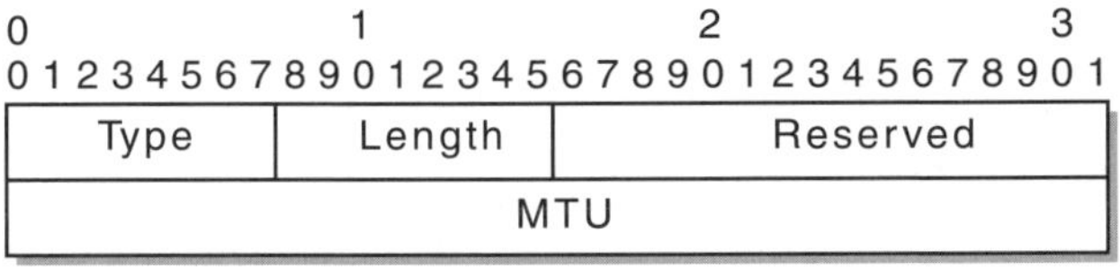

Abbildung 9.63: MTU-Option

Type

Die Typnummer dient zur Unterscheidung der Optionen. Die MTU-Option wurde als Typ 5 definiert.

Length

Definiert die Länge der MTU-Option

MTU

Definiert den MTU-Wert des Links

PPPv6

IP Version 6 auf seriellen Leitungen

Das PPP-Protokoll ermöglicht die Übermittlung von Daten über synchrone (bit-serial) und asynchrone (Start/Stop-Betrieb) Wahl- und Standleitungen. Das PPP-Protokoll ist dadurch in der Lage, unabhängig vom jeweiligen physikalischen Interface (z.B. RS-232-C, RS-422, RS-423, X.21) zu arbeiten. Die einzige Voraussetzung, die gefordert wird, besteht in einer vollkommen transparenten, voll duplex-fähigen Datenleitung. Als Datenformat sind beim PPP-Protokoll 8 Bit, No Parity festgelegt. Außerdem wird ein Flow Control-Mechanismus über die Verbindung unterstützt. Das PPP-Protokoll basiert auf den folgenden drei Hauptkomponenten:

- der Data Encapsulation,

- dem Link Control Protocol (LCP) und
- einer Familie von Network Control-Protokollen (NCPs).

Data Encapsulation

Das bekannte HDLC (High Level Date Link Control)-Protokoll wurde beim PPP-Protokoll als Basis zum Übermitteln der Datenpakete auf der Schicht 2 spezifiziert. Das HDLC-Protokoll ist seit Mitte der siebziger Jahre weltweit standardisiert und wurde im ISO-Standard ISO 3309-1979 und ISO 3309:1984/PDAD1 veröffentlicht. Beim Point-to-Point-Protokoll sind das Datenformat, die Bedeutung und die Werte der einzelnen Felder genau festgelegt. Es hat folgenden Aufbau:

Flag	Address	Protocol	Data	FCS	Flag	Interframe Fill oder nächste Adresse

Abbildung 9.64: PPPv6-Format

Flag Sequence

Jedes PPP-Datenpaket wird durch einen acht Bit-Wert, der Flagsequenz, eröffnet und beendet. Diese Flag-Sequenz hat immer den binären Wert 01111110 (hexadezimal 0x7e).

Address Feld

Das Adress-Feld definiert immer die so genannte All Station-Adresse und ist auf den binären Wert 11111111 (hexadezimal 0xff) gesetzt. Das PPP-Protokoll unterstützt in der momentanen Version noch keinen Adressmechanismus, der das Adressieren von individuellen Stationen ermöglicht.

Control-Feld

Das Control-Feld definiert immer das Unnumbered Information (UI)-Kommando, bei dem das P/F-Bit auf den Wert 0 gesetzt ist. Die binäre Sequenz für das Control-Feld ist 00000011 (hexadezimal 0x03). Datenpakete mit anderen Werten sind ungültig und werden verworfen.

Protocol-Feld

Das zwei Oktett lange Protokollfeld definiert, wie die Daten des nachfolgenden Informationsfeldes zu behandeln sind. Die Werte des Protokoll-Feldes werden in den Assigned Numbers in den jeweiligen RFC publiziert. Folgende Gruppen wurden bisher festgelegt:

Wert (in hex)	**Protokoll**
0001 bis 001f	Reserviert
0021	Internet Protocol
0023	OSI Network Layer
0025	Xerox NS IDP
0027	DECnet Phase IV
0029	AppleTalk
002b	Novell IPX
002d	Van Jacobson Compressed TCP/IP
002f	Van Jacobson Uncompressed TCP/IP
0031	Bridging PDU
0033	Stream Protocol (ST-II)
0035	Banyan Vines
0037	Reserviert
0057	Internet Protocol Version 6

Wert (in hex)	Protokoll
00ff	Reserviert
0201	802.1d Hello Packets
0231	Luxcom
0233	Sigma Network Systems
8021	Internet Protocol Control Protocol
8023	OSI Network Layer Control Protocol
8025	Xerox NS IDP Control Protocol
8027	DECnet Phase IV Control Protocol
8029	Appletalk Control Protocol
802b	Novell IPX Control Protocol
802d	Reserviert
802f	Reserviert
8031	Bridging NCP
8033	Stream Protocol Control Protocol
8035	Banyan Vines Control Protocol
c021	Link Control Protocol
c023	Password Authentication Protocol
c025	Link Quality Report
c223	Challenge Handshake Authentication Protocol

Information-Feld

Das Information-Feld enthält die protokollspezifischen Informationen (Header und Daten) des im Protokoll-Feld definierten Network Layer-Protokolls. Die Default-Länge des Information-Feldes kann zwischen 0 und maximal 1500 Bytes (Default-Wert) betragen.

Zwischen den Kommunikationspartnern besteht jedoch die Möglichkeit, jederzeit einen größeren Wert als Maximal Frame Size auszuhandeln.

Frame Check Sequence Field

Das 16 Bit lange Frame Check Sequence-Feld (FCS) ermöglicht eine Fehlerkontrolle des übermittelten Datenrahmens.

RIPv6

Routing Information Protocol Version 6

Das Routing Information Protocol Version 6 (RIPv6) gehört zu den Distance Vector-Protokollen und basiert auf dem Bellman-Ford-Algorithmus. Das neue Protokoll basiert auf den Spezifikationen des RFCs 1058 und passt die RIP-Funktionen an die Funktionen des IP-Protokolls Version 6 an.

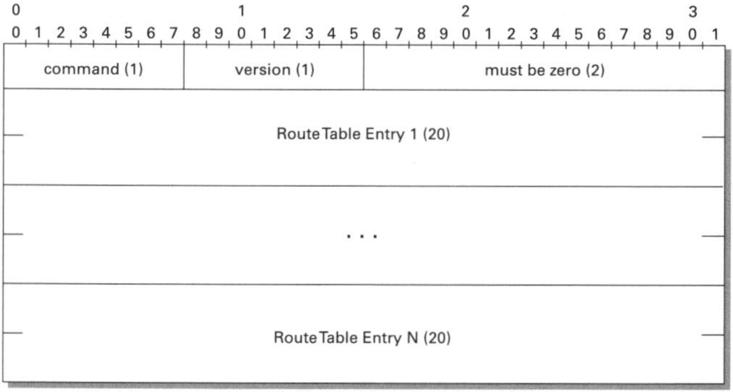

Abbildung 9.65: RIPv6-Header

Command

Das Command-Feld legt den RIP-Kommandotyp fest. RIP unterstützt folgende Typen:

Command Request

Eine Anfrage an alle angeschlossenen RIP-Systeme, ihre kompletten Routing-Tabellen an den anfragenden Router zu übermitteln. Der RIP-Request hat die Typnummer 1.

Command Response

Eine Antwort enthält die vollständige Routing-Tabelle eines Senders. Diese Meldung wird als Reaktion auf eine RIP-Anfrage, eine Poll- oder eine Update-Meldung gesendet. Die Response hat die Typnummer 2.

Version

Das RIPv6-Versionsfeld gibt die verwendete RIP-Protokollversion an. Durch die Versionsnummer in jedem Datenpaket kann der Empfänger einer RIP-Anfrage die verschiedenen RIP-Versionen angemessen interpretieren. Derzeit wird bei TCP/IP-Netzwerken die Version 1 verwendet.

Reserved

Dieses Feld ist für zukünftige Anwendungen reserviert.

Route Table Entry (RTE)

Beim RIPv6-Protokoll werden die einzelnen Details der einzelnen Routing-Tabelleneinträge mit Hilfe des Route Table Entry Header-Formats übermittelt. Jede Route Table Entry (RTE) enthält ein Destination-Präfix, eine Längendefinition der verwendeten Bits im Präfix und eine Kosten-Metric für jede Route.

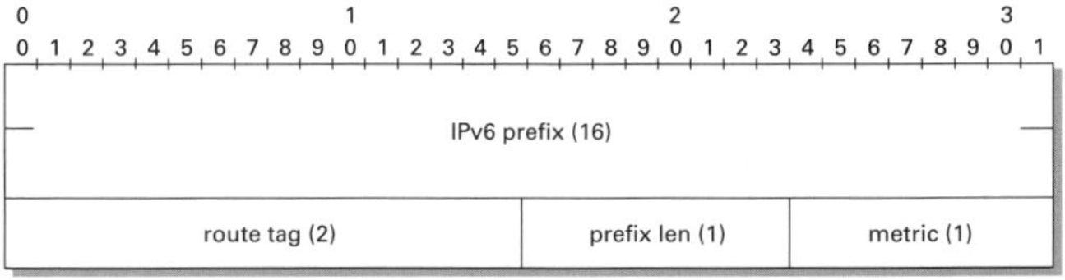

Abbildung 9.66: Route Table Entry (RTE) Header-Format

10 Voice-over-IP (VoIP)

Mit Hilfe der IP-Telefonie (Voice-over-IP; VoIP) kann ein normales Telefongespräch über ein paketvermittelndes Datennetz auf Basis des IP-Protokolls übertragen werden. Natürlich wurden die Datennetze nicht für eine Sprachübertragung ausgelegt. Daher müssen die Endgeräte und die Koppelkomponenten im Netz mit zusätzlichen Mechanismen ausgestattet sein, um die verfügbare Bandweite besser auszunutzen und somit die Probleme im Netz intelligenter zu umgehen. Die in der IP-Telefonie verwendeten Sprachkompressions-Algorithmen sind in der Lage, die Sprache bei gleicher Qualität mit wesentlich geringerer Bandweite (Faktor 10) als traditionelle Systeme zu übertragen. Die Sprache wird im Netz somit wie eine Sonderform der Daten behandelt. Dadurch ergeben sich vollkommen neue Anwendungsgebiete, die die Charakteristiken der Sprachkommunikation mit denen der Datenverarbeitung vereinen. Zu diesen neuen Applikationen gehören beispielsweise PC-zu-PC-Telefonie, PC-zu-Telefon-Verbindungen und Telefon-zu-Telefon-Verbindungen über die Datennetze. Hieraus ergeben sich eine Reihe innovativer Anwendungsgebiete: Sprachübermittlung über das Internet bzw. Intranets, Messaging via Web, Web-basierte Call Center usw.

Durch die Verfügbarkeit der IP-Telefonie bahnt sich die nächste Revolution in der Telekommunikationsindustrie an. Der Begriff IP-Telefonie ist somit das Synonym für den Übergang der traditionellen verbindungsorientierten Sprachnetze hin zu paketorientierten Sprach/Datennetzen. Mit Hilfe von IP-Telefonie-Gateways wird für den problemlosen Übergang dieser bisher inkompatiblen Welten gesorgt. Der Kostenspareffekt hat die IP-Telefonie weltweit bekannt gemacht. Allgemein wird unter IP-Telefonie nur der Ersatz für mehr oder weniger kostenlose Ferngespräche verstanden. Aber die VoIP-Technik kann wesentlich mehr leisten als nur die alte verbindungsorientierte Telefontechnik durch eine paketorientierte Datentechnik abzulösen. Auf Basis der IP-Telefonie entwickeln sich im Moment vollkommen neue Dienste und Services. Diese Techniken kombinieren die Vorteile der Echtzeit-Übertragung von Sprache mit den Merkmalen der Datenkommunikation. Hierzu gehören beispielsweise die Web-basierten Call Center, das Collaborative Whiteboarding und das Remote Teleworking.

VoIP-Lösungen

Die Architektur der Telefonnetze hat sich seit den Zeiten des Alexander Graham Bell kaum verändert. Die Sprache wird in Sampeln von 8 Bit/Bytes zerlegt. Dies geschieht pro Sekunde 8000 mal und ergibt somit eine Datenrate von 64 KBit/s. Da das gesamte Telefonnetz auf nur diesen Verkehrstyp und diese Datenrate ausgelegt ist, treten auf der verbindungsorientierten Punkt-zu-Punkt-Verbindung zwischen zwei Endgeräten nie Bandweitenengpässe bzw. relativ geringe Verzögerungen auf. Der große Fortschritt der letzten Jahrzehnte in den Telefonnetzen besteht darin, dass nicht mehr komplette physikalische Verbindungen aufgebaut werden müssen, sondern logische Verbindungen über die Telefoninfrastruktur aufgebaut werden. Durch die einseitige Ausrichtung auf reine Sprachübertragungen ist das Telefonnetz so gut wie nicht in der Lage, andere Verkehrstypen effizient zu übermitteln.

Bei den paketorientierten Netzen werden die Informationen in diskrete digitale Pakete zerlegt und mit Hilfe von zusätzlichen Übertragungsprotokollen über die Netzinfrastruktur (Switches, Router) übertragen. Anhand der in den Protokollinformationen integrierten Adressinformationen übermitteln die Switches/Router die Pakete zuverlässig über das Netz. Bei der Paketübermittlung wird für jedes Paket zwischen Sender und Empfänger die optimale Route ermittelt und das Paket anhand dieser Vorgaben übertragen. Somit können in einem Übertragungsweg auch bestimmte Störfaktoren wie beispielsweise die verfügbare Bandweite, Fehlerraten usw. berücksichtigt werden. Aufgrund der unterschiedlichen Wege und der im Netz in Reihe geschalteten Koppelkomponenten treten natürlich unterschiedliche Laufzeiten bzw. Verzögerungszeiten zwischen Sender und Empfänger auf. Da die Daten nicht mehr sequenziell über eine bestimmte Verbindung übertragen werden, müssen die Datenströme beim Empfänger wieder zu einem kontinuierlichen Datenstrom zusammengebaut werden. Daher muss im Netz Vorsorge getroffen werden, dass die Pakete im Netz nicht verloren gehen und im Fehlerfall erneut übertragen werden.

LAN-Telefonie

Die IP-Telefonie ist nicht auf die reinen Telefon-zu-Telefon-Applikationen beschränkt. Mit Hilfe von PC-zu-PC- und PC-zu-Telefon-Kommunikation kann jederzeit von einem LAN-Client (z.B. Microsoft NetMeeting, Netscape Conference) eine Verbindung zum traditionellen Telefonsystem realisiert werden.

Remote Teleworker

Ein Teleworker benötigt für seine Arbeit den Zugriff auf eine virtuelle Büroumgebung. Neben dem reinen Datenzugriff wird in die Applikation auch die IP-Telefonie integriert. Über die Zentrale des Unternehmens kann der Anwender von seinem Rechner aus mit allen Firmenressourcen kommunizieren.

Internet Call Waiting

Die IP-Telefonie bietet den Internet-Providern (ISP) die Möglichkeit zum Einstieg in die Telefonie. Über eine zweite virtuelle Verbindung erhält der Kunde des ISP die Möglichkeit, von seinem PC aus über das Internet zu telefonieren bzw. Telefonate zu empfangen und gleichzeitig im Internet Daten zu übermitteln. Dies setzt jedoch voraus, dass die Verbindungen vom ISP zum Kunden genügend Übertragungskapazitäten zur Verfügung stellen.

Telefon-Gateways

Die Telefon-Gateways sind die wichtigsten Komponenten in der gesamten VoIP-Lösung. Diese Gateways sorgen für die Anpassung der verbindungsorientierten Telefonnetze mit den paketorientierten Datennetzen. Ein IP-Telefonie-Gateway bietet die folgenden Funktionen:

- Interfaces zum Anschluss von Telefon-Nebenstellenanlagen bzw. dem öffentlichen Telefonnetz
- Signalisierungsfunktionen (Verbindungsauf- bzw. abbau)
- Sprach-Kompression/Dekompression in Echtzeit
- Verpacken bzw. Entpacken der komprimierten Sprache
- Interfaces zum IP-Netz

H.323

Im ITU-Dokument *Recommendation H.323* wurden die Funktionen und Services zur Übertragung von Informationen (per Terminal) über lokale Netze, die über keinerlei Quality-of-Service-Mechanismen verfügen, festgeschrieben. Die H.323-Terminals und -Systeme sind in der Lage, sowohl Sprache, Daten als auch Videos zu übermitteln. Dabei ist es unerheblich, ob die Informationen über nur ein LAN-Segment oder eine Kombination von Netzen (LAN, WAN, Internet) übertragen wird. Die H.323-Terminals können in PCs wie auch in Videotelefone integriert werden.

Der H.323-Standard referenziert eine Reihe anderer Standards. Hierzu gehören beispielsweise H.225.0 (Paketsynchronisation), H.245 (Kontrollfunktionen), H.261 und H.263 (Video Codecs), G.711, G.722, G.728, G.729 und G.723 (Vocoder) und die T.120-Reihe der Multimedia-Protokolle. In der Summe definieren diese Spezifikationen eine Reihe neuer Netzkomponenten (H.323-Terminals, H.323-Multipoint Control Units (MCUs), H.323-Gatekeeper und H.323-Gateways), die mit anderen standardkompatiblen Komponenten über ein H.323-Gateway kommunizieren. In den H.323-Spezifikationen werden auch eine Reihe von Vocodern aufgelistet, die eine Konformität mit den H.323-Clients und -Gateways garantieren. Zusätzlich zur ITU werden von folgenden Organisationen weitere Standards für die IP-Telefonie erarbeitet:

- International Multimedia Teleconferencing Consortium (IMTC). Diese Interessensgruppe versucht das Internet bzw. die Intranets für Konferenzanwendungen im Bereich von Video, Audio und der Daten zu erweitern. Ihre Vorschläge gingen in die ITU H.320-Standards ein.
- European Telecommunications Standards Institute (ETSI). Die ETSI verfügt über eine eigene Arbeitsgruppe zum Thema VoIP. Diese Gruppe wird unter dem Titel *Telecommunications und Internet Protocol Harmonization Over Network (Tiphon)* geführt und sorgt für die Anpassung der unterschiedlichen Sprachnetze (VoIP <-> ISDN/GSM).
- Internet Engineering Task Force (IETF). Als technische Innovatoren sind die Arbeitsgruppen im IETF seit langer Zeit bekannt. Daher ist es nicht verwunderlich, dass auch die IETF Anstrengungen unternimmt, die Dienste und Services des IP und des Internet für

die Sprachübermittlung zu verbessern. Hierzu gehören beispielsweise die Type of Service (TOS)-Funktionen und die Common Open Policy Services (COPS), Dienste für regelbasierte Netze. Auch eine Abbildung der SS7-Protokolle in IP-Funktionen ist von der IETF geplant.

MEGACO

Media Gateway Control Protocol

Das MEGACO-Protokoll wurde gemeinsam von der IETF (RFC 2805) und der ITU-T (H.248) gemeinsam verabschiedet. Das Protokoll erfüllt die Anforderungen an ein Media Gateway Control-Protokoll und gilt als Nachfolger des MGCP-Protokolls. Die MEGACO Messages werden immer als ASN.1 Text Messages codiert. Das MEGACO-Protokoll arbeitet mit acht Kommandos. Zu den Kommandos gehören:

- Add: fügt eine Termination zu einem Context hinzu.
- Modify: modifiziert die Eigenschaften, Ereignisse und Signale einer Termination.
- Subtract: trennt eine Termination von ihrem Context und gibt Statistikdaten über die Teilnahme der Termination am Context zurück.
- Move: bringt eine Termination in einen anderen Context.
- AuditValue: gibt den gegenwärtigen Status der Eigenschaften, Ereignisse, Signale und Statistiken von Terminations zurück.
- Audit Capabilities: übermittelt die Werte einer Termination sowie die Ereignisse und Signale des Media Gateways.
- Notify: Media Gateway informiert den Media Gateway Controller über das Auftreten eines Ereignisses.
- ServiceChange: Das Media Gateway (MG) meldet dem Media Gateway Controller (MGC), dass eine Termination oder eine

Gruppe von Terminations außer Betrieb geht oder den Betrieb wieder aufnimmt.

Die MEGACO-Parameter werden als Descriptor bezeichnet. Folgende Parameter wurden bisher festgelegt:

- Audit: definiert beim Audit die gewünschten Informationen.
- DigitMap: Anweisung zur Behandlung von DTMF-Tönen beim Media Gateway (MG).
- Events: legt die vom MG zu ermittelnden Ereignisse fest und beschreibt die Reaktion auf diese Ereignisse.
- EventBuffer: beschreibt die vom MG zu ermittelnden Ereignisse, bei aktivierten Event Buffering.
- Local: definiert die Eigenschaften des vom MG empfangenen Datenstromes.
- Local Control: legt die für MG und MGC wichtigen Eigenschaften fest.
- Media: beschreibt die Media Stream-Spezifikationen.
- Modem: identifiziert den jeweiligen Modem-Typ und seine Eigenschaften.
- Mux: beschreibt den Multiplex-Typ für Multimedia Terminations (z.B. H.221, H.223, H.225.0) und Terminations, die den Eingangsmultiplexer bilden.
- ObservedEvents: Fasst die beobachteten Ereignisse in Notify oder AuditValue zusammen.
- Packages: fasst beim Audit die Merkmale einer Termination zusammen.
- Remote: definiert die Eigenschaften des vom MG gesendeten Datenstromes.
- Service Change: Informiert über die durchgeführten Serviceänderungen.

- Stream: definiert eine Liste von Remote/Local/LocalControl-Descriptors für den jeweiligen Stream.
- Signals: legt die Signale und Aktionen fest, die für eine Termination auszuführen sind.
- Statistics: Statistiken von Terminations.
- Termination State: beschreibt die nicht Stream-spezifischen Eigenschaften einer Termination.

MGCP
Media Gateway Control Protocol

Das von der IETF in den RFCs 2705 und 2805 definierte Media Gateway Control Protocol (MGCP) dient der Steuerung von Media Gateways durch externe Call Control-Einrichtungen (Media Gateway Controller). Die Media Gateway Controller werden auch als Call-Agents bezeichnet. Im Protokoll sind neun Kommandos definiert:

- Endpoint Configuration: der Call-Agent informiert das Gateway über die Codierungsverfahren der Endpunkte einer Verbindung.
- Notification Request: der Call-Agent fordert den Gateway auf, auf spezielle Ereignisse zu achten.
- Notify: Das Gateway informiert den Call-Agenten über das Auftreten eines Ereignisses.
- Create Connection: der Call-Agent stellt eine Verbindung zwischen Endgerät und Gateway her.
- Modify Connection: der Call-Agent ändert die Parameter der Verbindung.
- Delete Connection: der Call-Agent beendet eine Verbindung oder das Gateway informiert den Call-Agenten, dass eine Verbindung nicht länger aufrecht erhalten wird.

- Audit Endpoint: der Call-Agent fragt den Status eines Endpunktes ab.
- AuditConnection: der Call-Agent fragt den Status einer Verbindung ab.
- Restart In Progress: das Gateway teilt dem Call-Agenten mit, dass das Gateway oder eine Gruppe von Endpunkten, die vom Gateway verwaltet werden, außer Betrieb oder wieder in Betrieb gehen.

Die Kommandos werden mit Hilfe eines Kommando-Header und einem optionalen Session Descriptor übermittelt. Die Response-Pakete bestehen aus einem Response Header mit optionalen Session Descriptor. Die Headers und die Session-Descriptoren werden als einfache Textzeilen codiert. Die einzelnen Textzeilen werden durch die CR-LF (Carriage Return - Line Feed) Character separiert. Die Trennung zwischen Header und Session Descriptor erfolgt durch eine Leerzeile. Zur Identifikation der Transaktionen (Kommando und Response) verwendet MGCP eine Transaction ID (Wertebereich: 1 bis 999999999).

Damit besteht ein Kommando aus folgenden Komponenten:

- der Kommandozeile (Aktion oder Befehl)
- Transaction ID
- Name des Endpunkts, der das Kommando ausführen soll
- der Protokollversion
- Parameter-Set: Parameter-Namen mit nachfolgenden Parameterwerten

Die Komponenten werden als einfache Strings mit Hilfe von ASCII-Charactern codiert. Die einzelnen Komponenten werden durch ein Leerzeichen (ASCII: 0x20) oder den Tabulator (ASCII: 0x09) getrennt.

RTP

Real Time Transfer Protocol

Das Real Time Protocol (RFC 1889) dient dem Ende-zu-Ende-Transport von Echtzeitdaten, wie Audio und Video, in IP-Netzen. Dazu bietet RTP für die zu übertragenden Datenpakete eine Pakettyp-Kennzeichnung (Payload Type Identification), Reihenfolgenummerierung, Zeitstempelung und eine Überwachung der Paketablieferung. Mit den Zeitinformationen lassen sich die Audio- und Videodaten synchronisieren und Paketverluste feststellen. Anhand der Reihenfolgenummerierung sind die ankommenden Pakete sortierbar. Der Datentransport wird ergänzt durch das Real Time Control Protocol (RTCP), das eine Überwachung der Qualität der Datenablieferung ermöglicht. Jeder Teilnehmer einer RTP-Sitzung sendet periodisch RTCP-Pakete an alle anderen Teilnehmer. Diese Pakete enthalten Informationen über die Verbindungsqualität (Paketverluste, Jitter, Laufzeiten und eine Teilnehmeridentifikation. Das Übertragungsintervall für die RTCP-Pakete wird anhand der aktuellen Teilnehmerzahl berechnet.

RTP setzt typischerweise auf UDP auf, kann aber prinzipiell auch mit anderen darunter liegenden Protokollen eingesetzt werden. RTP unterstützt neben Unicast- auch Multicast-Kommunikation, sofern die darunter liegenden Protokolle und Netze die entsprechenden Funktionalitäten anbieten. Im Gegensatz zu TCP bietet RTP keine Funktionen zur Fluss- oder Fehlerkontrolle an. Die Datenübertragung wird von RTCP (RTP Control Protocol) überwacht. RTCP basiert auf dem regelmäßigen Austausch von Kontrollpaketen zwischen sämtlichen Sitzungsteilnehmern. Diese Pakete enthalten insbesondere Feedback-Informationen über die erzielte Dienstgüte und eröffnen so den beteiligten Anwendungen die Möglichkeit, sich dynamisch an die jeweiligen QoS-Parameter anzupassen. Im Falle einer Konferenz über Netze mit unterschiedlicher Bandbreite müssen nicht alle Teilnehmer eine Übertragung mit der niedrigeren Bandbreite wählen. RTP unterstützt so genannte "Mixer", die an den Übergangsstellen die Datenströme zusammenfügen und Echtzeitdaten umcodieren können.

Auch für Multicasts über Firewalls gibt es eine Lösung. RTP-Translators vor und hinter der Firewall übernehmen die Übertragung, wobei der sendende Translator die Datenpakete wieder als Multicast-Pakete verschickt.

RTP-Pakete bestehen aus einem 12 Byte Header, gefolgt von der Nutzlast, wie z.B. einem Video-Frame oder einer Sequenz von Audio-Samples. In dem Header ist ein Byte speziell für die Nutzlast-Typ-Identifikation vorgesehen. Durch die Format-Angabe in jedem Paket wird eine dynamische Änderung des Codierungsverfahrens im Verlauf einer Sitzung ermöglicht. Die Werte für diese Nutzlast-Typen werden in eigenen Profilen spezifiziert.

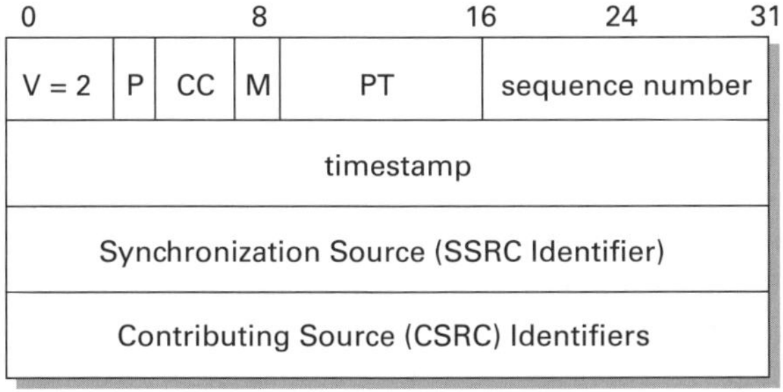

Abbildung 10.1: RTP-Header

Version (V)

Versionsnummer des verwendeten RTP-Protokolls. Aktuell wird die Version 2 verwendet.

Padding (P)

Falls dieses Byte gesetzt ist, enthält das Paket am Ende mehrere Padding-Bytes, die nicht Teil der zu übertragenden Daten sind. Das letzte Byte des Paketes zeigt die Anzahl der Padding-Bytes an.

Extension Bit (X)

Bei gesetztem Flag, folgt auf den festen RTP-Header eine RTP-Header-Erweiterung.

CSRC Count

Zähler, der die Anzahl der CSRC-Kennungen angibt, die dem festen RTP-Header folgen

Marker (M)

Markierung wichtiger Ereignisse, wie z.B. Ende einer Dateneinheit

Payload Type

Format des RTP-Paketes zur Interpretation durch die auf RTP aufsetzende Anwendung

Sequence Number

Mechanismus zur Fehlerkontrolle bei RTP auf der fortlaufenden Nummerierung der Pakete. Jedem von RTP übertragenen Paket wird vom Sender eine Sequenznummer zugeordnet. Damit kann der Empfänger die Paketfolge herstellen.

Timestamp

Abtastzeitpunkt des ersten Bytes der Dateneinheit

SSRC

Eindeutige Kennung der Synchronisations-Quelle innerhalb einer RTP-Session

CSRC

Durch Mixer erzeugte Liste der an der Synchronisation beteiligten Quellen

RTCP

RTP Control Protocol

Das RTCP-Protokoll (RFC 1889) basiert auf dem periodischen Austausch von Kontrollpaketen unter den Sitzungsteilnehmern. Es ermöglicht sowohl eine dynamische Skalierung der Anwendung als auch flexible Anpassungen an die jeweiligen QoS-Parameter. RTCP setzt hierbei auf die gleichen Protokollschichten wie RTP beim eigentlichen Datentransport auf. RTCP bietet folgende Funktionsbereiche:

Rückmeldung zur Dienstqualität

Das RTCP-Protokoll bietet Mechanismen zur erzielten Dienstqualität. Diese werden sowohl vom Sender als auch von Parteien, die nicht direkt an der Sitzung teilnehmen, genutzt. Der Sender kann aufgrund dieser Informationen Übertragungsparameter anpassen.

Identifikation der Session-Teilnehmer

RTCP überträgt an die RTP-Quelle eine feste Transportkennung, den so genannten kanonischen Namen (Cname). Im Gegensatz zur SSRC-Kennung, die im Konfliktfall geändert wird, bleibt der Cname immer fest. Empfänger können anhand des Cnames verschiedene Datenströme einem Sender eindeutig zuordnen und entsprechend weiterverarbeiten.

Kontrolle der RTCP-Bandbreite

Die Datenübertragung darf nicht durch den Austausch von Kontrollpaketen behindert werden. Hierfür muss die benötigte Bandbreite begrenzt werden. Der Anteil von RTCP an der für die Session zur Verfügung stehenden Bandbreite wurde auf 5 Prozent fixiert, wobei mindestens 25 Prozent dieser Bandbreite für die Übertragung von Senderberichten verwendet wird. Damit können neue Session-Teilnehmer schnell die Kennungen der Sendenden ermitteln. Zwischen dem Senden von RTCP-Paketen liegt ein minimaler Zeitinterval von 5 Sekunden.

Session-Kontrolle

Optional wurde in RTCP eine minimale Session-Kontrolle (Nutzerinformationen) integriert.

Jedes RTCP-Paket beginnt mit einem festen Header, gefolgt von einem strukturierten Teil mit variabler Länge. Mehrere RTCP-Pakete können zu einem großen Paket kombiniert werden, wobei jedes Paket eine eigene Typkennung und Längenangabe hat. Ein RTCP-Senderbericht besteht aus drei Teilen:

- dem RTCP-Header,
- der Sender-Information, die Überblick über die Aktivitäten des Senders gibt und
- dem Block-Report, der die Blöcke von Empfangsberichten enthält.

In die Senderinformationen werden immer ein NTP-Zeitstempel (Network Time Protocol) und ein RTP-Zeitstempel integriert. Der NTP-Zeitstempel gibt die Real-Zeit (Wallclock Time) an, zu der der Bericht gesendet wurde, und dient der Ermittlung der Paketumlaufzeit. Der RTP-Zeitstempel bezieht sich auf den NTP-Zeitstempel, gebraucht jedoch die in den RTP-Paketen verwendeten Einheiten und

Offset-Werte. Diese Korrespondenz kann bei Quellen, deren NTP-Zeitstempel synchronisiert sind, für die Synchronisation innerhalb eines Datenstromes (Intra-Media Synchronization) oder für die Synchronisation zwischen verschiedenen Strömen (Inter-Media Synchronization) verwendet werden.

Die Empfänger-Berichte werden von den Empfängern an alle Sender verteilt. Sie enthalten Informationen über die höchste erhaltene Sequenznummer, die Anzahl der verlorenen Pakete, eine Jitter-Berechnung und einen Zeitstempel, um die Umlaufverzögerung zwischen dem Sender und dem jeweiligen Empfänger zu berechnen. Sowohl in der Senderinformation als auch in den Empfängerberichts-Blöcken sind kumulierte Zähler enthalten. Anhand der Differenzen kann die Dienstqualität über einen längeren Zeitraum hinweg beurteilt werden.

Version (V)

Definiert die Version des Protokolls. Momentan wird für RTCP-Pakete die Version 2 verwendet.

Padding (P)

Falls dieses Byte gesetzt ist, enthält das Paket am Ende mehrere Padding-Bytes, die nicht Teil der zu übertragenden Daten sind. Das letzte Byte des Paketes zeigt dann die Anzahl der Padding-Bytes an.

Reception report count

Definiert die Anzahl der im RTCP-Bericht enthaltenen Empfangsbericht-Blöcke

Packet Type

200 für RTCP-SR-Pakete, 201 für RTCP-RR-Pakete

Length

Definiert die Länge des gesamten RTCP-Paketes

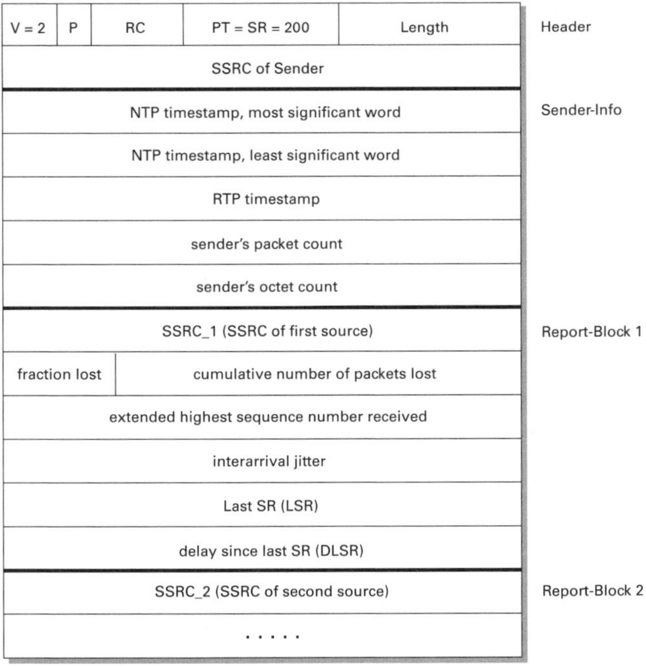

Abbildung 10.2: RTCP-Header

CSRC Count

Zähler, der die Anzahl der CSRC-Kennungen angibt, die dem festen RTCP-Header folgen

NTP Timestamp

NTP-Zeit, zu der der Empfangsbericht erzeugt wurde. Dieser Wert wird zur Berechnung der Umlaufzeit zu den einzelnen Empfängern verwendet.

RTP Timestamp

Bezieht sich auf den NTP-Zeitstempel, jedoch mit der in den RTP-Paketen verwendeten Einheit und Offset-Werten

Sender Packet Count

Anzahl der durch den Sender gesendeten RTP-Pakete. Sie wird bei Änderung der SSRC zurückgesetzt.

Sender Octet Count

Anzahl gesendeter Bytes in RTP-Paketen. Wird bei Änderung der SSRC zurückgesetzt.

SSRC-1 (of first Source)

SSRC des entsprechenden Empangsbericht-Blocks

Fraction Lost

Anteil verlorener Pakete, d.h. Verhältnis verlorene Pakete : erwartete Pakete

Cummulative Nubers of Packets lost

Absolute Anzahl verlorener Dateneinheiten

Extended highest Sequence Number received

Erweiterte, höchste empfangene Sequenznummer mit Angabe der Überlaufzyklen

Interarrival Jitter

Mittlere Abweichung der Differenz D, des Abstands zweier empfangener RTP-Pakete und der Sender-Zeitstempel

Last SR (LSR)

Mittlere 32 Bit der 64 Bits des NTP-Zeitstempels

Delay since last SR (DLSR)

Verzögerung zwischen Empfang des letzten SR-Paketes von Quelle SSRC_n und dem Senden dieses Empfangsberichts. Sie wird zur Berechnung der Paketumlaufzeit verwendet.

SIP
Session Initiation Protocol

Die IETF hat im RFC 2543 eine Alternative zum H.323-Standard erarbeitet. Das Session Initiation Protocol (SIP) ist fester Bestandteil der Multimedia-Architektur, die von der Multiparty Multimedia Session Control-Arbeitsgruppe entwickelt wurde. Als Client Server-Protokoll ist SIP dem HTTP-Protokoll ähnlich. Anfragen und Antworten werden auf Basis von Text-Strings behandelt, die Informationen zur Verbindungs-Signalisierung transportieren. Für den Anrufer und den Angerufenen wird dynamisch ein SIP-URL (Nutzer@Rechner) generiert. Die Adressen können beispielsweise aus einem Benutzernamen, einem Vor- oder Nachnamen oder aus einer Telefonnummer bestehen. Bei einem Anruf lokalisiert der Anrufer zunächst den zugehörigen SIP-Server und schickt an diesen seine Kommunikationsanfrage. Der Gesprächspartner ist in der Lage, seinem SIP-Server die Kontaktadressen seiner Aufenthaltsorte dynamisch mitzuteilen.

Im Gegensatz zu H.323 ist SIP einfacher zu implementieren, da die Textcodierung keinen aufwendigen Code-Generator benötigt. SIP ist verantwortlich für die gesamte Gesprächssignalisierung, das Lokalisieren von Anwendern und die Registrierung. Für Dienstgüte, Verzeichniszugriffe sowie die Beschreibung von Sitzungen und Konferenzkontrollen sind dagegen weitere Protokolle zuständig. Die

Modulstruktur von SIP erlaubt außerdem die problemlose Zusammenarbeit mit H.323. So kann ein Anrufer einen Gesprächspartner über SIP lokalisieren und diesem anschließend signalisieren, dass das Gespräch über H.323 stattfinden soll. Weiterhin werden bei H.323 nur zentral registrierte Audio- und Video-Codecs verwendet. Diese Beschränkung besteht bei SIP nicht. SIP-Informationen können sowohl über TCP- als auch über das UDP-Protokoll transportiert werden. Gegenwärtig integriert SIP folgende Protokolle:

- das Resource Reservation Protocol (RSVP) zur Reservierung von Netzressourcen,
- das Real-time Transport Protocol (RTP) für den Transport von Echtzeitdaten und die Bereitstellung von QoS-Funktionen,
- das Real-time Streaming Protocol (RTSP) für die Steuerung der Übertragung von Medienströmen,
- das Session Announcement Protocol (SAP) für die Ankündigung von Multimedia-Sitzungen per Multicast,
- das Session Description Protocol (SDP) zur Beschreibung von Multimedia-Sessions.

Das SIP-System kennt zwei Komponenten: den User Agent und den Netzwerkserver. Der User Agent wird dabei auf Seiten des Anwenders ausgeführt. Er enthält den Protokoll-Client (User Agent Client; UAC) und einen Protokoll-Server (User Agent Server; UAS). Der UAC initiiert die Anrufe, der UAS beantwortet eingehende Anrufe. Server-seitig sind zwei unterschiedliche Typen vorgesehen: Proxy- und Redirect-Server.

SIP-Proxy-Server

Der SIP-Proxy-Server übernimmt ähnliche Aufgaben wie ein SMTP-Server beziehungsweise HTTP-Proxy. Er nimmt Requests des Client entgegen, bestimmt, wohin sie geleitet werden sollen, und leitet anschließend die Requests weiter.

Redirect-Server

Der Redirect-Server ist für Nachrichten zum Empfänger zuständig. Er nimmt Requests entgegen und teilt dem Client mit, mit welchem Server der Agent Kontakt aufnehmen soll. Auch SIP greift dabei immer wieder auf das DNS zurück, wenn es gilt, einen anderen Server aufzuspüren.

Wie bei HTTP unterscheidet man zwischen SIP Requests und Responses. Ein SIP Request besteht aus drei Teilen: der Request-Zeile, Header-Feldern und dem Nachrichtenblock. Die verschiedenen Header-Felder enthalten Informationen über Call Services, Adressen und Protokoll-Merkmale. SIP definiert sechs Methoden: INVITE, BYE, OPTIONS, ACK, REGISTER und CANCEL.

INVITE

Die mit Abstand wichtigste Methode ist INVITE. Über sie lädt ein Anrufer quasi den Angerufenen zu einem Telefonat ein. Die Informationen, die in den zugehörigen Header-Feldern enthalten sind, sind denen beim Versand einer elektronischen Nachricht sehr ähnlich. Sie übermitteln unter anderem die Adresse des Anrufenden und die des Angerufenen, Betreff, Priorität und Routing-Informationen. Der Body kann optional Mime-codierte Inhalte enthalten, beispielsweise SMIL- oder XML-Inhalte.

REGISTER

Über die REGISTER-Methode werden Standortinformationen an einen SIP-Server übermittelt. Vereinfacht dargestellt informiert der SIP-Client den SIP-Server, wo er zu erreichen ist, damit eintreffende Antworten eines oder mehrerer Kommunikationspartner an ihn weitergeleitet werden.

Neben den beiden wichtigsten Methoden INVITE und REGISTER spielen die übrigen eine untergeordnete Rolle. BYE beendet die Konferenz zwischen zwei Usern, OPTIONS kann optionale Informationen über den Anwender enthalten, ACK bestätigt den zuverlässigen Nachrichtenaustausch und CANCEL versucht, einen bereits verschickten Request zu löschen.

SIP Messages bestehen aus reinen Textkomponenten (ISO 10646 Character Set), die gemäß UTF-8 codiert werden. Jede Textzeile wird mit CR-LF abgeschlossen. Der SIP-Protokoll-Header besteht immer aus einer Startzeile, dem Message Header, einer Leerzeile und den eigentlichen Message-Daten.

Request Messages

Method	Request URI	SIP Version

Abbildung 10.3: SIP Request Header

Method

Definiert die Operation, die auf der Ressource ausgeführt werden muss. Folgende Operationen werden im Method-Feld festgelegt: Invite, Ack, Options, Bye, Cancel, Register.

Request-URI

Definiert die SIP URL zur Identifikation des adressierten Nutzers bzw. Services

SIP Version

Definiert die verwendete Protokollversion. Momentan wird die SIP Version 2.0 eingesetzt.

Response Message

SIP Version	Status-Code	Reason-Phrase

Abbildung 10.4: SIP Response Header

SIP Version
Definiert die verwendete Protokollversion

Status-Code
Gibt wieder, ob die Anfrage aufgenommen wurde

Reason-Phrase
Beschreibt den Status-Code in Form eines Text-Strings

SGCP
Simple Gateway Control Protocol

Das Simple Gateway Control Protocol (SGCP) dient der Steuerung von Telefon-Gateways durch externe Call Control-Einrichtungen (Gateway-Controller). Die Gateway-Controller werden auch als Call-Agents bezeichnet. Ein Telefon-Gateway wandelt die Audio-Signale einer Telefonverbindung in Datenpakete (IP-Pakete) um. Im Protokoll sind neun Kommandos definiert:

- CreateConnection
- ModifyConnection
- DeleteConnection
- NotificationRequest
- Notify

Die ersten vier Kommandos werden vom Call-Agent zum Gateway übermittelt. Nur das Notify-Kommando wird vom Gateway zum Call-Agent übertragen. Unter bestimmten Voraussetzungen generiert das Gateway auch die DeleteConnection-Sequenz. Die Kommandos werden mit Hilfe eines Kommando-Header und einem optionalen Session Descriptor übermittelt. Die Response-Pakete bestehen aus einem Response Header mit optionalen Session Descriptor.

Die Headers und die Session Descriptors werden als einfache Textzeilen codiert. Die einzelnen Textzeilen werden durch die CR-LF (Carriage Return - Line Feed) Character separiert. Die Trennung zwischen Header und Session Descriptor erfolgt durch eine Leerzeile. Zur Identifikation der Transaktionen (Kommando und Response) verwendet SGCP eine Transaction ID (Wertebereich: 1 bis 999999999).

Damit besteht ein Kommando aus folgenden Komponenten:

- der Kommandozeile (Aktion oder Befehl)
- Transaction ID
- Name des Endpunkts, der das Kommando ausführen soll
- der Protokollversion
- Parameter-Set: Parameter-Namen mit nachfolgenden Parameterwerten

Die Komponenten werden als einfache Strings mit Hilfe von ASCII-Characters codiert. Die einzelnen Komponenten werden durch ein Leerzeichen (ASCII: 0x20) oder den Tabulator (ASCII: 0x09) getrennt.

A Well-known-Numbers

Internet-Versionsnummern

Das Internet Protocol (IP) enthält ein 4 Bit langes Feld, das die Version des verwendeten IP-Headers und der darin enthaltenen Informationen definiert. Folgende Werte wurden bisher für das IP-Versionsfeld (in den sogenannten Assigned Internet Version Numbers) definiert:

Wert (dezimal)	Protokoll	Beschreibung
0	Reserviert	
1–3	Nicht festgelegt	
4	IP	Internet-Protokoll
5	ST	ST Datagram Mode
6	SIP	Simple Internet Protocol
7	TP/IX	TP/IX: The Next Internet
8	PIP	P Internet Protocol
9	TUBA	TUBAM
10–14	Nicht festgelegt	
15	Reserviert	

Internet-Protokollnummern

Das Internet Protocol (IP) enthält ein 8 Bit langes Feld, das das Protokoll der nächsthöheren Schicht festlegt. Folgende Werte wurden bisher für das IP-Protokoll-Feld (in den sogenannten Assigned Internet Protocol Numbers) definiert:

Wert (dezimal)	Protokoll	Beschreibung
0		Reserviert1
I	CMP	Internet Control Message
2	IGMP	Internet Group Management
3	GGP	Gateway-to-Gateway
4		Nicht festgelegt
5	ST	Stream
6	TCP	Transmission Control
7	UCL	UCL
8	EGP	Exterior Gateway Protocol
9	IGP	any private interior gateway
10	BBN-RCC	RCC Monitoring MON BBN
11	NVP-II	Network Voice Protocol
12	PUP	PUP
13	ARGUS	ARGUS
14	EMCON	EMCON
15	XNET	Cross Net Debugger
16	CHAOS	Chaos
17	UDP	User Datagram
18	MUX	Multiplexing
19	DCN-MEAS	DCN Measurement Subsystems
20	HMP	Host Monitoring
21	PRM	Packet Radio Measurement
22	XNS-IDP	XEROX NS IDP
23	TRUNK-1	Trunk-1
24	TRUNK-2	Trunk-2
25	LEAF-1	Leaf-1
26	LEAF-2	Leaf-2
27	RDP	Reliable Data Protocol
28	IRTP	Internet Reliable Transaction
29	ISO-TP4	ISO Transport Protocol Class 4
30	NETBLT	Bulk Data Transfer Protocol
31	MFE-NSP	MFE Network Services Protocol
32	MERIT-INP	MERIT Internodal Protocol

Wert (dezimal)	**Protokoll**	**Beschreibung**
33	SEP	Sequential Exchange Protocol
34	3PC	Third Party Connect Protocol
35–60		Nicht festgelegt
61	Any host internal protocol	
62	CFTP	CFTP
63		Any local network
64	SAT-EXPAK	SATNET and BackroomEXPAK
65		Nicht festgelegt
66	RVD	MIT Remote Virtual Disk-Protocol
67	IPPC	Internet Pluribus Packet Core
68	Any distributed file system	
69	SAT-MON	SATNET Monitoring
70	VISA	VISA Protocol
71	IPCV	Internet Packet Core Utility
72–75		Nicht festgelegt
76	BR-SAT-MON	Backroom-SATNET-Monitoring
77	SUN-ND	SUN ND PROTOCOL-Temporary
78	WB-MON	WIDEBAND Monitoring
79	WB-EXPAK	WIDEBAND EXPAK
80	ISO-IP	ISO Internet Protocol
81	VMTP	VMTP
82	SECURE-VMT	SECURE-VMTP
83	VINES	VINES
84	TTP	TTP
85	NSFNET-IGP	SFNET-IGP
86	DGP	Dissimilar Gateway Protocol
87	TCF	TCF
88	IGRP	IGRP
89	OSPFIGP	OSPFIGP
90	Sprite-RPC	Sprite RPC Protocol
91	LARP	Locus Address Resolution Protocol
92–254		Nicht festgelegt
255		Reserviert

Port-Nummern

Die Port-Nummern definieren auf der Transportschicht (Schicht 4), an welches höhere Protokoll die im Datenpaket enthaltenen Daten weitergereicht werden. Die Ports werden auch als Well-known-Ports bezeichnet. Die Port-Nummern können für das Transmission-Control-Protokoll (TCP), das User-Datagram-Protokoll (UDP) und das ISO-TP4-Protokoll benutzt werden. Folgende Werte wurden bisher in den sogenannten As-signed Port Numbers definiert:

Protokoll	Wert/Service	Beschreibung
compressnet	2/tcp	Management Utility
compressnet	2/udp	Management Utility
compressnet	3/tcp	Compression Process
compressnet	3/udp	Compression Process
	4/tcp	Unassigned
	4/udp	Unassigned
rje	5/tcp	Remote Job Entry
rje	5/udp	Remote Job Entry
	6/tcp	Unassigned
	6/udp	Unassigned
echo	7/tcp	Echo
echo	7/udp	Echo
	8/tcp	Unassigned
	8/udp	Unassigned
discard	9/tcp	Discard
discard	9/udp	Discard
	10/tcp	Unassigned
	10/udp	Unassigned
systat	11/tcp	Active Users
systat	11/udp	Active Users
	12/tcp	Unassigned
	12/udp	Unassigned
daytime	13/tcp	Daytime
daytime	13/udp	Daytime

Protokoll	Wert/Service	Beschreibung
	14/tcp	Unassigned
	14/udp	Unassigned
	15/tcp	Unassigned [was netstat]
	15/udp	Unassigned
	16/tcp	Unassigned
	16/udp	Unassigned
qotd	17/tcp	Quote of the Day
qotd	17/udp	Quote of the Day
msp	18/tcp	Message Send Protocol
msp	18/udp	Message Send Protocol
chargen	19/tcp	Character Generator
chargen	19/udp	Character Generator
ftp-data	20/tcp	File Transfer [Default Data]
ftp-data	20/udp	File Transfer [Default Data]
ftp	21/tcp	File Transfer [Control]
ftp	21/udp	File Transfer [Control]
	22/tcp	Unassigned
	22/udp	Unassigned
telnet	23/tcp	Telnet
telnet	23/udp	Telnet
	24/tcp	Any private mail system
	24/udp	Any private mail system
smtp	25/tcp	Simple Mail Transfer
smtp	25/udp	Simple Mail Transfer
	26/tcp	Unassigned
	26/udp	Unassigned
nsw-fe	27/tcp	NSW User System FE
nsw-fe	27/udp	NSW User System FE
	28/tcp	Unassigned
	28/udp	Unassigned
msg-icp	29/tcp	MSG ICP
msg-icp	29/udp	MSG ICP
	30/tcp	Unassigned
	30/udp	Unassigned

Protokoll	Wert/Service	Beschreibung
msg-auth	31/tcp	MSG Authentication
msg-auth	31/udp	MSG Authentication
	32/tcp	Unassigned
	32/udp	Unassigned
dsp	33/tcp	Display Support Protocol
dsp	33/udp	Display Support Protocol
	34/tcp	Unassigned
	34/udp	Unassigned
	35/tcp	Any private printer server
	35/udp	Any private printer server
	36/tcp	Unassigned
	36/udp	Unassigned
time	37/tcp	Time
time	37/udp	Time
rap	38/tcp	Route Access Protocol
rap	38/udp	Route Access Protocol
rlp	39/tcp	Resource Location Protocol
rlp	39/udp	Resource Location Protocol
	40/tcp	Unassigned
	40/udp	Unassigned
graphics	41/tcp	Graphics
graphics	41/udp	Graphics
nameserver	42/tcp	Host Name Server
nameserver	42/udp	Host Name Server
nicname	43/tcp	Who Is
nicname	43/udp	Who Is
mpm-flags	44/tcp	MPM FLAGS Protocol
mpm-flags	44/udp	MPM FLAGS Protocol
mpm	45/tcp	Message Processing Module[recv]
mpm	45/udp	Message Processing Module[recv]
mpm-snd	46/tcp	MPM [default send]
mpm-snd	46/udp	MPM [default send]
ni-ftp	47/tcp	NI FTP
ni-ftp	47/udp	NI FTP

Protokoll	Wert/Service	Beschreibung
auditd	48/tcp	Digital Audit Daemon
auditd	48/udp	Digital Audit Daemon
login	49/tcp	Login Host Protocol
login	49/udp	Login Host Protocol
re-mail-ck	50/tcp	Remote Mail Checking Protocol
re-mail-ck	50/udp	Remote Mail Checking Protocol
la-maint	51/tcp	IMP Logical Address Maintenance
la-maint	51/udp	IMP Logical Address Maintenance
xns-time	52/tcp	XNS Time Protocol
xns-time	52/udp	XNS Time Protocol
domain	53/tcp	Domain Name Server
domain	53/udp	Domain Name Server
xns-ch	54/tcp	XNS Clearinghouse
xns-ch	54/udp	XNS Clearinghouse
isi-gl	55/tcp	ISI Graphics Language
isi-gl	55/udp	ISI Graphics Language
xns-auth	56/tcp	XNS Authentication
xns-auth	56/udp	XNS Authentication
	57/tcp	Any private terminal access
	57/udp	Any private terminal access
xns-mail	58/tcp	XNS Mail
xns-mail	58/udp	XNS Mail
	59/tcp	any private file service
	59/udp	any private file service
	60/tcp	Unassigned
	60/udp	Unassigned
ni-mail	61/tcp	NI MAIL
ni-mail	61/udp	NI MAIL
acas	62/tcp	ACA Services
acas	62/udp	ACA Services
	63/tcp	Unassigned
	63/udp	Unassigned
covia	64/tcp	Communications Integrator(CI)
covia	64/udp	Communications Integrator (CI)

Protokoll	Wert/Service	Beschreibung
tacacs-ds	65/tcp	TACACS-Database Service
tacacs-ds	65/udp	TACACS-Database Service
sql*net	66/tcp	Oracle SQL*NET
sql*net	66/udp	Oracle SQL*NET
bootps	67/tcp	Bootstrap Protocol Server
bootps	67/udp	Bootstrap Protocol Server
bootpc	68/tcp	Bootstrap Protocol Client
bootpc	68/udp	Bootstrap Protocol Client
tftp	69/tcp	Trivial File Transfer
tftp	69/udp	Trivial File Transfer
gopher	70/tcp	Gopher
gopher	70/udp	Gopher
netrjs-1	71/tcp	Remote Job Service
netrjs-1	71/udp	Remote Job Service
netrjs-2	72/tcp	Remote Job Service
netrjs-2	72/udp	Remote Job Service
netrjs-3	73/tcp	Remote Job Service
netrjs-3	73/udp	Remote Job Service
netrjs-4	74/tcp	Remote Job Service
netrjs-4	74/udp	Remote Job Service
	75/tcp	Any private dial out service
	75/udp	Any private dial out service
deos	76/tcp	Distributed External Object Store
deos	76/udp	Distributed External Object Store
	77/tcp	Any private RJE service
	77/udp	Any private RJE service
vettcp	78/tcp	vettcp
vettcp	78/udp	vettcp
finger	79/tcp	Finger
finger	79/udp	Finger
www-http	80/tcp	World Wide Web HTTP
www-http	80/udp	World Wide Web HTTP
hosts2-ns	81/tcp	HOSTS2 Name Server
hosts2-ns	81/udp	HOSTS2 Name Server

Protokoll	Wert/Service	Beschreibung
xfer	82/tcp	XFER Utility
xfer	82/udp	XFER Utility
mit-ml-dev	83/tcp	MIT ML Device
mit-ml-dev	83/udp	MIT ML Device
ctf	84/tcp	Common Trace Facility
ctf	84/udp	Common Trace Facility
mit-ml-dev	85/tcp	MIT ML Device
mit-ml-dev	85/udp	MIT ML Device
mfcobol	86/tcp	Micro Focus Cobol
mfcobol	86/udp	Micro Focus Cobol
	87/tcp	Any private terminal link
	87/udp	Any private terminal link
kerberos	88/tcp	Kerberos
kerberos	88/udp	Kerberos
su-mit-tg	89/tcp	SU/MIT Telnet Gateway
su-mit-tg	89/udp	SU/MIT Telnet Gateway
dnsix	90/tcp	DNSIX Securit Attribute Token Map
dnsix	90/udp	DNSIX Securit Attribute Token Map
mit-dov	91/tcp	MIT Dover Spooler
mit-dov	91/udp	MIT Dover Spooler
npp	92/tcp	Network Printing Protocol
npp	92/udp	Network Printing Protocol
dcp	93/tcp	Device Control Protocol
dcp	93/udp	Device Control Protocol
objcall	94/tcp	Tivoli Object Dispatcher
objcall	94/udp	Tivoli Object Dispatcher
supdup	95/tcp	SUPDUP
supdup	95/udp	SUPDUP
dixie	96/tcp	DIXIE Protocol Specification
dixie	96/udp	DIXIE Protocol Specification
swift-rvf	97/tcp	Swift Remote Vitural File Protocol
swift-rvf	97/udp	Swift Remote Vitural File Protocol
tacnews	98/tcp	TAC News
tacnews	98/udp	TAC News

Protokoll	Wert/Service	Beschreibung
metagram	99/tcp	Metagram Relay
metagram	99/udp	Metagram Relay
newacct	100/tcp	[unauthorized use]
hostname	101/tcp	NIC Host Name Server
hostname	101/udp	NIC Host Name Server
iso-tsap	102/tcp	ISO-TSAP
iso-tsap	102/udp	ISO-TSAP
gppitnp	103/tcp	Genesis Point-to-Point Trans Net
gppitnp	103/udp	Genesis Point-to-Point Trans Net
acr-nema	104/tcp	ACR-NEMA Digital Imag. & Comm. 300
acr-nema	104/udp	ACR-NEMA Digital Imag. & Comm. 300
csnet-ns	105/tcp	Mailbox Name Nameserver
csnet-ns	105/udp	Mailbox Name Nameserver
3com-tsmux	106/tcp	3COM-TSMUX
3com-tsmux	106/udp	3COM-TSMUX
rtelnet	107/tcp	Remote Telnet Service
rtelnet	107/udp	Remote Telnet Service
snagas	108/tcp	SNA Gateway Access Server
snagas	108/udp	SNA Gateway Access Server
pop2	109/tcp	Post Office Protocol – Version 2
pop2	109/udp	Post Office Protocol – Version 2
pop3	110/tcp	Post Office Protocol – Version 3
pop3	110/udp	Post Office Protocol – Version 3
sunrpc	111/tcp	SUN Remote Procedure Call
sunrpc	111/udp	SUN Remote Procedure Call
mcidas	112/tcp	McIDAS Data Transmission Protocol
mcidas	112/udp	McIDAS Data Transmission Protocol
auth	113/tcp	Authentication Service
auth	113/udp	Authentication Service
audionews	114/tcp	Audio News Multicast
audionews	114/udp	Audio News Multicast
sftp	115/tcp	Simple File Transfer Protocol
sftp	115/udp	Simple File Transfer Protocol
ansanotify	116/tcp	ANSA REX Notify

Protokoll	Wert/Service	Beschreibung
ansanotify	116/udp	ANSA REX Notify
uucp-path	117/tcp	UUCP Path Service
uucp-path	117/udp	UUCP Path Service
sqlserv	118/tcp	SQL Services
sqlserv	118/udp	SQL Services
nntp	119/tcp	Network News Transfer Protocol
nntp	119/udp	Network News Transfer Protocol
fdptkt	120/tcp	CFDPTKT
cfdptkt	120/udp	CFDPTKT
erpc	121/tcp	Encore Expedited Remote Pro.Call
erpc	121/udp	Encore Expedited Remote Pro.Call
smakynet	122/tcp	SMAKYNET
smakynet	122/udp	SMAKYNET
ntp	123/tcp	Network Time Protocol
ntp	123/udp	Network Time Protocol
ansatrader	124/tcp	ANSA REX Trader
ansatrader	124/udp	ANSA REX Trader
locus-map	125/tcp	Locus PC-Interface Net Map Server
locus-map	125/udp	Locus PC-Interface Net Map Server
unitary	126/tcp	Unisys Unitary Login
unitary	126/udp	Unisys Unitary Login
locus-con	127/tcp	Locus PC-Interface Conn Server
locus-con	127/udp	Locus PC-Interface Conn Server
gss-xlicen	128/tcp	GSS X License Verification
gss-xlicen	128/udp	GSS X License Verification
pwdgen	129/tcp	Password Generator Protocol
pwdgen	129/udp	Password Generator Protocol
cisco-fna	130/tcp	cisco FNATIVE
cisco-fna	130/udp	cisco FNATIVE
cisco-tna	131/tcp	cisco TNATIVE
cisco-tna	131/udp	cisco TNATIVE
cisco-sys	132/tcp	cisco SYSMAINT
cisco-sys	132/udp	cisco SYSMAINT
statsrv	133/tcp	Statistics Service

Protokoll	Wert/Service	Beschreibung
statsrv	133/udp	Statistics Service
ingres-net	134/tcp	INGRES-NET Service
ingres-net	134/udp	INGRES-NET Service
loc-srv	135/tcp	Location Service
loc-srv	135/udp	Location Service
profile	136/tcp	PROFILE Naming System
profile	136/udp	PROFILE Naming System
netbios-ns	137/tcp	NETBIOS Name Service
netbios-ns	137/udp	NETBIOS Name Service
netbios-dgm	138/tcp	NETBIOS Datagram Service
netbios-dgm	138/udp	NETBIOS Datagram Service
netbios-ssn	139/tcp	NETBIOS Session Service
netbios-ssn	139/udp	NETBIOS Session Service
emfis-data	140/tcp	EMFIS Data Service
emfis-data	140/udp	EMFIS Data Service
emfis-cntl	141/tcp	EMFIS Control Service
emfis-cntl	141/udp	EMFIS Control Service
bl-idm	142/tcp	Britton-Lee IDM
bl-idm	142/udp	Britton-Lee IDM
imap2	143/tcp	Interim Mail Access Protocol v2
imap2	143/udp	Interim Mail Access Protocol v2
news	144/tcp	NewS
news	144/udp	NewS
uaac	145/tcp	UAAC Protocol
uaac	145/udp	UAAC Protocol
iso-tp0	146/tcp	ISO-IP0
iso-tp0	146/udp	ISO-IP0
iso-ip	147/tcp	ISO-IP
iso-ip	147/udp	ISO-IP
cronus	148/tcp	CRONUS-SUPPORT
cronus	148/udp	CRONUS-SUPPORT
aed-512	149/tcp	AED 512 Emulation Service
aed-512	149/udp	AED 512 Emulation Service
sql-net	150/tcp	SQL-NET

Protokoll	Wert/Service	Beschreibung
sql-net	150/udp	SQL-NET
hems	151/tcp	HEMS
hems	151/udp	HEMS
bftp	152/tcp	Background File Transfer Program
bftp	152/udp	Background File Transfer Program
sgmp	153/tcp	SGMP
sgmp	153/udp	SGMP
netsc-prod	154/tcp	NETSC
netsc-prod	154/udp	NETSC
netsc-dev	155/tcp	NETSC
netsc-dev	155/udp	NETSC
sqlsrv	156/tcp	SQL Service
sqlsrv	156/udp	SQL Service
knet-cmp	157/tcp	KNET/VM Command/Message Protocol
knet-cmp	157/udp	KNET/VM Command/Message Protocol
pcmail-srv	158/tcp	PCMail Server
pcmail-srv	158/udp	PCMail Server
nss-routing	159/tcp	NSS-Routing
nss-routing	159/udp	NSS-Routing
sgmp-traps	160/tcp	SGMP-TRAPS
sgmp-traps	160/udp	SGMP-TRAPS
snmp	161/tcp	SNMP
snmp	161/udp	SNMP
snmptrap	162/tcp	SNMPTRAP
snmptrap	162/udp	SNMPTRAP
cmip-man	163/tcp	CMIP/TCP Manager
cmip-man	163/udp	CMIP/TCP Manager
cmip-agent	164/tcp	CMIP/TCP Agent
smip-agent	164/udp	CMIP/TCP Agent
xns-courier	165/tcp	Xerox
xns-courier	165/udp	Xerox
s-net	166/tcp	Sirius Systems
s-net	166/udp	Sirius Systems
namp	167/tcp	NAMP

Protokoll	Wert/Service	Beschreibung
namp	167/udp	NAMP
rsvd	168/tcp	RSVD
rsvd	168/udp	RSVD
send	169/tcp	SEND
send	169/udp	SEND
print-srv	170/tcp	Network PostScript
print-srv	170/udp	Network PostScript
multiplex	171/tcp	Network Innovations Multiplex
multiplex	171/udp	Network Innovations Multiplex
cl/1	172/tcp	Network Innovations CL/1
cl/1	172/udp	Network Innovations CL/1
xyplex-mux	173/tcp	Xyplex
xyplex-mux	173/udp	Xyplex
mailq	174/tcp	MAILQ
mailq	174/udp	MAILQ
vmnet	175/tcp	VMNET
vmnet	175/udp	VMNET
genrad-mux	176/tcp	GENRAD-MUX
genrad-mux	176/udp	GENRAD-MUX
xdmcp	177/tcp	X Display Manager Control Protocol
xdmcp	177/udp	X Display Manager Control Protocol
nextstep	178/tcp	NextStep Window Server
NextStep	178/udp	NextStep Window Server
bgp	179/tcp	Border Gateway Protocol
bgp	179/udp	Border Gateway Protocol
ris	180/tcp	Intergraph
ris	180/udp	Intergraph
unify	181/tcp	Unify
unify	181/udp	Unify
audit	182/tcp	Unisys Audit SITP
audit	182/udp	Unisys Audit SITP
ocbinder	183/tcp	OCBinder
ocbinder	183/udp	OCBinder
ocserver	184/tcp	OCServer

Protokoll	Wert/Service	Beschreibung
ocserver	184/udp	OCServer
remote-kis	185/tcp	Remote-KIS
remote-kis	185/udp	Remote-KIS
kis	186/tcp	KIS Protocol
kis	186/udp	KIS Protocol
aci	187/tcp	Application Communication Interface
aci	187/udp	Application Communication Interface
mumps	188/tcp	Plus Five's MUMPS
mumps	188/udp	Plus Five's MUMPS
qft	189/tcp	Queued File Transport
qft	189/udp	Queued File Transport
gacp	190/tcp	Gateway Access Control Protocol
cacp	190/udp	Gateway Access Control Protocol
prospero	191/tcp	Prospero Directory Service
prospero	191/udp	Prospero Directory Service
osu-nms	192/tcp	OSU Network Monitoring System
osu-nms	192/udp	OSU Network Monitoring System
srmp	193/tcp	Spider Remote Monitoring Protocol
srmp	193/udp	Spider Remote Monitoring Protocol
irc	194/tcp	Internet Relay Chat Protocol
irc	194/udp	Internet Relay Chat Protocol
n6-nlm-aud	195/tcp	DNSIX Network Level Module Audit
dn6-nlm-aud	195/udp	DNSIX Network Level Module Audit
dn6-smm-red	196/tcp	DNSIX Session Mgt Module Audit Redir
dn6-smm-red	196/udp	DNSIX Session Mgt Module Audit Redir
dls	197/tcp	Directory Location Service
dls	197/udp	Directory Location Service
dls-mon	198/tcp	Directory Location Service Monitor
dls-mon	198/udp	Directory Location Service Monitor
smux	199/tcp	SMUX
smux	199/udp	SMUX
src	200/tcp	IBM System Resource Controller
src	200/udp	IBM System Resource Controller
at-rtmp	201/tcp	AppleTalk Routing Maintenance

Protokoll	Wert/Service	Beschreibung
at-rtmp	201/udp	AppleTalk Routing Maintenance
at-nbp	202/tcp	AppleTalk Name Binding
at-nbp	202/udp	AppleTalk Name Binding
at-3	203/tcp	AppleTalk Unused
at-3	203/udp	AppleTalk Unused
at-echo	204/tcp	AppleTalk Echo
at-echo	204/udp	AppleTalk Echo
at-5	205/tcp	AppleTalk Unused
at-5	205/udp	AppleTalk Unused
at-zis	206/tcp	AppleTalk Zone Information
at-zis	206/udp	AppleTalk Zone Information
at-7	207/tcp	AppleTalk Unused
at-7	207/udp	AppleTalk Unused
at-8	208/tcp	AppleTalk Unused
at-8	208/udp	AppleTalk Unused
tam	209/tcp	Trivial Authenticated Mail Protocol
tam	209/udp	Trivial Authenticated Mail Protocol
z39.50	210/tcp	ANSI Z39.50
z39.50	210/udp	ANSI Z39.50
914c/g	211/tcp	Texas Instruments 914C/G Terminal
914c/g	211/udp	Texas Instruments 914C/G Terminal
anet	212/tcp	ATEXSSTR
anet	212/udp	ATEXSSTR
ipx	213/tcp	IPX
ipx	213/udp	IPX
vmpwscs	214/tcp	VM PWSCS
vmpwscs	214/udp	VM PWSCS
softpc	215/tcp	Insignia Solutions
softpc	215/udp	Insignia Solutions
atls	216/tcp	Access Technology License Server
atls	216/udp	Access Technology License Server
dbase	217/tcp	dBASE Unix
dbase	217/udp	dBASE Unix
mpp	218/tcp	Netix Message Posting Protocol

Protokoll	Wert/Service	Beschreibung
mpp	218/udp	Netix Message Posting Protocol
uarps	219/tcp	Unisys ARPs
uarps	219/udp	Unisys ARPs
imap3	220/tcp	Interactive Mail Access Protocol v3
imap3	220/udp	Interactive Mail Access Protocol v3
fln-spx	221/tcp	Berkeley rlogind with SPX auth
fln-spx	221/udp	Berkeley rlogind with SPX auth
rsh-spx	222/tcp	Berkeley rshd with SPX auth
rsh-spx	222/udp	Berkeley rshd with SPX auth
cdc	223/tcp	Certificate Distribution Center
cdc	223/udp	Certificate Distribution Center
	224–241	Reserviert
	242/tcp	Unassigned
	242/udp	Unassigned
sur-meas	243/tcp	Survey Measurement
sur-meas	243/udp	Survey Measurement
	244/tcp	Unassigned
	244/udp	Unassigned
link	245/tcp	LINK
link	245/udp	LINK
dsp	3270	246/tcp Display Systems Protocol
dsp	3270	246/udp Display Systems Protocol
	247–255	Reserviert
	256–343	Unassigned
pdap	344/tcp	Prospero Data Access Protocol
pdap	344/udp	Prospero Data Access Protocol
pawserv	345/tcp	Perf Analysis Workbench
pawserv	345/udp	Perf Analysis Workbench
zserv	346/tcp	Zebra server
zserv	346/udp	Zebra server
fatserv	347/tcp	Fatmen Server
fatserv	347/udp	Fatmen Server

Protokoll	Wert/Service	Beschreibung
csi-sgwp	348/tcp	Cabletron Management Protocol
csi-sgwp	348/udp	Cabletron Management Protocol
	349–370	Unassigned
clearcase	371/tcp	Clearcase
clearcase	371/udp	Clearcase
ulistserv	372/tcp	Unix Listserv
ulistserv	372/udp	Unix Listserv
legent-1	373/tcp	Legent Corporation
legent-1	373/udp	Legent Corporation
legent-2	374/tcp	Legent Corporation
legent-2	374/udp	Legent Corporation
hassle	375/tcp	Hassle
hassle	375/udp	Hassle
nip	376/tcp	Amiga Envoy Network Inquiry Proto
nip	376/udp	Amiga Envoy Network Inquiry Proto
tnETOS	377/tcp	NEC Corporation
tnETOS	377/udp	NEC Corporation
dsETOS	378/tcp	NEC Corporation
dsETOS	378/udp	NEC Corporation
is99c	379/tcp	TIA/EIA/IS-99 modem client
is99c	379/udp	TIA/EIA/IS-99 modem client
is99s	380/tcp	TIA/EIA/IS-99 modem server
is99s	380/udp	TIA/EIA/IS-99 modem server
hp-collector	381/tcp	hp performance data collector
hp-collector	381/udp	hp performance data collector
hp-managed-node	382/tcp	hp performance data managed node
hp-managed-node	382/udp	hp performance data managed node
hp-alarm-mgr	383/tcp	hp performance data alarm manager
hp-alarm-mgr	383/udp	hp performance data alarm manager
arns	384/tcp	A Remote Network Server System
arns	384/udp	A Remote Network Server System
ibm-app	385/tcp	IBM Application
ibm-app	385/tcp	IBM Application
asa	386/tcp	ASA Message Router Object Def.

Protokoll	Wert/Service	Beschreibung
asa	386/udp	ASA Message Router Object Def.
aurp	387/tcp	Appletalk Update-Based Routing Pro.
aurp	387/udp	Appletalk Update-Based Routing Pro.
unidata-ldm	388/tcp	Unidata LDM Version 4
unidata-ldm	388/udp	Unidata LDM Version 4
ldap	389/tcp	Lightweight Directory Access Protocol
ldap	389/udp	Lightweight Directory Access Protocol
uis	390/tcp	UIS
uis	390/udp	UIS
synotics-relay	391/tcp	SynOptics SNMP Relay Port
synotics-relay	391/udp	SynOptics SNMP Relay Port
synotics-broker	392/tcp	SynOptics Port Broker Port
synotics-broker	392/udp	SynOptics Port Broker Port
dis	393/tcp	Data Interpretation System
dis	393/udp	Data Interpretation System
embl-ndt	394/tcp	EMBL Nucleic Data Transfer
embl-ndt	394/udp	EMBL Nucleic Data Transfer
netcp	395/tcp	NETscout Control Protocol
netcp	395/udp	NETscout Control Protocol
netware-ip	396/tcp	Novell Netware over IP
netware-ip	396/udp	Novell Netware over IP
mptn	397/tcp	Multi Protocol Trans. Net.
mptn	397/udp	Multi Protocol Trans. Net.
kryptolan	398/tcp	Kryptolan
kryptolan	398/udp	Kryptolan
	399/tcp	Unassigned
	399/udp	Unassigned
work-sol	400/tcp	Workstation Solutions
work-sol	400/udp	Workstation Solutions
ups	401/tcp	Uninterruptible Power Supply
ups	401/udp	Uninterruptible Power Supply
genie	402/tcp	Genie Protocol
genie	402/udp	Genie Protocol
decap	403/tcp	decap

Protokoll	Wert/Service	Beschreibung
decap	403/udp	decap
nced	404/tcp	nced
nced	404/udp	nced
ncld	405/tcp	ncld
ncld	405/udp	ncld
imsp	406/tcp	Interactive Mail Support Protocol
imsp	406/udp	Interactive Mail Support Protocol
timbuktu	407/tcp	Timbuktu
timbuktu	407/udp	Timbuktu
prm-sm	408/tcp	Prospero Resource Manager Sys. Man.
prm-sm	408/udp	Prospero Resource Manager Sys. Man.
prm-nm	409/tcp	Prospero Resource Manager Node Man.
prm-nm	409/udp	Prospero Resource Manager Node Man.
decladebug	410/tcp	DECLadebug Remote Debug Protocol
decladebug	410/udp	DECLadebug Remote Debug Protocol
rmt	411/tcp	Remote MT Protocol
rmt	411/udp	Remote MT Protocol
synoptics-trap	412/tcp	Trap Convention Port
synoptics-trap	412/udp	Trap Convention Port
smsp	413/tcp	SMSP
smsp	413/udp	SMSP
infoseek	414/tcp	InfoSeek
infoseek	414/udp	InfoSeek
bnet	415/tcp	BNet
bnet	415/udp	BNet
silverplatter	416/tcp	Silverplatter
silverplatter	416/udp	Silverplatter
onmux	417/tcp	Onmux
onmux	417/udp	Onmux
hyper-g	418/tcp	Hyper-G
hyper-g	418/udp	Hyper-G
ariel1	419/tcp	Ariel

Protokoll	Wert/Service	Beschreibung
ariel1	419/udp	Ariel
smpte	420/tcp	SMPTE
smpte	420/udp	SMPTE
ariel2	421/tcp	Ariel
ariel2	421/udp	Ariel
ariel3	422/tcp	Ariel
ariel3	422/udp	Ariel
opc-job-start	423/tcp	IBM Operations Planning and Control Start
opc-job-start	423/udp	IBM Operations Planning and Control Start
opc-job-track	424/tcp	IBM Operations Planning and Control Track
opc-job-track	424/udp	IBM Operations Planning and Control Track
cad-el	425/tcp	ICAD
icad-el	425/udp	ICAD
smartsdp	426/tcp	smartsdp
smartsdp	426/udp	smartsdp
svrloc	427/tcp	Server Location
svrloc	427/udp	Server Location
ocs_cmu	428/tcp	OCS_CMU
ocs_cmu	428/udp	OCS_CMU
ocs_amu	429/tcp	OCS_AMU
ocs_amu	429/udp	OCS_AMU
utmpsd	430/tcp	UTMPSD
utmpsd	430/udp	UTMPSD
utmpcd	431/tcp	UTMPCD
utmpcd	431/udp	UTMPCD
iasd	432/tcp	IASD
iasd	432/udp	IASD
nnsp	433/tcp	NNSP
nnsp	433/udp	NNSP
mobileip-agent	434/tcp	MobileIP-Agent
mobileip-agent	434/udp	MobileIP-Agent
mobilip-mn	435/tcp	MobilIP-MN
mobilip-mn	435/udp	MobilIP-MN
dna-cml	436/tcp	DNA-CML

Protokoll	Wert/Service	Beschreibung
dna-cml	436/udp	DNA-CML
comscm	437/tcp	comscm
comscm	437/udp	comscm
dsfgw	438/tcp	dsfgw
dsfgw	438/udp	dsfgw
dasp	439/tcp	dasp Thomas Obermair
dasp	439/udp	dasp
sgcp	440/tcp	sgcp
sgcp	440/udp	sgcp
decvms-sysmgt	441/tcp	decvms-sysmgt
decvms-sysmgt	441/udp	decvms-sysmgt
cvc_hostd	442/tcp	cvc_hostd
cvc_hostd	442/udp	cvc_hostd
https	443/tcp	https MCom
https	443/udp	https MCom
snpp	444/tcp	Simple Network Paging Protocol
snpp	444/udp	Simple Network Paging Protocol
microsoft-ds	445/tcp	Microsoft-DS
microsoft-ds	445/udp	Microsoft-DS
ddm-rdb	446/tcp	DDM-RDB
ddm-rdb	446/udp	DDM-RDB
ddm-dfm	447/tcp	DDM-RFM
ddm-dfm	447/udp	DDM-RFM
ddm-byte	448/tcp	DDM-BYTE
ddm-byte	448/udp	DDM-BYTE
as-servermap	449/tcp	AS Server Mapper
as-servermap	449/udp	AS Server Mapper
tserver	450/tcp	TServer
tserver	450/udp	TServer
	451–511	Unassigned
xec	512/tcp	remote process execution;authentication performed using passwords and UNIX loppgin names

Protokoll	Wert/Service	Beschreibung
biff	512/udp	used by mail system to notify users of new mail received; currently receives messages only from processes on the same machine
login	513/tcp	remote login a la telnet; automatic authentication performed based on priviledged port numbers and distributed data bases which dentify "authentication domains"
who	13/udp	maintains data bases showing who'sogged in to machines on a local net and the load average of the machine
cmd	14/tcp	ike exec, but automatic authentication is performed as for login server
syslog	514/udp	
printer	515/tcp	spooler
printer	515/udp	spooler
	516/tcp	Unassigned
	516/udp	Unassigned
talk	517/tcp	like tenex link but across machine: unfortunately doesn't use link protocol (this is actually just a rendezvous port from which a tcp connection is established)
talk	517/udp	like tenex link but across machine. unfortunately, doesn't use link protocol (this is actually just a rendezvous port from which atcp connection is established)
ntalk	518/tcp	
ntalk	518/udp	
utime	519/tcp	unixtime
utime	519/udp	unixtime
efs	520/tcp	extended file name server
router	520/udp	local routing process (on site); uses variant of Xerox NS roting information protocoll

Protokoll	Wert/Service	Beschreibung
	521–524	Unassigned
timed	525/tcp	timeserver
timed	525/udp	timeserver
tempo	526/tcp	newdate
tempo	526/udp	newdate
	527–529	Unassigned
courier	530/tcp	rpc
courier	530/udp	rpc
conference	531/tcp	chat
conference	531/udp	chat
netnews	532/tcp	readnews
netnews	532/udp	readnews
netwall	533/tcp	for emergency broadcasts
netwall	533/udp	for emergency broadcasts
	534–538	Unassigned
apertus-ldp	539/tcp	Apertus Technologies Load Determination
apertus-ldp	539/udp	Apertus Technologies Load Determination
uucp	540/tcp	uucpd
uucp	540/udp	uucpd
uucp-rlogin	541/tcp	uucp-rlogin Stuart Lynne
uucp-rlogin	541/udp	uucp-rlogin
	542/tcp	Unassigned
	542/udp	Unassigned
klogin	543/tcp	
klogin	543/udp	
kshell	544/tcp	krcmd
kshell	544/udp	krcmd
	545–549	Unassigned
new-rwho	550/tcp	new-who
new-rwho	550/udp	new-who
	551–555	Unassigned
dsf	555/tcp	
dsf	555/udp	
remotefs	556/tcp	rfs server

Protokoll	Wert/Service	Beschreibung
remotefs	556/udp	rfs server
	557–559	Unassigned
rmonitor	560/tcp	rmonitord
rmonitor	560/udp	rmonitord
monitor	561/tcp	
monitor	561/udp	
chshell	562/tcp	chcmd
chshell	562/udp	chcmd
	563/tcp	Unassigned
	563/udp	Unassigned
9pfs	564/tcp	plan 9 file service
9pfs	564/udp	plan 9 file service
whoami	565/tcp	whoami
whoami	565/udp	whoami
	566–569	Unassigned
meter	570/tcp	demon
meter	570/udp	demon
meter	571/tcp	udemon
meter	571/udp	udemon
	572–599	Unassigned
ipcserver	600/tcp	Sun IPC server
ipcserver	600/udp	Sun IPC server
nqs	607/tcp	nqs
nqs	607/udp	nqs
urm	606/tcp	Cray Unified Resource Manager
urm	606/udp	Cray Unified Resource Manager
sift-uft	608/tcp	Sender-Initiated/Unsolicited File Transfer
sift-uft	608/udp	Sender-Initiated/Unsolicited File Transfer
npmp-trap	609/tcp	npmp-trap
npmp-trap	609/udp	npmp-trap
npmp-local	610/tcp	npmp-local
npmp-local	610/udp	npmp-local
npmp-gui	611/tcp	npmp-gui
npmp-gui	611/udp	npmp-gui

Protokoll	Wert/Service	Beschreibung
ginad	634/tcp	ginad
ginad	634/udp	ginad
mdqs	666/tcp	
mdqs	666/udp	
doom	666/tcp	doom Id Software
doom	666/tcp	doom Id Software
elcsd	704/tcp	errlog copy/server daemon
elcsd	704/udp	errlog copy/server daemon
entrustmanager	709/tcp	EntrustManager
entrustmanager	709/udp	EntrustManager
netviewdm1	729/tcp	IBM NetView DM/6000 Server/Client
netviewdm1	729/udp	IBM NetView DM/6000 Server/Client
netviewdm2	730/tcp	IBM NetView DM/6000 send/tcp
netviewdm2	730/udp	IBM NetView DM/6000 send/tcp
netviewdm3	731/tcp	IBM NetView DM/6000 receive/tcp
netviewdm3	731/udp	IBM NetView DM/6000 receive/tcp
netgw	741/tcp	netGW
netgw	741/udp	netGW
netrcs	742/tcp	Network based Rev. Cont. Sys.
netrcs	742/udp	Network based Rev. Cont. Sys.
flexlm	744/tcp	Flexible License Manager
flexlm	744/udp	Flexible License Manager
fujitsu-dev	747/tcp	Fujitsu Device Control
fujitsu-dev	747/udp	Fujitsu Device Control
ris-cm	748/tcp	Russell Info Sci Calendar Manager
ris-cm	748/udp	Russell Info Sci Calendar Manager
kerberos-adm	749/tcp	kerberos administration
kerberos-adm	749/udp	kerberos administration
rfile	750/tcp	
loadav	750/udp	
pump	751/tcp	
pump	751/udp	
qrh	752/tcp	
qrh	752/udp	

Protokoll	Wert/Service	Beschreibung
rrh	753/tcp	
rrh	753/udp	
tell	754/tcp	send
tell	754/udp	send
nlogin	758/tcp	
nlogin	758/udp	
con	759/tcp	
con	759/udp	
ns	760/tcp	
ns	760/udp	
rxe	761/tcp	
rxe	761/udp	
quotad	762/tcp	
quotad	762/udp	
cycleserv	763/tcp	
cycleserv	763/udp	
omserv	764/tcp	
omserv	764/udp	
webster	765/tcp	
webster	765/udp	
phonebook	767/tcp	phone
phonebook	767/udp	phone
vid	769/tcp	
vid	769/udp	
cadlock	770/tcp	
cadlock	770/udp	
rtip	771/tcp	
rtip	771/udp	
cycleserv2	772/tcp	
cycleserv2	772/udp	
submit	773/tcp	
notify	773/udp	
rpasswd	774/tcp	
acmaint_dbd	774/udp	

Protokoll	Wert/Service	Beschreibung
entomb	775/tcp	
acmaint_transd	775/udp	
wpages	776/tcp	
wpages	776/udp	
wpgs	780/tcp	
wpgs	780/udp	
concert	786/tcp	Concert
concert	786/udp	Concert
mdbs_daemon	800/tcp	
mdbs_daemon	800/udp	
device	801/tcp	
device	801/udp	
xtreelic	996/tcp	Central Point Software
xtreelic	996/udp	Central Point Software
maitrd	997/tcp	
maitrd	997/udp	
busboy	998/tcp	
puparp	998/udp	
garcon	999/tcp	
applix	999/udp	Applix ac
puprouter	999/tcp	
puprouter	999/udp	
cadlock	1000/tcp	
ock	1000/udp	
	1023/tcp	Reserviert
	1024/udp	Reserviert

Unix-Port-Nummern

Die Port-Nummern 256 bis 1024 werden in der Regel als Unix-Standard-Services benutzt. Alle anderen Werte sind optional. Folgende Werte sind für diese Ports festgelegt:

Service	Port/Protokoll	Beschreibung
echo	7/tcp	
discard	9/tcp	sink null
systat	11/tcp	users
daytime	13/tcp	
netstat	15/tcp	
qotd	17/tcp	quote
chargen	19/tcp	ttytst source
ftp-data	20/tcp	
ftp	21/tcp	
telnet	23/tcp	
smtp	25/tcp	mail
time	37/tcp	timserver
name	42/tcp	nameserver
whois	43/tcp	nicname
nameserver	53/tcp	domain
apts	57/tcp	any private terminal service
apfs	59/tcp	any private file service
rje	77/tcp	netrjs
finger	79/tcp	
link	87/tcp	ttylink
supdup	95/tcp	
newacct	100/tcp	[unauthorized use]
hostnames	101/tcp	hostname
iso-tsap	102/tcp	tsap
x400	103/tcp	
x400-snd	104/tcp	
csnet-ns	105/tcp	CSNET Name Service
pop-2	109/tcp	pop postoffice

Service	Port/Protokoll	Beschreibung
sunrpc	111/tcp	
auth	113/tcp	authentication
sftp	115/tcp	
uucp-path	117/tcp	
nntp	119/tcp	usenet readnews untp
ntp	123/tcp	network time protocol
statsrv	133/tcp	
profile	136/tcp	
NeWS	144/tcp	news
print-srv	170/tcp	
exec	512/tcp	remote process execution
login	513/tcp	remote login a la telnet;
md	514/tcp	like exec, but automatic authentication
printer	515/tcp	spooler
efs	520/tcp	extended file name server
tempo	526/tcp	newdate
courier	530/tcp	rpc
conference	531/tcp	chat
netnews	532/tcp	readnews
uucp	540/tcp	uucpd
klogin	543/tcp	
kshell	544/tcp	krcmd
dsf	555/tcp	
remotefs	556/tcp	rfs server
chshell	562/tcp	chcmd
meter	570/tcp	demon
pcserver	600/tcp	Sun IPC server
nqs	607/tcp	nqs
mdqs	666/tcp	
rfile	750/tcp	
pump	751/tcp	
qrh	752/tcp	
rrh	753/tcp	
tell	754/tcp	send

Service	Port/Protokoll	Beschreibung
nlogin	758/tcp	
con	759/tcp	
ns	760/tcp	
rxe	761/tcp	
quotad	762/tcp	
cycleserv	763/tcp	
omserv	764/tcp	
webster	765/tcp	
phonebook	767/tcp	phone
vid	769/tcp	
rtip	771/tcp	
cycleserv2	772/tcp	
submit	773/tcp	
rpasswd	774/tcp	
entomb	775/tcp	
wpages	776/tcp	
wpgs	780/tcp	
mdbs_daemon	800/tcp	
device	801/tcp	
maitrd	997/tcp	
busboy	998/tcp	
garcon	999/tcp	
blackjack	1025/tcp	network blackjack
bbn-mmc	1347/tcp	multi media conferencing
bbn-mmx	1348/tcp	multi media conferencing
orasrv	1525/tcp	oracle
ingreslock	1524/tcp	
issd	1600/tcp	
nkd	1650/tcp	
dc	2001/tcp	
mailbox	2004/tcp	
berknet	2005/tcp	
invokator	2006/tcp	
dectalk	2007/tcp	

Service	Port/Protokoll	Beschreibung
conf	2008/tcp	
news	2009/tcp	
search	2010/tcp	
raid-cc	2011/tcp	raid
ttyinfo	2012/tcp	
raid-am	2013/tcp	
troff	2014/tcp	
cypress	2015/tcp	
cypress-stat	2017/tcp	
terminaldb	2018/tcp	
whosockami	2019/tcp	
servexec	2021/tcp	
down	2022/tcp	
ellpack	2025/tcp	
shadowserver	2027/tcp	
submitserver	2028/tcp	
device2	2030/tcp	
blackboard	2032/tcp	
glogger	2033/tcp	
scoremgr	2034/tcp	
imsldoc	2035/tcp	
objectmanager	2038/tcp	
lam	2040/tcp	
interbase	2041/tcp	
isis	2042/tcp	
rimsl	2044/tcp	
dls	2047/tcp	
dls-monitor	2048/tcp	
shilp	049/tcp	
NSWS	3049/tcp	
rfa 4	672/tcp	remote file access server
commplex-main	5000/tcp	
commplex-link	5001/tcp	
padl2sim	5236/tcp	

Service	Port/Protokoll	Beschreibung
man	9535/tcp	
echo	7/udp	
discard	9/udp	sink null
systat	11/udp	users
daytime	13/udp	
netstat	15/udp	
qotd	17/udp	quote
chargen	19/udp	ttytst source
time	37/udp	timserver
rlp	39/udp	resource
name	42/udp	nameserver
whois	43/udp	nicname
nameserver	53/udp	domain
bootps	67/udp	bootp
bootpc	68/udp	
tftp	69/udp	
sunrpc	111/udp	
erpc	121/udp	
ntp	123/udp	
statsrv	133/udp	
profile	136/udp	
snmp	161/udp	
snmp-trap	162/udp	
at-rtmp	201/udp	
at-nbp	202/udp	
at-3	203/udp	
at-echo	204/udp	
at-5	205/udp	
at-zis	206/udp	
at-7	207/udp	
at-8	208/udp	
biff	512/udp	
who	513/udp	
syslog	514/udp	

Service	Port/Protokoll	Beschreibung
talk	517/udp	
ntalk	518/udp	
utime	519/udp	unixtime
router	520/udp	
timed	525/udp	timeserver
netwall	533/udp	for emergency broadcasts
new-rwho	550/udp	new-who
rmonitor	560/udp	rmonitord
monitor	561/udp	
meter	571/udp	udemon
elcsd	704/udp	errlog copy/server daemon
loadav	750/udp	
vid	769/udp	
cadlock	770/udp	
notify	773/udp	
acmaint_dbd	774/udp	
acmaint_transd	775/udp	
wpages	776/udp	
puparp	998/udp	
applix	999/udp	Applix ac
puprouter	999/udp	
cadlock	1000/udp	
hermes	1248/udp	
wizard	2001/udp	curry
globe	2002/udp	
emce	2004/udp	CCWS mm conf
oracle	2005/udp	
raid-cc	2006/udp	
raid raid-am	2007/udp	
terminaldb	2008/udp	
whosockami	2009/udp	
pipe_server	2010/udp	
servserv	2011/udp	
raid-ac	2012/udp	

Service	Port/Protokoll	Beschreibung
raid-cd	2013/udp	
raid-sf	2014/udp	
raid-cs	2015/udp	
bootserver	2016/udp	
bootclient	2017/udp	
rellpack	2018/udp	
about	2019/udp	
xinupageserver	2020/udp	
xinuexpansion1	2021/udp	
xinuexpansion2	2022/udp	
xinuexpansion3	2023/udp	
xinuexpansion4	2024/udp	
xribs	2025/udp	
scrabble	2026/udp	
isis	2042/udp	
isis-bcast	2043/udp	
rimsl	2044/udp	
cdfunc	2045/udp	
sdfunc	2046/udp	
dls	2047/udp	
shilp	2049/udp	
rmonitor_secure	5145/udp	
xdsxdm	6558/udp	
isode-dua	17007/udp	

Internet-Multicast-Adressen

Im RFC 1112 wurde der IP-Adressmechanismus um die Internet-Multicast-Adressen erweitert. Folgende Multicast-Adressen wurden bisher definiert:

Adresse	Bedeutung
224.0.0.0	Base Address (Reserviert)
224.0.0.1	All Systems on this Subnet
224.0.0.2	All Routers on this Subnet

Adresse	Bedeutung
224.0.0.3	Unassigned
224.0.0.4	DVMRP Routers
224.0.0.5	OSPFIGP OSPFIGP All Routers
224.0.0.6	OSPFIGP OSPFIGP
	Designated Routers
224.0.0.7	ST Routers
224.0.0.8	ST Hosts
224.0.0.9	RIP2 Routers
224.0.0.10	IGRP Routers
224.0.0.11	Mobile-Agents
224.0.0.12–224.0.0.255	Unassigned
224.0.1.0	VMTP Managers Group
224.0.1.1	NTP Network Time Protocol
224.0.1.2	SGI-Dogfight
224.0.1.3	Rwhod
224.0.1.4	VNP
224.0.1.5	Artificial Horizons–Aviator
224.0.1.6	NSS–Name Service Server
224.0.1.7	AUDIONEWS–Audio News Multicast
224.0.1.8	SUN NIS+ Information Service
224.0.1.9	MTP Multicast Transport Protocol
224.0.1.10	IETF-1-LOW-AUDIO
224.0.1.11	IETF-1-AUDIO
224.0.1.12	IETF-1-VIDEO
224.0.1.13	IETF-2-LOW-AUDIO
224.0.1.14	IETF-2-AUDIO
224.0.1.15	IETF-2-VIDEO
224.0.1.16	MUSIC-SERVICE
224.0.1.17	SEANET-TELEMETRY
224.0.1.18	SEANET-IMAGE
224.0.1.19	MLOADD
224.0.1.20	any private experiment
224.0.1.21	DVMRP on MOSPF
224.0.1.22	SVRLOC

Adresse	Bedeutung
224.0.1.23	XINGTV
224.0.1.24	microsoft-ds
224.0.1.25	nbc-pro
224.0.1.26	nbc-pfn
224.0.1.27–224.0.1.255	Unassigned
224.0.2.1	"rwho" Group (BSD) (unofficial)
224.0.2.2	SUN RPC PMAPPROC_CALLIT
224.0.3.000–224.0.3.255	RFE Generic Service
224.0.4.000–224.0.4.255	RFE Individual Conferences
224.0.5.000–224.0.5.127	CDPD Groups
224.0.5.128–224.0.5.255	Unassigned
224.0.6.000–224.0.6.127	Cornell ISIS Project
224.0.6.128–224.0.6.255	Unassigned
224.1.0.0–224.1.255.255	ST Multicast Groups
224.2.0.0–224.2.255.255	Multimedia Conference Calls
224.252.0.0–224.255.255.255	DIS transient groups
232.0.0.0-232.255.255.255	VMTP transient groups

Type-of-Service-Parameter (ToS)

Das Internet Protocol (IP) enthält ein Feld, das den Service des IP-Datagramms und der darin enthaltenen Informationen definiert. Folgende Werte wurden bisher als Default-Werte für die jeweiligen Anwendungsprotokolle festgelegt:

Protokoll	Low Delay	High Throughput	High Reliability
TELNET (1)	1	0	0
FTP			
Control	1	0	0
Data (2)	0	1	0
TFTP	1	0	0

Protokoll	Low Delay	High Throughput	High Reliability
SMTP (3)			
Cmd phase	1	0	0
DATA phase	0	1	0
F			
UDP Query	1	0	0
TCP Query	0	0	0
Zone Tnsfr	0	1	0
NNTP	0	0	0
ICMP			
Errors	0	0	0
Queries	0	0	0
Any IGP	0	0	1
EGP	0	0	0
SNMP	0	0	1
BOOTP	0	0	0

Ethernet-Nummern (Type-Field)

Bei dem Ethernet-Verfahren (10 Mbit/s) steht statt des Längenfeldes das Typfeld. Es identifiziert das nächsthöhere Protokoll (statt DSAP/SSAP bei 802.x). Folgende Werte wurden bisher für Typfelder registriert:

Ethernet		Beschreibung
dezimal	hexadezimal	
000	0000-05DC	IEEE 802.3 Length Field
257	0101-01FF	Experimental
512	0200	XEROX PUP (vgl. 0A00)
513	0201	PUP Addr Trans
1536	0600	XEROX NS IDP
2048	0800	DOD IP
2049	0801	X.75 Internet
2050	0802	NBS Internet
2051	0803	ECMA Internet
2052	0804	Chaosnet

Ethernet		Beschreibung
dezimal	hexadezimal	
2053	0805	X.25 Level 3
2054	0806	ARP
2055	0807	XNS Compatability
2076	081C	Symbolics Private
2184	0888-088A	Xyplex
2304	0900	Ungermann-Bass net debugger
2560	0A00	Xerox IEEE802.3 PUP
2561	0A01	PUP Addr Trans
2989	0BAD	Banyan Systems
4096	1000	Berkeley Trailer negotiation
4097	1001-100F	Berkeley Trailer Encapsulation
5632	1600	Valid Systems
16962	4242	PCS Basic Block Protocol
21000	5208	BBN Simnet
24576	6000	DEC Nicht festgelegt (Exp.)
24577	6001	DEC MOP Dump/Load
24578	6002	DEC MOP Remote Console
24579	6003	DEC DECNET Phase IV Route
24580	6004	DEC LAT
24581	6005	DEC Diagnostic Protocol
24582	6006	DEC Customer Protocol
24583	6007	DEC LAVC, SCA
24584	6008-6009	DEC Nicht festgelegt
24586	6010-6014	3Com Corporation
28672	7000	Ungermann-Bass download
28674	7002	Ungermann-Bass diagnostic/loopback
28704	7020-7029	LRT
28720	7030	Proteon
28724	7034	Cabletron
32771	8003	Cronus VLN
32772	8004	Cronus Direct
32773	8005	HP Probe
32774	8006	Nestar

Ethernet dezimal	hexadezimal	Beschreibung
32776	8008	AT&T
32784	8010	Excelan
32787	8013	SGI diagnostics
32788	8014	SGI network games
32789	8015	SGI Reserviert
32780	8016	SGI bounce server
32783	8019	Apollo Computers
32815	802E	Tymshare
32816	802F	Tigan, Inc.
32821	8035	Reverse ARP
32822	8036	Aeonic Systems
32824	8038	DEC LANBridge
32825	8039-803C	DEC Nicht festgelegt
32829	803D	DEC Ethernet Encryption
32830	803E	DEC Nicht festgelegt
32831	803F	DEC LAN Traffic Monitor
32832	8040-8042	DEC Nicht festgelegt
32836	8044	Planning Research Corp.
32838	8046	AT&T
32839	8047	AT&T
32841	8049	ExperData
32859	805B	Stanford V Kernel
32860	805C	Stanford V Kernel production
32861	805D	Evans & Sutherland
32864	8060	Little Machines
32866	8062	Counterpoint Computers
32869	8065-8066	Univ. of Mass. @ Amherst
32871	8067	Veeco Integrated Auto.
32872	8068	General Dynamics
32873	8069	AT&T
32874	806A	Autophon
32876	806C	ComDesign
32877	806D	Computgraphic Corp.

Ethernet dezimal	hexadezimal	Beschreibung
32878	806E-8077	Landmark Graphics Corp.
32890	807A	Matra
32891	807B	Dansk Data Elektronik
32892	807C	Merit Internodal
32893	807D-807F	Vitalink Communications
32896	8080	Vitalink TransLAN III
32897	8081-8083	Counterpoint Computers
32923	809B	Appletalk
32924	809C-809E	Datability
32927	809F	Spider Systems Ltd.
32931	80A3	Nixdorf Computers
32932	80A4-80B3	Siemens Gammasonics Inc.
32960	80C0-80C3	DCA Data Exchange Cluster
32966	80C6	Pacer Software
32967	80C7	Applitek Corporation
32968	80C8-80CC	Intergraph Corporation
32973	80CD-80CE	Harris Corporation
32974	80CF-80D2	Taylor Instrument
32979	80D3-80D4	Rosemount Corporation
32981	80D5	IBM SNA Service on Ether
32989	80DD	Varian Associates
32990	80DE-80DF	Integrated Solutions TRFS
32992	80E0-80E3	Allen-Bradley
32996	80E4-80F0	Datability
33010	80F2	Retix
33011	80F3	AppleTalk AARP (Kinetics)
33012	80F4-80F5	Kinetics
33015	80F7	Apollo Computer
33023	80FF-8103	Wellfleet Communications
33031	8107-8109	Symbolics Private
33072	8130	Waterloo Microsystems
33073	8131	VG Laboratory Systems
33079	8137-8138	Novell, Inc.

	Ethernet	Beschreibung
dezimal	hexadezimal	
33081	8139-813D	KTI
33100	814C	SNMP
36864	9000	Loopback
36865	9001	3Com(Bridge) XNS Sys Mgmt
36866	9002	3Com(Bridge) TCP-IP Sys
36867	9003	3Com(Bridge) loop detect
65280	FF00	BBN VITAL-LanBridge cache

Ethernet-Adressen

Die 48 Bit langen Ethernet-Adressen sind in eine herstellerspezifische (die ersten 6 Byte) und in eine individuelle Kennung unterteilt. Hersteller von Ethernet-Komponenten können bei der amerikanischen Firma Xerox eine eigene Herstellerkennung beantragen.
Folgende Herstellercodes wurden bisher festgelegt:

00000C	Cisco
00000F	NeXT
000010	Sytek
00001D	Cabletron
000020	DIAB (Data Intdustrier AB)
000022	Visual Technology
00002A	TRW
00005A	S & Koch
00005E	IANA
000065	Network General
00006B	MIPS
000077	MIPS
00007A	Ardent
000089	Cayman Systems Gatorbox
000093	Proteon
00009F	Ameristar Technology
0000A2	Wellfleet
0000A3	Network Application Technology

0000A6	Network General (interne Zuordnung, nicht für Produkte)
0000A7	NCD X-terminals
0000A9	Network Systems
0000AA	Xerox machines
0000B3	CIMLinc
0000B7	Dove Fastnet
0000BC	Allen-Bradley
0000C0	Western Digital
0000C6	HP Intelligent Networks Operation
0000C8	Altos
0000C9	Emulex Terminal Servers
0000D7	Dartmouth College (NED Router)
0000D8	3Com? Novell? PS/2
0000DD	Gould
0000DE	Unigraph
0000E2	Acer Counterpoint
0000EF	Alantec
0000FD	High Level Hardvare (Orion, UK)
000102	BBN
001700	Kabel
00802D	Xylogics, Inc. Annex Terminal-Server
00808C	Frontier Software Development
00AA00	Intel
00DD00	Ungermann-Bass
00DD01	Ungermann-Bass
020701	MICOM/Interlan UNIBUS or QBUS machines, Apollo
020406	BBN BBN internal usage (nicht registriert)
026086	Satelcom MegaPac (UK)
02608C	3Com IBM PC; Imagen; Valid; Cisco
02CF1F	CMC Masscomp; Silicon Graphics; Prime EXL
080002	3Com (früher Bridge)
080003	ACC (Advanced Computer Communications)
080005	Symbolics Symbolics LISP machines
080008	BBN
080009	Hewlett-Packard

08000A	Nestar Systems
08000B	Unisys
080010	AT&T
080011	Tektronix, Inc.
080014	Excelan BBN Butterfly, Masscomp, Silicon Graphics
080017	NSC
08001A	Data General
08001B	Data General
08001E	Apollo
080020	Sun-Rechner
080022	NBI
080025	CDC
080026	Norsk Data (Nord)
080027	PCS Computer Systems GmbH
080028	TI Explorer
08002B	DEC
08002E	Metaphor
08002F	Prime Computer Prime 50-Series LHC300
080036	Intergraph CAE stations
080037	Fujitsu-Xerox
080038	Bull
080039	Spider Systems
080041	DCA Digital Comm. Assoc.
080045	???? (vielleicht Xylogics)
080046	Sony
080047	Sequent
080049	Univation
08004C	Encore
08004E	BICC
080056	Stanford University
080058	DECsystem-20
08005A	IBM
080067	Comdesign
080068	Ridge
080069	Silicon Graphics

08006E	Excelan
080075	DDE (Danish Data Elektronik A/S)
08007C	Vitalink TransLAN III
080080	XIOS
080086	Imagen/QMS
080087	Xyplex Terminal Server
080089	Kinetics AppleTalk-Ethernet interface
08008B	Pyramid
08008D	XyVision XyVision-Rechner
080090	Retix Inc. Bridges
484453	HDS ???
800010	AT&T
AA0000	DEC (obsolete)
AA0001	DEC (obsolete)
AA0002	DEC (obsolete)
AA0003	DEC Globale physikalische Adresse
AA0004	DEC Logische Adresse

Ethernet-Multicast/Broadcast-Adressen

Für bestimmte Anwendungen sind beim Ethernet folgende Adressen für Multicasts reserviert:

Multicast-Type Adresse	Field	Bedeutung
01-00-5E-00-00-00-	0800	Internet Multicast (RFC-1112)
01-00-5E-7F-FF-FF		
01-00-5E-80-00-00-	????	Internet Reserviert by IANA
01-00-5E-FF-FF-FF		
01-80-C2-00-00-00	-802-	Spanning tree (für Brücken)
09-00-02-04-00-01?	8080?	Vitalink printer
09-00-02-04-00-02?	8080?	Vitalink management
09-00-09-00-00-01	8005	HP Probe
09-00-09-00-00-01	-802-	HP Probe
09-00-09-00-00-04	8005?	HP DTC

Multicast-Type Adresse	Field	Bedeutung
09-00-1E-00-00-00	8019?	Apollo DOMAIN
09-00-2B-00-00-00	6009?	DEC MUMPS?
09-00-2B-00-00-01	8039?	DEC DSM/DTP?
09-00-2B-00-00-02	803B?	DEC VAXELN?
09-00-2B-00-00-03	8038	DEC Lanbridge Traffic Monitor
09-00-2B-00-00-04	????	DEC MAP End System Hello?
09-00-2B-00-00-05	????	DEC MAP Intermediate System
09-00-2B-00-00-06	803D?	DEC CSMA/CD Encryption?
09-00-2B-00-00-07	8040?	DEC NetBios Emulator?
09-00-2B-00-00-0F	6004	DEC Local Area Transport (LAT)
09-00-2B-00-00-1x	????	DEC Experimental
09-00-2B-01-00-00	8038	DEC LanBridge Copy packets
09-00-2B-01-00-01	8038	DEC LanBridge Hello packets
09-00-2B-02-00-00	????	DEC DNA Level 2 Routing Layer
09-00-2B-02-01-00	803C?	DEC DNA Naming Service
09-00-2B-02-01-01	803C?	DEC DNA Naming Service
09-00-2B-02-01-02	803E?	DEC DNA Time Service?
09-00-2B-03-xx-xx	????	DEC default filtering
09-00-2B-04-00-00	8041?	DEC Local Area System Transport (LAT)
09-00-2B-23-00-00	803A?	DEC Argonaut Console?
09-00-4E-00-00-02?	8137?	Novell IPX
09-00-56-00-00-00- 09-00-56-FE-FF-FF	????	Stanford Reserviert
09-00-56-FF-00-00- 09-00-56-FF-FF-FF	805C	Stanford V Kernel, version 6.0
09-00-77-00-00-01	????	Retix spanning tree bridges
09-00-7C-02-00-05	8080?	Vitalink diagnostics
09-00-7C-05-00-01	8080?	Vitalink gateway?
0D-1E-15-BA-DD-06	????	HP
AB-00-00-01-00-00	6001	DEC Maintenance Operation
AB-00-00-02-00-00	6002	DEC Maintenance Operation
AB-00-00-03-00-00	6003	DECNET Phase IV end node Hello
AB-00-00-04-00-00	6003	DECNET Phase IV Router Hello

Multicast-Type Adresse	Field	Bedeutung
AB-00-00-05-00-00		
bis AB-00-03-FF-FF-FF	????	Reserviert DEC
AB-00-03-00-00-00	6004	DEC Local Area Transport (LAT)
AB-00-04-00-xx-xx	????	Reserviert DEC customer private
AB-00-04-01-xx-yy	6007	DEC Local Area VAX Cluster
CF-00-00-00-00-00	9000	Ethernet Loopback
Broadcast-Adressen		
FF-FF-FF-FF-FF-FF	0600	XNS packets, Hello search
FF-FF-FF-FF-FF-FF	0800	IP
FF-FF-FF-FF-FF-FF	0804	CHAOS
FF-FF-FF-FF-FF-FF	0806	ARP
FF-FF-FF-FF-FF-FF	0BAD	Banyan
FF-FF-FF-FF-FF-FF	1600	VALID packets,
FF-FF-FF-FF-FF-FF	8035	Reverse ARP
FF-FF-FF-FF-FF-FF	807C	Merit Internodal (INP)
FF-FF-FF-FF-FF-FF	809B	EtherTalk

Address-Resolution-Parameter

Das im Request for Comments 826 definierte Address-Resolution-Protokoll unterstützt die folgenden Parameter:

Operation-Code

1 REQUEST
2 REPLY
3 request Reverse
4 reply Reverse
5 DRARP-Request
6 DRARP-Reply
7 DRARP-Error
8 InARP-Request
9 InARP-Reply
10 ARP-NAK

Hardware-Type:

Typ	Beschreibung
1	Ethernet (10Mb)
2	Experimental Ethernet (3Mb)
3	Amateur Radio AX.25
4	Proteon ProNET Token Ring
5	Chaos
6	IEEE 802 Networks
7	ARCNET
8	Hyperchannel
9	Lanstar
10	Autonet Short Address
11	LocalTalk
12	LocalNet (IBM PCNet or SYTEK LocalNET)
13	Ultra link
14	SMDS
15	Frame Relay
16	Asynchronous Transmission Mode (ATM)
17	HDLC
18	Fibre Channel
19	Asynchronous Transmission Mode (ATM)
20	Serial Line
21	Asynchronous Transmission Mode (ATM)

Telnet-Optionen

Für das Telnet-Protokoll wurden folgende Optionen festgelegt:

Option	Name
0	Binary Transmission
1	Echo
2	Reconnection
3	Suppress Go Ahead
4	Approx Message Size Negotiation

Option	Name
5	Status
6	Timing Mark
7	Remote Controlled Trans and Echo
8	Output Line Width
9	Output Page Size
10	Output Carriage-Return Disposition
11	Output Horizontal Tab Stops
12	Output Horizontal Tab Disposition
13	Output Formfeed Disposition
14	Output Vertical Tabstops
15	Output Vertical Tab Disposition
16	Output Linefeed Disposition
17	Extended ASCII
18	Logout
19	Byte Macro
20	Data Entry Terminal
22	SUPDUP
22	SUPDUP Output
23	Send Location
24	Terminal Type
25	End of Record
26	TACACS User Identification
27	Output Marking
28	Terminal Location Number
29	Telnet 3270 Regime
30	X.3 PAD
31	Negotiate About Window Size
32	Terminal Speed
33	Remote Flow Control
34	Linemode
35	X Display Location
36	Environment Option
37	Authentication Option
38	Encryption Option

Option	Name
39	New Environment Option
40	TN3270E
255	Extended-Options-List

Telnet Authentication Types

Im RFC 1409 wurden folgende Telnet Authentication Types festgeschrieben:

Typ	Beschreibung
0	NULL
1	KERBEROS_V4
2	KERBEROS_V5
3	SPX
4–5	Unassigned
6	RSA
7–9	Unassigned
10	LOKI
11	SSA

ICMP-Type Numbers

Das Internet Control Message Protocol (ICMP) verwendet eine Reihe von unterschiedlichen Message-Feldern, die durch das Typfeld gekennzeichnet werden.

Typ	Name
0	Echo Reply
1	Unassigned
2	Unassigned
3	Destination Unreachable
4	Source Quench
5	Redirect
6	Alternate Host Address
7	Unassigned

Typ	Name
8	Echo
9	Router Advertisement
10	Router Selection
11	Time Exceeded
12	Parameter Problem
13	Timestamp
14	Timestamp Reply
15	Information Request
16	Information Reply
17	Address Mask Request
18	Address Mask Reply
19	Reserviert (for Security)
20–29	Reserviert (for Robustness Experiment)
30	Traceroute
31	Datagram Conversion Error
32	Mobile Host Redirect
33	IPv6 Where-Are-You
34	IPv6 I-Am-Here
35	Mobile Registration Request
36	Mobile Registration Reply
37–255	Reserviert

ICMP-Code-Felder

0	Echo Reply Codes	
0	No Code	
1	Unassigned	
2	Unassigned	
3	Destination Unreachable Codes	
	0	Net Unreachable
	1	Host Unreachable
	2	Protocol Unreachable
	3	Port Unreachable
	4	Fragmentation Needed and Don't Fragment was Set

3		Destination Unreachable Codes
	5	Source Route Failed
	6	Destination Network Unknown
	7	Destination Host Unknown
	8	Source Host Isolated
	9	Communication with Destination Network is Administ ratively Prohibited
	10	Communication with Destination Host is Administratively Prohibited
	11	Destination Network Unreachable for Type of Service
	12	Destination Host Unreachable for Type of Service
4		Source Quench Codes
	0	No Code
5		Redirect Codes
	0	Redirect Datagram for the Network (or subnet)
	1	Redirect Datagram for the Host
	2	Redirect Datagram for the Type of Service and Network
	3	Redirect Datagram for the Type of Service and Hos
6		Alternate Host Address Codes
	0	Alternate Address for Host
7		Unassigned
8		Echo Codes
	0	No Code
9		Router Advertisement Codes
	0	No Code
10		Router Selection Codes
	0	No Code
11		Time Exceeded Codes
	0	Time-to-Live exceeded in Transit
	1	Fragment Reassembly Time Exceeded
12		Parameter Problem Codes
	0	Pointer indicates the error
	1	Missing a Required Option
	2	Bad Length

13	Timestamp Codes 0 No Code
14	Timestamp Codes 0 No Code
15	Information Codes 0 No Code
16	Information Codes 0 No Code
17	Address Mask Codes 0 No Code
18	Address Mask Codes 0 No Code
19	Reserviert (for Security)
20–29	Reserviert (for Robustness Experiment)
30	Traceroute
31	Datagram Conversion Error
32	Mobile Host Redirect
33	IPv6 Where-Are-You
34	IPv6 I-Am-Here
35	Mobile Registration Request
36	Mobile Registration

TCP Option Numbers

Das Transmission Control Protocol (TCP) unterstützt eine Reihe von Optionen. Diese Optionen erweitern den TCP-Header dynamisch.

Art	Länge	Bedeutung
0	-	End of Option List
1	-	No-Operation
2	4	Maximum Segment Lifetime
3	3	WSOPT – Window Scale
4	2	SACK Permitted
5	N	SACK
6	6	Echo (obsoleted by option 8)

Art	Länge	Bedeutung
7	6	Echo Reply (obsoleted by option 8)
8	10	TSOPT – Time Stamp Option
9	2	Partial Order Connection Permitted
10	5	Partial Order Service Profile
11	CC	
12	CC.	NEW
13	CC.	ECHO
14	3	TCP Alternate Checksum Request
15	N	TCP Alternate Checksum Data
16	Skeeter	
17	Bubba	
18	3	Trailer Checksum Option

Novell SAP Numbern

Folgende Novell-Service-Access-Point (SAP)-Nummern wurden bisher festgelegt:

0	0000	Unknown
1	0001	User
2	0002	User Group
3	0003	Print Queue or Print Group
4	0004	File Server (SLIST source)
5	0005	Job Server
6	0006	Gateway
7	0007	Print Server or Silent Print Server
8	0008	Archive Queue
9	0009	Archive Server
10	000a	Job Queue
11	000b	Administration
15	000F	Novell TI-RPC
23	0017	Diagnostics
32	0020	NetBIOS
33	0021	NAS SNA Gateway

35	0023	NACS Async Gateway or Asynchronous Gateway
36	0024	Remote Bridge or Routing Service
38	0026	Bridge Server or Asynchronous Bridge Server
39	0027	TCP/IP Gateway Server
40	0028	Point to Point (Eicon) X.25 Bridge Server
41	0029	Eicon 3270 Gateway
42	002a	CHI Corp ???
44	002c	PC Chalkboard
45	002d	Time Synchronization Server or Asynchronous Timer
46	002e	SAP Archive Server or SMS Target Service Agent
69	0045	DI3270 Gateway
71	0047	Advertising Print Server
75	004b	Btrieve VAP/NLM 5.0
76	004c	Netware SQL VAP/NLM Server
77	004d	Xtree Network Version Netware XTree
80	0050	Btrieve VAP 4.11
82	0052	QuickLink (Cubix)
83	0053	Print Queue User
88	0058	Multipoint X.25 Eicon Router
96	0060	STLB/NLM
100	0064	ARCserve
102	0066	ARCserve 3.0
114	0072	WAN Copy Utility
122	007a	TES-Netware for VMS
146	0092	WATCOM Debugger or Emerald Tape Backup Server
149	0095	DDA OBGYN
152	0098	Netware Access Server (Asynchronous gateway)
154	009a	Netware for VMS II or Named Pipe Server
155	009b	Netware Access Server
158	009e	Portable Netware Server or SunLink NVT
161	00a1	Powerchute APC UPS NLM
170	00aa	LAWserve ???
172	00ac	Compaq IDA Status Monitor
256	0100	PIPE STAIL ???
258	0102	LAN Protect Bindery

259	0103	Oracle DataBase Server
263	0107	Netware 386 or RSPX Remote Console
271	010f	Novell SNA Gateway
274	0112	Print Server (HP)
276	0114	CSA MUX (f/Communications Executive)
277	0115	CSA LCA (f/Communications Executive)
278	0116	CSA CM (f/Communications Executive)
279	0117	CSA SMA (f/Communications Executive)
280	0118	CSA DBA (f/Communications Executive)
281	0119	CSA NMA (f/Communications Executive)
282	011a	CSA SSA (f/Communications Executive)
283	011b	CSA STATUS (f/Communications Executive)
286	011e	CSA APPC (f/Communications Executive)
294	0126	SNA TEST SSA Profile
298	012a	CSA TRACE (f/Communications Executive)
304	0130	Communications Executive
307	0133	NNS Domain Server or Netware Naming Services Domain
309	0135	Netware Naming Services Profile
311	0137	Netware 386 Print Queue or NNS Print Queue
321	0141	LAN Spool Server (Vap, Intel)
338	0152	IRMALAN Gateway
340	0154	Named Pipe Server
360	0168	Intel PICKIT Comm Server or Intel CAS Talk Server
369	171	UNKNOWN???
371	0173	Compaq
372	0174	Compaq SNMP Agent
373	0175	Compaq
384	0180	XTree Server or XTree Tools
394	18A	UNKNOWN??? Running on a Novell Server
432	01b0	GARP Gateway (net research)
433	01b1	Binfview (Lan Support Group)
447	01bf	Intel LanDesk Manager
458	01ca	AXTEC
459	01cb	Netmode
460	1CC	UNKNOWN Sheva netmodem

472	01d8	Castelle FAXPress Server
474	01da	Castelle LANPress Print Server
476	1DC	Castille FAX/Xerox 7033 Fax Server/Excel Lan Fax
496	01f0	LEGATO
501	01f5	LEGATO
563	0233	NMS Agent or Netware Management Agent
567	0237	NMS IPX Discovery or LANtern Read/Write Channel
568	0238	NMS IP Discovery or LANtern Trap/Alarm Channel
570	023a	LABtern
572	023c	MAVERICK
574	23E	UNKNOWN Running on a Novell Server
575	023f	Used by eleven various Novell Servers
590	024e	Remote Something
618	026a	Network Management (NMS) Service Console
619	026b	Time Synchronization Server (Netware 4.x)
632	0278	Directory Server (Netware 4.x)
772	0304	Novell SAA Gateway
776	0308	COM or VERMED 1
778	030a	Gallacticom BBS
780	030c	Intel Netport 2 or HP JetDirect or HP Quicksilver
800	0320	Attachmate Gateway
807	0327	Microsoft Diagnostiocs
821	0335	MultiTech Systems Multisynch Comm Server
853	0355	Arcada Backup Exec
858	0358	MSLCD1
865	0361	NETINELO
894	037e	Twelve Novell file servers in the PC3M family
895	037f	ViruSafe Notify
902	0386	HP Bridge
903	0387	HP Hub
916	0394	NetWare SAA Gateway
923	039b	Lotus Notes
951	03b7	Certus Anti Virus NLM
964	03c4	ARCserve 4.0 (Cheyenne)
967	03c7	LANspool 3.5 (Intel)

990	03de	Gupta Sequel Base Server or NetWare SQL
993	03e1	Univel Unixware
996	03e4	Univel Unixware
1020	03fc	Intel Netport
1021	03fd	Print SErver Queue ???
1034	40A	ipnServer??? Running on a Novell Server
1035	40B	UNKNOWN
1037	40D	LVERRMAN Running on a Novell Server
1038	40E	LVLIC??? Running on a Novell Server
1040	410	UNKNOWN Running on a Novell Server
1044	0414	Kyocera
1065	0429	Site Lock Virus (Brightworks)
1074	0432	UFHELP R
1075	433	Sunoptics SNMP Agent
1100	044c	Backup
1111	457	Canon GP55 Running on a Canon GP55 network printer
1115	045b	Dell SCSI Array (DSA) Monitor
1200	04b0	CD-Net (Meridian)
1217	4C1	UNKNOWN
1299	513	Emulux NQA Something from Emulex
1312	0520	Site Lock Checks
1321	0529	Site Lock Checks (Brightworks)
1325	052d	Citrix OS/2 App Server
1344	536	Milan
1408	0580	McAfee's NetShield anti-virus
1569	621	Something from Emulex
1571	623	UNKNOWN Running on a Novell Server
1900	076C	Xerox
2857	0b29	Site Lock
3113	0c29	Site Lock Applications
3116	0c2c	Licensing Server
9088	2380	LAI Site Lock
9100	238c	Meeting Maker
18440	4808	Site Lock Server or Site Lock Metering VAP/NLM
21845	5555	Site Lock User

25362	6312	Tapeware
28416	6f00	Rabbit Gateway (3270)
30467	7703	MODEM
32770	8002	NetPort Printers (Intel) or LANport
32776	8008	WordPerfect Network Version
34238	85BE	Cisco Enhanced Interior Routing Protocol (EIGRP)
34952	8888	WordPerfect Network Version or Quick Network Management
36864	9000	McAfee's NetShield anti-virus
38404	9604	CSA-NT_MON
61727	f11f	Site Lock Metering VAP/NLM
61951	f1ff	Site Lock
62723	F503	CA-NT
65535	ffff	Any Service or Wildcard

Stichwortverzeichnis

D

I

J

K

L

O

P

Q

R

S

T

Mathias Hein

TCP/IP

Internet-Protokolle im professionellen Einsatz

- Umfassende Referenz für den Netzwerker
- So arbeiten die TCP/IP-Protokolle zusammen
- So funktioniert IPSec

Mathias Hein beleuchtet in diesem Buch die inzwischen überal als de-facto-Standard akzeptierte TCP/IP-Protokollfamilie in al Einzelheiten. So zeigt der Autor u.a., wie das Protokoll aufsetz auf die darunter liegenden Netzwerk-Protokolle und Infrastrul ren, und geht umfassend auf neue Entwicklungen wie IPv6 ur IPsec ein.

Das Buch eignet sich zur zusammenhängenden Lektüre ebe wie zum Nachschlagen; profitieren werden davon vor allem Netzwerker und Systemadministratoren, die sich auf die Bits- Bytes-Ebene einlassen wollen oder müssen, aber auch diejenigen, die Genaueres wissen wollen über Protokolle, deren Bedeutung durch ihre Verbreitung im Internet und Intranet weltweit wächst.

ISBN 3-8266-4079-9
www.mitp.de